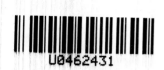

艺术鉴藏丛书

范景中　主编

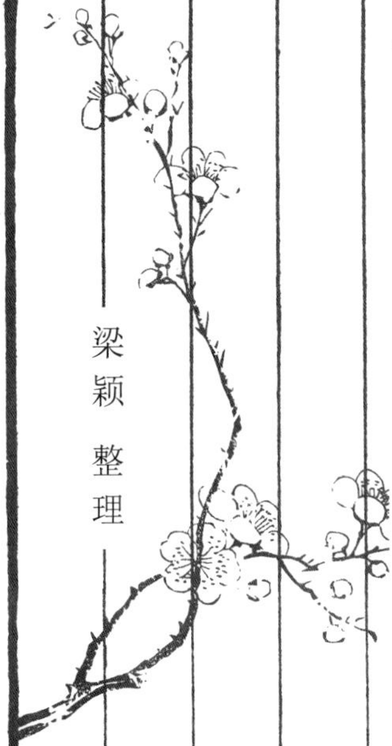

吴湖帆师友书札

上册

梁颖　整理

中国美术学院出版社
CHINA ACADEMY OF ART PRESS

目录

上册·第一卷

吴郁生、张謇、方还、陶惟坻 002—023
蒋元庆、沈恩孚、张元济 026—039
庞元济、狄葆贤、杨廷栋 042—065
袁希洛、程镳、蔡晋镛 068—073
朱葆龄、陆鸿仪、杨俊 076—085
杜应震、汪怡之、徐之澂 088—091
包天笑、张叔通、吴曾善、慈堪
小钝 094—103
书札释文 105—116

CONTENTS

上册·第二卷

王同愈 120—193

书札释文 195—205

上册·第三卷

汪曾武、朱祖谋、陶　湘 208—214

陶心如、邓邦述、金兆藩 215—217

廖恩焘、夏仁虎、夏纬明 218—227

林鹍翔、洪如闿、林葆恒 230—238

CONTENTS

仇　埰、林思进、杨铁夫　239—243
路朝銮、吴　庠、关赓麟、靳　志　246—259
柳肇嘉、邵　锐、杨　圻、何之硕　262—268
黄孝纾、夏承焘、苏渊雷　269—271
陆颂尧、阮慕韩、罗　丹、丘琼荪　274—278
孙　成、黄炳谦、吕碧城、方君璧　279—294
周鍊霞　295
书札释文　297—309

吴郁生（1854—1940）

张　謇（1853—1926）

方　还（1867—1932）

陶惟坻（1856—1930）

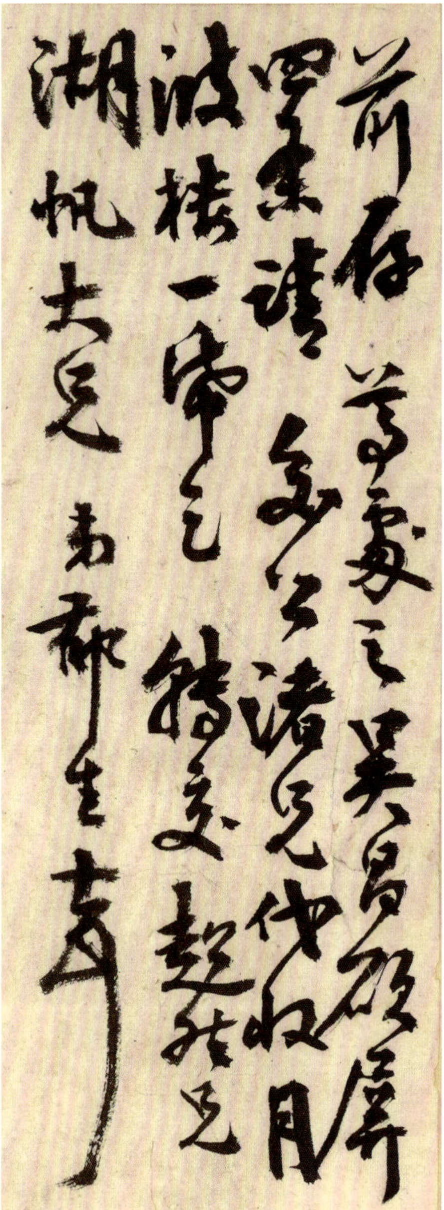
前存尊寓之吴昌硕屏
四条请多公请兄代收
此据一纸乞转交赵叔孺兄
湖帆大兄　弟郁生[illegible]

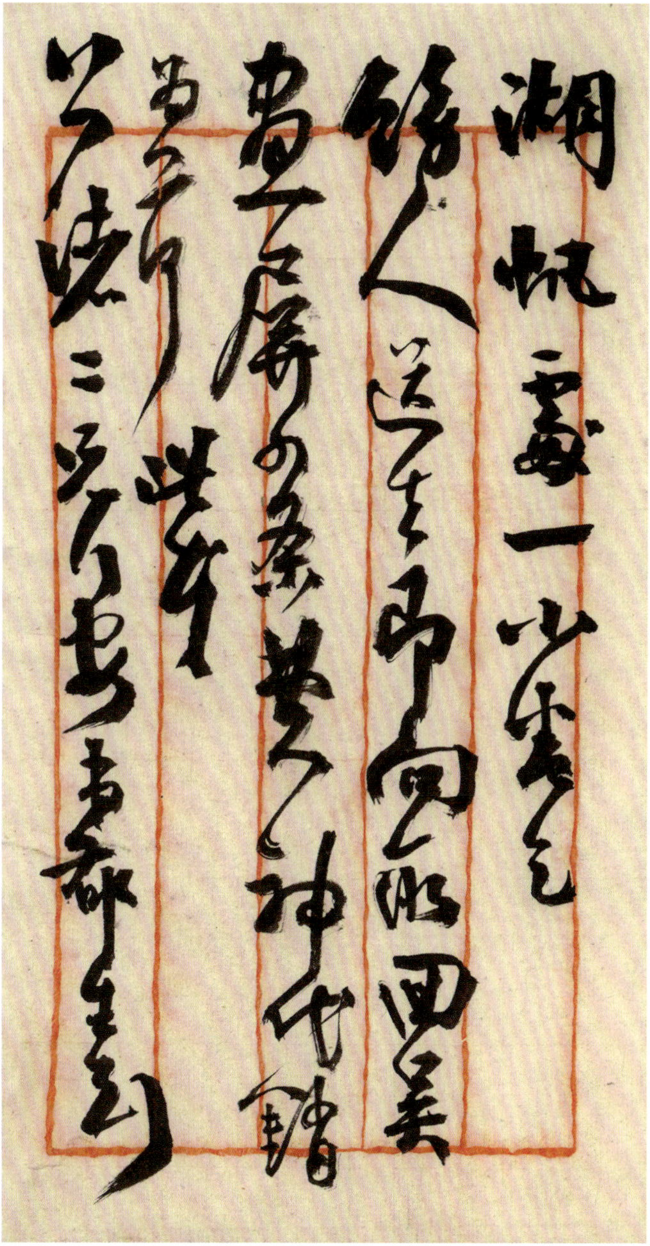

湖帆世仁兄阁下前承惠上小立轴□

赏为小画来□

请绘来金笺多谢多谢属画□□尾

小画已画上以见□阁下□□□秋间拟搬住屋

拙作□□□书画□

遊□□黑间陆虚夫画□□上□□

去冬□□有千页画原山水仿松雪

甚望先示初二日虚□□□□再临□

又恢□□

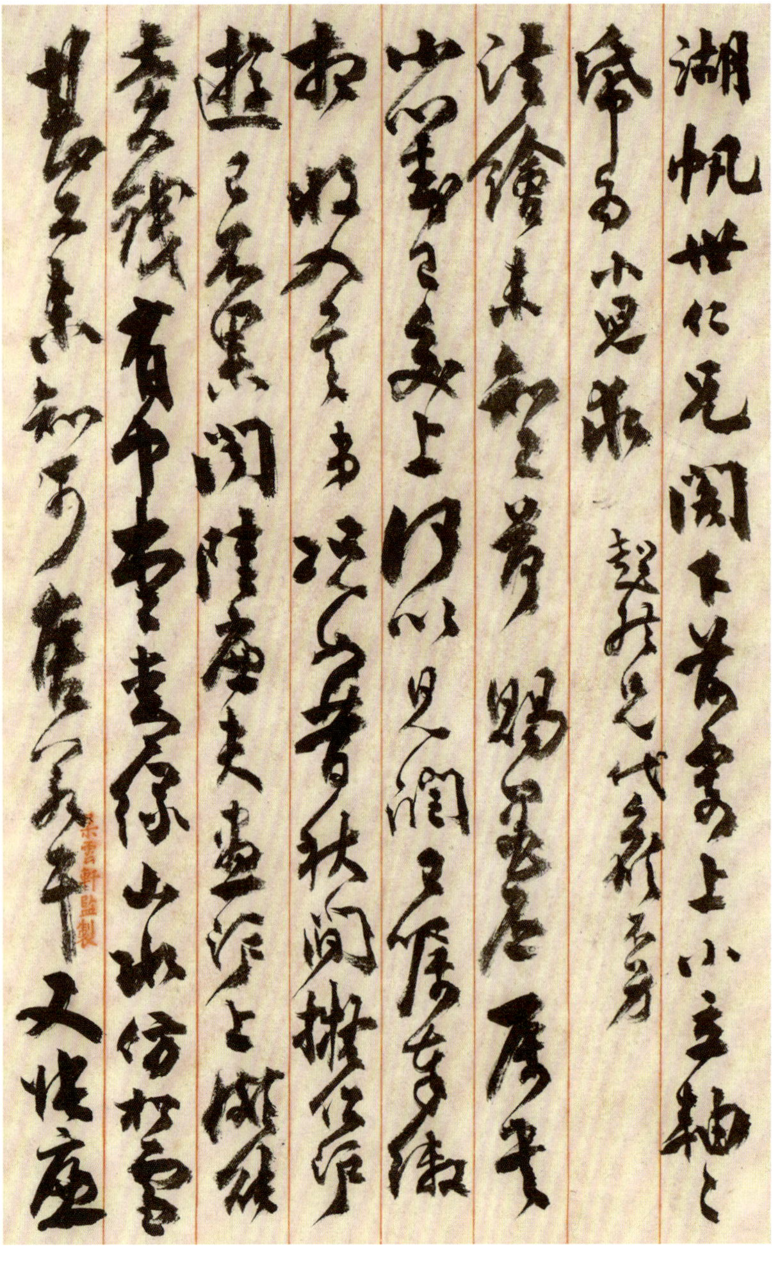

卿一楷枝小楷日寄吾兄文甚工
闰湖北人郎委其公子又慕玉翁
楷书楷设此二仕沪上有廛居寄
呈吾兄今为此书求吾兄法书一幅
尽的素纸已许未有为薛识此
纷人送来多委後不能此行
笔书为此不一为柳仝书去

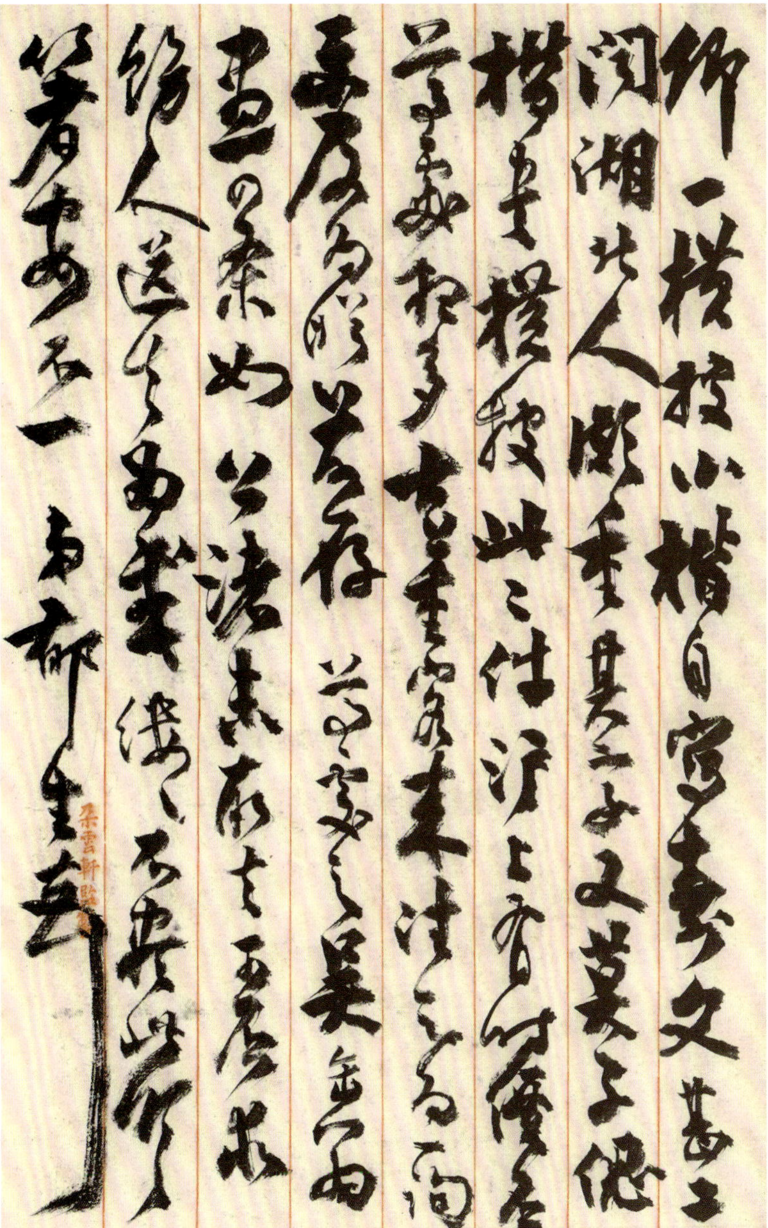

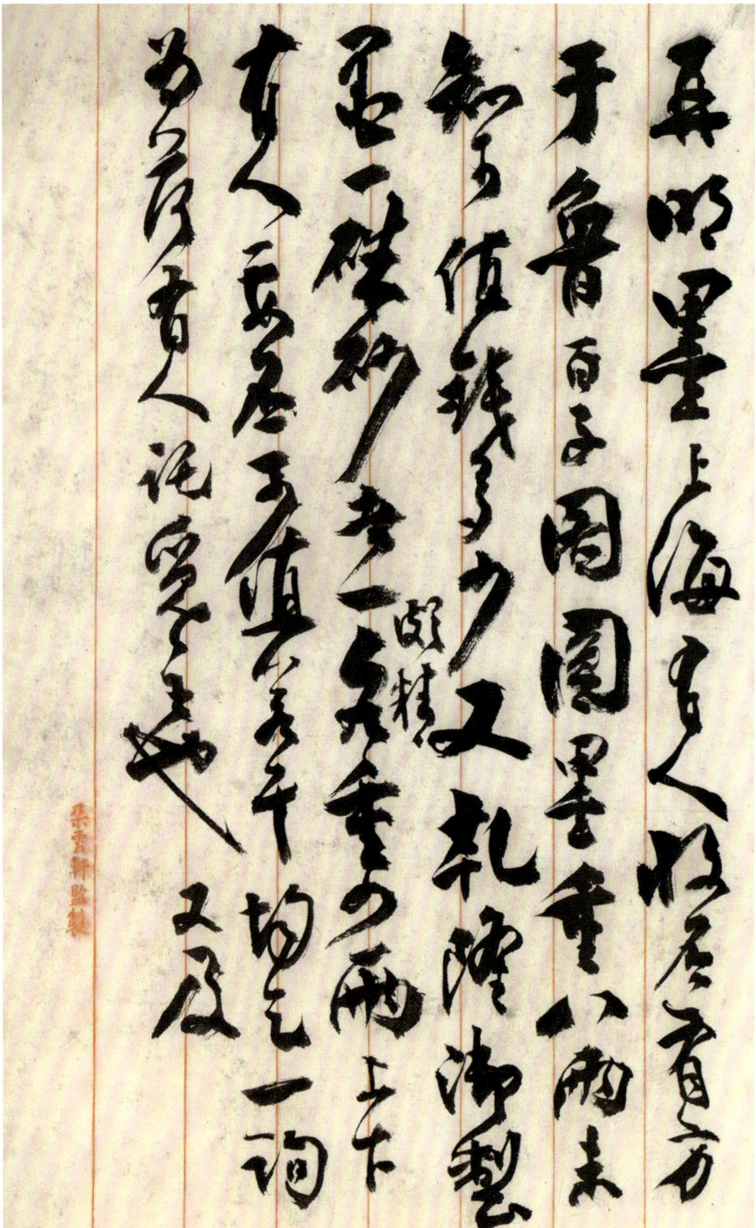

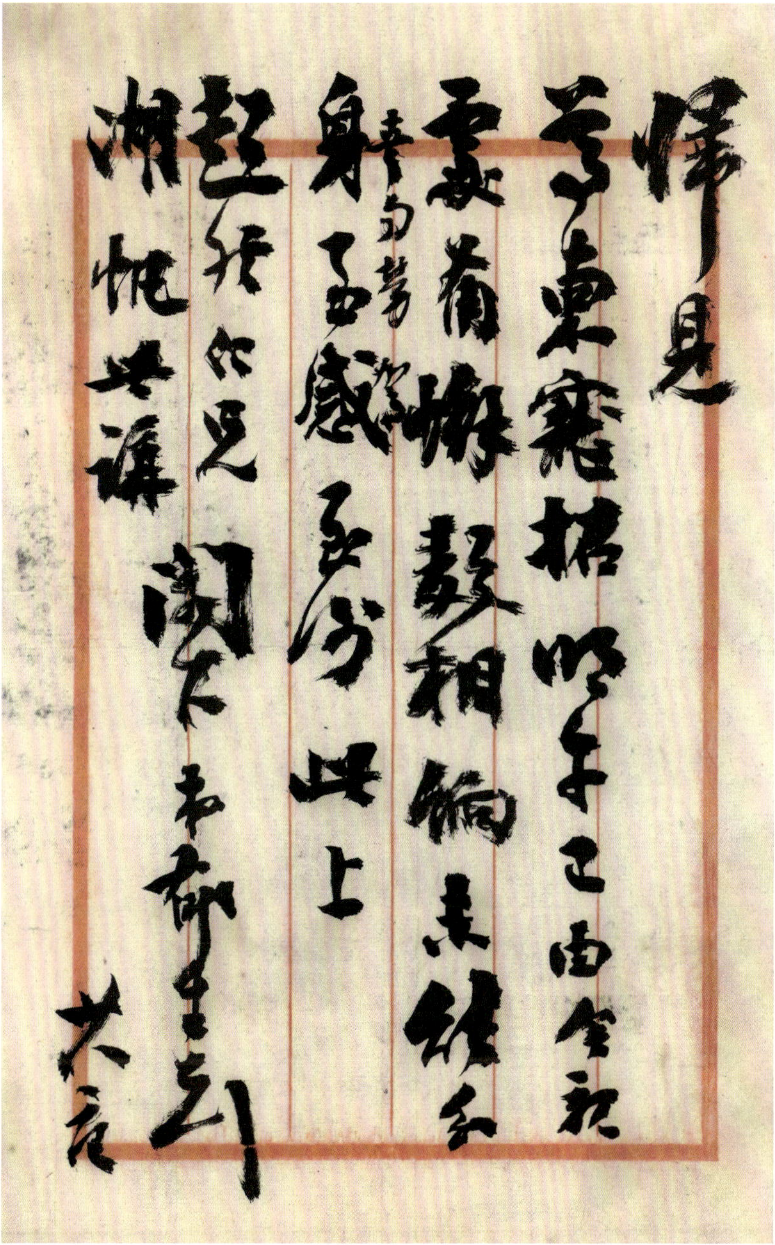
佛見
弟于東寓握晤，明年已由令親
雲姪備悉，數相偷來結緣
身奉句勞，下函感謝，此上
起居必見　閣下　弟郁生頓首
湖帆世講
廿六夜

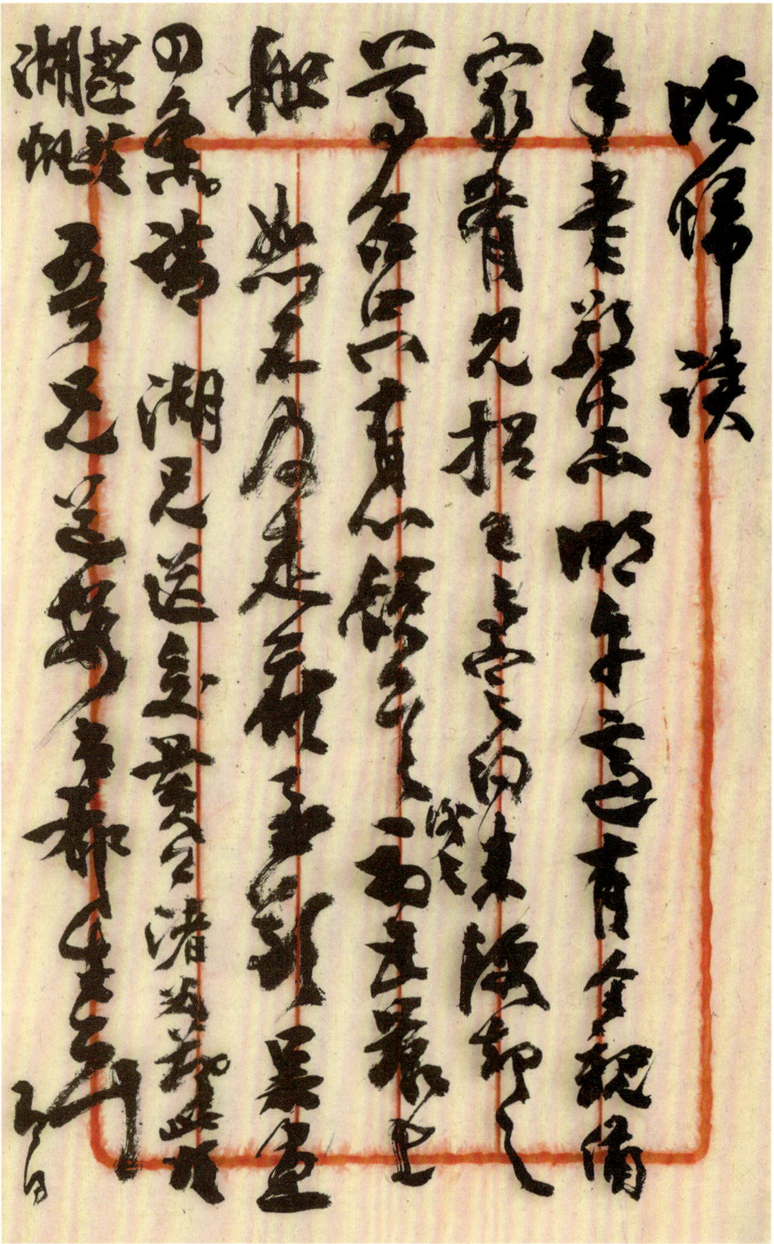

丹壺先盡一軸付上勒之作

岳渡柚解多更妙恐不能多

以傳之籠波海見於此龍妙

至到中記晉華是一幀續畫

更健於完雜善發此盧亭乃以然識

真三作二月

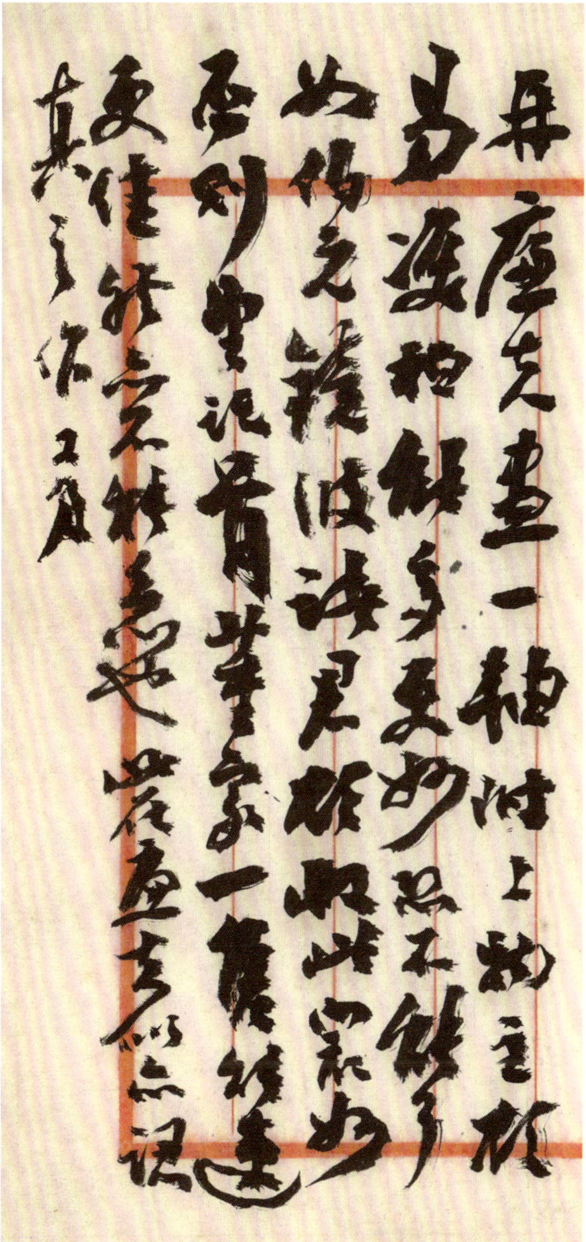

赠吴湖帆第、友人纳土之子然必为奇肇之

孙盖山水清壄为肇唯一画稿其顺遂以

所仿烟云笔大概小卷见寄甚幸承裁二

十二弓赋诗及拙画劝其進修显也

尚见吴中艺画沛顾公孙子多人知如

日远影顺天下似黠长康空足癡

去来尽说淮公子凡素新民年庚王太蒼

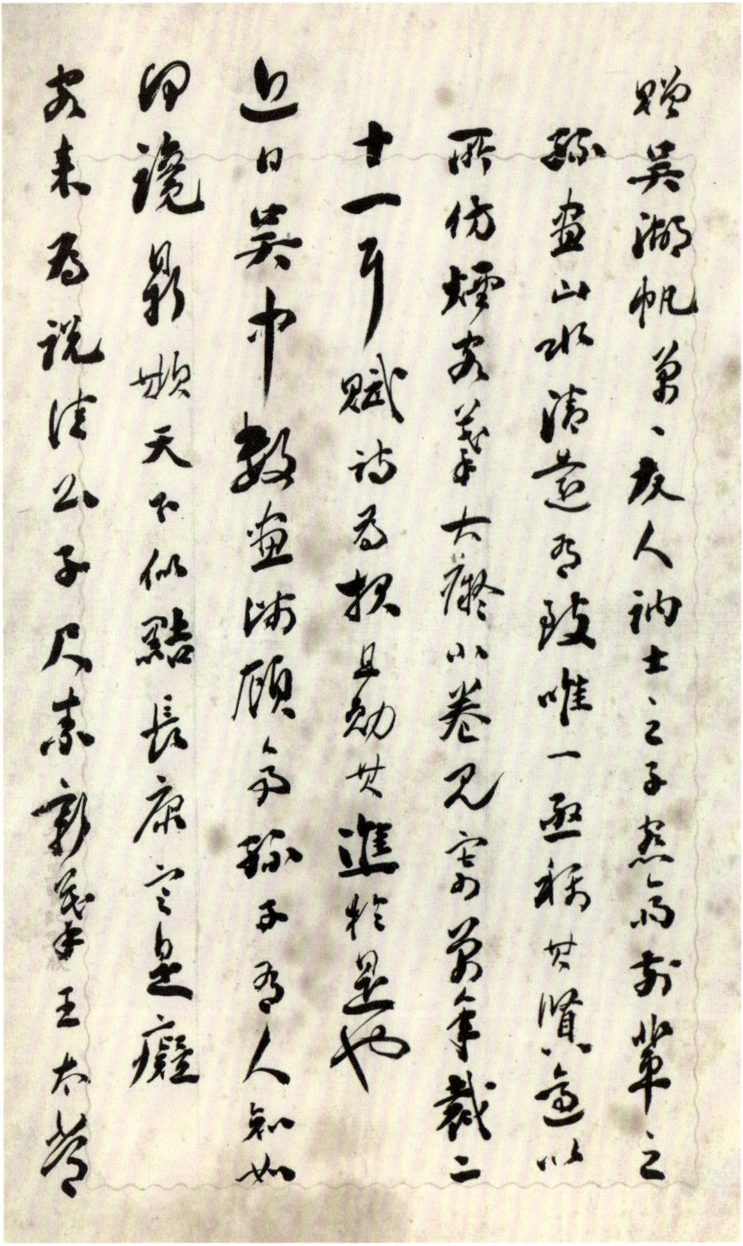

二百年来吴墨井为贤者所生为狂为屠沽稿为僧画中法派专传珍山川正待人开发生化为神偿伱能

即颂

湖帆世讲人事兄

唯一楼长为宅湖帆世谊人事兄兄士

吾弟如贤己未

己未五月十六日

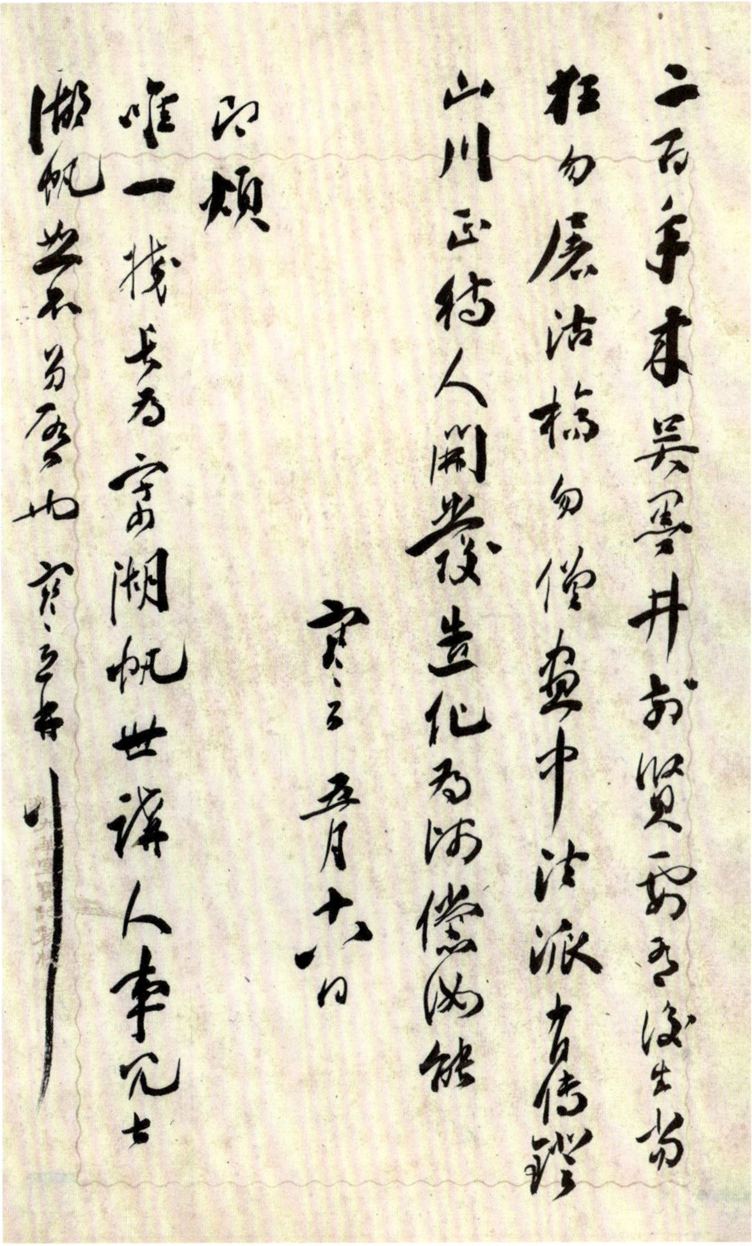

湖帆老弟承
示敬悉 勝老刪改處甚是徑照所改畫格准
祖父諱應補填葬年月日應書明或未定期
徑空白數字亦是一法 古碑中往往有此例 或以後補之或
稍緩俟葬期定後始行書丹候刻
兩之至南皮項城姻亞一說亦以去之
尊公風骨耳於親誼了無甚關係仍乞
商之 勝老 鄙意刪去（袁氏張氏）四字則可若
單提項城不提南皮則原文固非於二公有貶詞
也 以上審定原稿仍希 敬問 起居 方運 頓首
五月十日

江蘇省長公署用箋

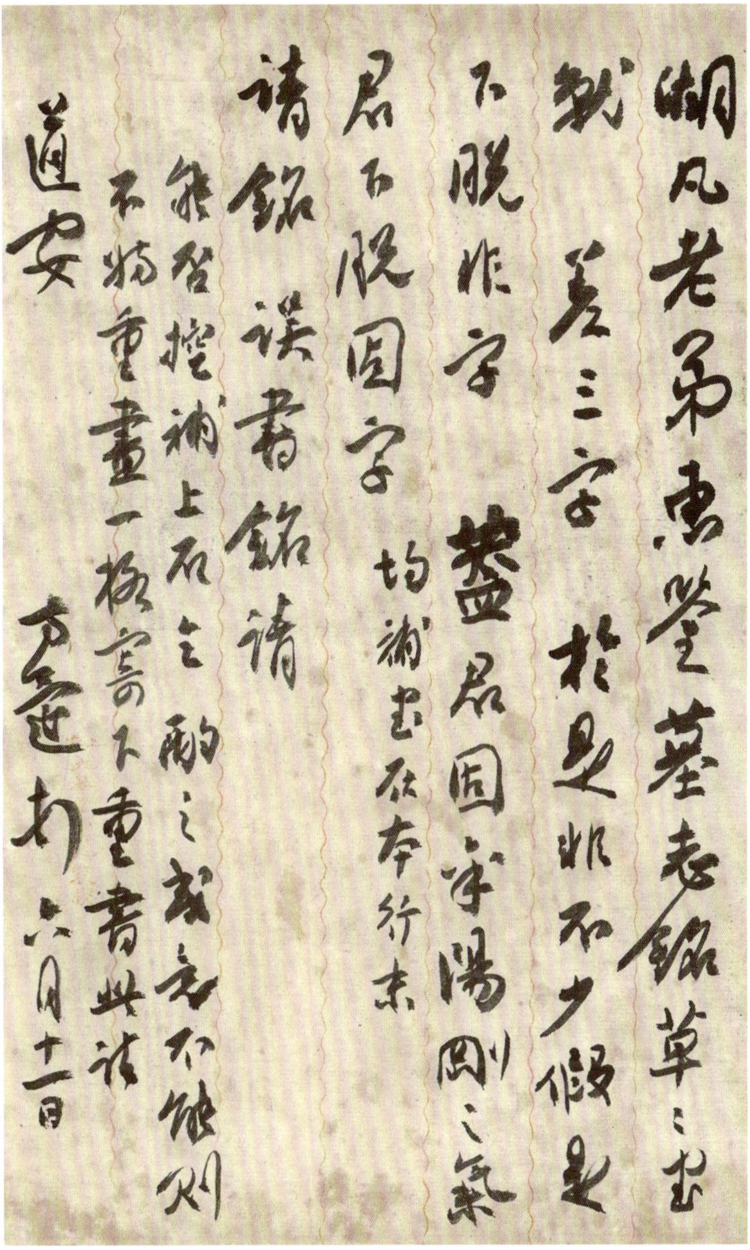
湖帆老弟惠鉴墓志铭草草书
就若三字於是非不少假是
不脱作字 盖君固学阳刚之气
君不脱因字 均补书依本行来
请铭误书铭请
能否挖补上石之酌之或竟不能则
不妨重画一格写不重书与请
道安
方过顿 六月十一日

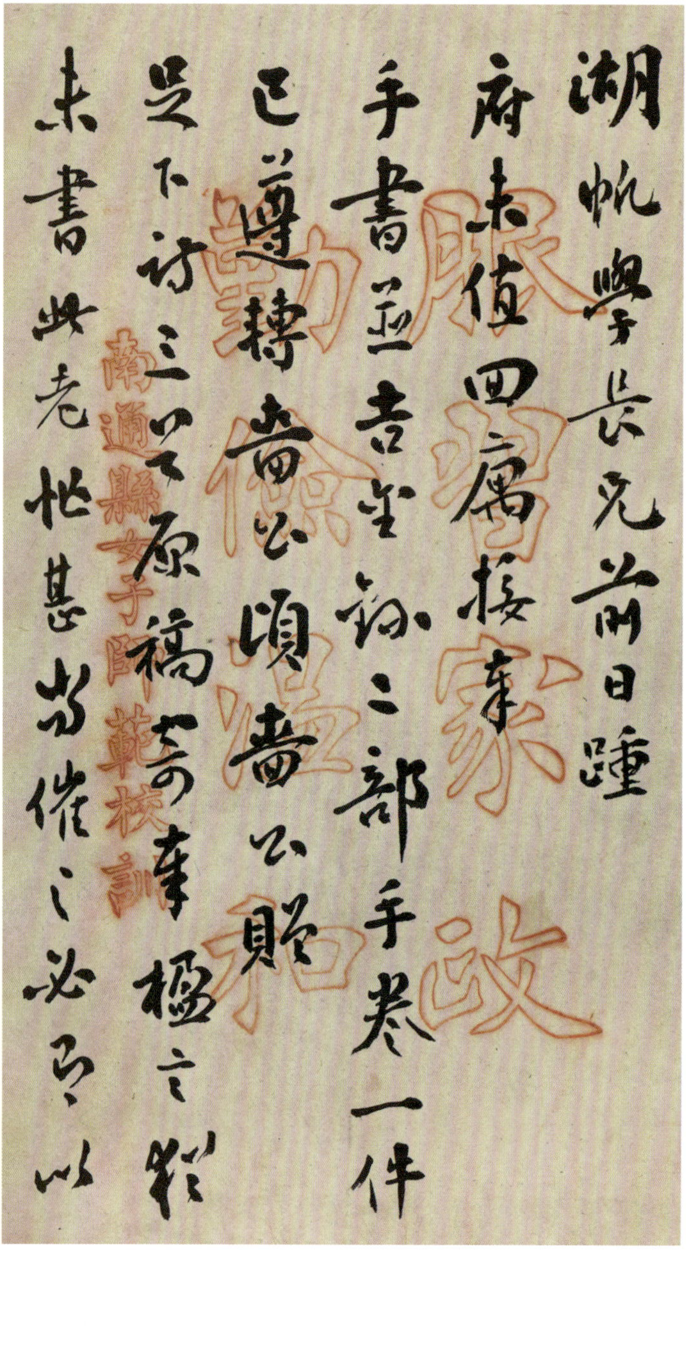
湖帆學長兄：前日踵
府未值，回寓接奉
手書，并吉金款識部手卷一件
已遵轉嗇公，頃嗇公照
足下許之以原稿寄奉，極之感
來書與老伯甚為慰之，必足以

報や屬宦闇格書公論姑後之

吉宦眠勵未擢及家書公改客於討

妄小選起後や其一

惠然鬱寶者業已領訪祉勲無所

翻身

南通縣女子師範校訓

芍大人深健寮丞

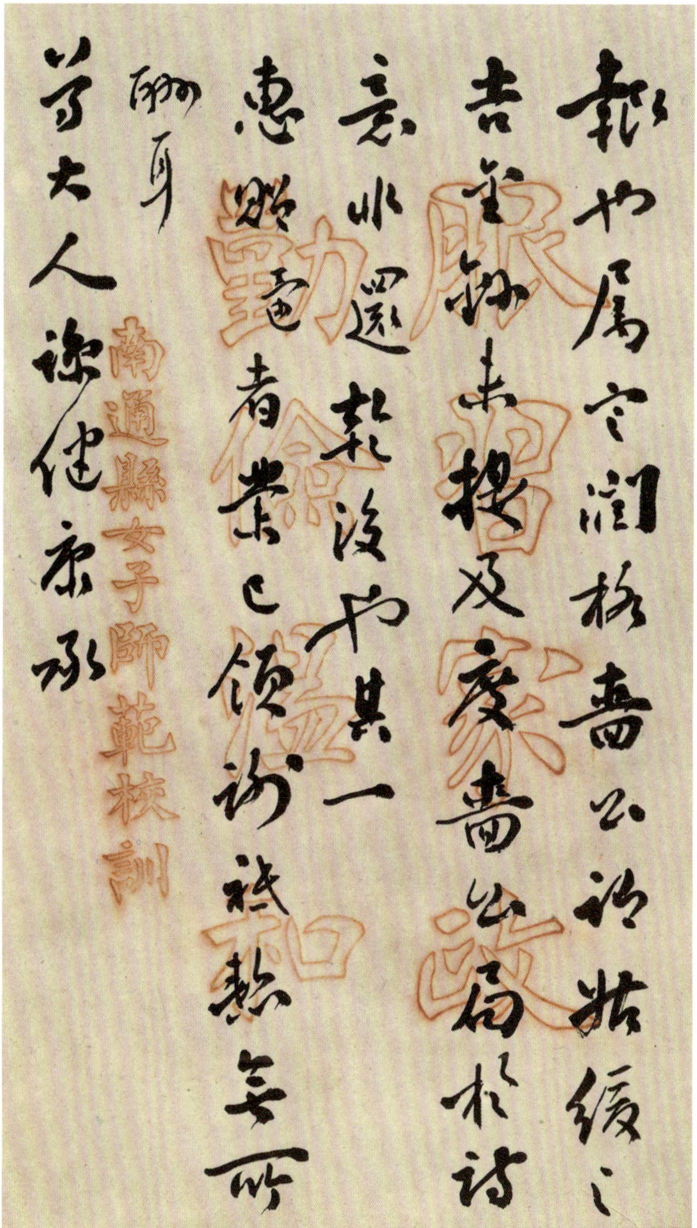

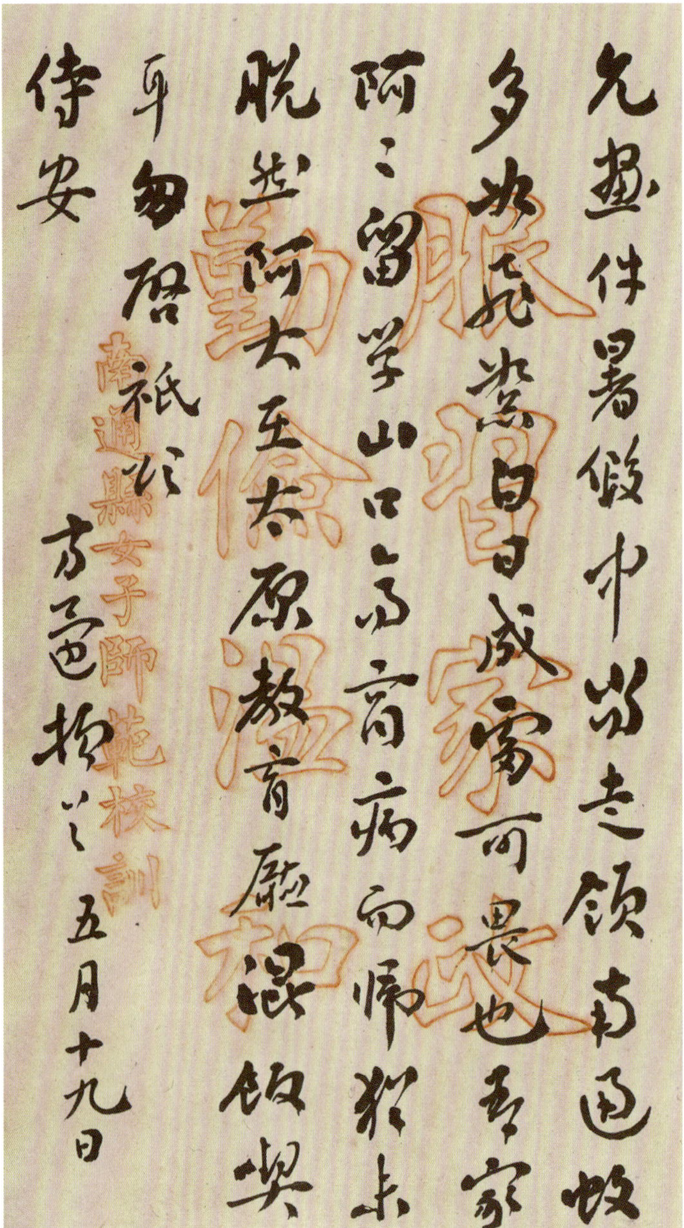
先畫件暑假中當走領，尚通暇多也。兆兒兆孫日日成窮，可畏也。吾家阿二留學山口，以膏肓病而歸，幾未脱然。阿大至太原教育廳服務，碌碌飯碗平平，勿念。祇頌
侍安
方匽拍　五月十九日

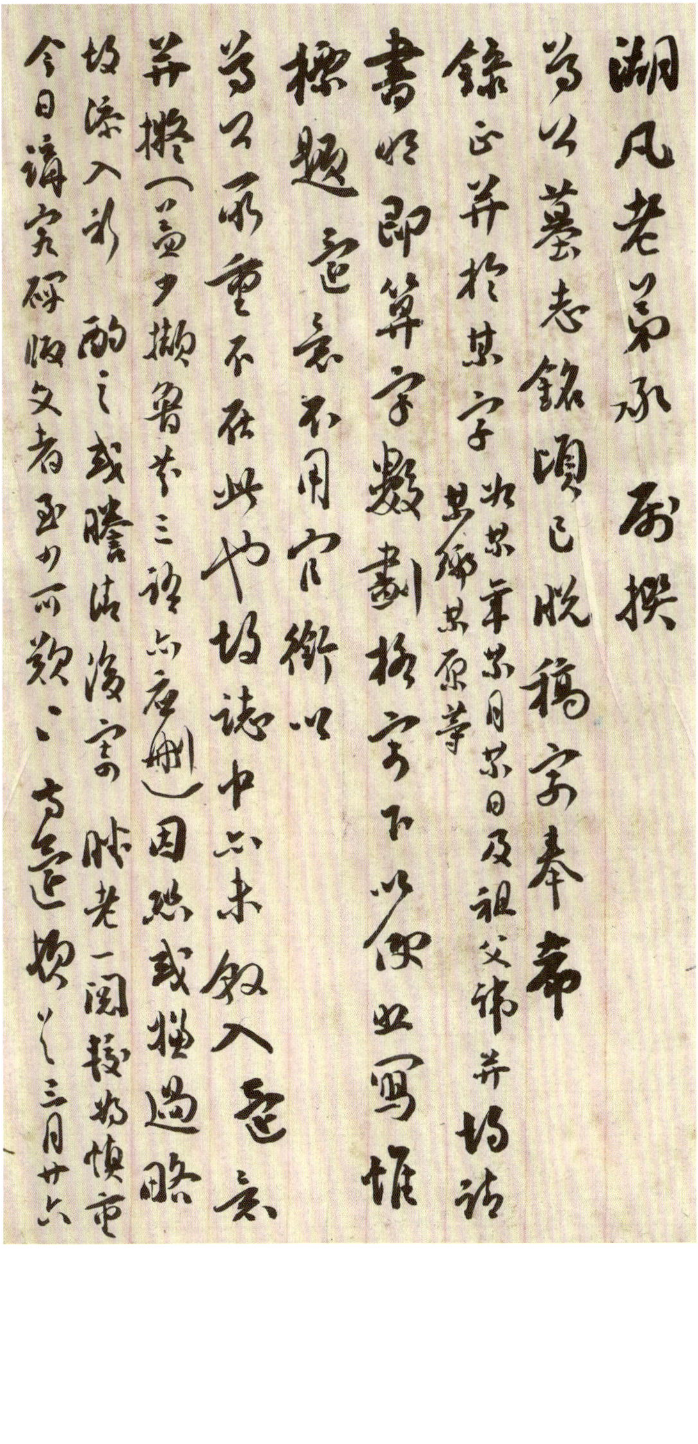

湖風老弟承 命撰
尊公墓志銘頃已脫稿容奉布
錄正并於其字 以某年某月某日及祖父諱并均請 某鄉某原葬
書明即算字數劃格寫下以便照寫
標題 苞 衔不用官銜以
尊公不重在此也 墓誌中亦未敘入 苞 衔
并撰（以五字撰留於三語亦應刪）因恐或雜過略
均添入耳 酌之或謄清後 寄 呈 賢老一閱發物慎重
今日請實研撰文者畫如可 欵欵 苞頓首 三月廿六

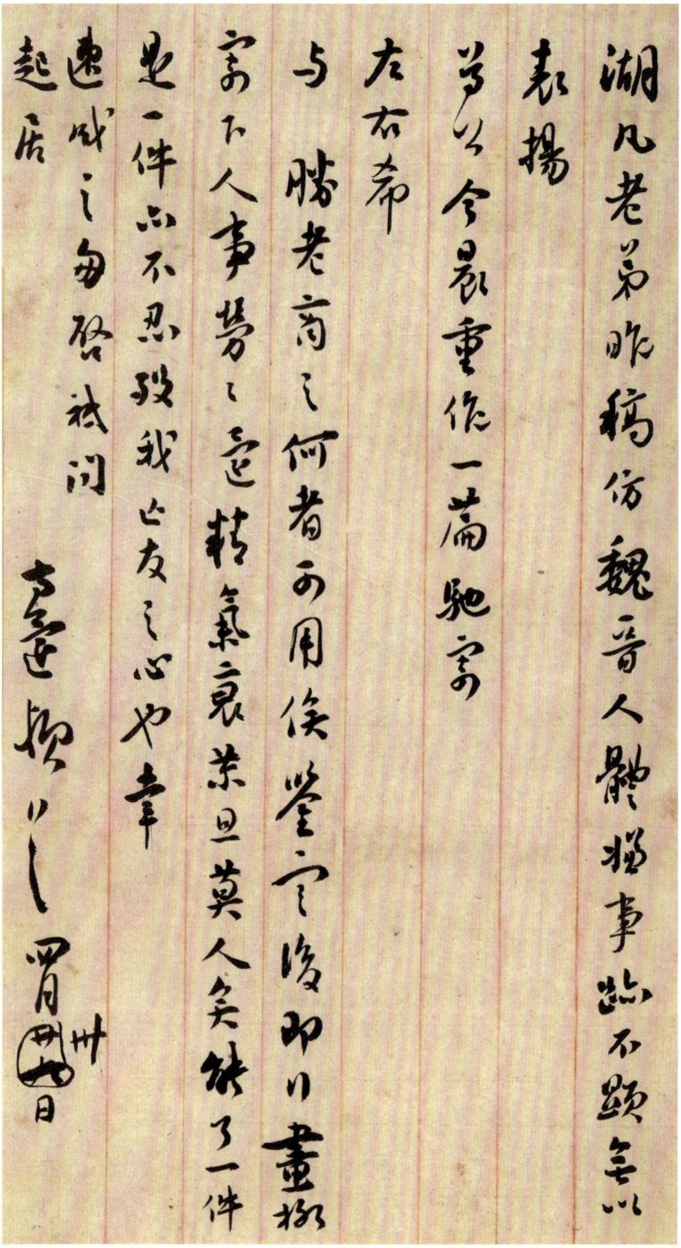
湖帆老弟昨稿仿魏晉人體格事照不顯無以
表揚
弟以今晨重作一篇馳寄
左右希
與勝老商之何者可用俟鑒定後即乞畫款
寄下人事勞勞精氣衰茶且莫人矣錶了一件
是一件亦不忍孤我亡友之心也幸
速成之為盼祗問
起居
嘉運頓首 四月卅日

湖帆道兄惠鑒前月到蘇
匆匆未及走訪日來得有佳
品否晉宜齋見百穀書甚
精南象見冊頁兩種皆明代
人書如黃道周高攀龍孫
慎行均難得惜價昂七十元

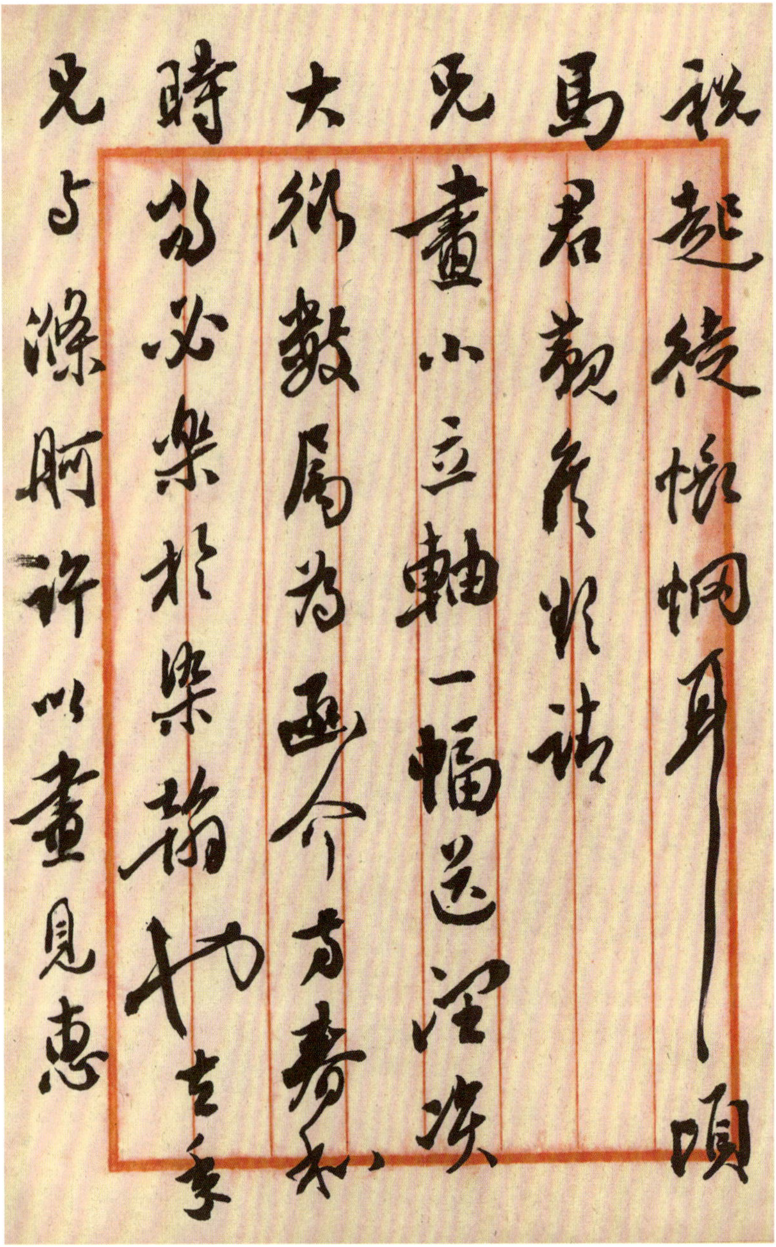

秋起後悵惘耳。頃
馬君觀我請
兄畫小立軸一幅送汪溪
大衍數屬為函介方壽和
時為必樂於染翰也　吉季
兄與濂舫許以畫見惠

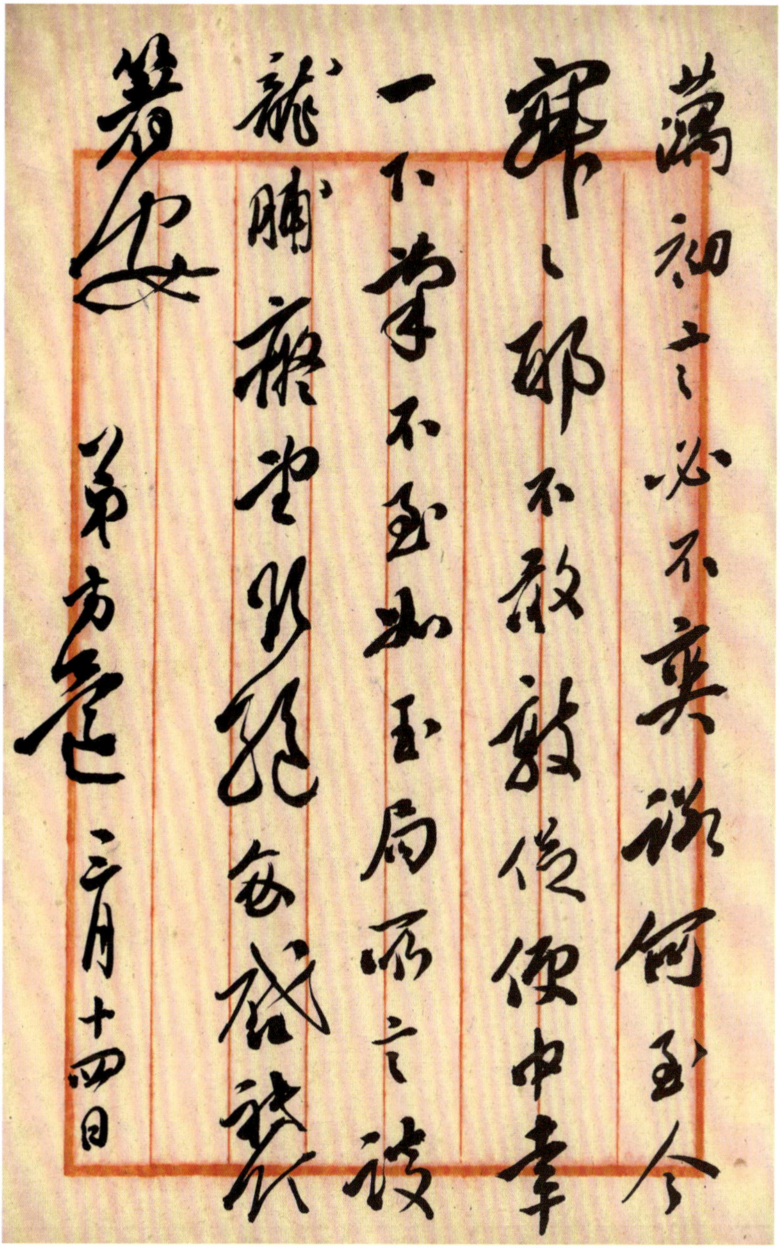
蒙初二必不爽約何至今
寂寂耶不敢數後便中幸
一示當不至如玉局原之談
謹賸無空此頌每祺
著安
弟方遠 二月十四日

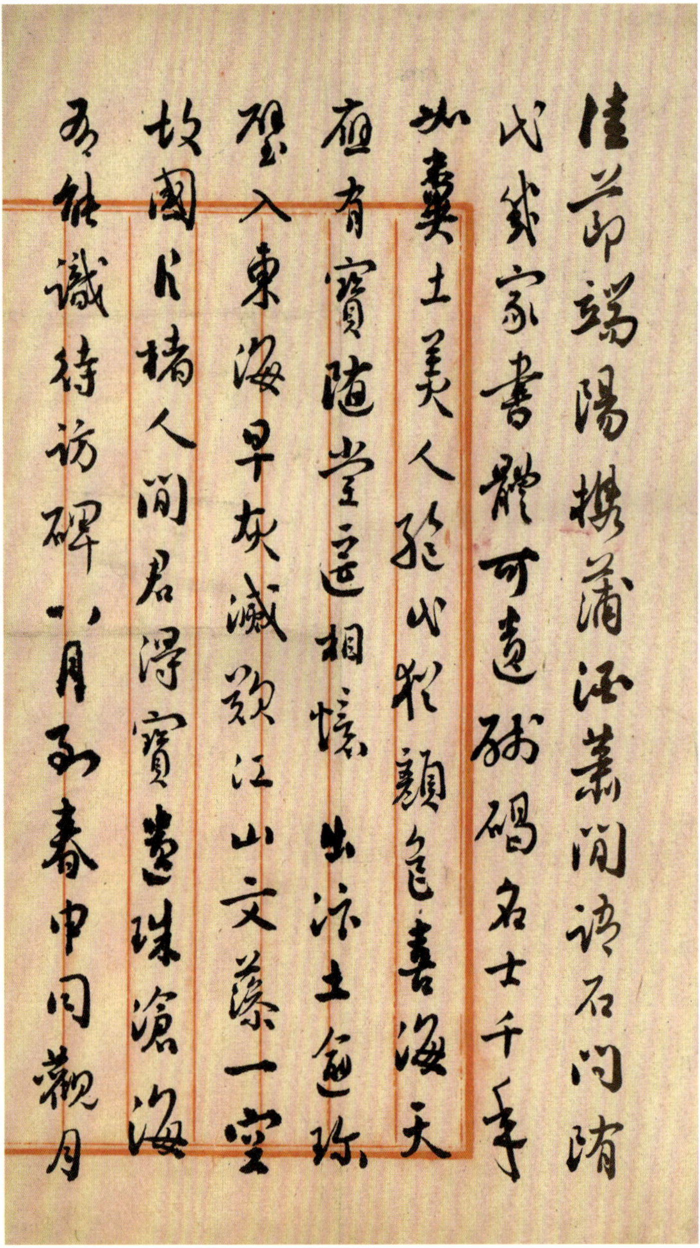

佳節端陽攜蒲酒叢間詩石門踏
此錢家書體可遺秘碣名士千手
如囊土美人能以秀顏色書海天
庭有寶隨堂遂相憶出示土遺珍
墜入東海早灰滅歎江山文藻一空
故國〻精人間君得寶遺珠滄海
不能識待訪碑八月子和春中同觀月

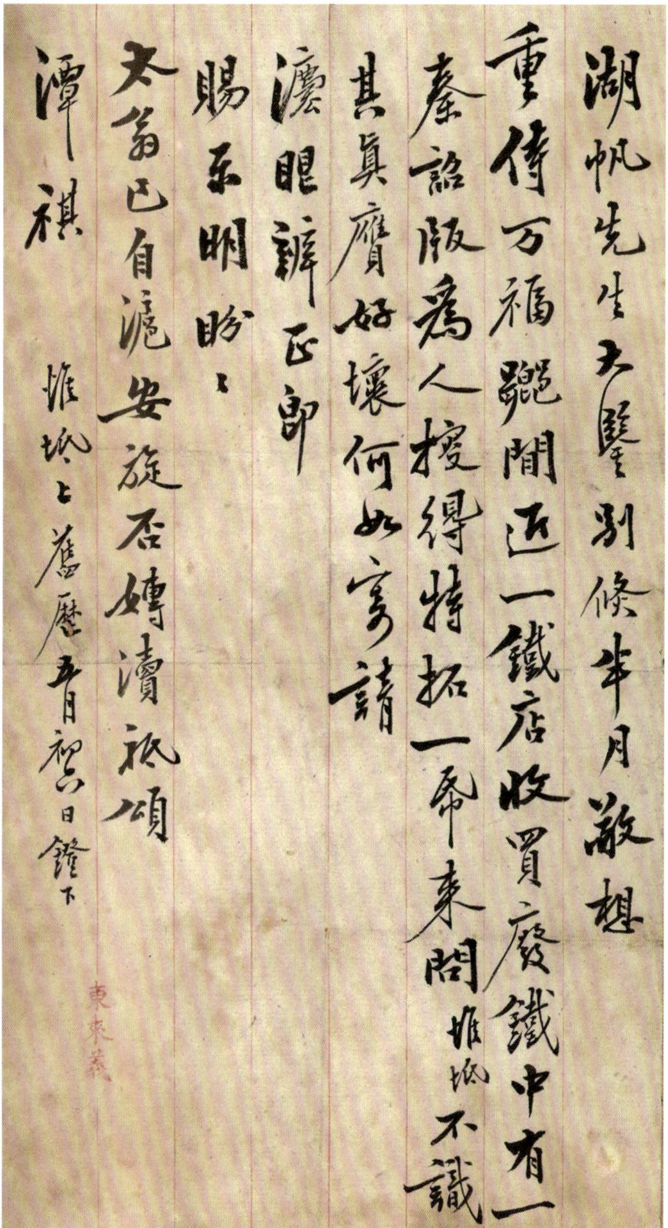

湖帆先生大鑒：別倏半月，敬想
重侍万福。邇聞近一鐵店收買廢鐵中有一
秦詔版，為人搜得，特招一希來閱。堆坑不識
其真贋，好壞何如，務請
灋眼辨正，即
賜示明，盼盼。
太翁已自滬安旋否？傳讀祇頌
潭祺。
堆坑上 舊曆五月初六日 鐙下

蒋元庆（1866—？）

沈恩孚（1864—1944）

张元济（1867—1959）

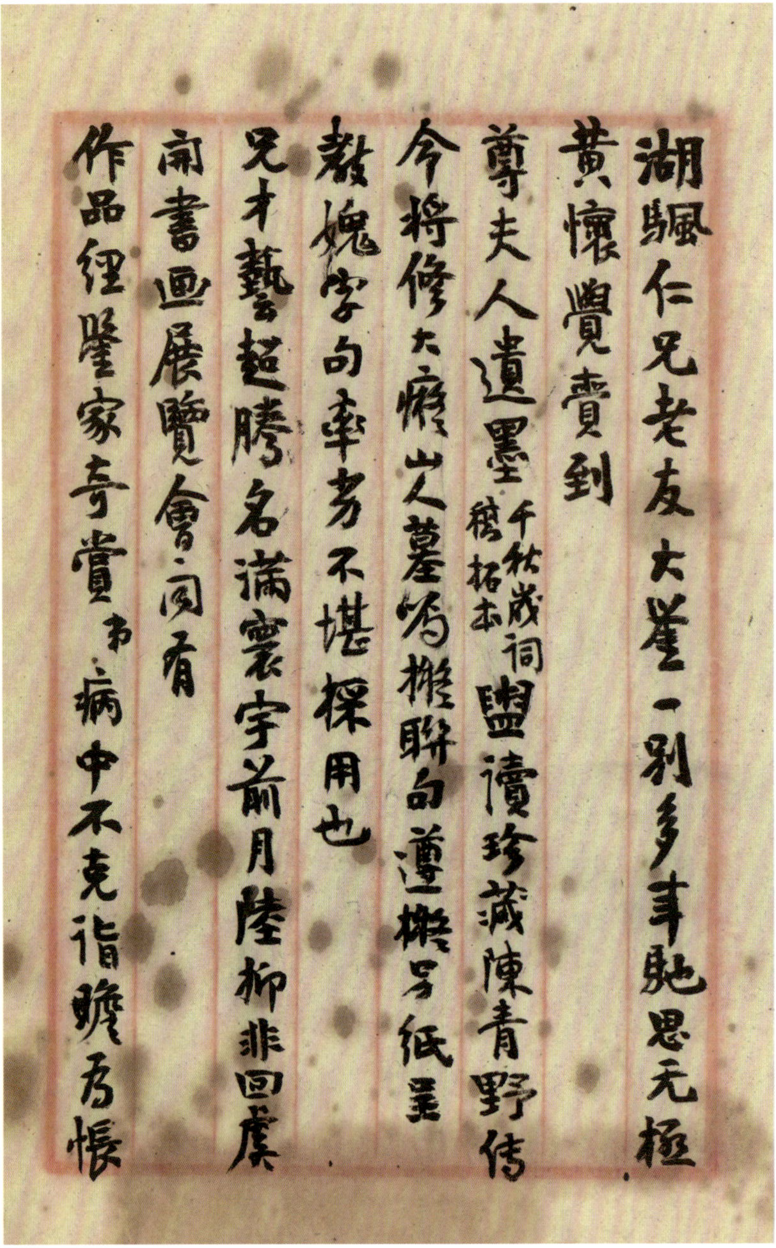
湖颿仁兄老友大鑒：一別多年，馳思無極。
黃懷覺賫到
尊夫人遺墨千秋歲詞稿拓本，盥讀珍藏。陳青野傳
令將修大癡山人墓，囑擬聯句，遵撰另紙呈
教，愧字句率劣，不堪採用也。
兄才藝超騰，名滿寰宇。前月陸柳非回虞，
聞書畫展覽會，閱有
作品，經鑒家奇賞。弟病中不克詣瞻為悵

今春劇病瀕危得異夢更生尚有餘年
可與世人結翰墨緣病起成石鼓發微一
篇長丞三千字就鼓文譌字鏽字蝕字吳字
等博證經史識為秦昭王遺頌矜難獲他
日當錄稿寄
覽并希　是正及代為廣播焉回憶五十年前謁
蹇齋先生於虛霩郎欣蒙　賜題　家華田公雞民
貧士十二圖長篇巨幅奉為奇珍此圖為

傳家之寶丁丑事變老樓遭劫圖已失去所
幸跋文早經錄出不致湮沒差堪告
慰弟平素服膺
先德奉為私淑之師年來肆習吉金文字
似稍有進步有好友勸弟到滬開書展會
自揣才力不逮不克豫備多件然自此有
變篆之意矣書此布臆順頌
道安不宣 弟蔣元慶拜上 癸未十月廿日

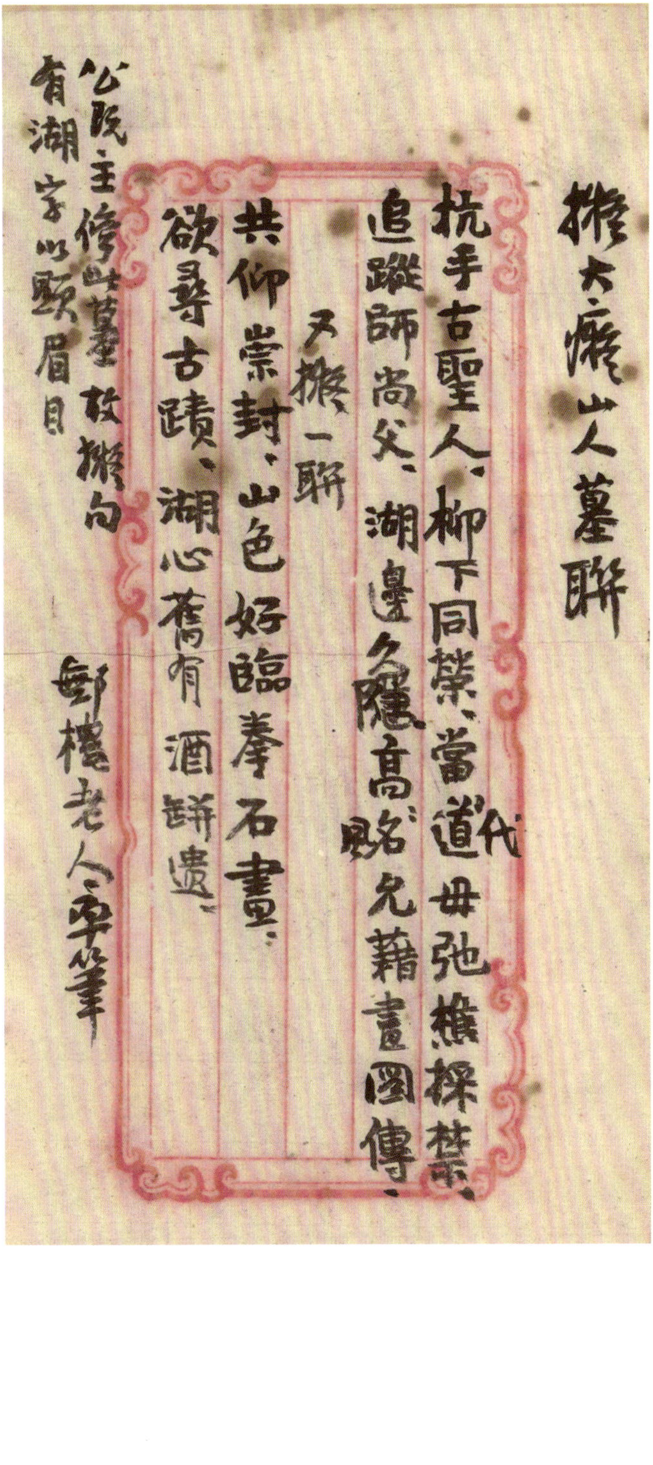
挽大癡山人墓聯
抗手古聖人、柳下同榮、當道代毋弛樵採禁、
追蹤師尚父、湖邊久隱、高賢允藉畫圖傳、
又挽一聯
共仰崇封、山色好臨峯石畫、
欲尋古蹟、湖心舊有酒瓶遺、
鄒槐老人率筆
公既主修此墓，故挽句有湖字以點眉目

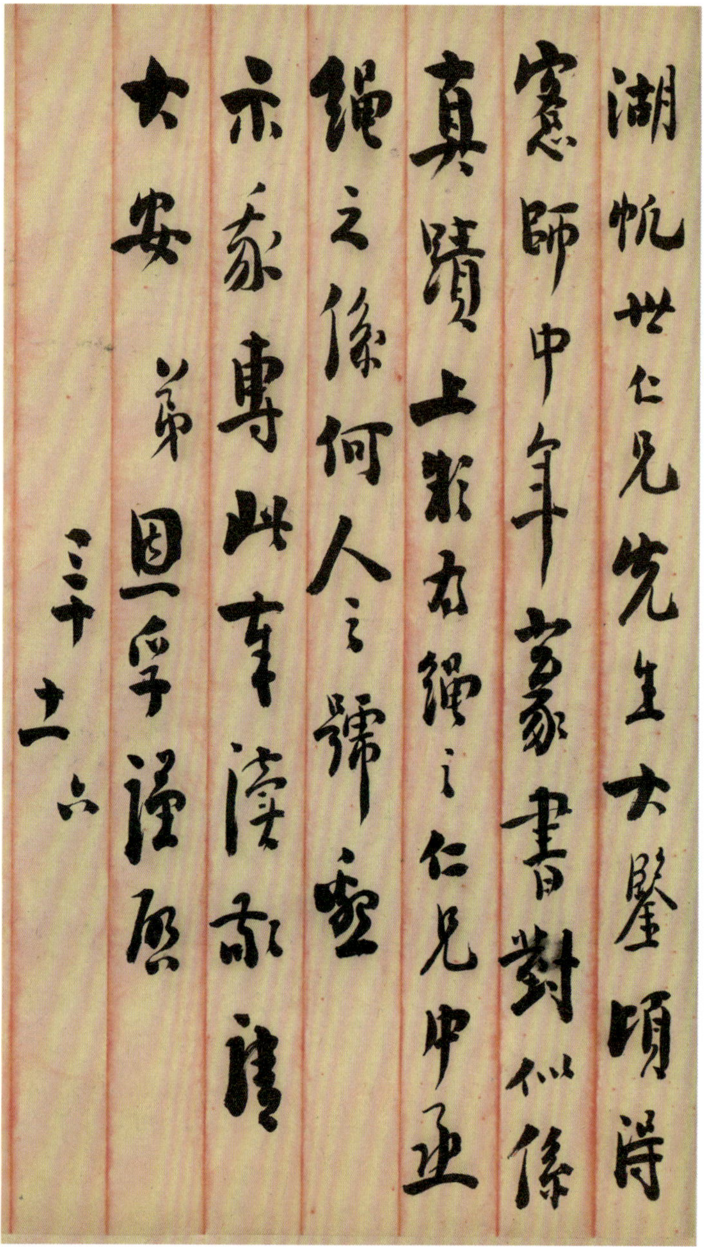

湖帆世仁兄先生大鑒：頃得
寵惠師中年篆書對，似係
真蹟，上款爲繩之仁兄中丞，
繩之係何人之號？亟
示家。專此奉瀆，敬請
大安。弟國學謹啓
三十 十一六

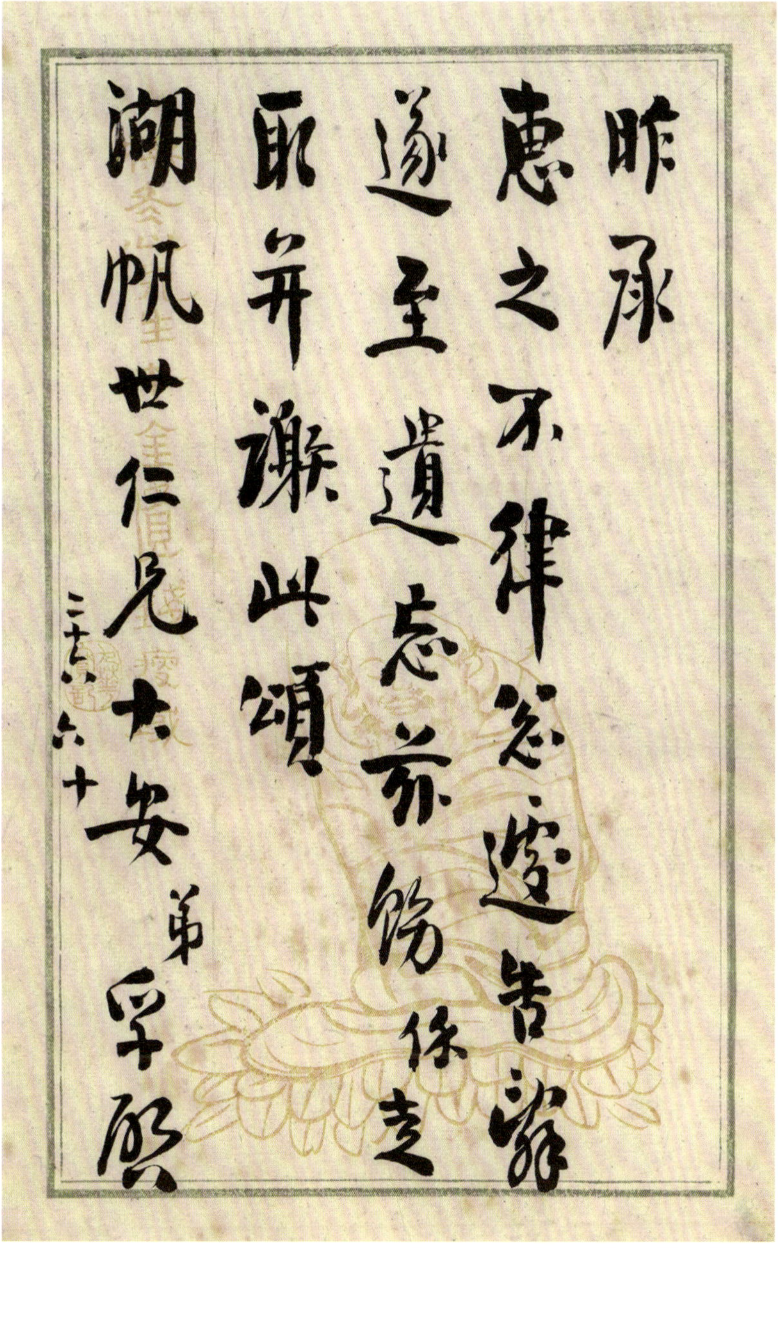

昨承
惠之不律，忽遂告罄，
遂至遺忘，茶傷係之。
取并撰此頌。
湖帆世仁兄大安。弟孚啟
二十六、六、十

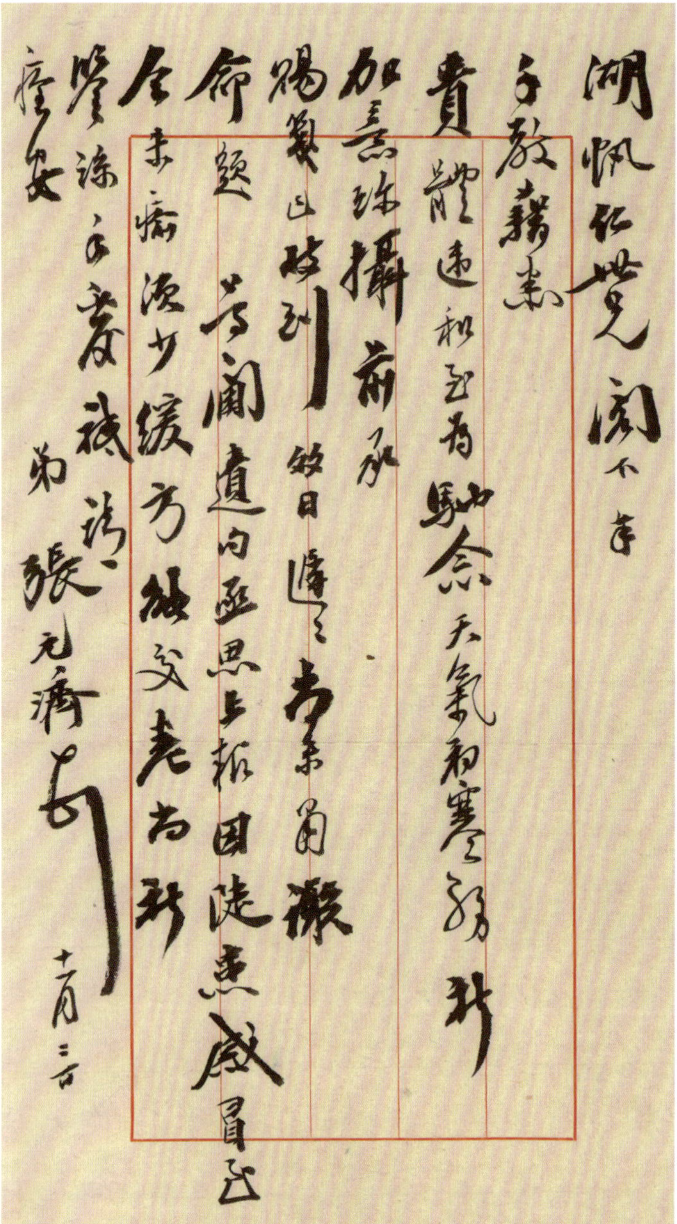

湖帆仁兄閣下：手教藉悉，貴體違和，至爲馳念。天氣初寒，務祈加意珍攝爲荷。賜觀已收到，數日後當奉繳。命題芸閣遺向，亟思早報，因陡患感冒，今未癒，須少緩方能交卷爲祈鑒諒。手此奉復，祗請痊安。

弟張元濟頓首

十月二日

命題

德配遺白泗圖率成二絕敬书

敬正久延慚悚山上

湖帆筆生閣下

弟張元濟頓首

二日十六日

33

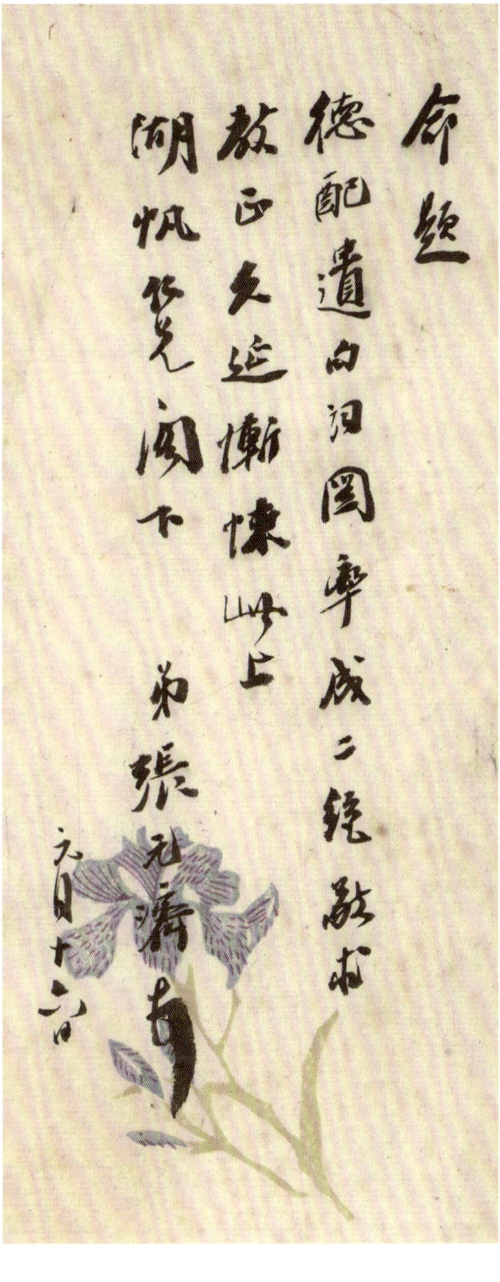

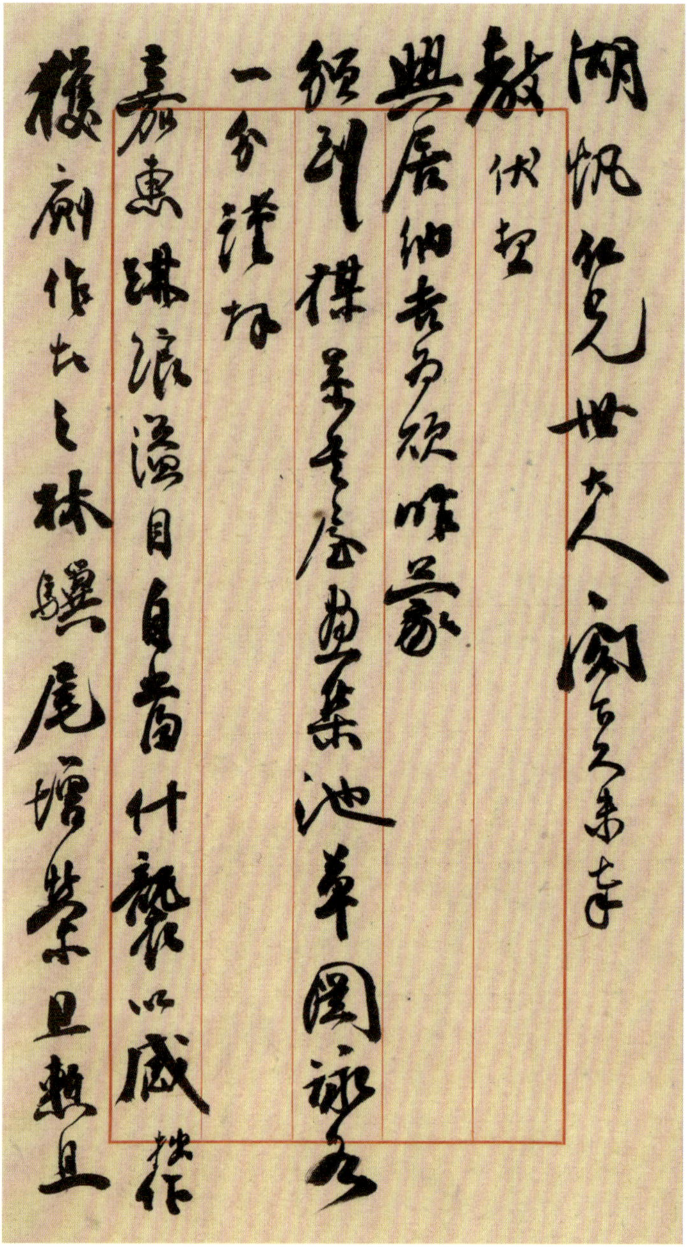
湖帆先生世大人阁下：来牍
敬悉。伏望
興居納吉為頌。昨蒙
頒到楳景書屋畫集、池草圖詠各
一分，謹拜
嘉惠。珠琅滿目，自當什襲以藏。拙作
樸劇作長長林鸞尾壇業且賴且

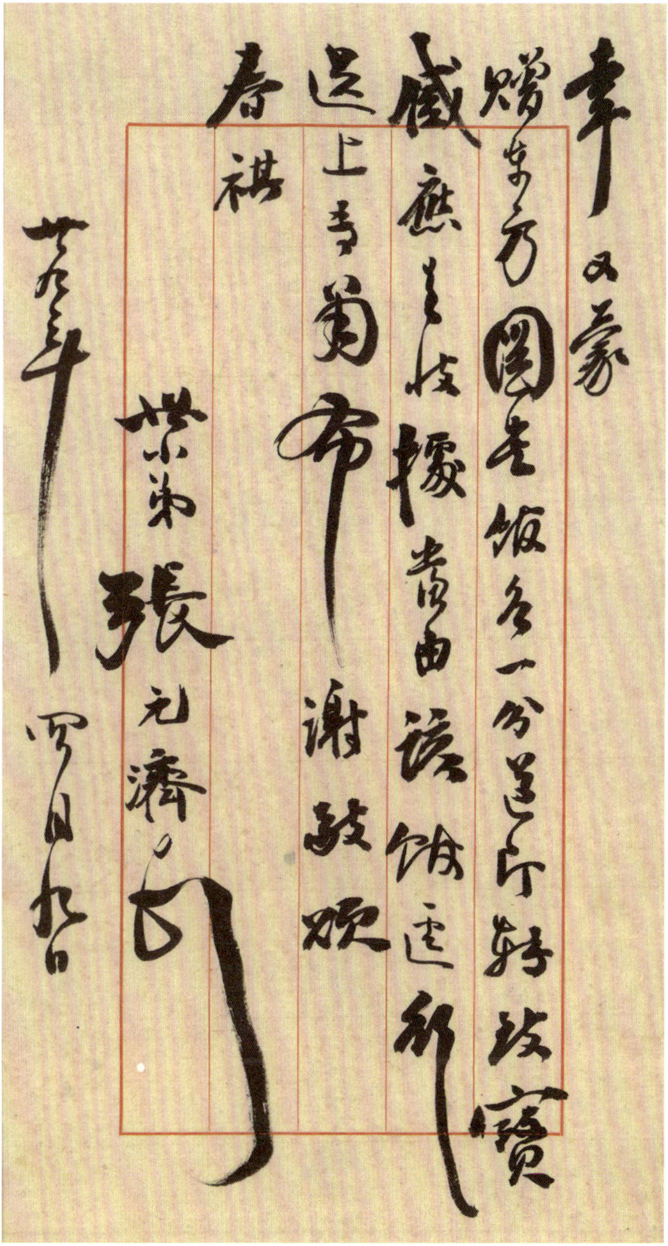

韋又蒙
贈安步圖先施各一分並以特殊寶
感[illegible]據嘗由語備還所
送上壽蜀帝謝鼓吹
春祺
宗弟張元濟頓首
廿五年四月[illegible]日

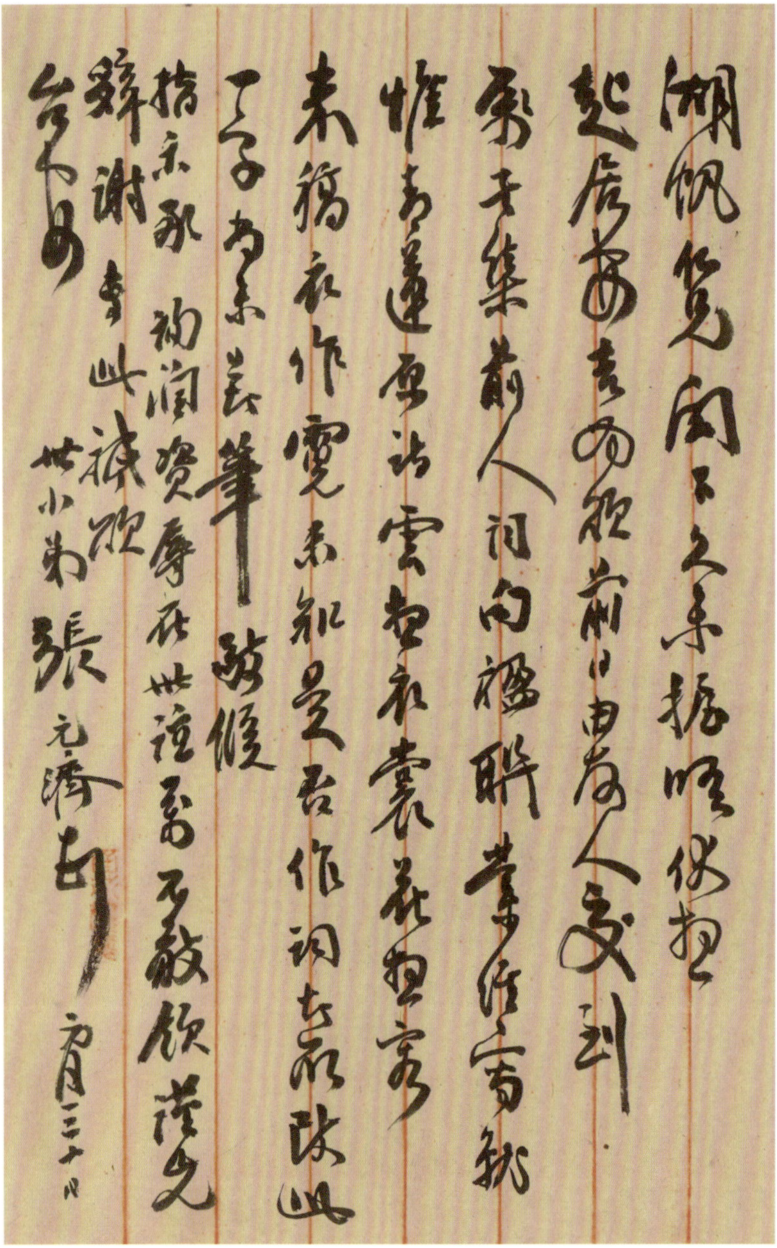
湖帆賢兄閣下：久未握晤，伏想
起居安善為頌。前月由友人交到
尊書集前人詞句楹聯，業經[illegible]就，
惟[illegible]雲[illegible]
未獲[illegible]作[illegible]
[illegible]大筆[illegible]
指示為[illegible]。潤資[illegible]世誼[illegible]不敢領[illegible]
辭謝。專此，祗頌
台安。世小弟張元濟頓首 月二十八

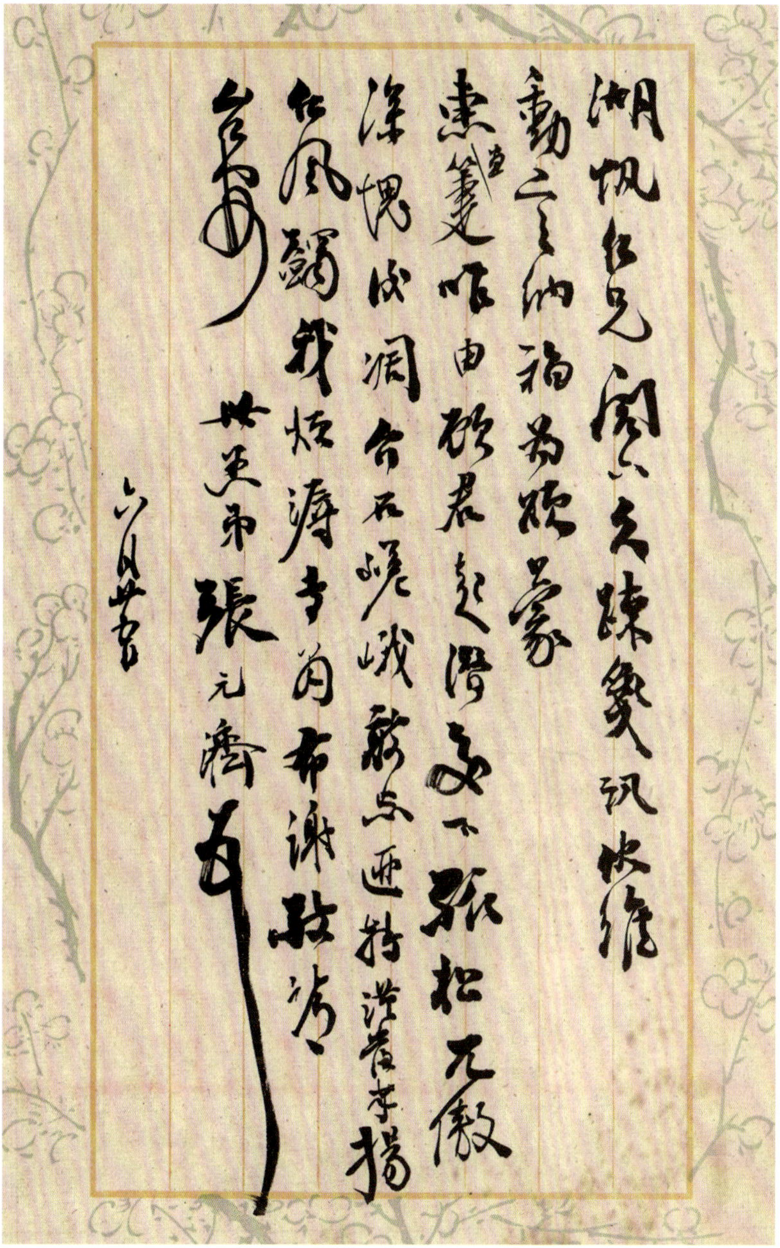

湖帆仁兄閣下：久疏箋訊，敬維
動止納福，為頌為慰。
惠書箋唯由顧君起潛交下，張松元徽
深愧收洞含石嶢峨，戲點遲特謹肯李揚
紀風獨我，煩濟寺前布謝，敬請
台安。
世愚弟張元濟頓首
六月廿二

昨申刻趨謁先生不值
東頒新著冊珠集拜登登袂謝悉頃晤注
拙摩勒為靴以塵再細繹淳本謝忱順頌
春祺
湖帆仁兄覺閣下
弟 張元濤頓首

湖帆仁兄覺閣下久未詣法候往
聆誨為悵初夏安師偶來奉晤
宗慶世兄歎斯世之道途迥
左右在邇邇來國初夏之音
教益時先容偶屬家
邇見威芳不抵塵此政
即安
蕪弟 張元濤頓首

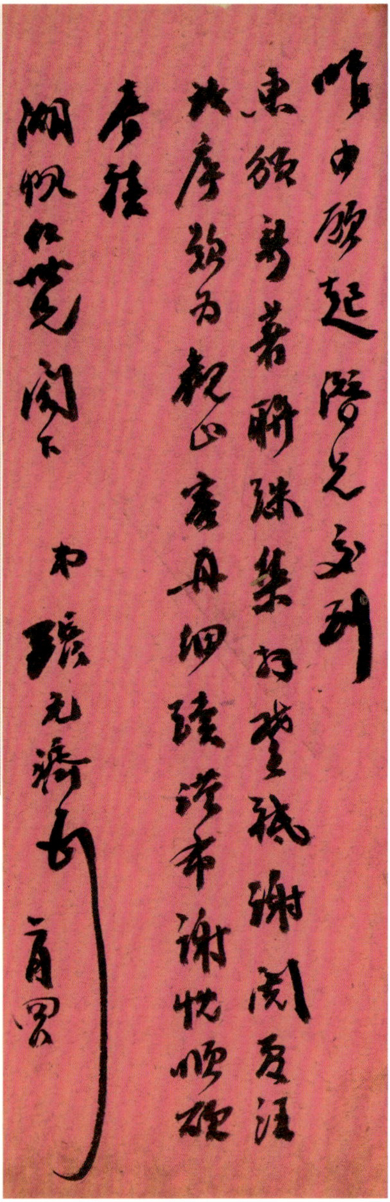

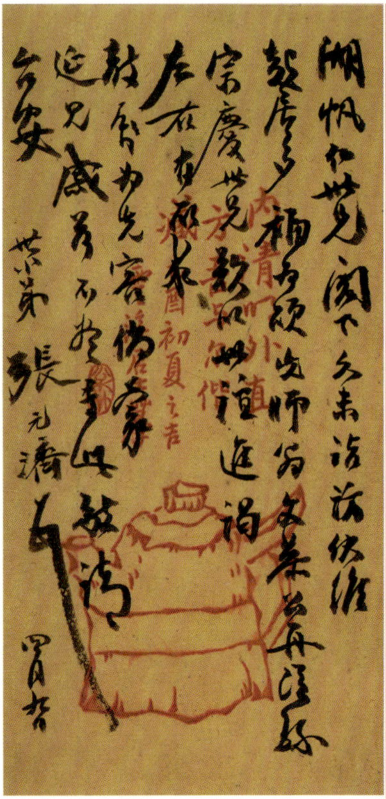

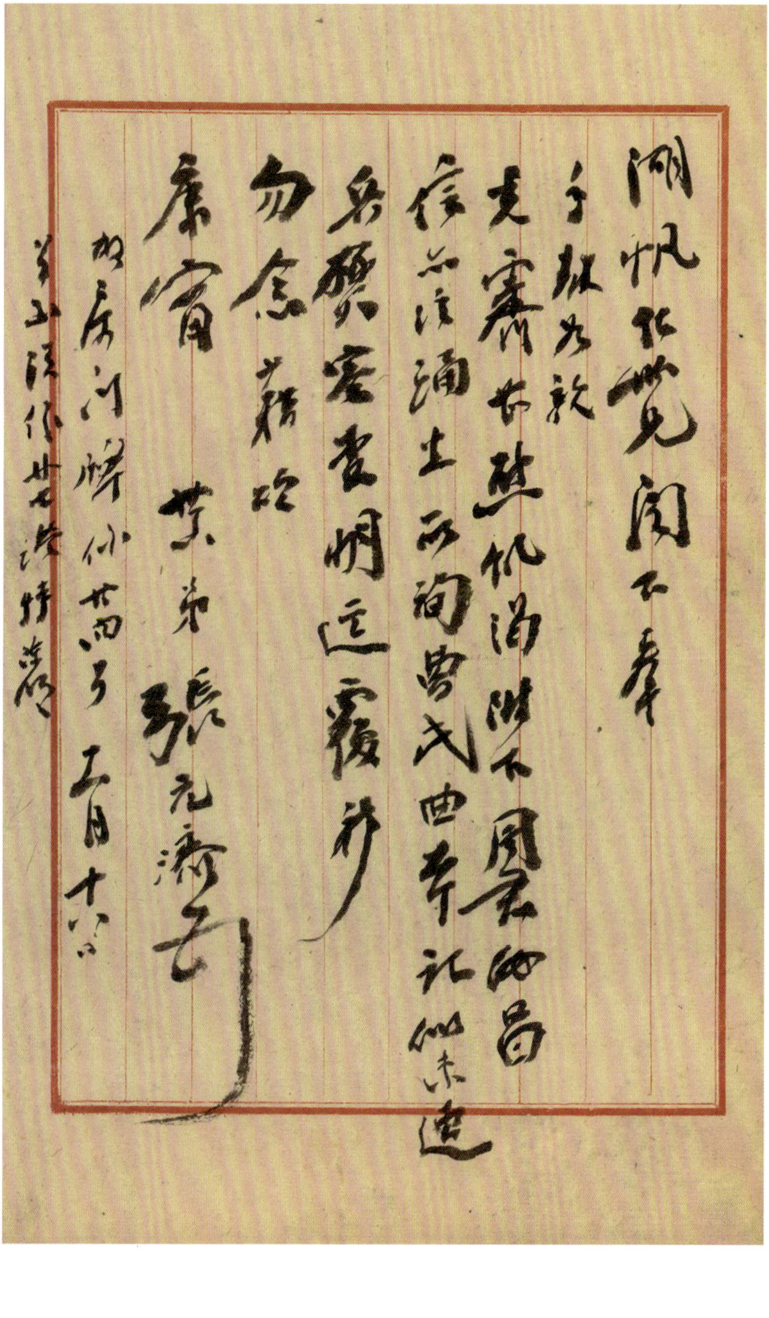

湘帆社長閣下：奉
手教敬悉。
先寄長慈仙湖滸下周君的昌
轉示該誦生所詢曹氏典章記似未遑
發揮，容當再詳述覆於
勿念。藉頌
康甯。 弟張元濟頓首 五月十六

庞元济（1864—1949）

狄葆贤（1873—1941）

杨廷栋（1878—1950）

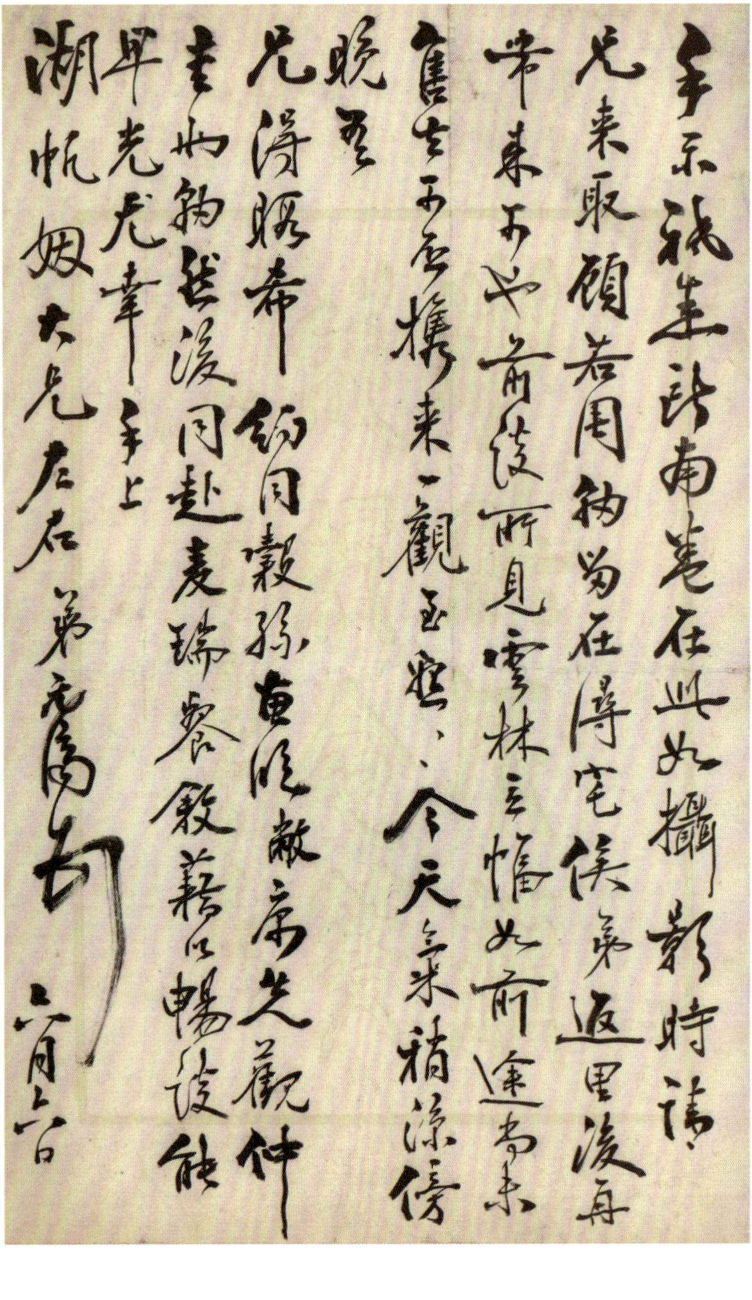
手示敬悉。許南庵在此，如攝影時請
先來取。頃若用鈎摹，在得宅候，弟返里後再
帶來可也。前後所見雲林三幅，如前途帶來
售去，可否攜來一觀，至感至感。今天氣未稍涼，倘
暇至
先得暇，希 約同穀孫、董維敝處先觀，仲
書兩鈎，然後同赴麥瑞餐飯暢談，能
早光尤幸。 手上
湖帆姻大兄左右 弟[illegible]頓首 六月六日

送上項礼彰李花绢竹毫请
先題籤如有興再加一渡跋尤妙
扇頁求
大筆繪和尔圖項溪為郵今
检得雲林詩笺两毫便中布
臥觀手上
湖帆兄足左右　某元高頓首

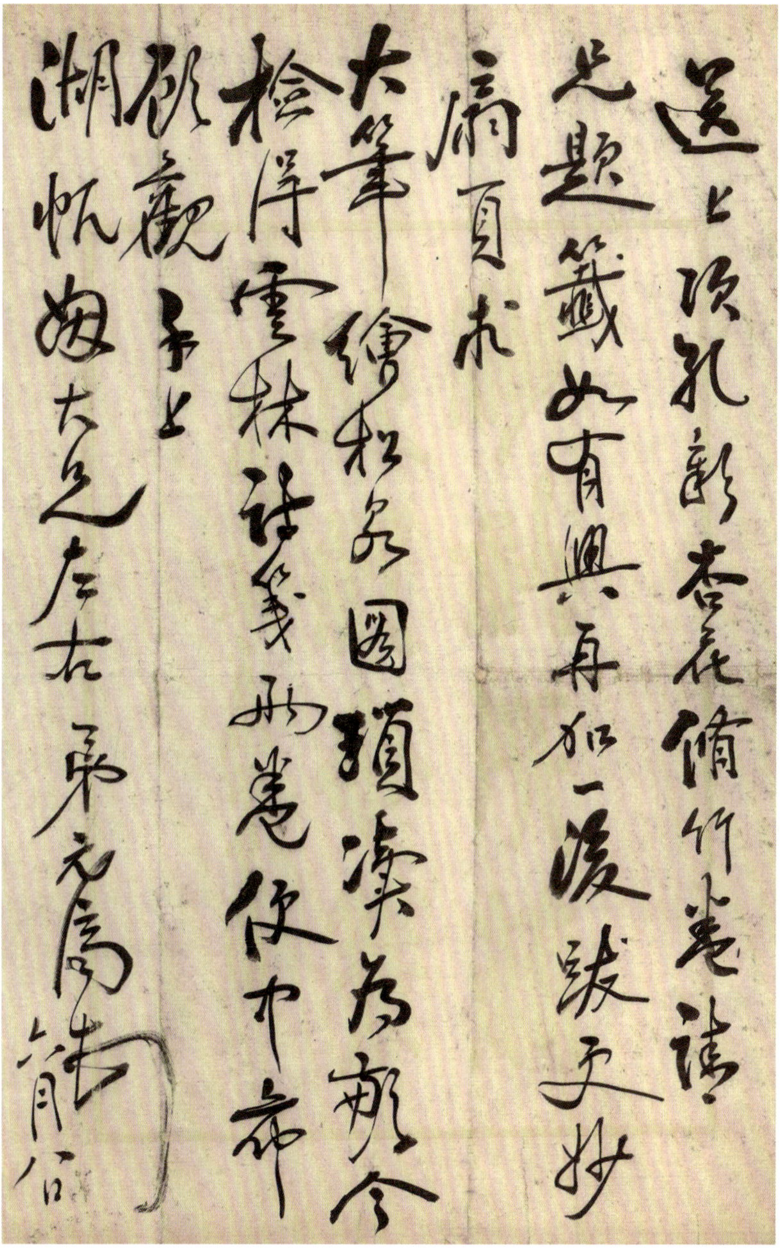

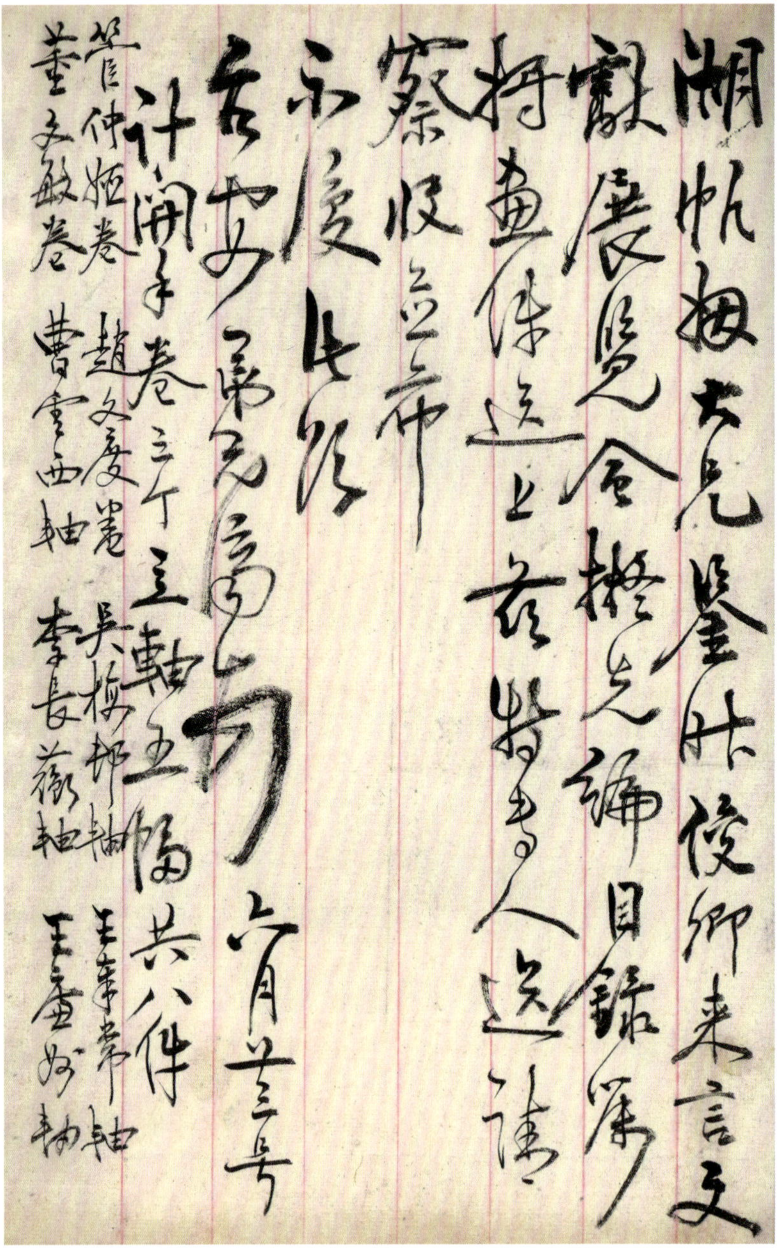

湖帆姻大兄鉴：昨俊卿来言文獻展覽會擬之編目錄序，將畫係送上，茲特專人送請察收，並希示復。此頌台安。弟□□頓首。六月廿三日

計開：手卷三件，立軸五幅，共八件。

瞿仲恆卷　趙文度卷　吳梅村軸　王雅宜軸

董文敏卷　曹雲西軸　李長蘅軸　王孟端軸

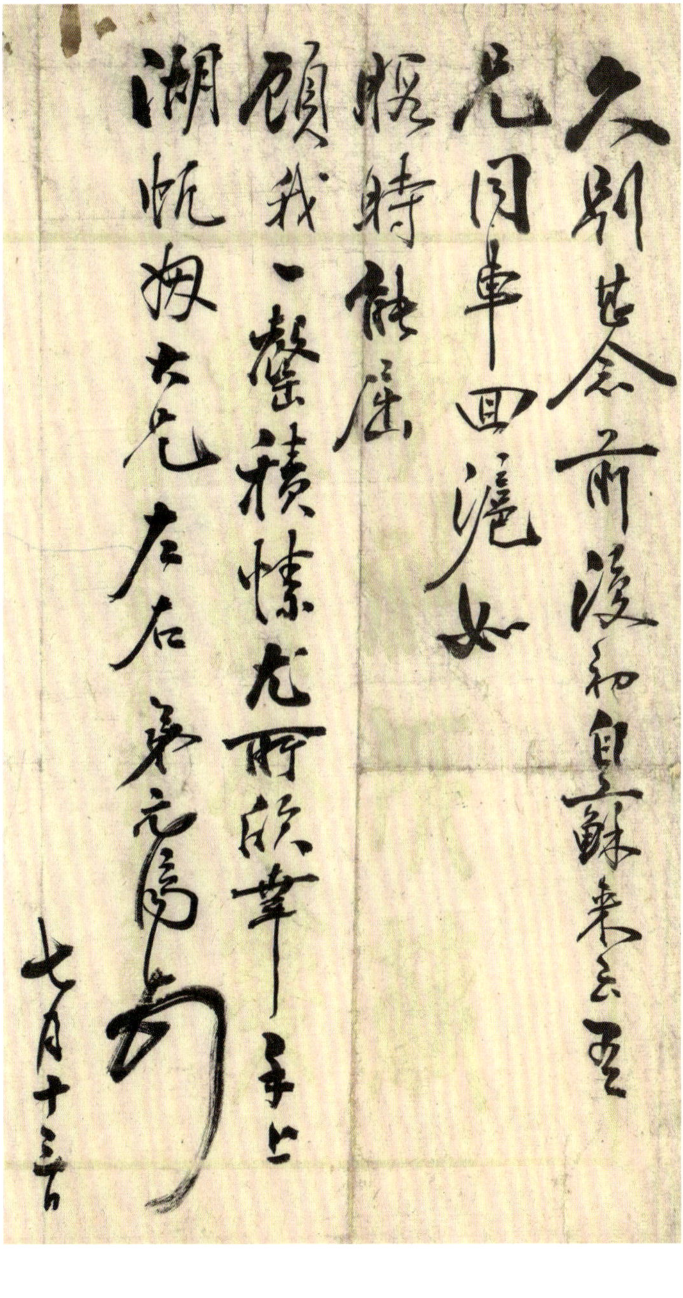
久别甚念，前復和尚自蘇來云
兄同車回滬，如
暇時能往，
頒我一聲，積愫尤所欣幸。手上
湖帆姻大兄左右　弟元亮
七月十三日

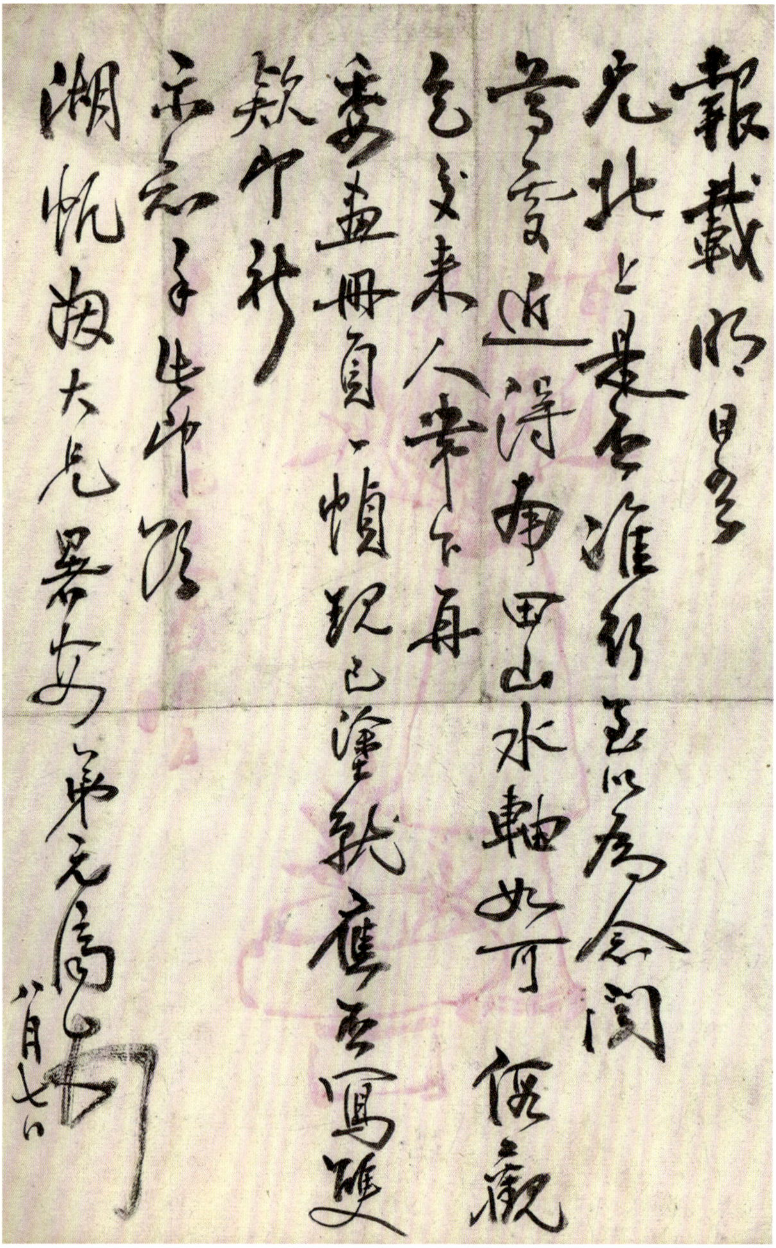

報載昨日
兄北上，是否准行，甚以為念。閲
曾賓谷近得南田山水軸，如可假觀，
乞交來人帶下，再
委畫冊頁一幀，現已塗就，應再寫題
款即行
示知。手此，即頌
湖帆仁兄大人暑安。弟元[illegible]頓首
八月七日

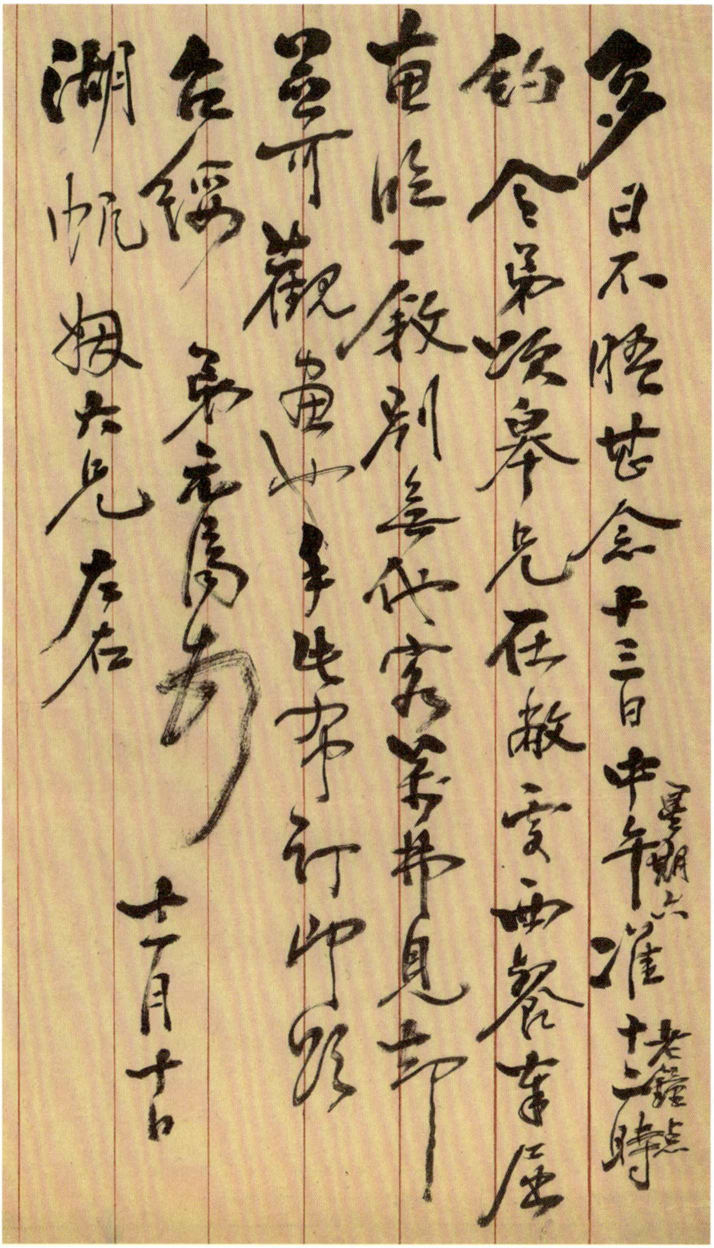
多日不晤甚念十三日中午准十二時（星期六老鐘点）
約令弟頌皋兄在敝寓西餐亭便
飯後一叙別無他客兼帶見示
墨寶可觀畫如手民印行即
台綏　弟元高方
湖帆姻大兄左右
十一月十日

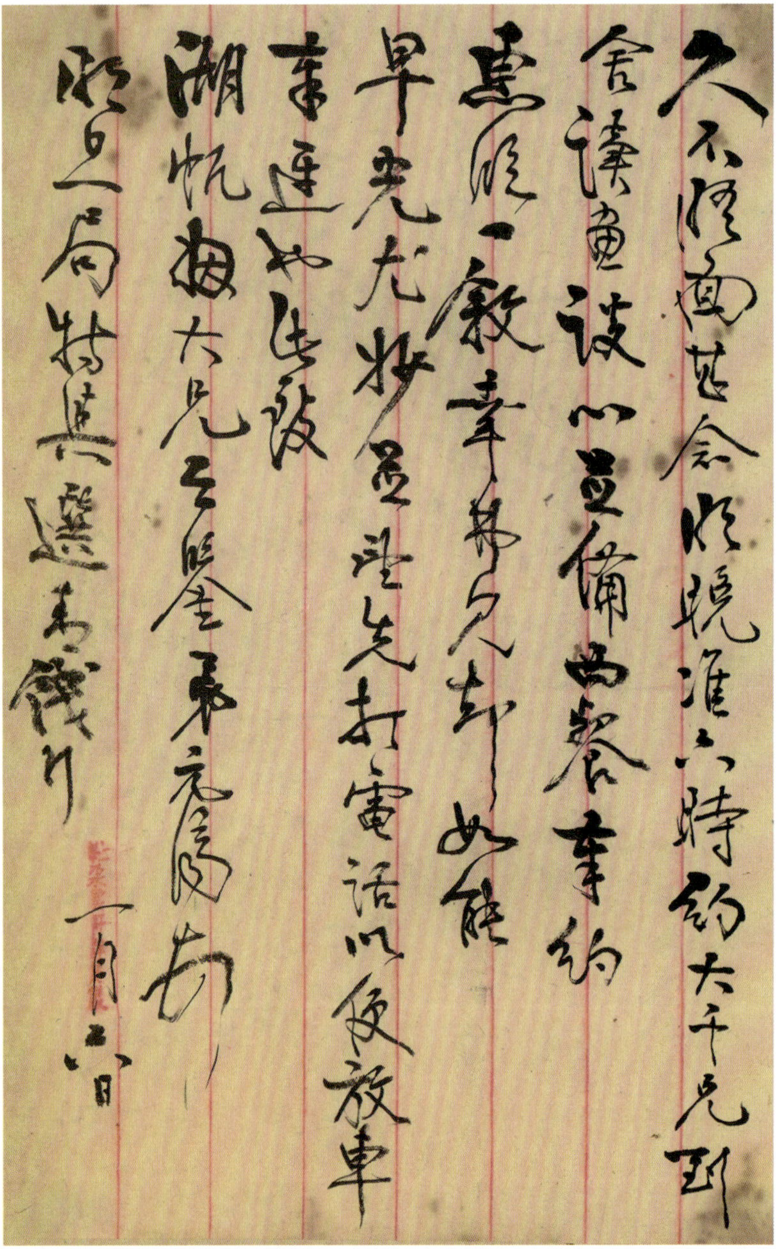
久不晤面，甚念。昨晚准六時約大千兄到
舍談畫談心，並備西餐，季約
惠臨一敘，幸勿見却，如能
早光尤妙。君璧先生亦電話以便放車
奉迓也。此致
湖帆姻大兄 [illegible]
暨夫人 [illegible]
[illegible] 一月廿六日

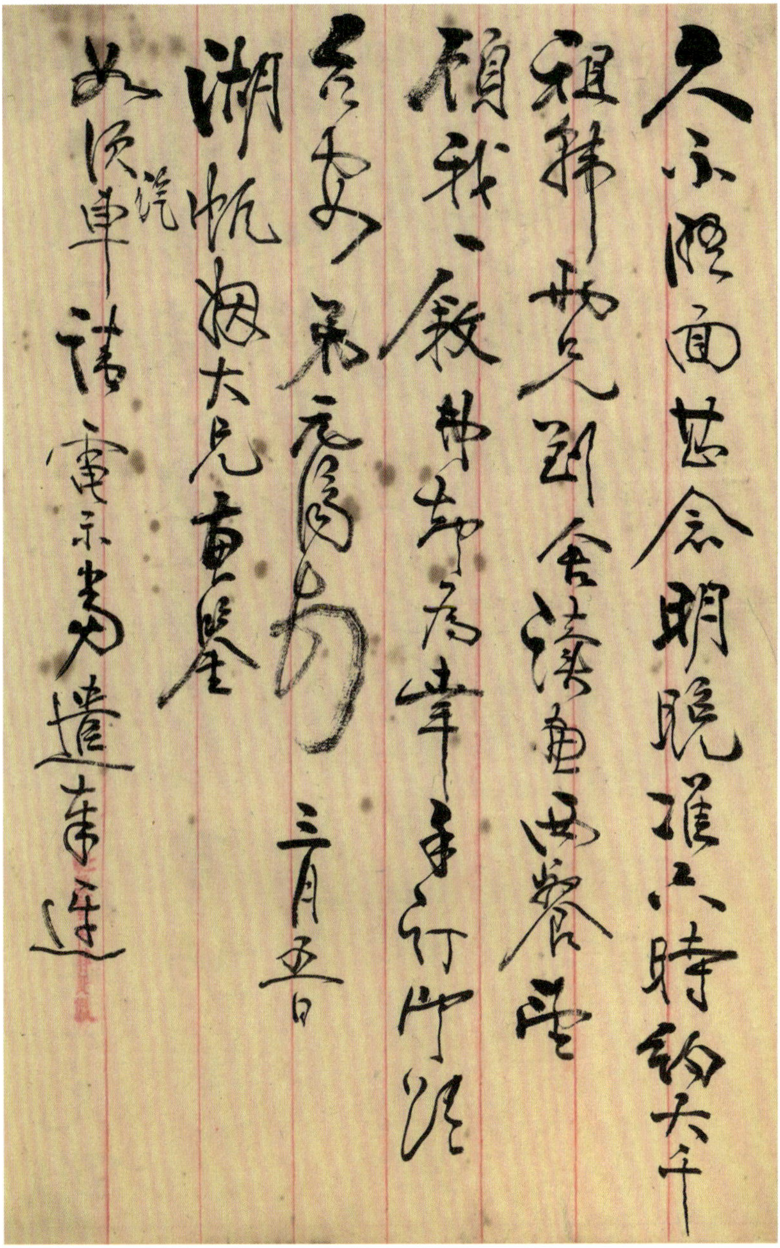
大示誦悉甚念明晚准六時約大千
祖韓兩兄到舍談畫並餐便
飯我一敘務希惠臨為幸手此即頌
春安 弟元濟
湖帆姻大兄同鑒
三月五日
如須車請
電示為遣車來迎

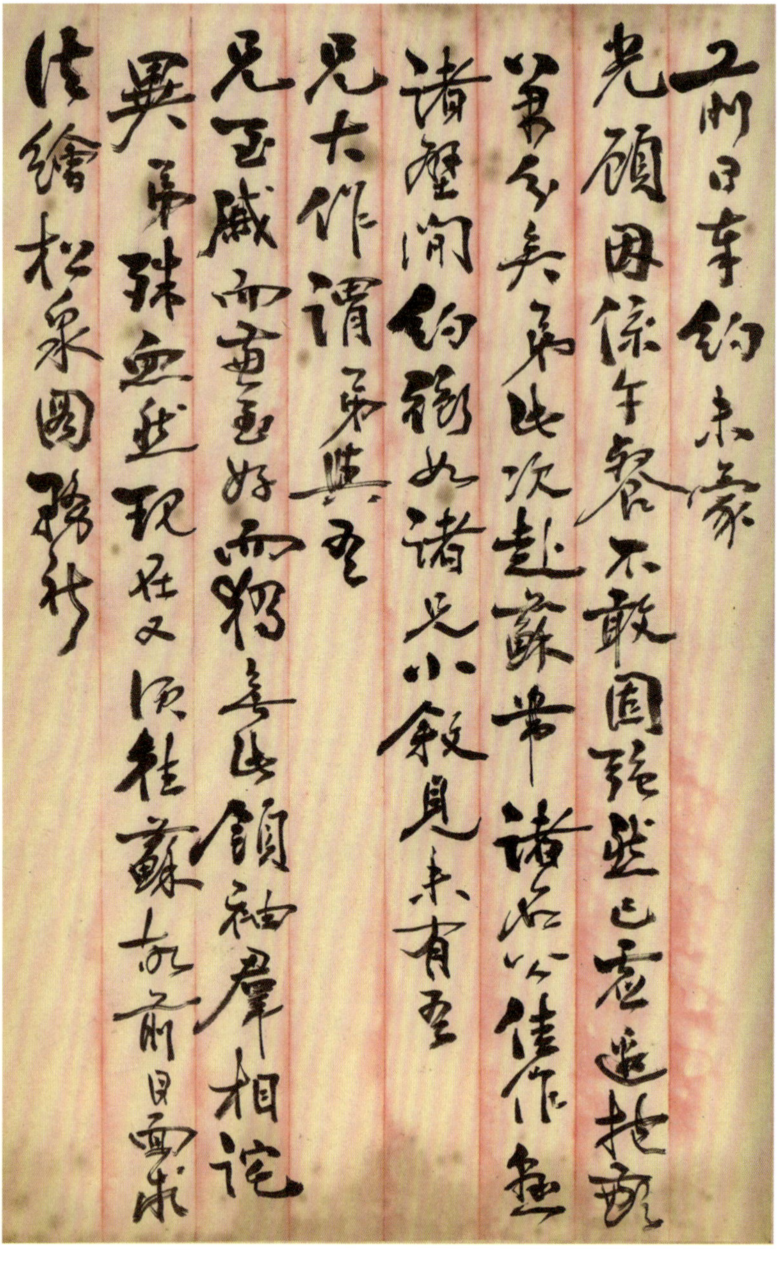

前日專約未蒙
光顧，因係午餐不敢固強，然已虛邀，抱歉
萬分矣。弟此次赴蘇，帶諸名公佳作畫
諸壁間，約衡如諸兄小敘，見未有吾
兄大作，謂弟與吾
兄交臧而畫好而獨無之，領袖群相詫
異，弟殊無以現，在又須往蘇，故前日要求
法繪松泉圖，務於

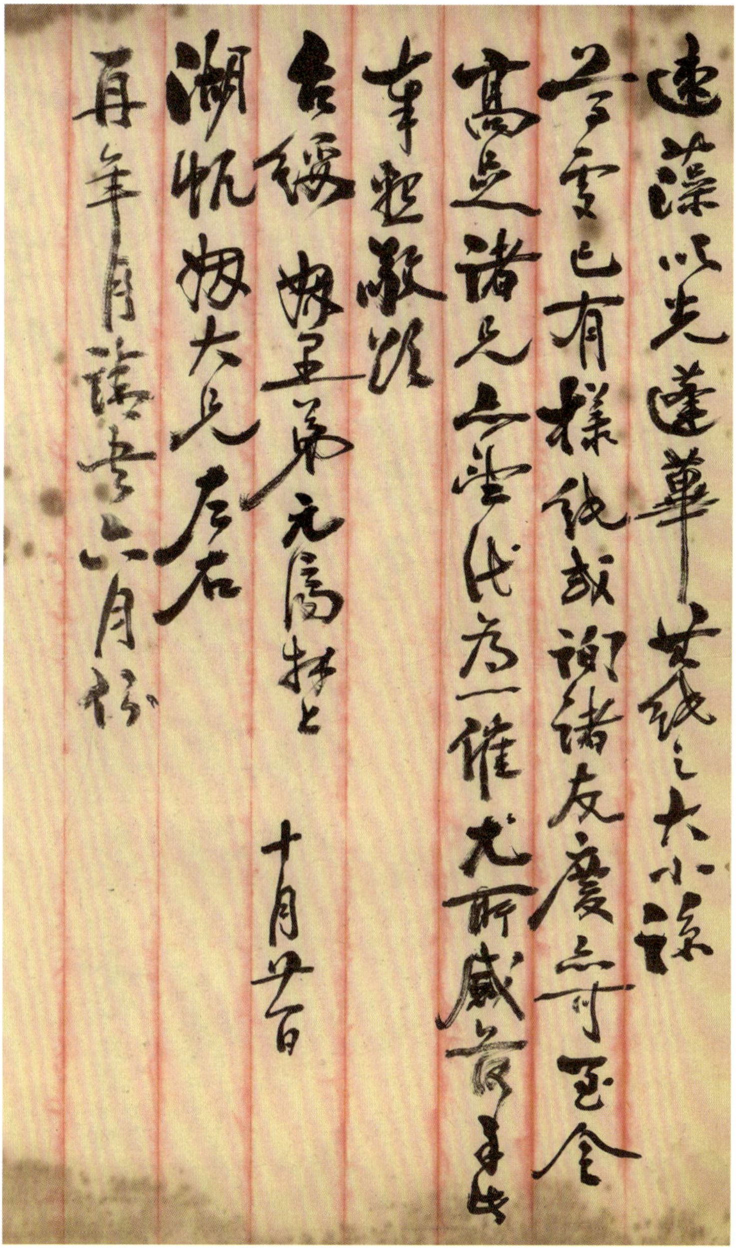
速藻以先蓮華一女紙之大小諒
亦雲已有樣紙或謝諸友處亦可至今
高足諸兄亦出代為一催尤所感荷耑此
奉懇敬頌
台綏 弟王第元頓首
十月廿日
湖帆仁兄大人左右
再年月請亦六月初

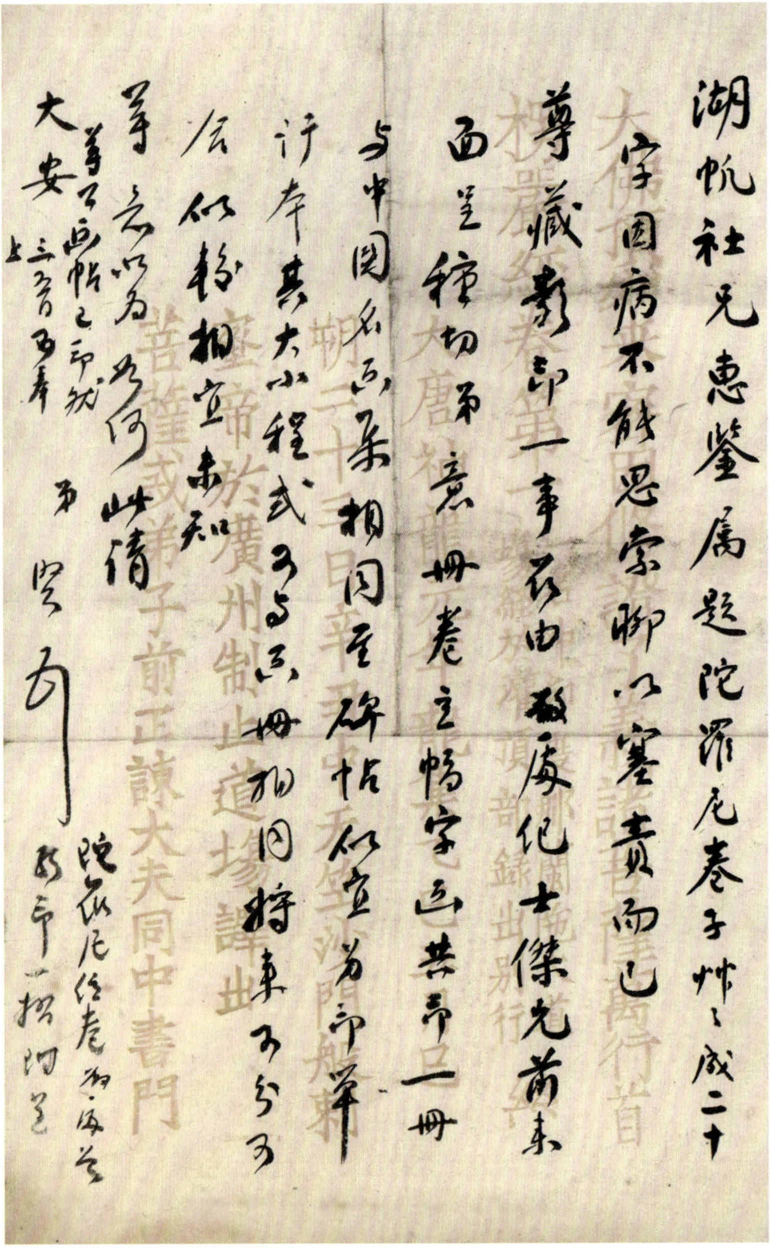

湖帆社兄惠鉴：属题陀罗尼卷子，草草成二十字，因病不能思索，聊以塞责而已。尊藏影印一事，已由敝处纪士杰先生前来面呈种切。弟意册卷立幅宜照其原式，一册与中国名画集相同；至碑帖似宜另印单行本，其大小程式可与画册相同，将来可分可合，似较相宜，未知尊意以为如何。此请

大安

尊卷已帖之印款

弟 贤 有 上 三月五日奉

陀罗尼经卷初·次卷 敬奉一份阅览

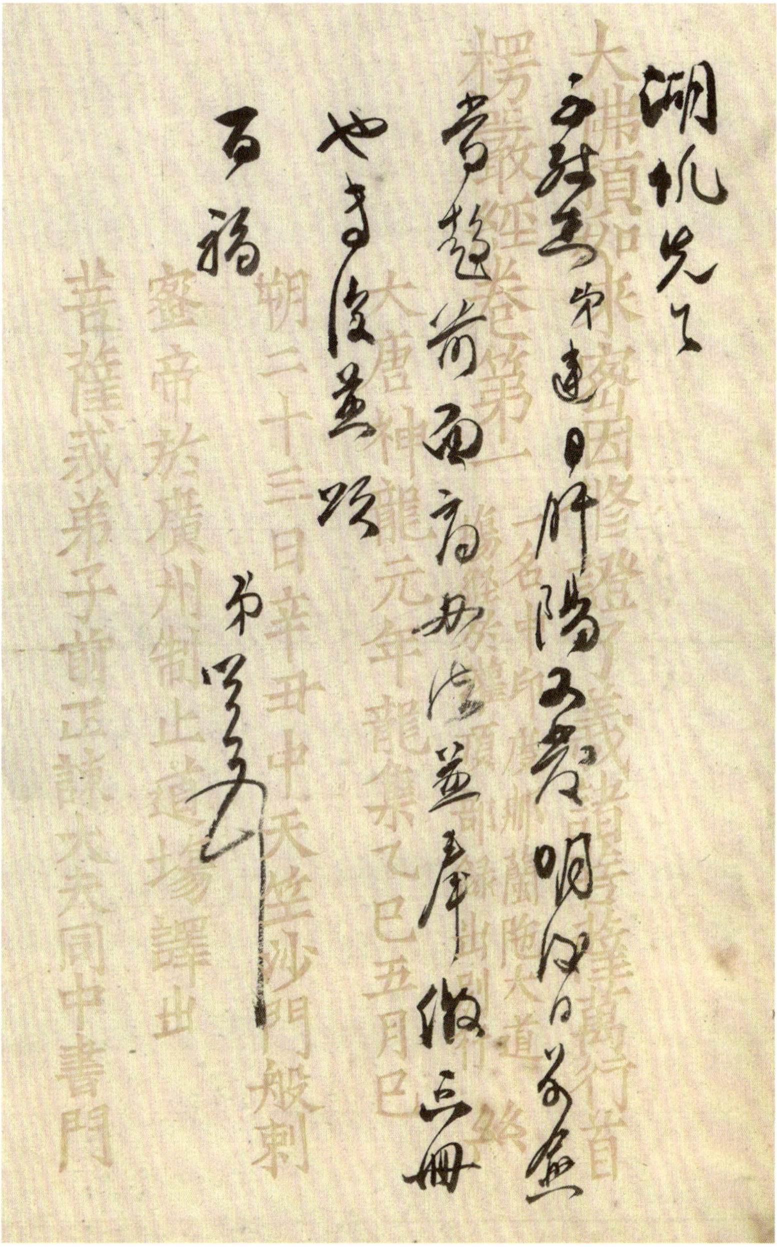

大佛頂如來密因修證了義諸菩薩萬行首
楞嚴經卷第一
大唐神龍元年龍集乙巳五月己
蜜帝扵廣州制止道場譯出
菩薩戒弟子前正諫大夫同中書門

湖帆先生
云云正是昨夜扵陽□□明□□□□
昔趙前両高林涅盤摩像□云冊
やまけい益明

朔二十三日辛丑中天竺沙門般剌

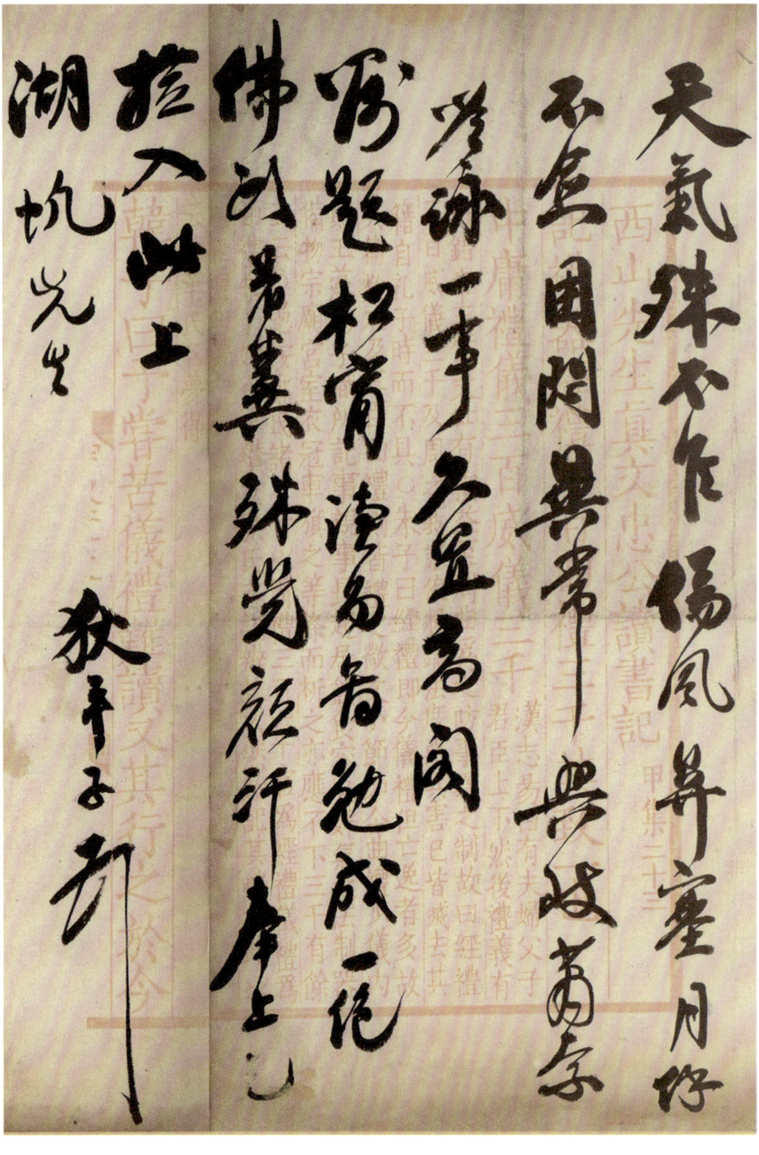
天氣殊不佳，傷風鼻塞，月餘不適，困悶異常，無從寫字，唯詠一事，久置高閣。承題松筠澹菊圖，勉成一絕，錄於箋尾，殊覺顏汗。肅此上陳，即頌
湖帆先生
叔平手上

湖帆先生侍右久違

清誨企念不可状

比者屡徵一丈旹也

即以復之是幀多蒙

假臨觀久已装成傾

慕乞於赏日到我便面

一面附儐人帶呈為禱

另快雪元次冊更為

為快雪元次冊更為

陶心如兄弟教正不宣

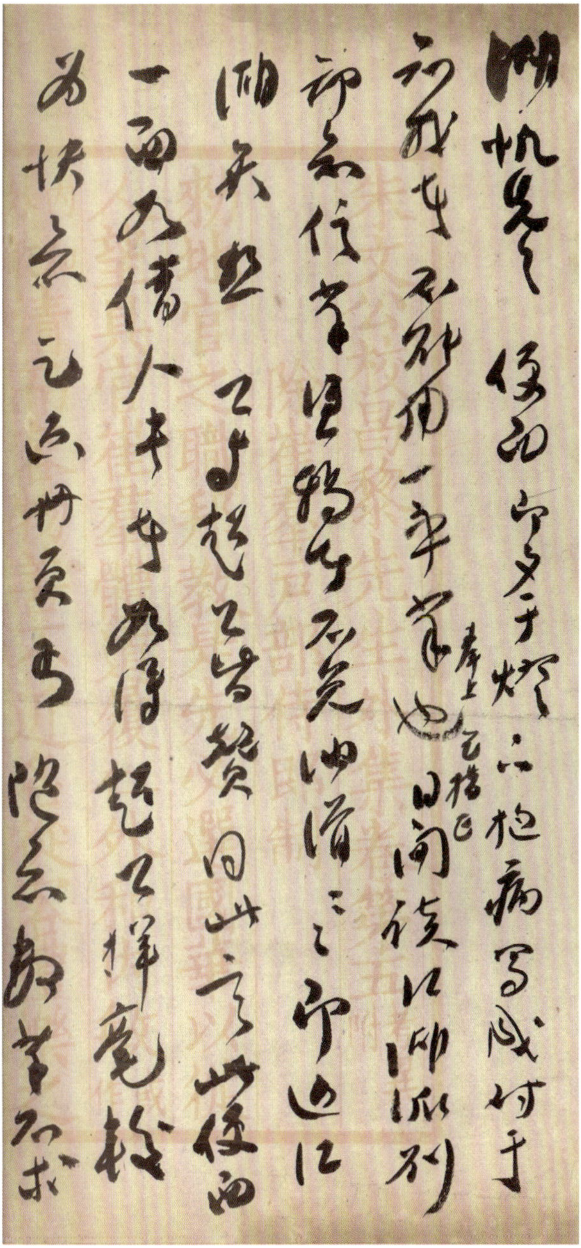

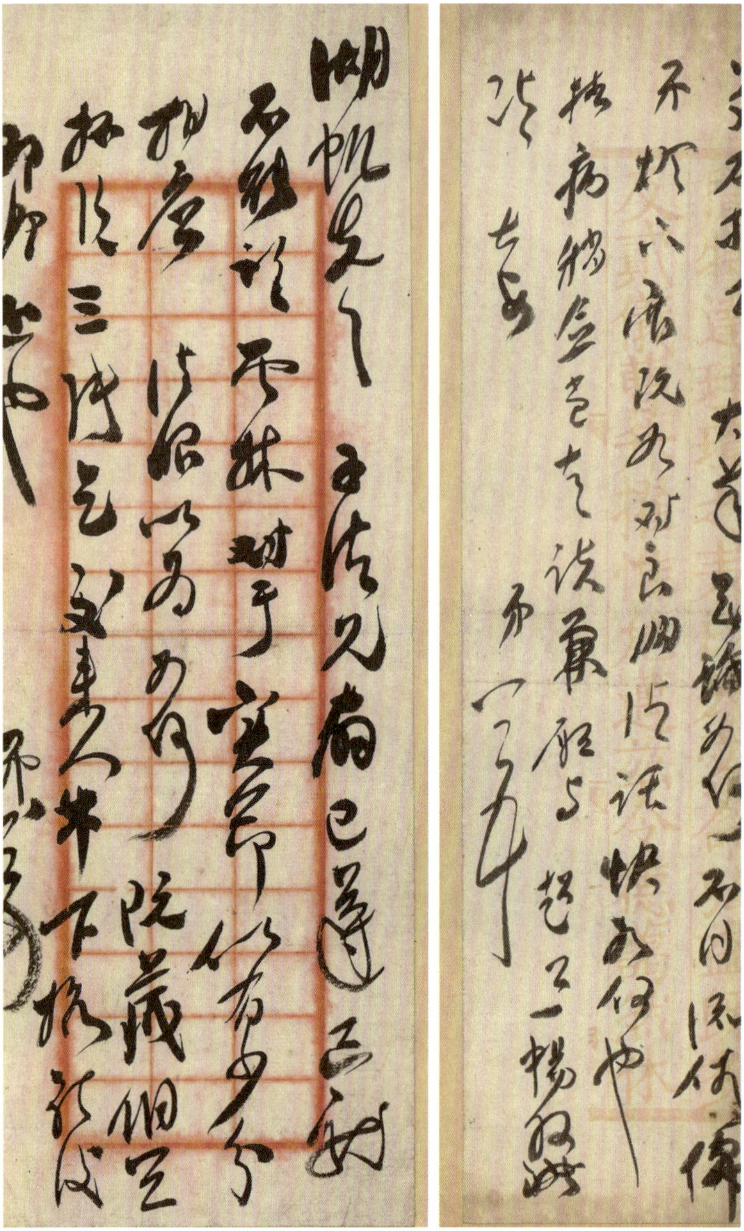

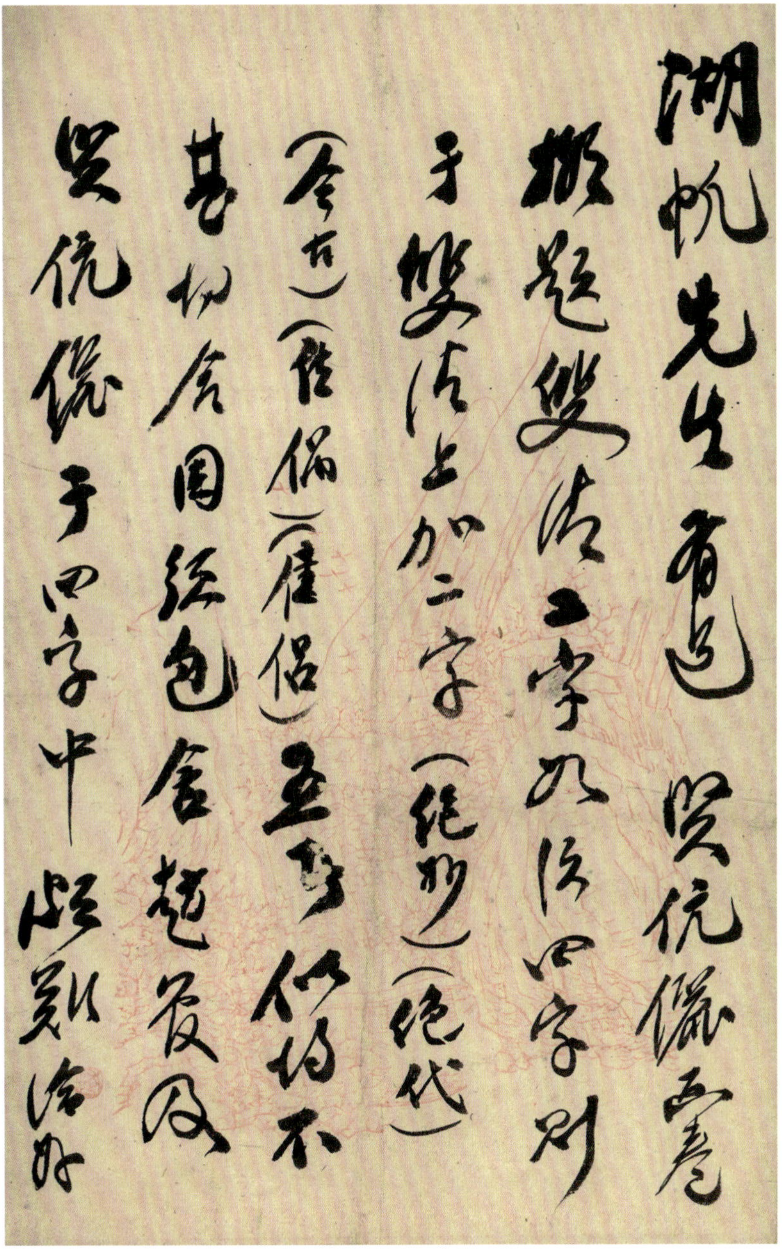
湖帆先生有道　賢伉儷畫卷
擬題雙清二字及擬四字別
于雙清上加二字（絕妙）（絕代）
（今古）（佳偶）（佳侶）互易何如不
甚切合因絕包含較寬泛
賢伉儷于四字中　選定洽好

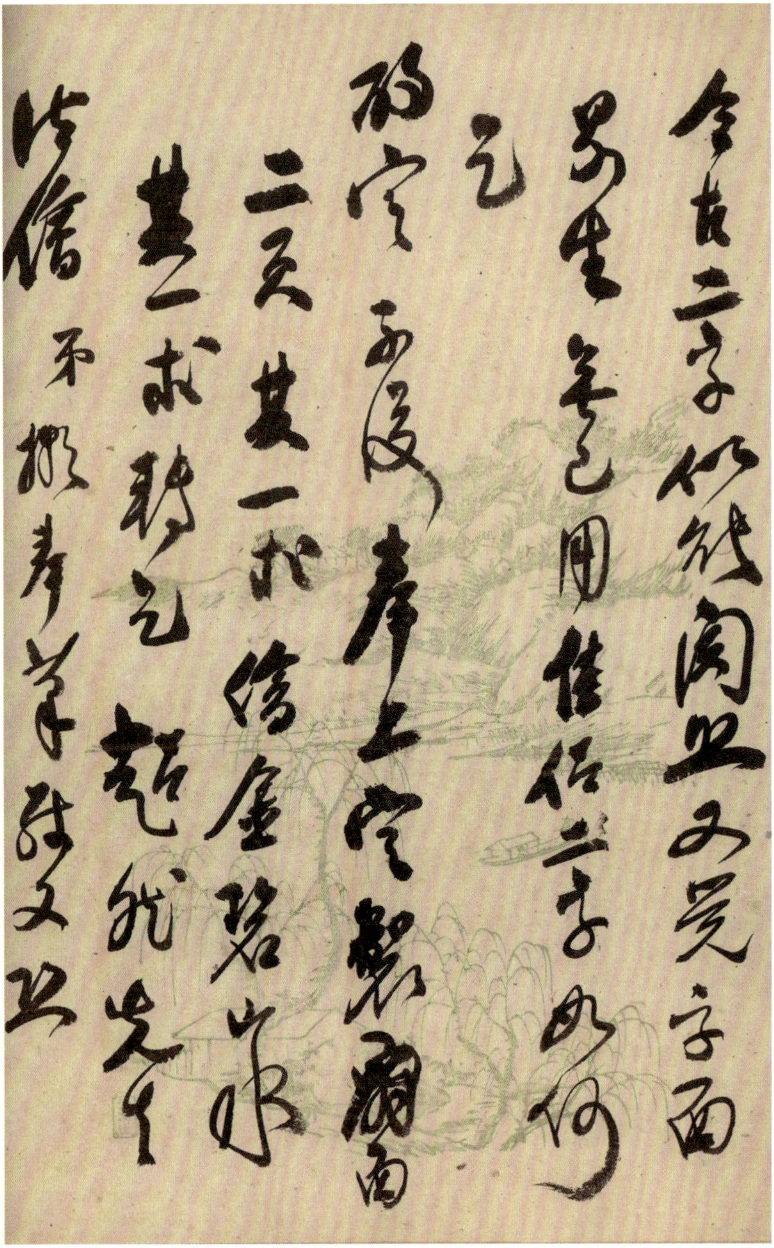

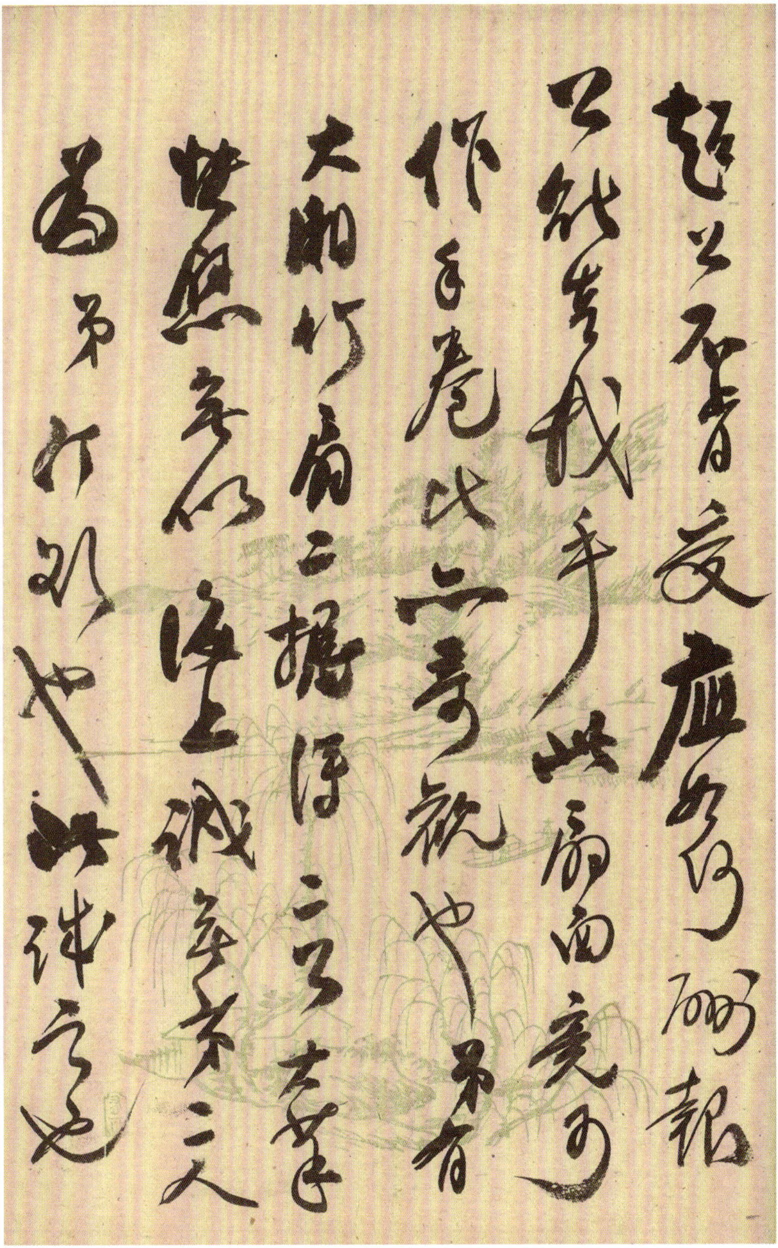

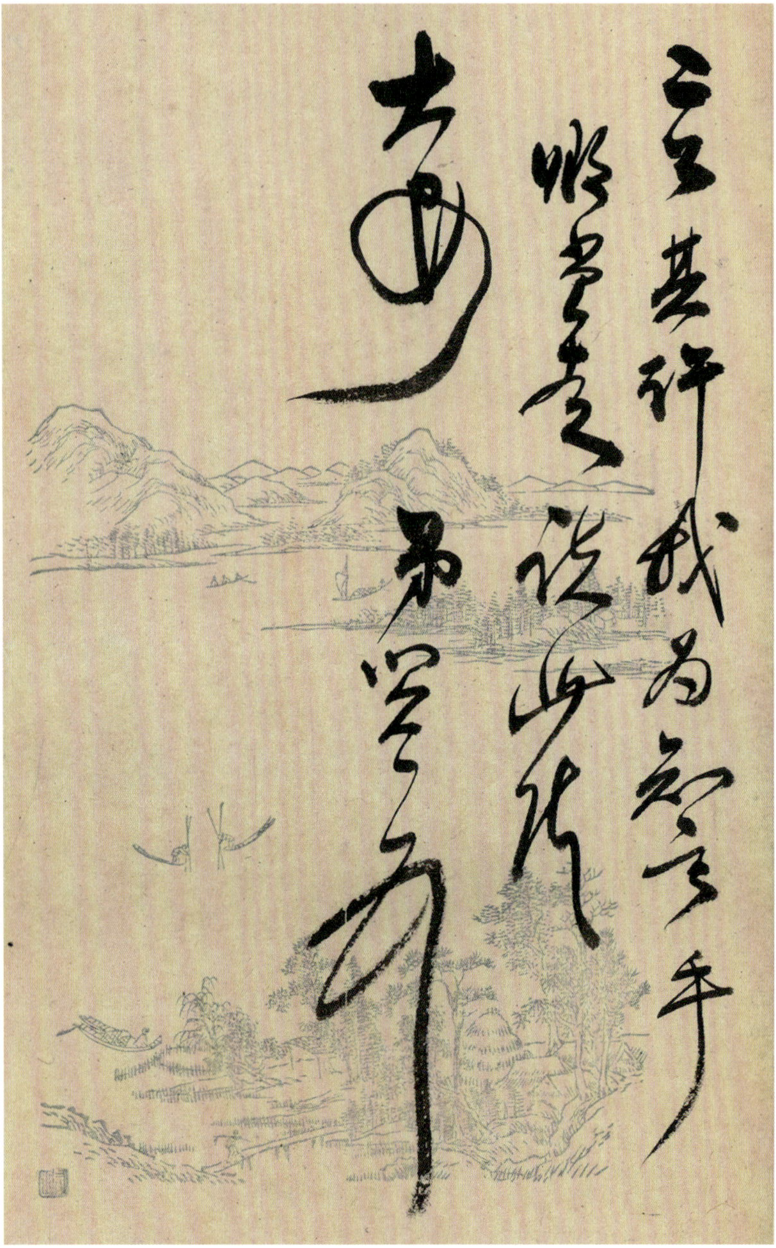

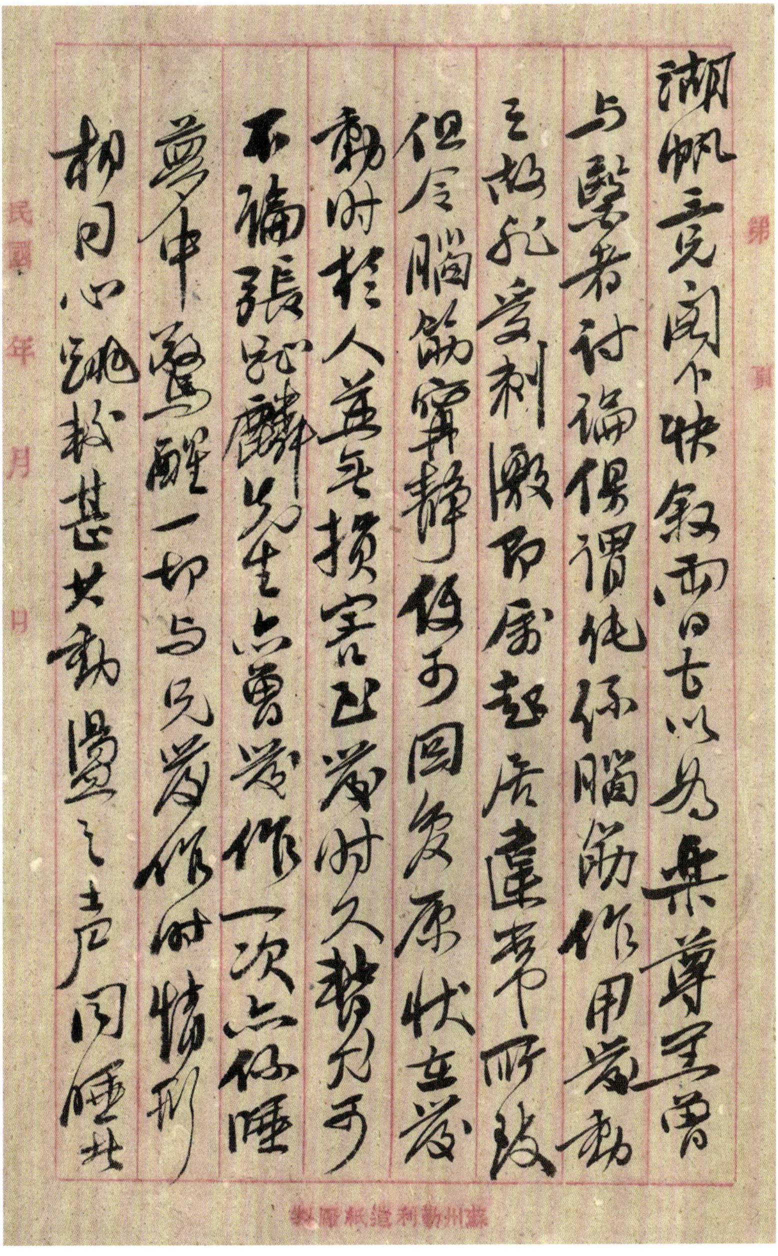
湖帆吾兄閣下：快叙两日，甚以為樂。尊呈曾與醫者討論，渠謂純係腦筋作用，當動之極，而受刺激，即屬起居違常所致，但令腦筋寧靜，便可回復原狀。在當動時，於人並無損害，此當時久暫則可不論。張紀（繼）麟先生亦曾當作一次，亦係睡夢中驚醒，一切與兄當作時情形相同，心跳殊甚，其動盪之聲，同睡者

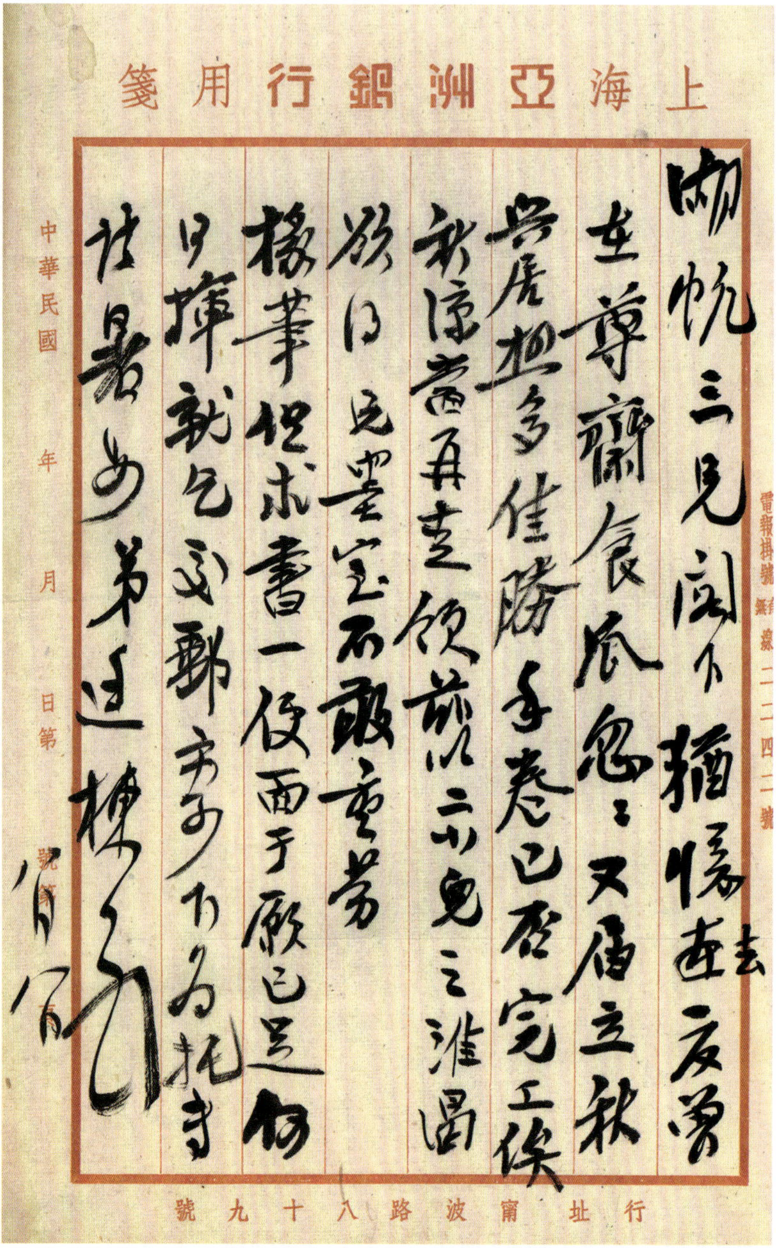

上海亞洲鋁行用箋

湖帆三兄閣下：猶憶去夏曾
在尊齋良辰，忽忽又屆立秋。
安居想多佳勝，手卷已否完工？俟
新涼當再走領，並以示兒之淮圖
欲得兄墨寶，不敢重勞
椽筆，但求書一段，而于願已足。何
日揮就，乞示，郵寄下爲托，特
祉君安。弟述棣頓首
八月[illegible]

中華民國　年　月　日第　號第　頁

電報掛號二二二四二號

行址甯波路八十九號

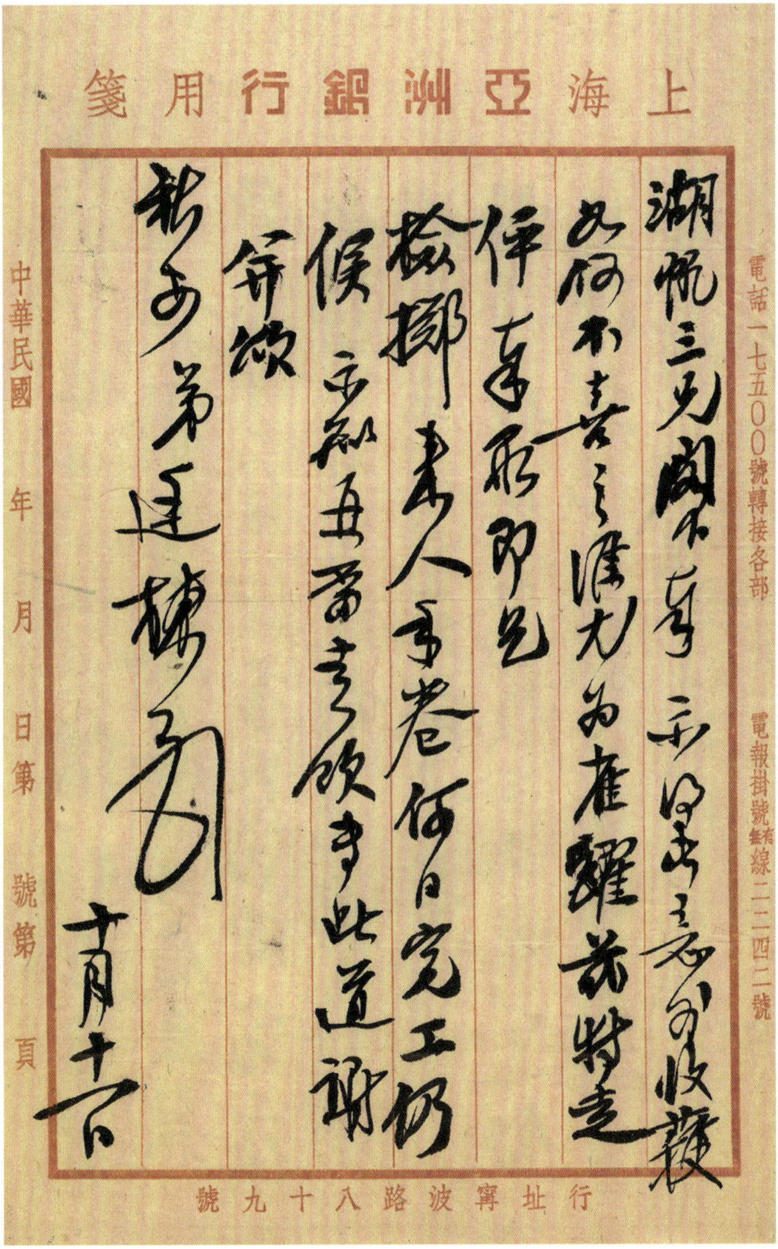

上海亞洲鋁行用箋

湖帆三兄閣下：奉示，得悉吾兄又得收穫，如何不喜之至，尤為雀躍。茲特遣伻奉取，即乞檢擲壽人手卷。何日完工，仍候示知，并留意書頁，來此道謝。并頌

秋安

弟廷棟頓首

十月十日

中華民國　年　月　日第　號第　頁

電話一七五〇〇號轉接各部

電報掛號（有線）二一二四二號

行址寧波路八十九號

袁希洛（1876—1962）

程　镳

蔡晋镛

中華軒轅甲子紀元第七十七甲午吳子湖帆哇〻誕生在吳縣同時日本開始侵朝并侵華我華對日乃作戰尊祖清卿我先師率兵入遼飛羽籌英商助日將我定購槍械扣不交約期早過徒發無數電全軍不勝非關我師不盡力卸甲帰開湯餅宴從此含飴弄孫不再出家傳書畫有筆硯此年中山憤恨清政太腐化廣州起義為民先霰韻努力革命奮鬥十七年中華政體乃一變項城袁世凱篡奪人民權蔡鍔討袁雲南起義赴前線洪憲帝制雖剷除軍閥殃民禍國又屢見第七十八丁丑日本大侵華經過八年抗日恢復我禹甸美蔣勝日又禍華我華工農人民鬥爭動全面領

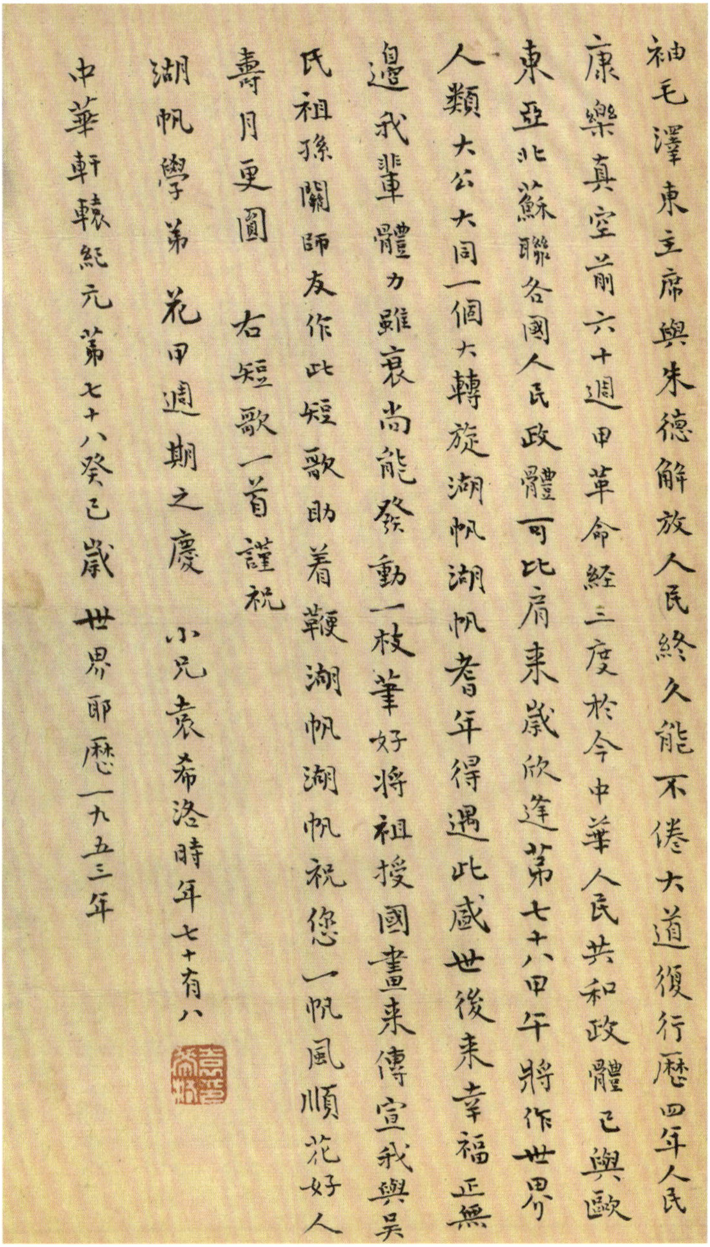

袖毛澤東主席與朱德解放人民終久能不倦大道復行歷四年人民
康樂真空前六十週甲革命經三度於今中華人民共和政體已與歐
東亞北蘇聯各國人民政體可比肩來歲欣逢第七十八甲午將作世界
人類大公大同一個大轉旋湖帆湖帆耆年得遇此盛世後來幸福正無
邊我輩體力雖衰尚能發動一枝筆好將祖授國畫來傳宣我與吳
氏祖孫闗師友作此短歌助着鞭湖帆湖帆祝您一帆風順花好人
壽月更圓 右短歌一首謹祝
湖帆學弟 花甲週期之慶 小兄袁希洛時年七十有八
中華軒轅紀元第七十八癸巳歲 世界耶歷一九五三年

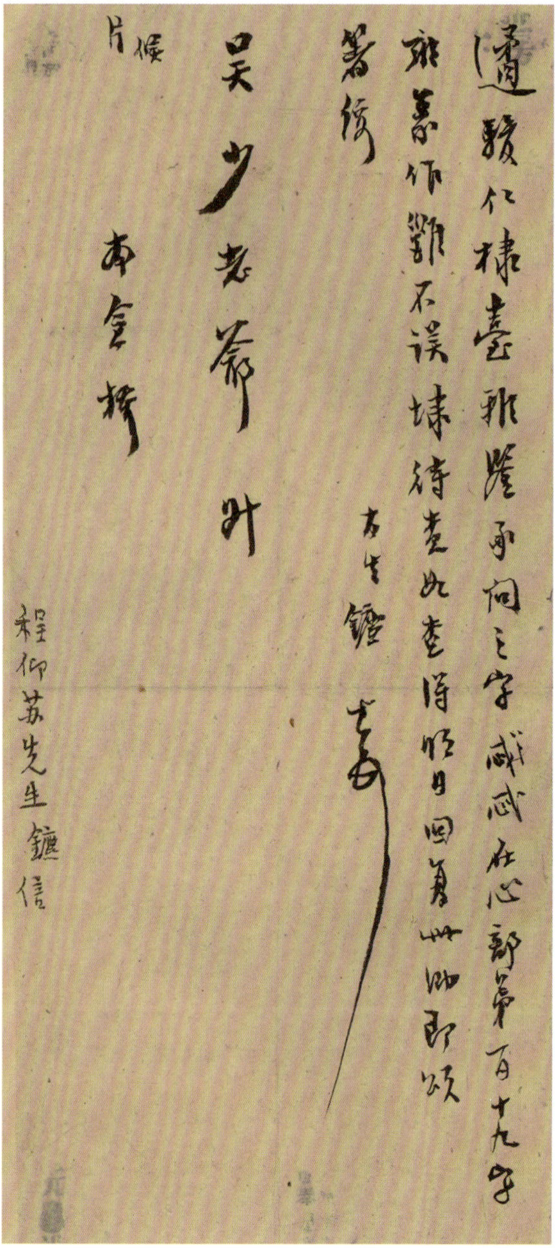
遹駿仁棣臺鑒：承問之字，感感在心。鄙篆百十九字，兹篆作鄦不誤，餘待查，此書得暇日回覆。匆匆即頌
著綏
方生鐘書
吳少老前輩升
南金樓
片候
程仰蘇先生鐘信

程鐘

溯枫詞兄有道左右瞻遲

雅教積有歲年人事

儳然酲言可若每信筆乎

文舊豪詞坐

國史清暇百凡信勝為

昭蒼尉者朦吳生紀

摩來傳而舊題

71

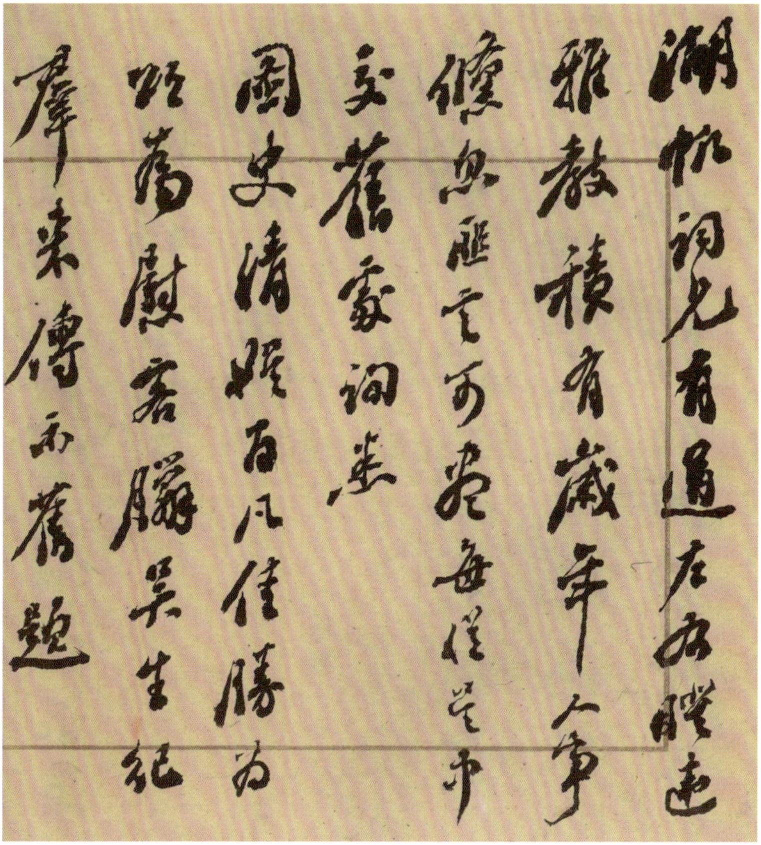

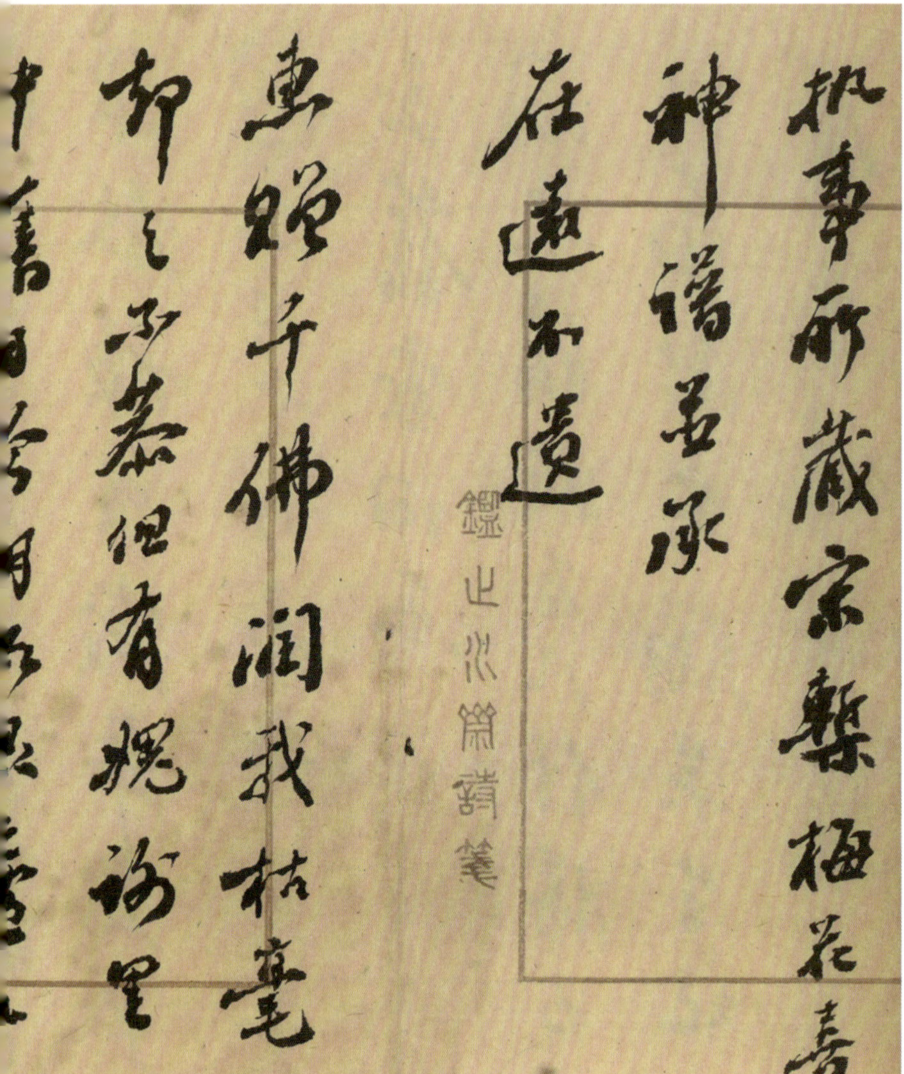
执事所藏宋椠梅花喜
神谱並承
存远不遗
鑑止水齋詩箋
惠赠千佛润我枯毫
却之不恭但有愧谢罢

奉面

執事乃遠赴海上不獲

時就教言輔與辭索之

歉如何之夏如市眠

菫術

非悅不乏餘之哤恧

投寄弟音鏽川□
甲申人日

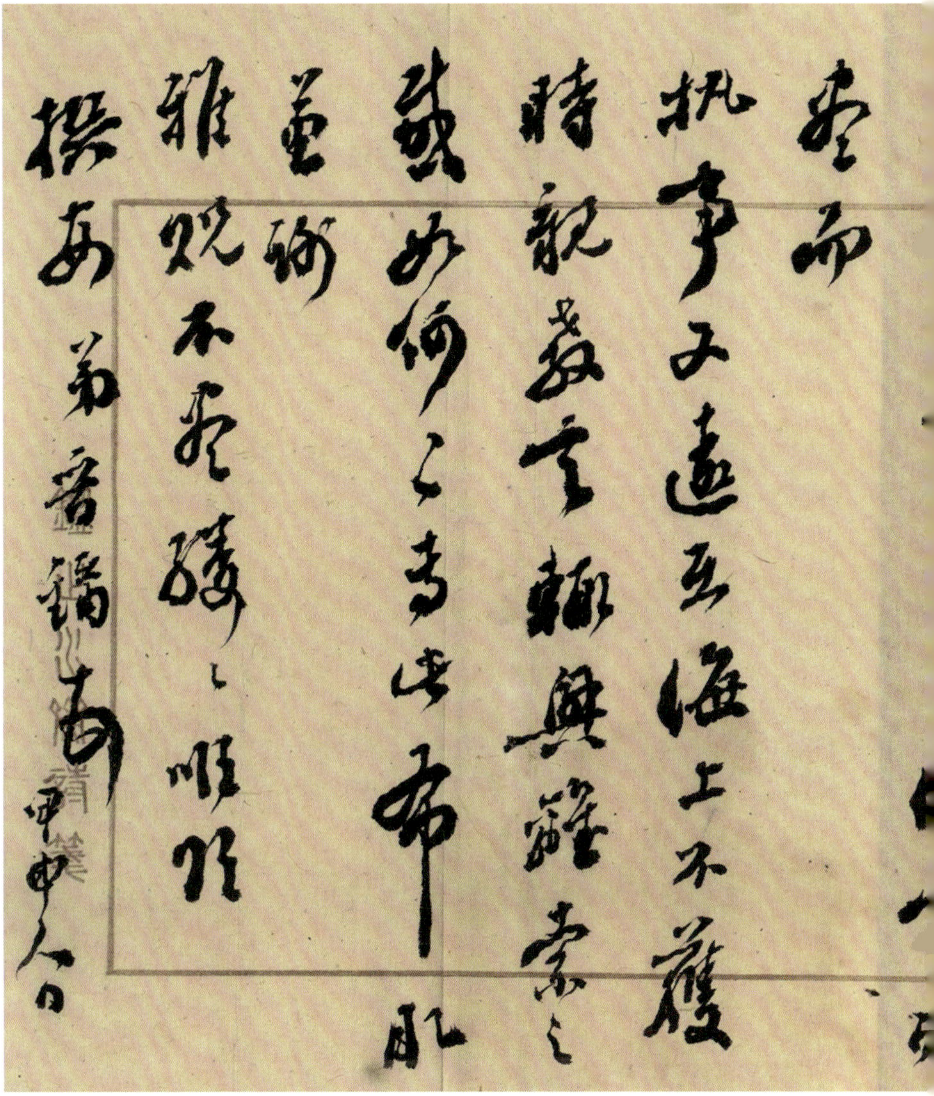

朱葆龄

陆鸿仪（1880—1952）

杨俊

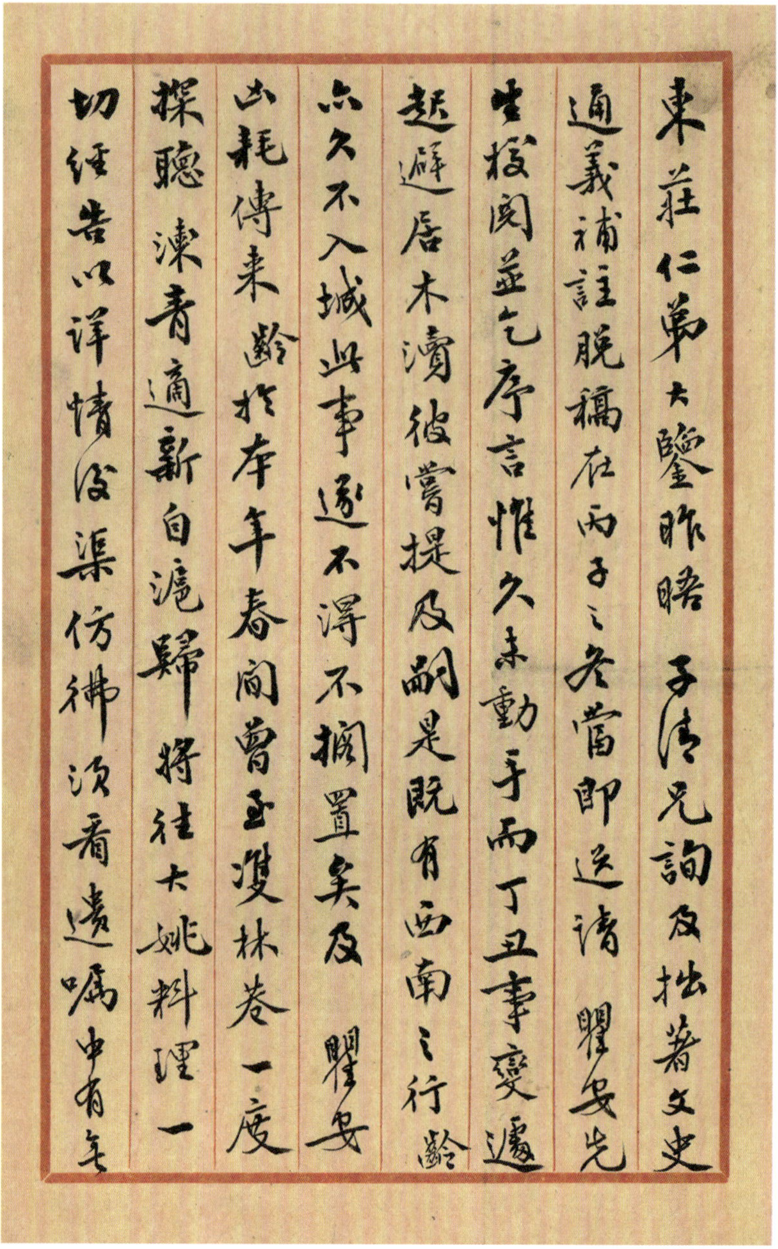

東莊仁弟大鑒：昨晤 子清兄，詢及拙著《文史通義補註》，脫稿在丙子之冬，當即送請 瞿安先生校閱，並乞序言，惟久未動手。而丁丑事變，遘避居木瀆，彼嘗提及酬是，既有西南之行，齡亦久不入城，此事遂不得不擱置矣。及 瞿安凶耗傳來，齡於本年春間曾至蒲林巷一度探聽。湅青適新自滬歸，將往大姚料理一切，經告以詳情，彼渠仿彿須看遺囑中有無

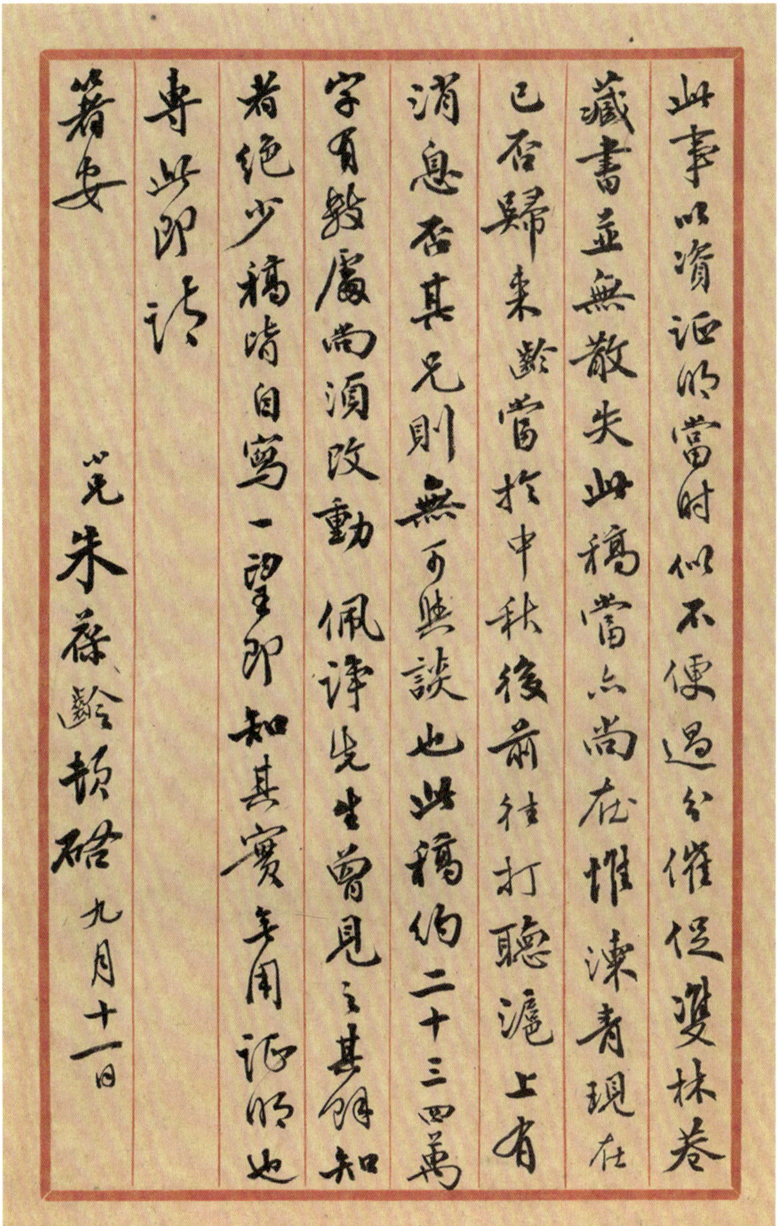
此事以資證明當时似不便過分催促婁林卷
藏書並無散失此稿當亦尚在惟溧青現在
已否歸來齡當於中秋後前往打聽滬上有
消息否其兄則無可與談也此稿約二十三四萬
字有數處尚須改動佩諍先生曾見之其餘知
者絶少稿皆自寫一望即知其實兼用證明也
專此即請
著安
弟朱蔭齡頓啓 九月十一日

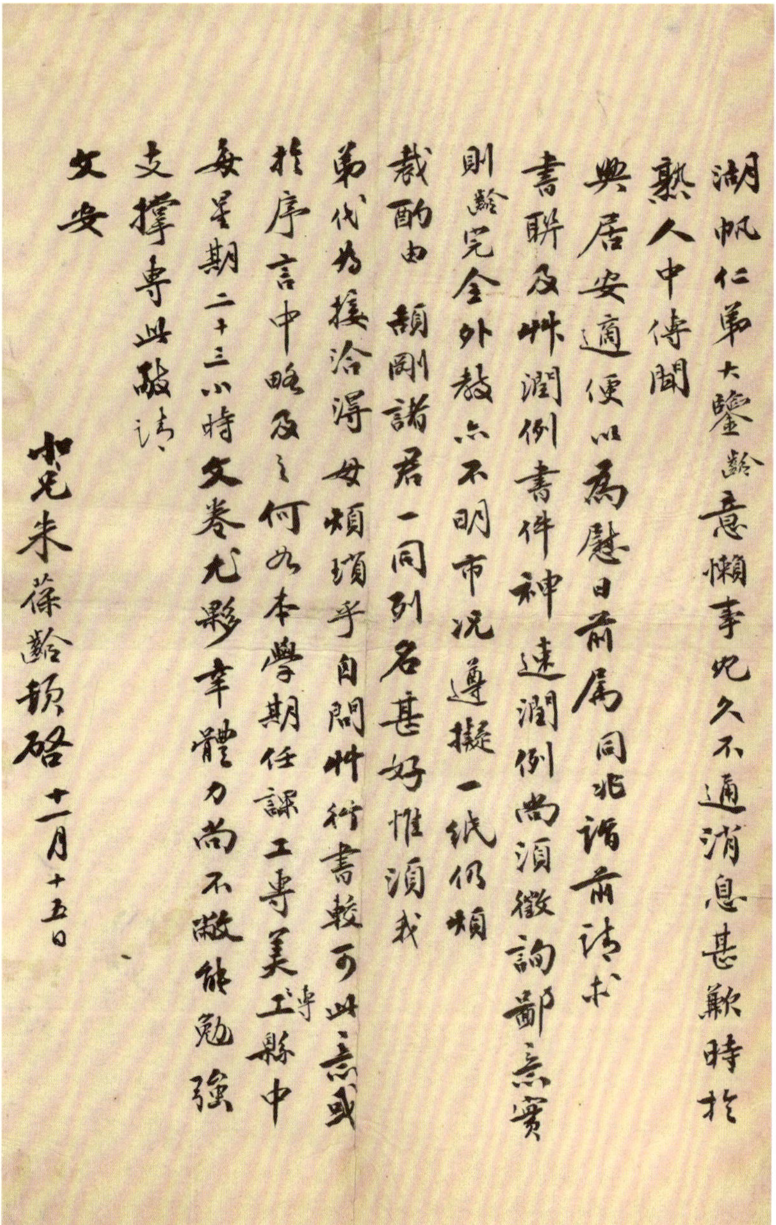

湖帆仁弟大鑒：齡意懶事冗，久不通消息，甚歉。時於熟人中傳聞興居安適，便以爲慰。日前屬同北諸前請求書聯及艸潤例，書件神速，潤例尚須徵詢鄭熹實，則齡完全外放，亦不明市況，遵擬一紙，仍煩裁酌。由顏剛諸君一同列名甚好，惟須我弟代爲接洽，得毋煩瑣乎？自閱艸行書較可，此之意或於序言中略及之，何如？本學期任課工專、美工專、縣中，每星期二十三小時，文卷尤夥，幸體力尚不澈，能勉強支撑。專此敬請

文安

小兄朱蓀齡頓啓

十一月十五日

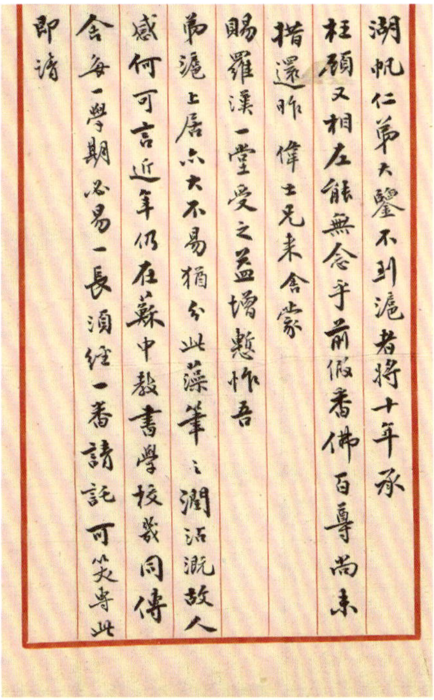
湖帆仁弟大鑒不到滬者將十年承
枉顧又相左能無念乎前假香佛百尊尚未
指還昨 偉士兄來舍蒙
賜羅漢一堂受之益增慚怍吾
弟滬上居亦大不易猶分此藻筆之潤沾溉故人
感何可言近年仍在蘇中教書學校較同儕
舍每一學期必易一長須經一番請託可笑專此
即請

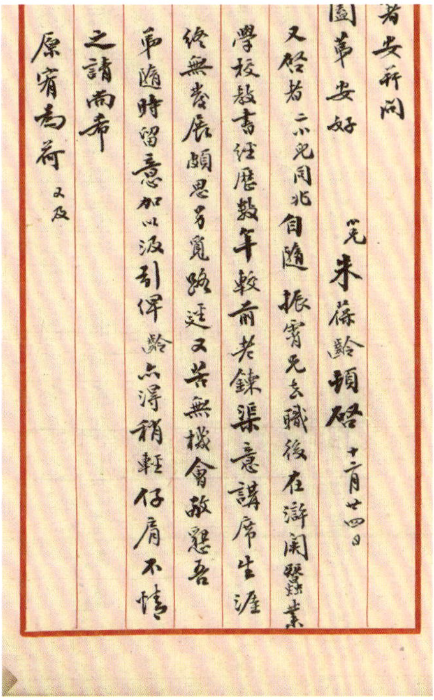
著安 祈詢
闔第安好　　兄朱蓀齡頓啓 十一月廿四日
又啓者二小兒同兆自隨振霄兄去職後在滸關蠶業
學校教書經歷數年較前老鍊渠意講席生涯
終無眷展頗思另覓蹊徑又苦無機會敢懇吾
弟隨時留意加以汲引俾齡亦得稍輕仔肩不情
之請尚希
原宥為荷 又及

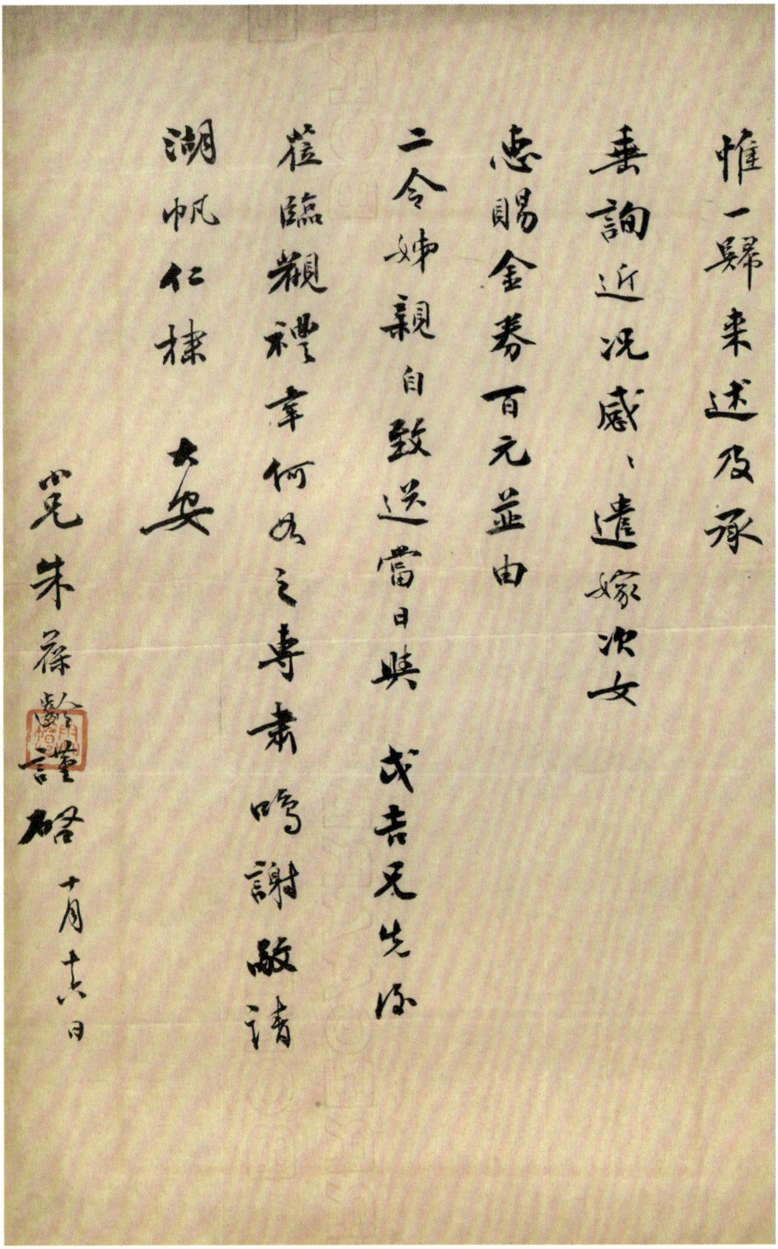

惟一歸來述及承
垂詢近況感感遣嫁次女
惠賜金券百元並由
二令姊親自致送當日與 戊吉兄先偕
蒞臨觀禮幸何如之專肅鳴謝敬請
湖帆仁棣大安
小兄朱孫龢謹啓 十月十六日

湖帆仁弟大鑒：不見面者踰十年矣，遙諗
興居安吉，甚慰。前月由 令坦紀群兄交到
手書各件，誦悉。所以遲遲不即覆者，因對於鬻書一層，實未敢
自信，茲毅然訂一價格寄呈
左右，仍希為核定。彥馴、聖甸處，臨時乞代致謝。頡剛聞在蘇
社會教育學院擔任教授，昨樊少雲先生來，願為齡任在滬總
收件事，并寄發潤例於無錫、常熟各處。序言中遂題頡剛何
如？託聖甸交書局代印，似不必多印，該款若干，當由小兒推一就近
送請 轉交，諸費 清神，謝謝。專復，敬請
箸安。
小兄朱蓀齡敬上 十月十七日

江蘇省立蘇州工業專科學校用箋

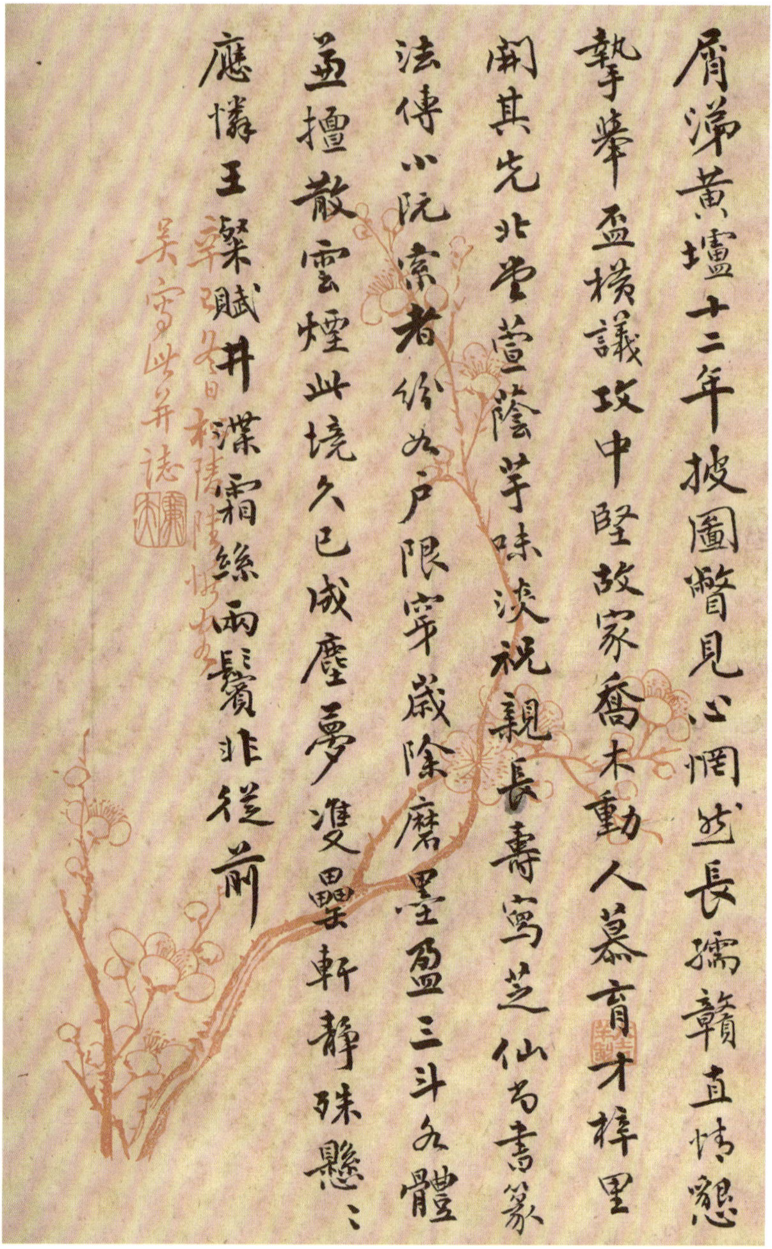
屑滯黃壚十二年披圖瞥見心惆然長孺戇直情懇
摯峯盈橫議攻中堅故家喬木動人慕育才梓里
闡其先北堂萱蔭芋味淡祝親長壽寫芝仙為青篆
法傳小阮宗者紛如戶限穿歲除磨墨盈三斗多體
孟擅散雲煙此境久已成塵夢準墨軒靜殊懸懸
應憐王粲賦井渫霜絲兩鬢非從前
辛丑冬日松陵陸恢寫
吳寄與并誌

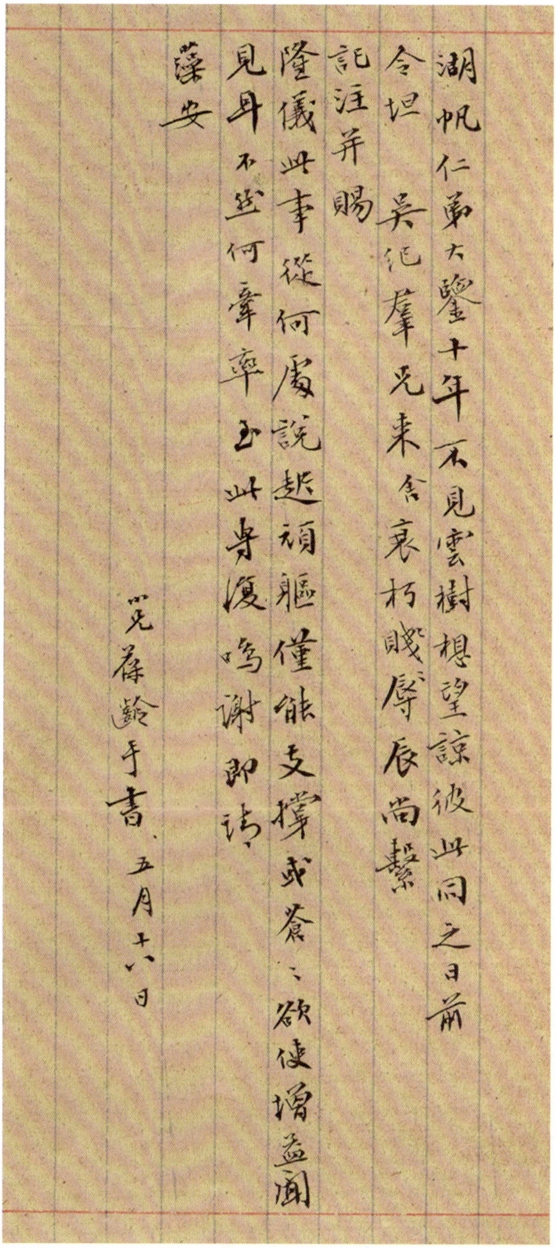

湖帆仁弟大鑒：十年不見，雲樹想望，諒彼此同之。日前
令坦吳紀羣兄來舍，衰朽賤辱辰，尚繫
記注，并賜
隆儀，此事從何處說起。頑軀僅能支撐，或蒼蒼欲使增益閱
見耳，不然何幸至此。耑復鳴謝，即請
藻安

兄存齡手書 五月十八日

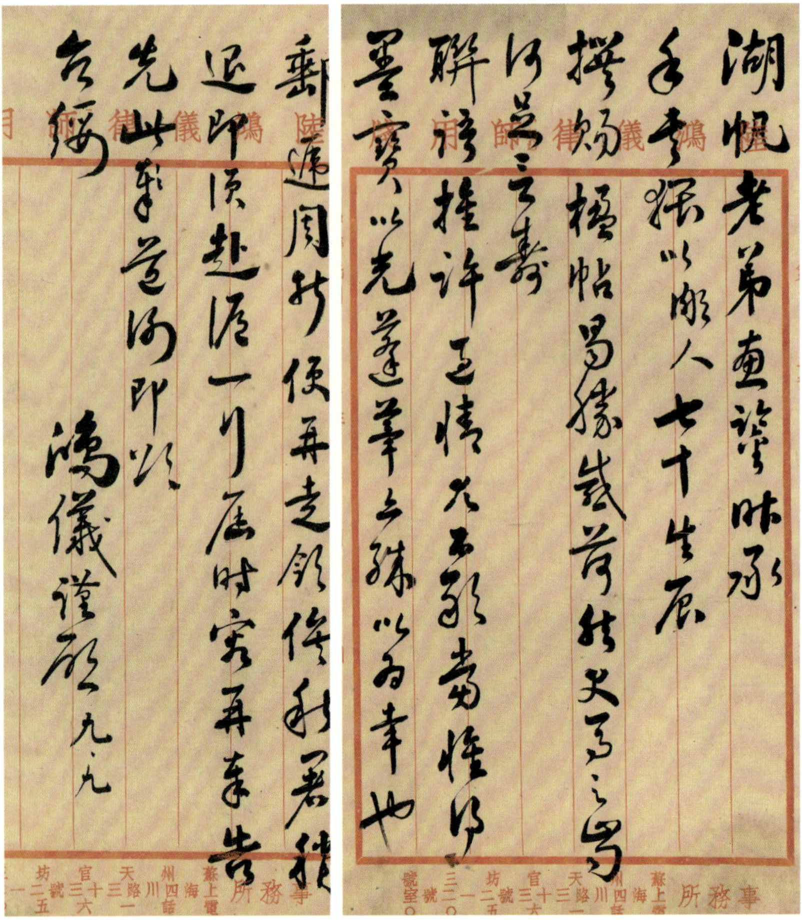

湖帆老弟画鉴：昨承手书，猥以鄙人七十生辰撰赐楹帖，曷胜感荷。拙丈为之写何兰之寿联语，推许至情，不可弥当。惟得墨宝以光蓬荜，亦殊以为幸也。新近周折，便再走领候秋暑稍退，即须赴沪一行，届时容再来告。先山华茔何如，即以台候。鸿仪谨启 九九

湖帆先生大鑒接誦 還雲忻悉一一 承 允賜扇得觀 詩書畫三絕之珍毋任快慰當有以奉揚 仁風也弟於中秋後一日生詳見述懷詩首叚自注茲附奉景裳歲小女所梓拙作一冊並近作一闋尚希 拍正為荷 尚希餘容晤罄順頌
吟祺 弟楊詠裳上言
再上年承賜聯珠集一冊雅韻再三藏之什襲便筆誌謝

水調歌頭
辛卯上巳承龍雲同文龍園雲苑兩社同人作松鶴餐叙之舉敬賦俚詞以留紀念

修禊正春暮高會紀壬申壬申同庚會每年於上巳舉行今歲八十同庚祇張鏊公趙盡儕與僕三人壺中歲月長駐欣值杖朝辰愧我逃禪无答敢媲子昂椽筆博望老詞人三壽作朋好奕奕振全神乘傑閣跨松鶴物華新龍雲會合登瀛學士軼前塵在座十九人一千三百九十二歲不少吟壇李杜盡有詞場姜柳同醉玉樓春佳日逢上巳觴詠集嘉賓

上巳日楞秋作於松鶴樓頭

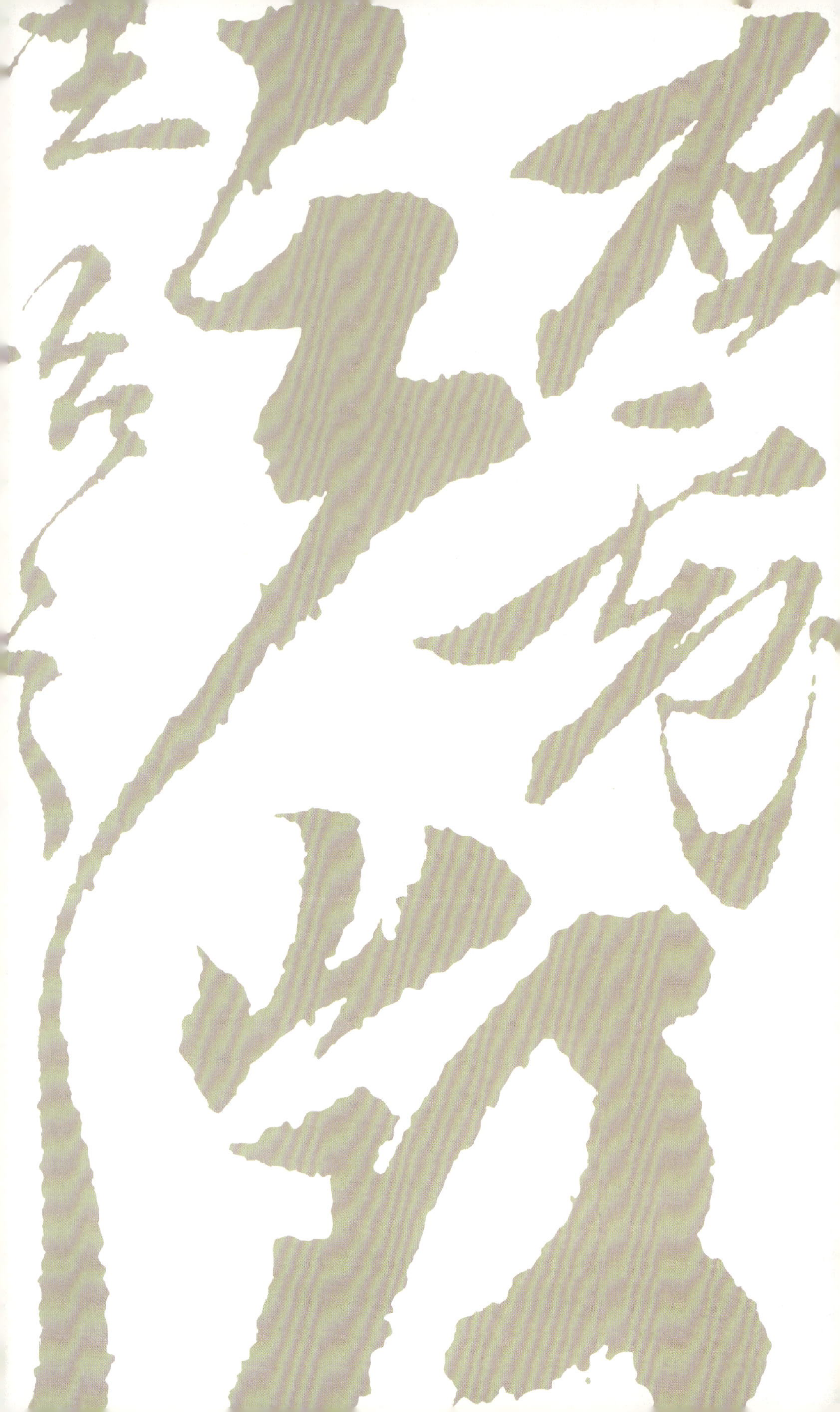

杜应震

汪怡之

徐之溦

霭九遽骑荷之畏一序荷
购股感谢实已旌以苦病颇连而说党六以病师
韩向庵上蟹驱桐佩葯垣稳停磨幅之瓦石去看
苍发速中 启那已就寄辛霞颛之需不兰以卷
扬洪德且勤且慰寿布敢问
湖帆戟见 起作康健 弟杜朔顿首上
附野稿两绝此候接收发布 见后者即
 □九宸百

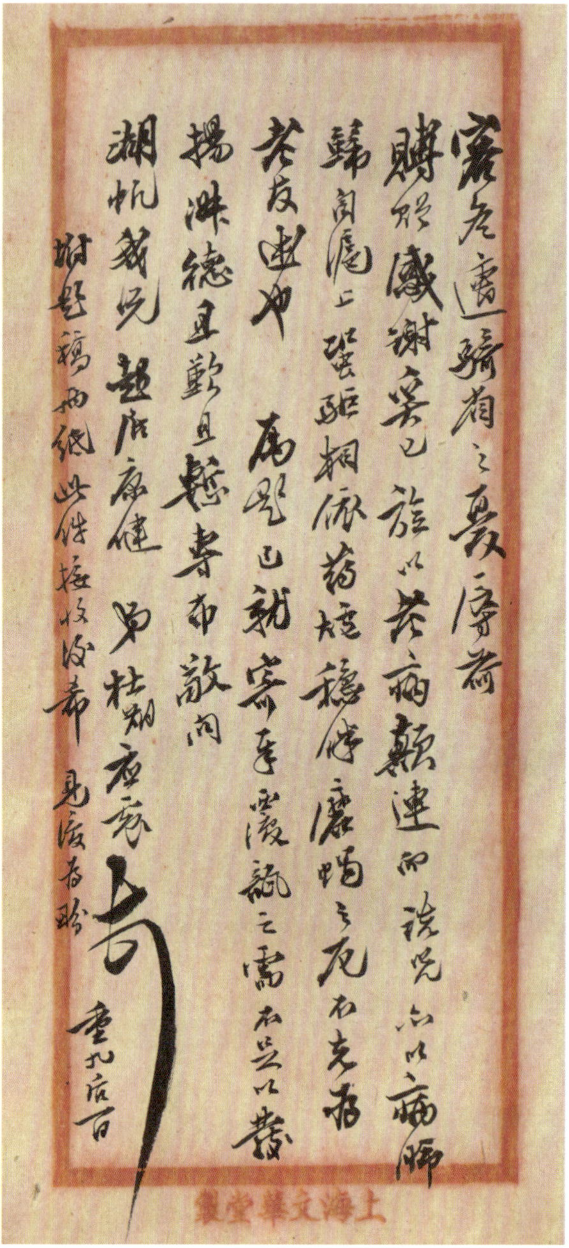

湖帆道长席前

潮帆道长席前　前赐鐵笵謝谢读

画率皆妙系统一页蔼星比命翼兄代写伴写作之经验在念

极武且地位心位中皇佛说着兼年

来李语卷遂者固是骄荀游侣如以书為生之际彭强勇所齋缘

了别散參解陈如尚希　達卅一番狮莟田快趁兄专颂俪撰

超店在去　为翔震

拜書作一纸若裱石敗當你句再施

蓋月十言

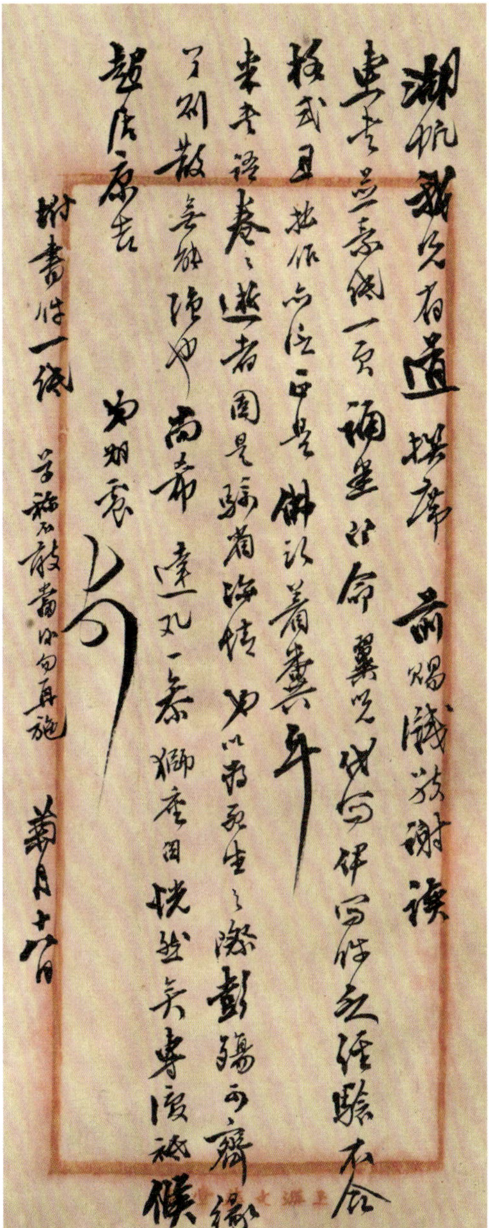

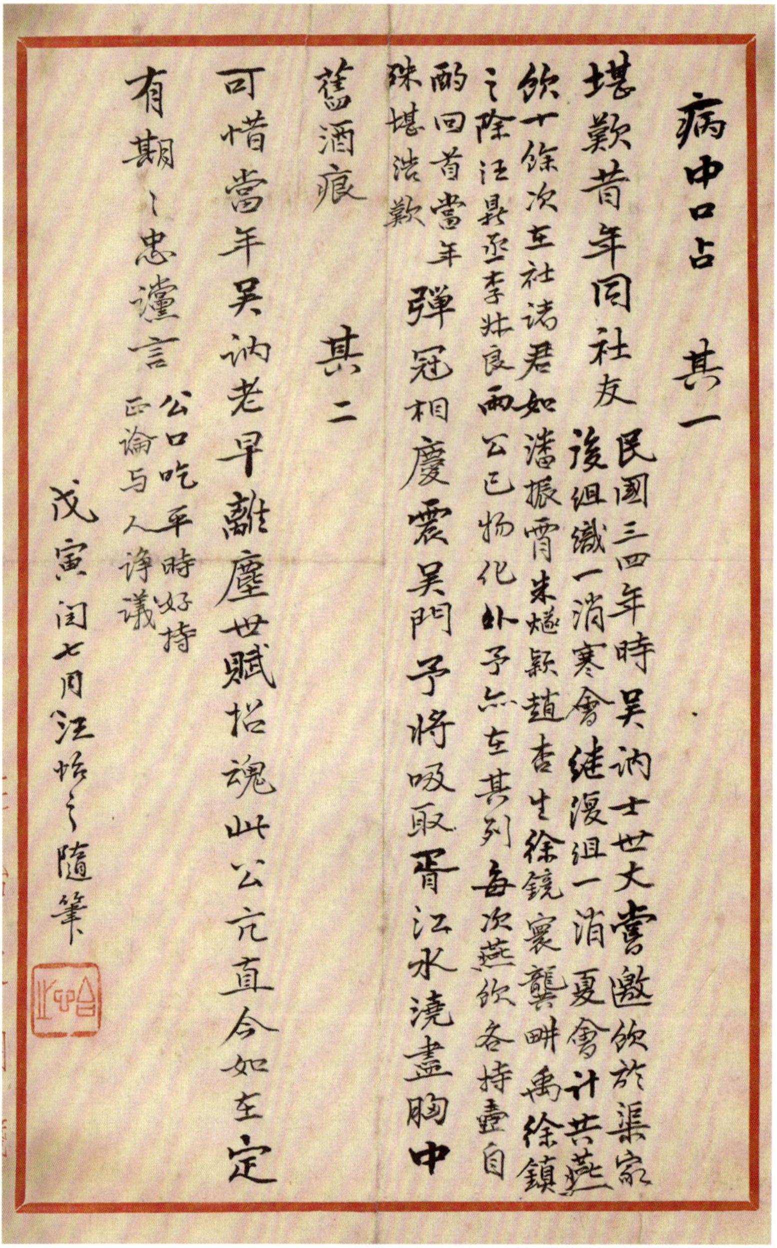
病中口占　其一
堪歎昔年同社友　民國三四年時吳訥士世丈嘗邀飲於渠家
後組織一消寒會繼復組一消夏會計共燕
飲十餘次在社諸君如潘振霄朱燧歙趙杏生徐鏡寰龔畊禹徐鎮
之陰江縣丞李壯良而公已物化外予亦在其列每次燕飲各持壺自
酌回首當年彈冠相慶震吳門予將吸取胥江水澆盡胸中
殊堪浩歎
舊酒痕　其二
可惜當年吳訥老早離塵世賦招魂此公亢直今如在定
有期期忠讜言　公口吃平時好持正論與人諍議
戊寅閏七月汪怡々隨筆

湖帆三兄賜鑒：去臘在皖曾奉寸箋，諒邀
垂詧。弟以滬戰發生，蘇垣安適，戰區危險萬
狀，嘗復辭去皖贛農賑事務，於上月返里。因憶
前次辱荷
鼎力介紹館席，敢願承乏，長日無事，以資消
遣。可否望
以再作書郎力為設法，並此敬荷尊命
賜復為盼，即頌
侍祺

弟 之微 頓首 四月十日

包天笑（1876—1973）

张叔通（1877—1967）

吴曾善（1890—1966）

慈堪

小钝

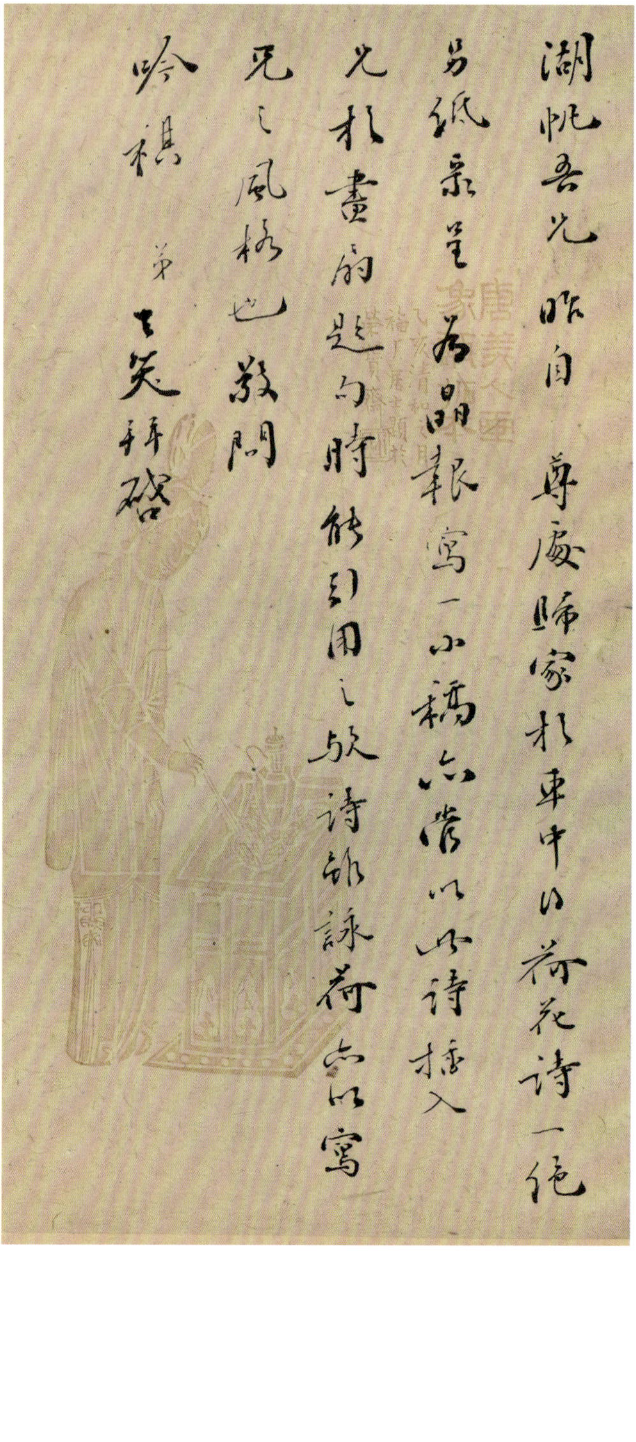

湖帆吾兄 昨自
尊處歸家於車中以荷花詩一絶
另紙錄呈 為晶報寫一小稿亦嘗以此詩插入
兄於畫荷題句時能引用之欲詩詠荷亦以寫
兄之風格也 敬問
吟祺 弟 大笑拜啓

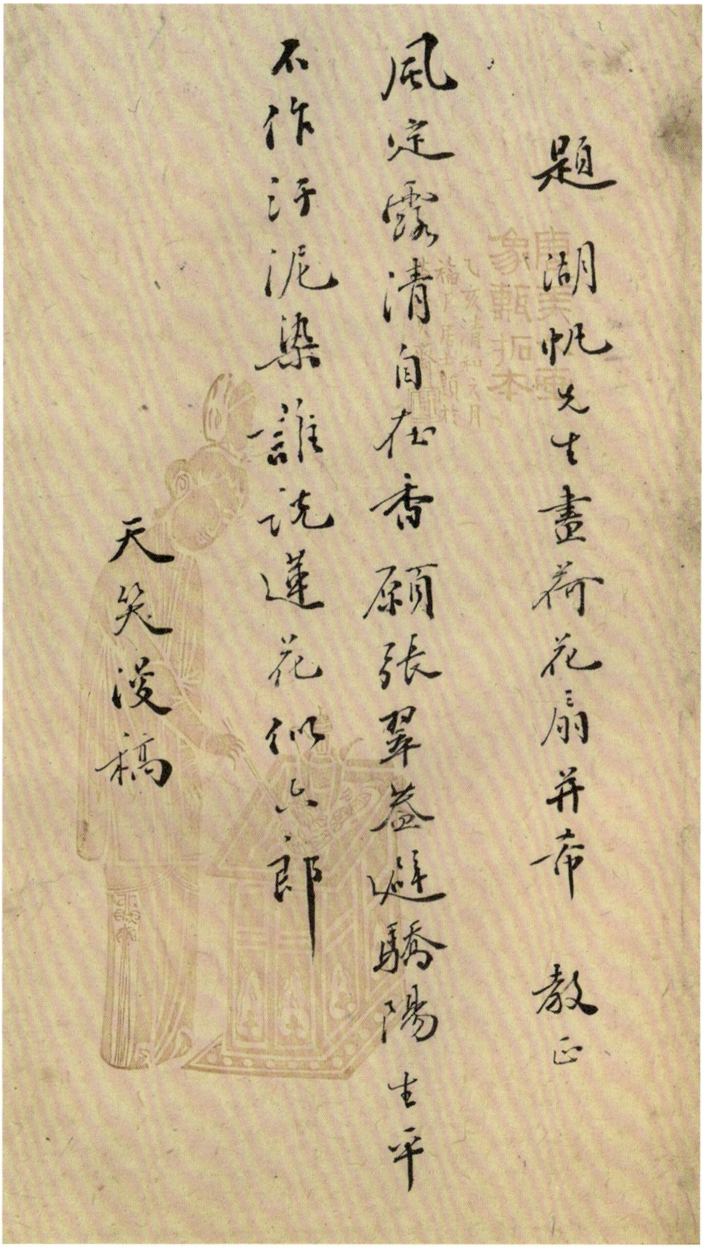
題湖帆先生畫荷花扇并希 教正
風定露清自在香 顧張翠蓋避驕陽 生平
不作汙泥染 誰洗蓮花似六郎
天笑漫稿

臨江仙

冬日病感　　湖帆

久病多愁成瘦損，翻教腹大如匏。錯疑佳岸不彎腰，人逢稱發福，我聽把頭搖。最恨西風常作祟，偏經刺骨難熬。氣虛力弱一向饒，[illegible]。

甚矣吾衰宣聖語，焉能不食如匏。与君共
羡沈郎腰，摩胸多磈磊，攬鬓已飄摇。苦
恨思潮常起復，無眠長夜煎熬。思量一事
最蹊蹺，月明眸似暈，風定耳成飈。

夏曆二月初二日
天笑八十四歳初度写

湖帆二兄台鉴 屡候诸
惟希时赐教
河帆讬交者见甚不可
少希为照拂
健康
弟张葱玉拜

湖帆兄大鉴 前蒙示知
健康荣之出院而至疗养
前展仰颂役之此告
讬弟异状
佛缘
弟张葱玉拜
日月廿一日

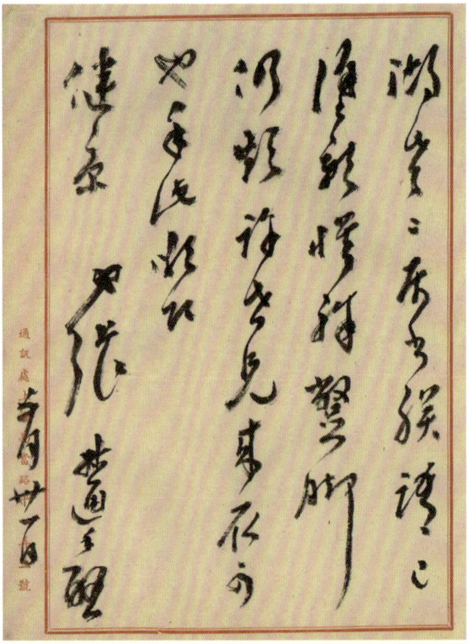

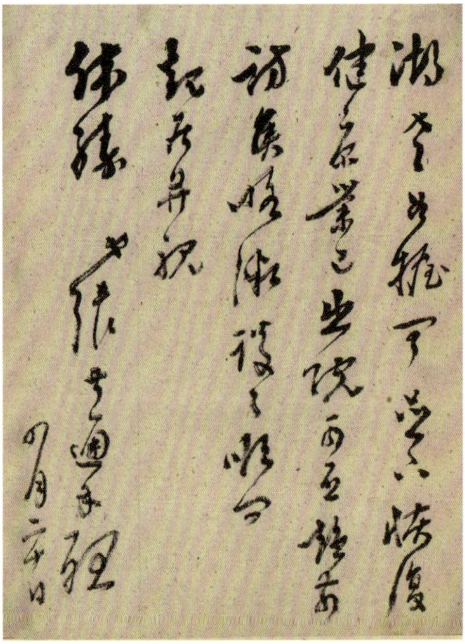

湖帆秀兄少鹤吟昆王福庵福庵此是欣

中亦年画隔之一俗是他一支混者如笔

秀却说方次宣佈之他的名字应该书通

如书信他的字也是说方应者的手续何々

笺童会成主以来收偿有了民种名偿

多份邻好这完竟生为理松础末次秀兄以

为妙去邮路 远不手续不但是福章故宣遂离者兄也
而另谱家人向次方手续人提出这个秀兄補り

邪禅笔外德々亲

99

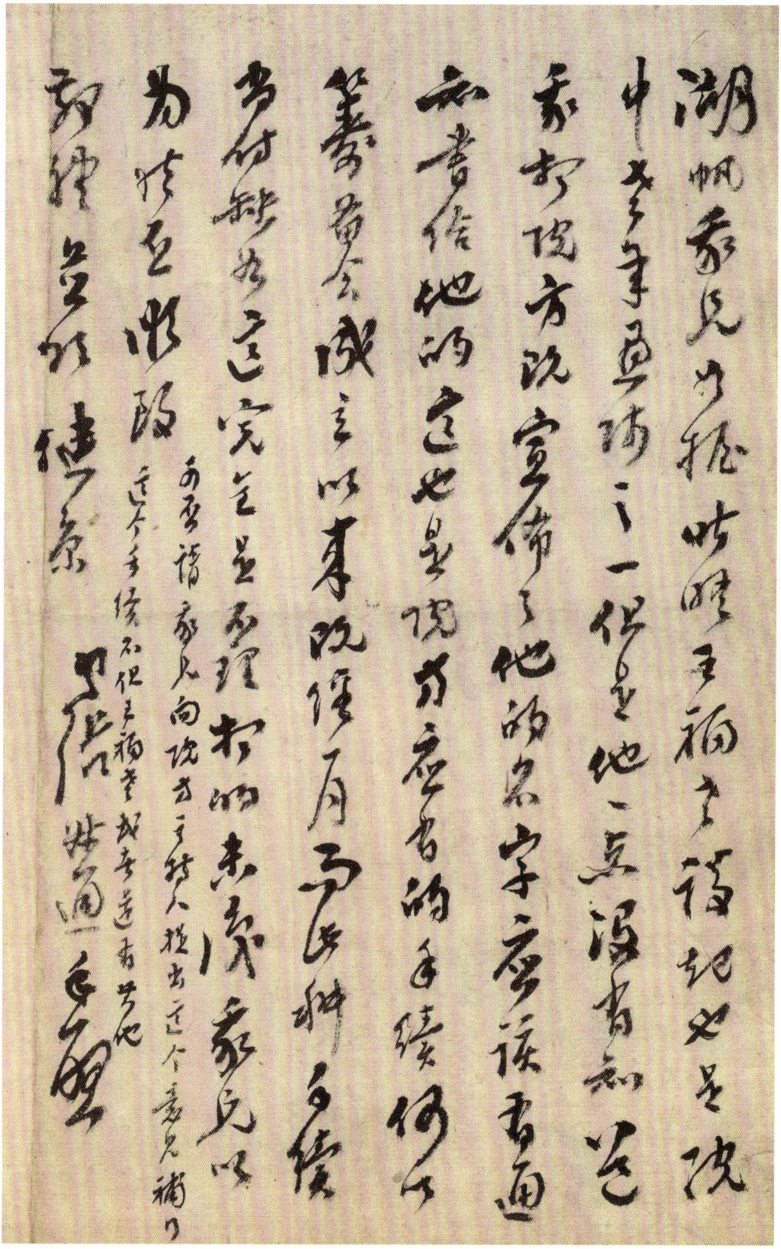

湖兄同志別已年紀念常在文通處就審情況輒以兄不來館爲一憾事而今遂矣愉快何如堪去年悼亡後情緒悵惘發至斷

葱堪

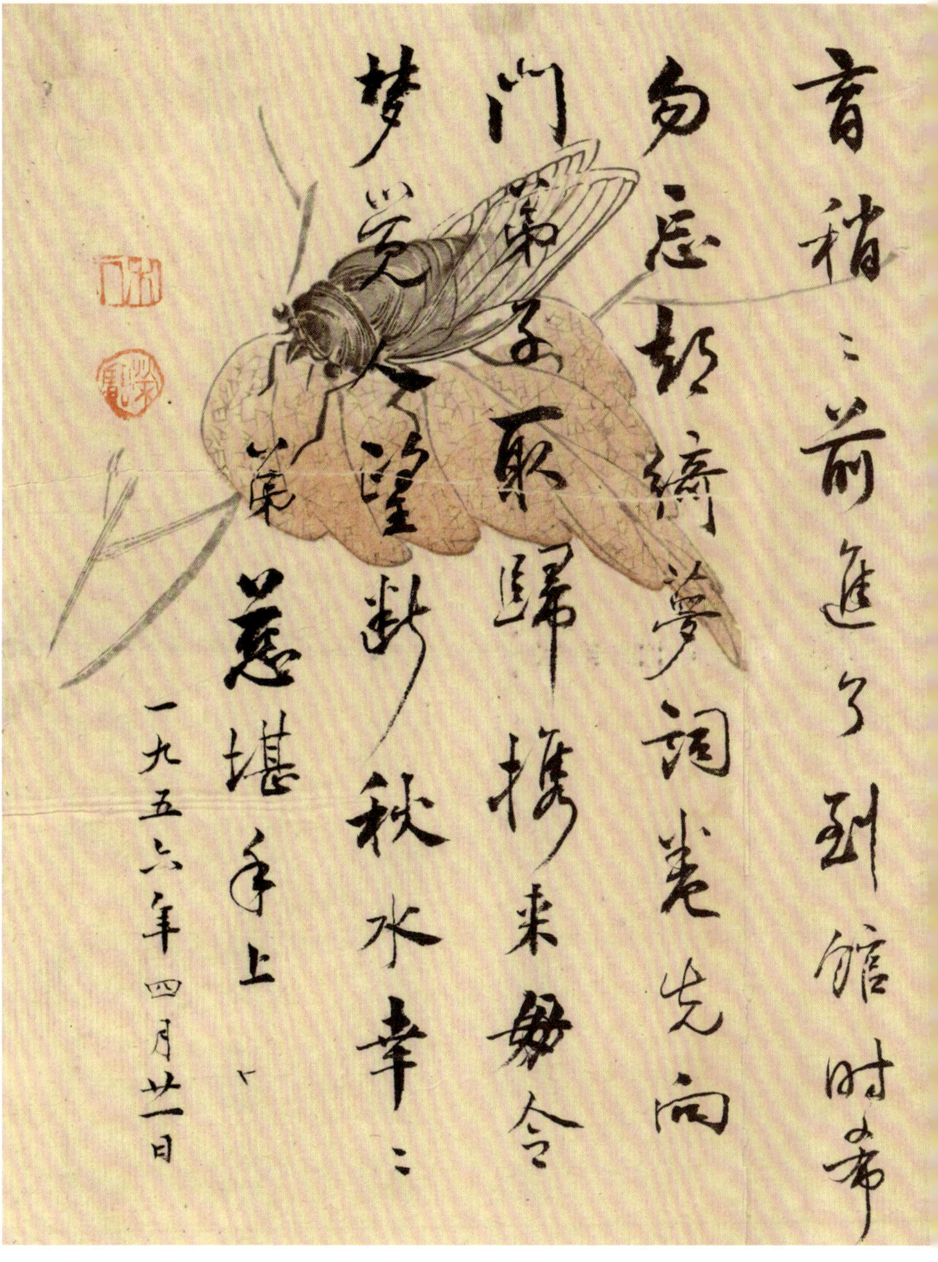
音稍々前進了到館时弟
勿忘抄綺夢詞卷先向
门弟子取歸攜来無令
夢窗望斷秋水幸々
菊
蕙堪手上
一九五六年四月廿一日

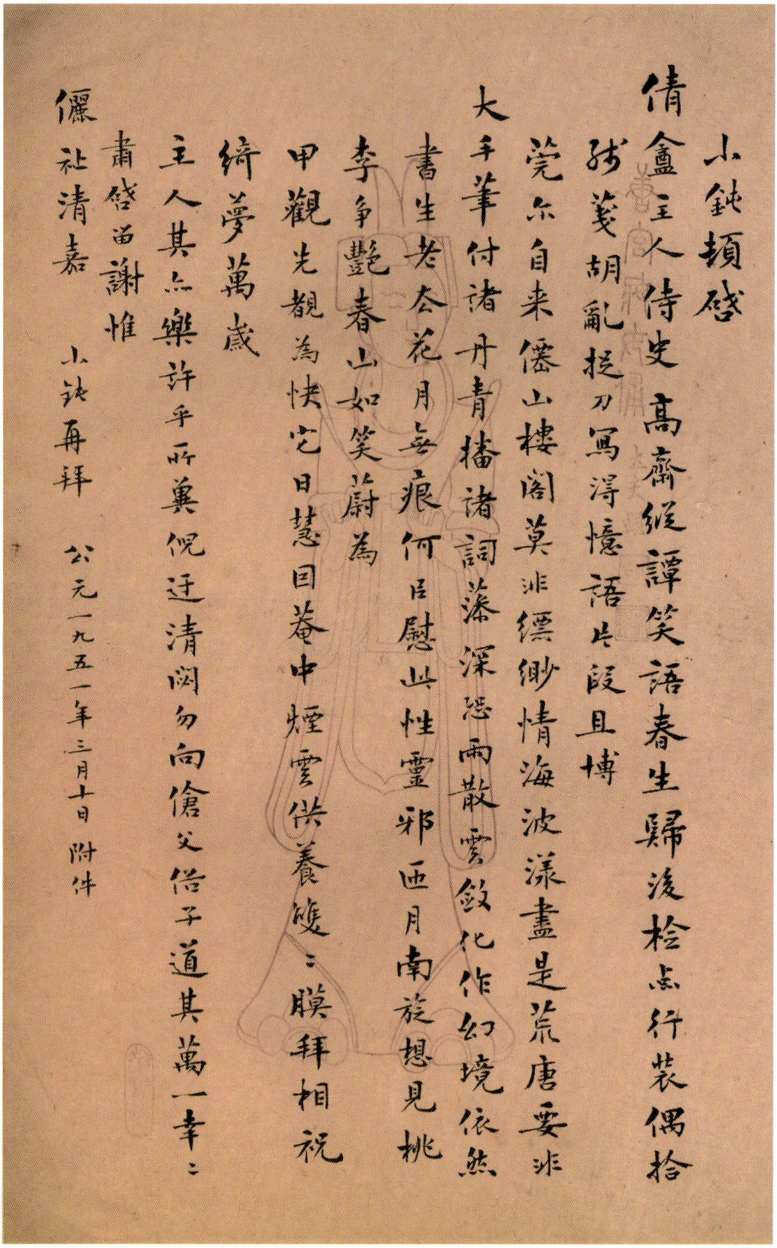

小鈍頓啓
倩盦主人侍史 高齋縱譚笑語春生歸後檢點行裝偶拾殘箋胡亂捉刀寫得憶語片段且博莞尔自来儷山樓閣莫非縹緲情海波漾盡是荒唐要非大手筆付諸丹青播諸詞藻深恐雨散雲斂化作幻境依然書生老去花月無痕何以慰此性靈邪匝月南旋想見桃李争艷春山如笑蔚為甲觀先覩為快它日慧因菴中煙雲供養餕餕膜拜相祝綺夢萬歲主人其亦樂許乎所冀倪迂清閟勿向傖父俗子道其萬一幸幸肅啓留謝惟儷祉清嘉
小鈍再拜
公元一九五一年三月十日 附件

慧因菴本事憶語

某年夏，慧因子一日晝寢，夢遊碧油幢下，邂逅五原夫人，款接慇慇，瞻詢邦族，因知系出名門，學有淵源，袖示翠頭扇，簪花妙格，上窺晉唐，婀娜剛健，恰如其人。夫人薄露醉態，曼声而歌：「底事夫公作美。雨盖輕車。絕妙好遮護。莫放過一刻千金。」歌声中止，曲盡綢繆，繼又歌曰：「願花常好。月常圓。休辜負如漆如膠。暮暮朝朝。」声調断續，髣髴片段未完成者，乃誦詩友題画句：「難得溫馨斜半臂。美人名士許荒唐。」戲作酬答，偎倚閒相顧，嫣然，時則細雨輕過，暮雲甫合，夫人偶顧時計，起而辭曰：「這番溫存，雲耶縺綣，倘亦夙因乎，郎在邸舍待儂矣，宜歸休。」一握而別，悵惘若失，忽悟蘇黄詩意，信口而吟：「慧業翻成綺業障。前因怕結未生因。」瞿然而覺，是耶非耶，夢耶真耶，付諸憶語何如。

【吴湖帆师友书札】·上册·第一卷

书札释文

○2

前存尊处之吴昌硕屏四条，请交公渚兄代收。月波楼一纸乞转交超然兄。 湖帆大兄 弟郁生顿首。

○3

附：吴郁生致黄公渚函

湖帆处一小卷乞饬人送去，即向取回吴画屏四条，费神代销为荷。 此颂公渚二兄行安。 弟郁生顿。

○4 / ○6

湖帆世仁兄阁下：前寄上小立轴二纸，为小儿求（超然兄代寄，不另）法绘，未知已荷赐墨否？属书小对已交上，何以见润，已嘱奉缴，想收入矣。弟况如昔，秋间拟作沪游，已不果。闻陆廉夫画沪上颇能卖钱，有中堂青绿山水，仿松雪甚工，未知可售若干？又张廉卿一横披，小楷自写寿文，甚工；闻湖北人颇重其字；又莫子偲楷书横披，此二件沪上有时价否？尊处想多古董客来往，乞为一询示及为盼。前存尊处之吴缶翁画四条，如公渚未取去，可否求饬人送去为感。缕缕不尽，此颂箸安，不一。 弟郁生顿首。超然兄代候，不另。

再，明墨上海有人收否？有方于鲁《百子图》圆墨，重八两，未知可值钱多少？又乾隆御制墨一、朱砂者一（颇精），各重四两上下，有人要否，可值若干，均乞一询为荷，有人托觅主也。又及。

○7

归见尊柬宠招，明午已由舍亲处备蟹面相饷，未能分身（幸勿劳驾），至感至谢。此上超然仁兄、湖帆世讲阁下。 弟郁生顿首。 廿八夜。

○8 / ○9

顷归读手书，敬悉。明午适有舍亲备家肴见招，已与定约，未便却之，尊召只有心领矣，谢谢。初五晨上船，恕不及走候，至歉。吴画四条请湖兄送交（黄公）渚为荷。此颂超然、湖帆吾兄道安。 弟郁生顿首。 即日。

再，廉夫画一轴附上，物主愿易双柏，能多更妙，恐不能耳。如伯元、镜波诸君愿收此最妙，否则望托骨董家一售，能速更佳，然亦不能急也。此在廉夫似亦认真之作。又及。

○10 / ○11

赠吴湖帆 万友人讷士之子、愙斋前辈之孙，画山水清远有致，唯一亟称其贤，适以所仿烟客摹大痴小卷见寄，万年裁二十一耳，赋诗为报，且勉其进于是也。

近日吴中数画师，顾命孤子有人知。如何谗鼎欺天下，
似黠长康定是痴。

客来为说佳公子，尺素新摹王太常。二百年来吴墨井，
前贤要有后生当。

狂勿屠沽槁勿僧，画中法派有传灯。山川正待人开发，
造化为师倘如能。 骞 五月十八日。

即烦唯一校长为寄湖帆世讲。人事冗七，湖帆恕不另启也。骞再拜。

○12

湖凡老弟：承示，敬悉。胜老删改处甚是，径照所改画格，惟祖父讳应补填，葬年月日应书明，或未定期，径空白数字亦是一法（古碑中往往有此例），或以后补之，或稍缓俟葬期定后始行书丹，统祈酌之。至南皮、项城姻亚一说，亦以表尊公风骨耳，于亲谊了无关系，仍乞商之胜老。鄙意删去『袁氏』『张氏』四字则可，若单提项城不提南皮，则原文固非于二公有贬词也，似无庸虑。原稿仍奉。敬问起居。　方还顿首。五月十日。

○13

湖凡老弟惠鉴：《墓志铭》草草书就，差三字：「于是非不少假」『是』下脱『非』字，『盖君固禀阳刚之气』『君』下脱『固』字（均补书在本行末），『请铭』误书『铭请』。能否挖补上石，乞酌之，或竟不能，则不妨重画一格，寄下重书。此请道安。　方还顿首。六月十一日。

○14 / ○16

湖帆学长兄：前日踵府未值，回寓接奉手书，并《吉金录》二部、手卷一件，已遵转啬公。顷啬公赠足下诗三首，原稿寄奉。楹言犹未书，此老忙甚，当催之，必即以报也。属定润格，啬公谓姑缓之。《吉金录》未提及，度啬公局于诗意，非还干没也。其一惠赠还者业已领谢，只惭无所酬耳。尊大人谅健康，承允画件暑假中当走领。南通蚊多如飞絮，白日成雷，可畏也。吾家阿二留学山口高商，病而归，犹未脱然。阿大在太原教育厅混饭吃耳。匆启，祇颂侍安。　方还顿首。　五月十九日。

○17

湖凡老弟：承属撰尊公墓志铭，顷已脱稿寄奉，希录正，并于某字（如某年某月某日及祖父讳并某乡某原等）均请书明，即算字数画格寄下，以便照写。惟标题还意不用官衔，以尊公所重不在此也，故志中亦未叙入。还意并拟（盖少撷、鲁芬三语亦应删），因恐或嫌过略，故添入，祈酌之。或誊清后寄胜老一阅，较为慎重。今日讲究碑版文者至少，可叹可叹。方还顿首。三月廿六。

○18

湖凡老弟：昨稿仿魏晋人体，嫌事迹不显，无以表扬尊公。今晨重作一篇，驰寄左右，希与胜老商之，何者可用，俟鉴定后即画格寄下。人事劳劳，还精气衰茶，旦暮人矣，能了一件是一件，亦不忍殁我亡友之心也，幸速成之。匆启，祇问起居。　方还顿首。四月卅日。

○19 / ○21

湖凡道兄惠鉴：前月到苏，匆匆未及走访。日来得有佳品否？晋宜斋见百谷书甚精。南京见册页两种，皆明代人书，如黄道周、高攀龙、孙慎行。均难得，惜价昂无从说起，徒怅惘耳。顷马君觐侯欲请兄画小立轴一幅，送润资大衍数，属为函介，方春和时，当必乐于染翰也。去年兄与涤舸许以画见惠溝初，言必不爽诺，何至今寂寂耶？不敢敦促，便中幸一下笔，不至如玉局所言谈龙脯痴望欲绝。匆启，祇颂箸安。弟方还　三月十四日。

○

22

佳节端阳，携蒲酒萧闲语石。问隋代几家书体，可遗残碣。名士千年如粪土，美人绝代犹颜色。喜海天、应有宝随堂，遥相忆。出汴土，逾珍璧，入东海，早灰灭。叹江山文藻，一空故国。片楮人间君得宝，遗珠沧海有能识。待访碑、八月到春申，同观月。

○

23

湖帆先生大鉴：别倏半月，敬想重侍万福。乡间近一铁店收买废铁，中有一秦诏版，为人搜得，特拓一纸来问。惟坻不识真赝好坏何如，寄请鹰眼辨正，即赐示明，盼盼。太翁已自沪安旋否？ 专渎，祇颂潭祺。 惟坻上。 旧历五月初六日灯下。

○ ○

26 / 28

湖帆仁兄老友大鉴：一别多年，驰思无极。黄怀觉赍到尊夫人遗墨（《千秋岁》词稿拓本），盥读珍藏。陈青野传今将修大痴山人墓，嘱拟联句，遵拟，另纸呈教，愧字句率劣，不堪采用也。兄才艺超胜，名满寰宇，前月陆抑非回虞开书画展览会，闻有作品经鉴家奇赏，弟病中不克诣瞻为怅。今春剧病濒危，得异梦更生，尚有余年可与世人结翰墨缘，病起成《石鼓发微》一篇，长至三千字，就鼓文𩰤字、𪏮字、䝿字、㒷字等博证经史，识为秦昭王造，颇矜创获。他日当录稿寄览，并希是正后代为广播焉。回忆五十年前，谒窓斋先生于虚廓，欣蒙赐题家莘田公《难民贫士十二图》，长篇巨幅，奉为奇珍。此图为传家之宝，丁丑事变，书楼遭劫，图已失去，所幸跋文早经录出，不致湮没，差堪告慰。弟平素服膺先德，奉为私淑之师，年来肄习吉金文字，似稍有进步，有好友劝弟到沪开书展会，自揣才力不逮，不克豫备多件，然自此有鬻篆之意矣。专此布臆，顺颂道安，不宣。 弟蒋元庆拜上。癸未七月廿一日。

○

29

拟大痴山人墓联：

抗手古圣人，柳下同荣，当代毋驰樵采禁；

追踪师尚父，湖边久隐，高风（名）允藉画图传。

又拟一联：

共仰崇封，山色好临拳石画；

欲寻古迹，湖心旧有酒瓶遗。

公既主修此墓，故拟句有『湖』字，以显眉目。 鄦楼老人率笔。

○30

湖帆世仁兄先生大鉴：顷得窓师中年篆书对，似系真迹。上款为『绳之仁兄中丞』，『绳之』系何人之号，恳示我。专此奉渎，敬请大安。弟恩孚谨启。三十、十一、六。

○31

昨承惠之不律，匆遽告辞，遂至遗忘。兹饬价走取并谢。此颂湖帆世仁兄大安。弟孚启。三十六、六、十。

○32

湖帆仁世兄阁下：奉手教，藉悉贵体违和，至为驰念。天气初寒，务祈加意珍摄。前承赐笺已收到，多日迟迟，尚未肃谢。命题尊阃遗句，亟思上报，因陡患感冒，至今未愈，须少缓方能交卷，尚祈鉴谅。手覆，祗请痊安。弟张元济顿首。十一月三日。

○33

命题德配遗句词图，率成二绝，敬求教正。久延，惭悚。此上湖帆仁兄阁下。弟张元济顿首。元月十六日。

○34 / ○35

湖帆仁兄世大人阁下：久未奉教，伏想兴居纳吉为颂。昨蒙颁到《梅景书屋画集》《池草图咏》各一分，谨拜嘉惠，琳琅溢目，自当什袭以藏。拙作获厕作者之林，骥尾增荣，且惭且幸。又蒙赠东方图书馆各一分，遵即转致宝藏，应呈收据当由该馆径行送上。专肃布谢，敬颂春祺。世小弟张元济顿首。廿九年四月九日。

○36

湖帆仁兄阁下：久未握晤，伏想起居安吉为颂。前日由友人交到属书集前人词句楹联，业经写就。惟青莲原诗『云想衣裳花想容』，来稿『衣』作『霓』，未知是否作词者所改，此一字尚未著笔，敬候指示。承询润资，辱在世谊，万不敢领，谨先辞谢。专此，祗颂台安。世小弟张元济顿首。元月三十日。

○37

湖帆仁兄阁下：久疏笺讯，伏维动定纳福为颂。蒙惠画箑，昨由顾君起潜交下。孤松兀傲，深愧后凋；介石嵯峨，敢忘匪转。谨当奉扬仁风，蠲我烦溽。专肃布谢，敬请台安。世愚弟张元济顿首。六月廿五日。

○38

湖帆仁世兄阁下：久未诣访，伏维起居多福为颂。先师翁文恭公再从孙宗庆世兄，欲以世谊进谒左右，有所求教，属为先容。倘蒙延见，感荷不尽。专此，敬请台安。世小弟张元济顿首。四月九日。

○38

昨由顾起潜兄交到惠颁新著《联珠集》，拜登，祗谢。阅夏、汪诸序，叹为观止，容再细读。谨布谢忱，顺颂春禧。湖帆世仁兄阁下　弟张元济顿首。二月四日。

39

湖帆仁世兄阁下：奉手教，如亲光霁，甚慰饥渴。附下周君汝昌信亦经诵悉，所询曹氏曲本，记似未遭兵燹，容查明迳覆，祈勿念。藉颂康宁。　世小弟张元济顿首。　十一月十八日。

敝寓门牌系廿四号，尊函误作廿七，谨特陈明。

42

手示祗悉。所南卷在此，如摄影时请兄来取。顾若周轴留在浔宅，俟弟返里后再带来可也。前谈所见云林立幅，如前途尚未售去，可否携来一观？至恳至恳。今天气稍凉，傍晚吾兄得暇，希约同谷孙惠临敝寓，先观仲圭两轴，然后同赴麦瑞餐叙，藉以畅谈。能早光尤幸。手上湖帆姻大兄左右。　弟元济顿首。　六月六日。

43

送上项孔彰《杏花修竹卷》，请兄题签，如有兴再加一后跋更妙。扇页求大笔绘《松泉图》，琐渎为歉。今检得云林诗笺两卷，便中希顾观。手上湖帆姻大兄左右。　弟元济顿首。　六月八日。

44

湖帆姻大兄鉴：昨俊卿来，言文献展览会拟先编目录，嘱将画件送上。兹特专人送请察收，并希示覆。此颂台安。　弟元济顿首。　六月廿三号。

计开手卷三个、立轴五幅，共八件：管仲姬卷、赵文度卷、吴梅村轴、王奉常轴、董文敏卷、曹云西轴、李长蘅轴、王廉州轴。

45

久别，甚念。前复初自苏来，云吾兄同车回沪，如暇时能屈顾我，一罄积愫，尤所欣幸。手上湖帆姻大兄左右。　弟元济顿首。　七月十三日。

46

报载明日吾兄北上，是否准行，至以为念。闻尊处近得南田山水轴，如可假观，乞交来人带下。再，委画册页一帧现已涂就，应否写双款，即祈示知。手此，即颂湖帆姻大兄暑安。　弟元济顿首。　八月七日。

47

多日不晤，甚念。十三日（星期六）中午准十二时（老钟点）约令弟颂皋兄在敝处西餐，奉屈惠临一叙，别无他客，万弗见却，并可观画也。手此布订，即颂台绥。　弟元济顿首。　湖帆姻大兄左右　十一月十日。

48

久不晤面，甚念。明晚准六时约大千兄到舍读画谈心，并备西餐，奉约惠临一叙，幸弗见却。如能早光尤妙，并望先打电话，以便放车奉迓也。此致湖帆姻大兄台鉴。　弟元济顿首。　一月六日。

明日一局特与选青饯行。

49

久不晤面，甚念。明晚准六时约大千、祖韩两兄到舍读画、西餐，望顾我一叙，弗却为幸。手订，即颂台安。　弟元济顿首。　三月五日。　湖帆姻大兄惠鉴。

如须汽车，请电示，当遣奉迓。

○50 / ○51

前日奉约，未蒙光顾，因系午餐，不敢固强，然已虚邀，抱歉万分矣。弟此次赴苏，带诸名公佳作，悬诸壁间，约衡如诸兄小叙，见未有吾兄大作，谓弟与吾兄至戚而兼至好，而独无此领袖，群相诧异，弟殊恧然。现在又须往苏，故前月面求法绘《松泉图》务祈速藻，以光蓬荜。其纸之大小谅尊处已有样纸，或询诸友庆亦可。至令高足诸兄亦望代为一催，尤所感荷。手此奉恳，敬颂台绥。　姻愚弟元济拜上。

湖帆姻大兄左右　十月廿一日。

再，年月请书六月份。

○52

湖帆社兄惠鉴：属题《陀罗尼》卷子，草草成二十字，因病不能思索，聊以塞责而已。尊藏影印一事，兹由敝处纪士杰兄前来面呈种切。弟意册、卷、立幅字画共印一册，与《中国名画集》相同，其碑帖似宜另印单行本，其大小程式可与画册相同，将来可分可合，似较相宜，未知尊意以为如何？此请大安。　弟贤顿首。

　尊公画帖已印就，三五日可奉上。《陀罗尼经卷》敝处曾影印一折，附呈。

○53

湖帆先生：示敬悉。弟连日肝阳又发，明后日若愈，当趋前面商办法，并奉缴画册也。专复，并颂百福。　弟贤顿首。

○54

天气殊不佳，伤风鼻塞，月余不愈，困闷异常，兴致萧索，吟咏一事久置高阁。嘱题《松窗读〈易〉图》，勉成一绝，佛头着粪，殊觉颜汗，奉上乞检入。此上湖帆先生。　狄平子顿首。

○55 / ○56

湖帆先生：便面即夕于灯下抱病写成，对于知我者不能用一率笔也，奉上乞指正。日间谈江湖派别，鄙意信笔涂鸦者不免油滑，油滑即近江湖矣，想公与超公皆赞同此言。此便面一面如倩人书者，如得超公挥毫，较为快意。乞画册页丐随意数笔，不求多不求工，大笔无论如何不同流俗，俾弟灯下展玩，如对良朋清话，快如何也。拙病稍愈，当走谈，兼愿与超公一畅叙。此请大安。　弟贤顿首。

○56

湖帆先生：子清兄扇已遵画就，不能望云林，对于实节，似有少分相应，法眼以为如何？阮藏铜器拓片三张乞交来人带下，摄影后即奉还也。　弟贤顿首。

57 / 60

湖帆先生有道：贤伉俪画卷拟题『双清』二字，如须四字，则于『双清』上加二字（『绝妙』『绝代』『今古』『佳偶』『佳侣』），五者似均不甚切合，因须包含赵、管及贤伉俪于四字中，颇难洽好。『今古』二字似能关照，又觉字面略生，无已，用『佳侣』二字如何？乞酌定示复。奉上定制扇面二页，其一求绘金碧山水，其一求转乞超然先生法绘。弟拟奉笔敬，又恐超公不肯受，应如何酬报，公能告我乎？此扇面竟可作手卷比，亦奇观也。弟有大湘竹扇二握，得二公大笔，快慰无似。海上诚无第二人为弟所欲也，此诚言也，二公其许我为知言乎。暇当走谈。此请大安。　弟贤顿首。

61 / 62

湖帆三兄阁下：快叙两日，甚以为乐。尊恙曾与医者讨论，俱谓纯系脑筋作用发动之故，非受刺激即属起居违常所致，但令脑筋宁静，便可回复原状，在发动时于人并无损害，至发时久暂尤可不论。张趾麟先生亦曾发作一次，亦像睡梦中惊醒，与兄发作时情形相同，心跳较甚，其动荡之声同睡者亦有所闻。张即用静坐法，未及五分钟即转觉宁静，至三十分钟即不知不觉，身体缩入被中熟睡矣。距今半年有余，却未发过，其说皆可信。兄切勿置怀，专意静坐，必得奇效，千万千万。专布，即询起居百吉。　弟栋顿首。　九月十四日。

63

湖帆三兄阁下：多年阔别，此次在沪快叙，甚慰积愫。友人徐济甫兄雅好篆刻，未克偕诣尊斋，一睹田黄、桃花冻诸珍品，可惜可惜。留此预约，今冬明春，或能一偿宿愿企望如何。奉求尺幅请封寄广西路四六五号民丰纱厂杨之游转交杨之澜。如晤子坚兄，并乞代为致意。专布，敬请春安。　弟栋顿首。　二月四日。

64

湖帆三兄阁下：犹忆去夏曾在尊斋食瓜，忽忽又届立秋，兴居想多佳胜。手卷已否完工？俟秋凉当再走领。兹以二小儿之淮，渴欲得兄墨宝，不敢重劳椽笔，但求书一便面，于愿已足。何日挥就，乞交邮寄下为托。专请暑安。　弟廷栋顿首。

八月八日。

65

湖帆三兄阁下：奉示，得此意外收获，如何不喜，之淮尤为雀跃。兹特走伻奉取，即乞检掷来人。手卷何日完工，仍候示知，再当走领。专此道谢，并颂秋安。　弟廷栋顿首。

十月十一日。

68 / 69

中华轩辕甲子纪元第七十七甲午，吴子湖帆哇哇诞生在吴县。同时日本开始侵朝并侵华，我华对日乃作战。尊祖清卿我先师，率兵入辽飞羽箭。英商助日将我定购枪械扣不交，约期早过徒发无数电。全军不胜非关我师不尽力，卸甲归开汤饼宴。从此含饴弄孙不再出，家传书画有笔砚。此年中山愤恨清政太腐化，广州起义为民先。（霰韵）努力革命奋斗十七年，中华政体乃一变。项城袁世凯篡夺人民权，蔡锷讨袁云南起义赴前线。洪宪帝制虽铲除，军阀殃民祸国又屡见。第七十八丁丑日本大侵华，经过八年抗日恢复我禹甸。美蒋胜日又祸华，我华工农人民斗争动全面。领袖毛泽东主席与朱德，解放人民终久能不倦。大道复行历四年，人民康乐真空前。六十周甲革命经三度，于今中华人民共和政体已与欧、东亚、北苏联各国人民政体可比肩。来岁欣逢第七十八甲午，将作世界人类大公大同一个大转旋。湖帆湖帆耆年得遇此盛世，后来幸福正无边。我辈体力虽衰尚能发动一枝笔，好将祖授国画来传宣。我与吴氏祖孙系师友，作此短歌助着鞭。湖帆湖帆祝您一帆风顺花好人寿月更圆。右短歌一首谨祝湖帆学弟花甲周期之庆，小兄袁希洛时年七十有八，中华轩辕纪元第七十八癸巳岁，世界耶历一九五三年。

70

通骏仁棣台雅鉴：承问三字，『忒』在心部第一百十九字，『雍』篆作『雝』不误，『埭』待查，如查得，明日回复。此泐，即颂箸绥。　友生镳顿首。

71 / 73

湖帆词兄有道左右：睽违雅教，积有岁年，人事倏忽，匪言可尽。每从吴中交旧处询悉图史清娱，百凡佳胜，为颂为慰。客腊吴生纪群来，传示旧题执事所藏宋椠《梅花喜神谱》，并承在远不遗，惠赠千佛，润我枯毫，却不之恭，但有愧谢。里中旧日吟朋如艮庐、九珠、霜厓诸君子凋零殆尽，而执事又远在海上，不获时亲教言，辄兴离索之感，如何如何。专此布肊，兼谢雅贶，不尽缕缕，顺颂撰安。　弟晋镛顿首。甲申人日。

76 / 77

东庄仁弟大鉴：昨晤子清兄，询及拙著《文史通义补注》。脱稿在丙子之冬，当即送请瞿安先生校阅并乞序言，惟久未动手，而丁丑事变遽起，避居木渎，彼尝提及。嗣是既有西南之行，龄亦久不入城，此事遂不得不搁置矣。及瞿安凶耗传来，龄于本年春间曾至双林巷一度探听，涑青适新自沪归，将往大姚料理一切，经告以详情后，渠仿佛须看遗嘱中有无此事，以资证明，当时似不便过分催促。双林巷藏书并无散失，此稿当亦尚在，惟涑青现在已否归来，龄当于中秋后前往打听沪上有消息否，其兄则无可与谈也。此稿约二十三四万字，有数处尚须改动，佩诤先生曾见之，其余知者绝少。稿皆自写，一望即知其实，无用证明也。专此，即请箸安。　小兄朱葆龄顿启。　九月十一日。

78

湖帆仁弟大鉴：龄意懒事冗，久不通消息，甚歉。时于熟人中传闻兴居安适，便以为慰。日前属同兆诣前请求书联及草润例，书件神速，润例尚须征询鄙意。实则龄完全外教，亦不明市况，遵拟一纸，仍烦裁酌。由颉刚诸君一同列名甚好，惟须我弟代为接洽，得毋繁琐乎。自问草、行书较可，此意或于序言中略及之何如？本学期任课工专、美专、县中（专），每星期二十三小时，文卷尤夥，幸体力尚不敝，能勉强支撑。专此，敬请文安。 小兄朱葆龄顿启。 十一月十五日。

79

湖帆仁弟大鉴：不到沪者将十年，承枉顾又相左，能无念乎。前假番佛百尊尚未措还，昨伟士兄来舍，蒙赐罗汉一堂，受之益增惭怍。吾弟沪上居亦大不易，犹分此藻笔之润沾溉故人，感何可言。近年仍在苏中教书，学校几同传舍，每一学期必易一长，须经一番请托，可笑。专此，即请箸安，并问阖第安好。 小兄朱葆龄顿启。 十二月廿四日。

又启者：二小儿同兆，自随振霄兄去职后在浒关蚕业学校教书，经历数年，较前老练。渠意讲席生涯终无发展，颇思另觅路径，又苦无机会。敬恳吾弟随时留意加以汲引，俾龄亦得稍轻仔肩。不情之请，尚希原宥为荷。又及。

80

惟一归来，述及承垂询近况，感感。遣嫁次女惠赐金券百元，并由二令姊亲自致送，当日与戊吉兄先后莅临观礼，幸何如之。专肃鸣谢，敬请湖帆仁棣大安。 小兄朱葆龄谨启。

十月十六日。

81

湖帆仁弟大鉴：不见面者逾十年矣，遥谛兴居安吉，甚慰。前月由令坦纪群兄交到手书各件诵悉，所以迟迟不即覆者，固对于粥书一层实未敢自信。兹毅然草一价格寄呈左右，仍希为核定。彦驯、圣陶处晤时乞代致谢。颉刚闻在苏社会教育学院担任教授。昨樊少云先生来，愿为龄任在沪总收件事，并寄发润例于无锡、常熟各处。序言中『遂颖』改『瓻庐』何如？托圣陶交书局代印，似不必多印，该款若干，当由小儿惟一就近送请转交。诸费清神，谢谢。专复，敬请箸安。

小兄朱葆龄敬上。 十月十七日。

82

屑涕黄垆十二年，披图瞥见心惘然。长孺戆直情恳挚，

举杯横议攻中坚。故家乔木动人慕，育才梓里开其先。北堂萱荫芋味淡，祝亲长寿写芝仙。尚书篆法传小阮，索者纷如户限穿。岁除磨墨盈三斗，各体兼擅散云烟。此境久已成尘梦，双垒轩静殊悬悬。应怜王粲赋井渫，霜丝两鬓非从前。

83

湖帆仁弟大鉴：十年不见，云树想望，谅彼此同之。日前令坦吴纪群兄来舍，衰朽贱辰，尚系记注。并赐隆仪，此事从何处说起。顽躯仅能支撑，或苍苍欲使增益闻见耳，不然何牵率至此。专复鸣谢，即请藻安。 小兄葆龄手书。 五月十八日。

○84

湖帆老弟惠鉴：昨承手书，猥以敝人七十生辰，撰赐楹帖，曷胜感荷。然犬马之齿，何足言寿，联语推许过情，尤不敢当，惟得墨宝以光蓬荜，亦殊以为幸也。邮递周折，便再走领。俟秋暑稍退，即须赴沪一行，届时容再奉告。先此道谢，即颂台绥。　鸿仪谨启。　九、九。

湖帆先生大鉴：接诵还云，忻悉一一。承允赐扇，得睹诗书画三绝之宝，毋任快慰，当有以奉扬仁风也。（弟于中秋后一日生，详见《述怀诗》首数句注。）兹坿奉曩岁小女所梓拙作一册并近作一阕，尚希拍正为荷。耑布，余容晤罄，顺颂吟祺。　弟杨咏裳上言。

再，上年所赐《联珠集》一册，雒诵再三，藏之什籍，便笔志谢。

○85

水调歌头

辛卯上巳承龙云同文（龙园、云苑两社同人）作松鹤餐聚之举敬赋俚词以留纪念　修禊正春暮，高会纪壬申（壬申同庚会每年于上巳举行，今岁八十同庚只张蛰公、赵盎僧与仆三人）。壶中岁月长驻，欣值杖朝辰。愧我逃禅无咎，敢媲子昂椽笔，博望老词人。三寿作朋好，奕奕振全神。　乘杰阁，跨松鹤，物华新。龙云会合登瀛，学士轶前尘（在座十九人，一千三百九十二岁）。不少吟坛李杜，尽有词场姜柳，同醉玉楼春。佳日逢上巳，觞咏集嘉宾。　上巳日楞秋作于松鹤楼头

○88

客冬遭骑省之忧，辱荷赙赠，感谢奚已。旋以老病颠连，而诰儿亦以病肺归自沪上，蛩距相依，药炉稳伴，磨蝎之厄，不克为老友述也。属题已就，寄奉覆瓿之需，不足以发扬淑德，且歉且惭。专布，敬问湖帆我兄起居康健。　弟杜期应震顿首。重九后一日。　附题稿两纸，此件接收后希见复为盼。

○89

湖帆我兄有道撰席：前赐笺敬谢。读惠书并素纸一页诵悉，即命翼儿代写，伊写件乏经验，不合格式，且拙作亦泛，正是佛头着粪耳。来书语卷卷逝者，固是骑省深情也，以为死生之际彭殇可齐，缘了则散，无能强也，尚希达观，一参狮座，自恍然矣。专复，祇候起居康吉。　弟期震顿首。　菊月十八日。

附书件一纸。尊称不敢当，后勿再施。

○90

病中口占

其一　堪叹昔年同社友（民国三四年时吴讷士世丈尝邀饮于渠家，后组织一消寒会，继复组一消夏会，计共燕饮十余次。在社诸君如潘振霄、朱燧颖、赵杏生、徐镜寰、龚耕禹、徐镇之，除汪鼎丞、李叔良两公已物化外，予亦在其列。每次燕饮，各持壶自酌，回首当年，殊堪浩叹），弹冠相庆震吴门。予将吸取胥江水，浇尽胸中旧酒痕。

其二　可惜当年吴讷老，早离尘世赋招魂。此公亢直今如在，定有期期忠谠言（公口吃，平时好持正论，与人诤议）。

戊寅闰七月　汪怡之随笔

○91

湖帆三兄赐鉴：去腊在皖曾奉寸笺，谅邀垂詧。弟以沪战发生，苏垣密适战区，危险万状，业经辞去皖赣农赈事务，于上月返里。因忆前次辱荷鼎力介绍馆席，颇愿承乏，长日无事，以资消遣。可否恳公再作曹邱，力为设法，至深感荷，并希赐复。耑此，即颂侍祺。　弟之澂拜启。　四月十日。

○94 / ○95

湖帆吾兄：昨自尊处归家，于车中得荷花诗一绝，另纸录呈。为《晶报》写一小稿，亦当以此诗插入，兄于画扇题句时能引用之欤？诗虽咏荷，亦以写兄之风格也。敬问吟祺。　弟天笑拜启。

题湖帆先生画荷花扇并希教正　风定露清自在香，愿张翠盖避骄阳。生平不作淤泥染，谁说莲花似六郎。　天笑漫稿

○96 / ○97

临江仙　冬日病感　湖帆　久病多愁成瘦损，翻教腹大如匏。错疑倨岸不弯腰，人逢称发福，我听把头摇。最恨西风常作祟，几经刺骨难熬。气虚力竭足偏跷，讥符牛喘月，困逾马嘶飈。

病起和湖帆临江仙原韵　天笑　甚矣吾衰宣圣语，焉能不食如匏。与君共羡沈郎腰，摩胸多磈磊，揽发已飘摇。苦恨思潮常起复，无眠长夜煎熬。思量一事最蹊跷，月明眸似晕，风定耳成飈。　夏历二月初二日　天笑八十四岁初度写

○98

湖老：属书联语已涂就，惟殊蹩脚，仍烦许世兄来取可也。手此，顺颂健康。　弟张叔通手启。　五月卅一日。

○98

湖老如握：闻足下恢复健康，业已出院，可否趋前访候，略微谈谈？顺问起居，并祝休胜。　弟张叔通手启。　四月二十日。

○99

湖帆我兄如握：昨晤王福老，谈起也是院中老年画师之一，但是他一点没有知道。我想院方既宣布了他的名字，应该有通知书给他的，这也是院方应有的手续，何以筹备会成立以来既经一月，而此种手续尚付缺如。这完全是不理想的，未识我兄以为然否？（可否请我兄向院方主持人提出这个意见，补行这个手续？不但王福老，或者还有其他。）顺致敬礼，并颂健康。　弟张叔通手启。

○100 / ○101

湖兄同志：别有年，很念。常在文通处就审情况，辄以兄不来馆为一憾事，而今遂矣，愉快何如。堪去年悼亡后情绪怅惘，几至断亲绝友，无非唯心观点作祟，比复加紧学习，自我教育，稍稍前进了。到馆时希勿忘却《绮梦词卷》，先向门弟子取归携来，毋令梦觉人望断秋水，幸幸。　弟慈堪手上。

一九五六年四月廿一日。

102

小钝顿启

倩盦主人侍史：高斋纵谭，笑语春生。归后检点行装，偶拾残笺，胡乱捉刀写得《忆语》片断，且博莞尔。自来仙山楼阁，莫非缥缈，情海波漾，尽是荒唐，要非大手笔付诸丹青，播诸词藻，深恐雨散云敛，化作幻境，依然书生老去，花月无痕，何以慰此性灵邪。匝月南旋，想见桃李争艳，春山如笑，蔚为甲观，先睹为快。它日慧因庵中烟云供养，双双膜拜，相祝绮梦万岁，主人其亦乐许乎。所冀倪迂清閟，勿向伧父俗子道其万一，幸幸。肃启留谢，惟俪祉清嘉。小钝再拜。

公元一九五一年三月十日。附件。

103

慧因庵本事忆语

某年夏，慧因子一日昼寝，梦游碧油幢下，邂逅五原夫人，款接殷殷，瞻询邦族，因知系出名门，学有渊源，袖示聚头扇，簪花妙格，上窥晋唐，婀娜刚健，恰如其人。夫人薄露醉态，曼声而歌：『底事天公作美，雨盖轻车，绝妙好遮护，莫放过一刻千金。』歌声中止，曲尽绸缪。继又歌曰：『愿花常好，月常圆，休辜负如漆如胶、暮暮朝朝。』声调断续，仿佛片断未完成者。乃诵诗友题画句『难得温馨斜半臂，美人名士许荒唐』，戏作酬答，偎倚间相顾嫣然。时则细雨轻过，暮云甫合，夫人偶顾时计，起而辞曰：『这番温存，霎那缱绻，倘亦夙因乎，郎在村舍待侬矣，宜归休，一握而别。』怅惘若失，忽悟苏黄诗意，信口而吟：『慧业翻成绮业障，前因怕结来生因。』矍然而觉，是邪非邪，梦邪真邪，付诸忆语何如。

湖帆三兄足下承属横世兄寄宿事已为
款室空之房但来时须自备被褥盖房子处
荞养芸之学人视之开头夏迟早起
非午后快车至安室之登气油脉玉青浦
趋主隆日开赴诸家园市八五恨恨庙务
旧者重肉廊中如荷甚窝自闹而送
送咸间主僧当工六法今别业此高僧

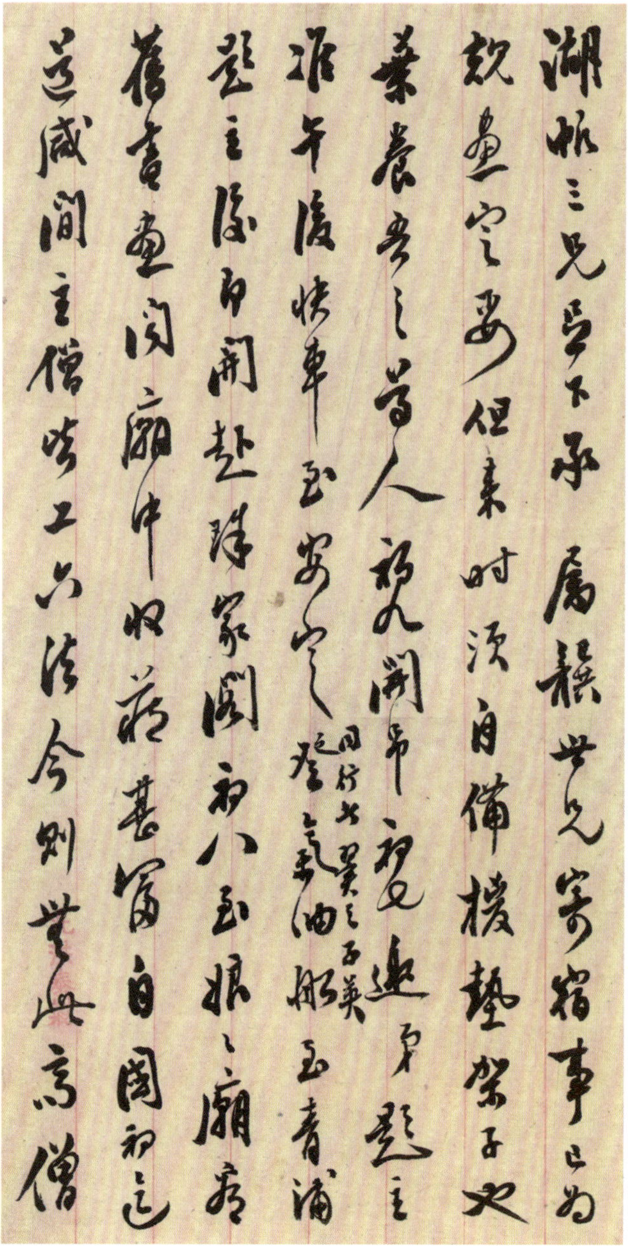

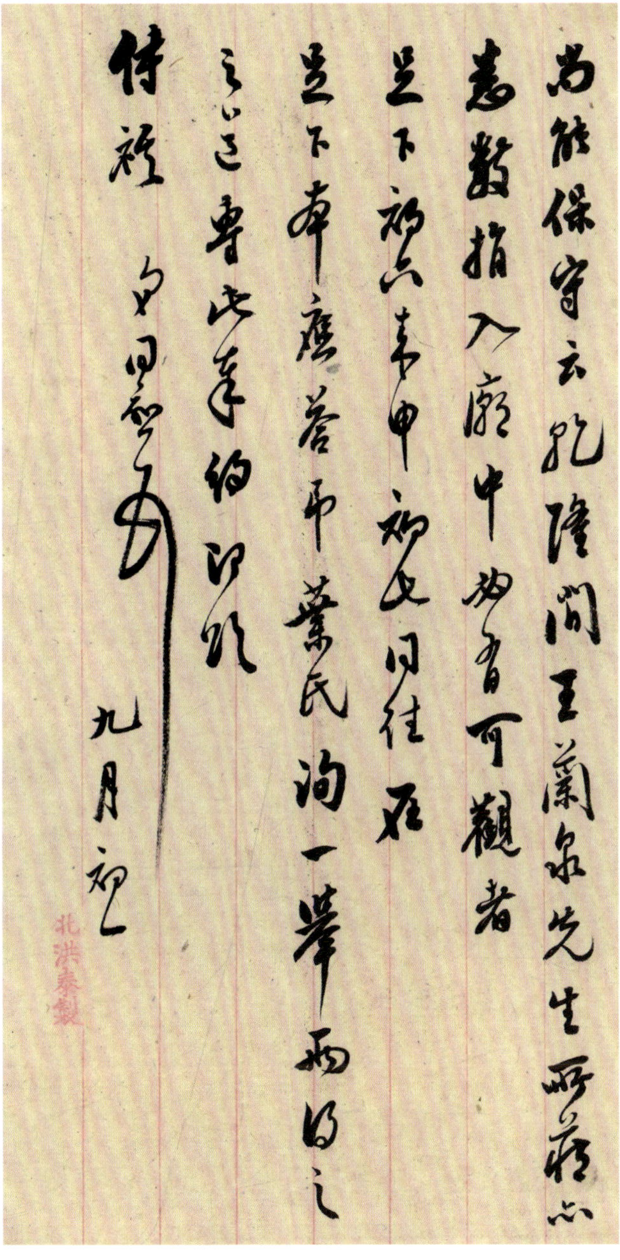

尚能保守，云乾隆間王蘭泉先生所藏經亦
甚夥，捐入廟中，想有可觀者。
足下初六來申，初五日往莊，
足下本應答拜葉氏，詢一舉兩得之
之以之。專此奉復，即頌
侍祺
弟 因頓首
九月初七

北洪泰製

湖帆先生鉴源泾

茗先人一函为令运琹储书贺縢る之

富久人巳表玄巳属

阁下去王尺犊常笋逼童好

圆弁南来洼挥么補引残右卯九兼八

尺犊对玉记、此要卯诗

匆々

張泾元用同化好力之

竹菴

如巳宫运话阁下们莉当任再弁

大笔挥因风雨向

上欲专崖威闹幕上吾

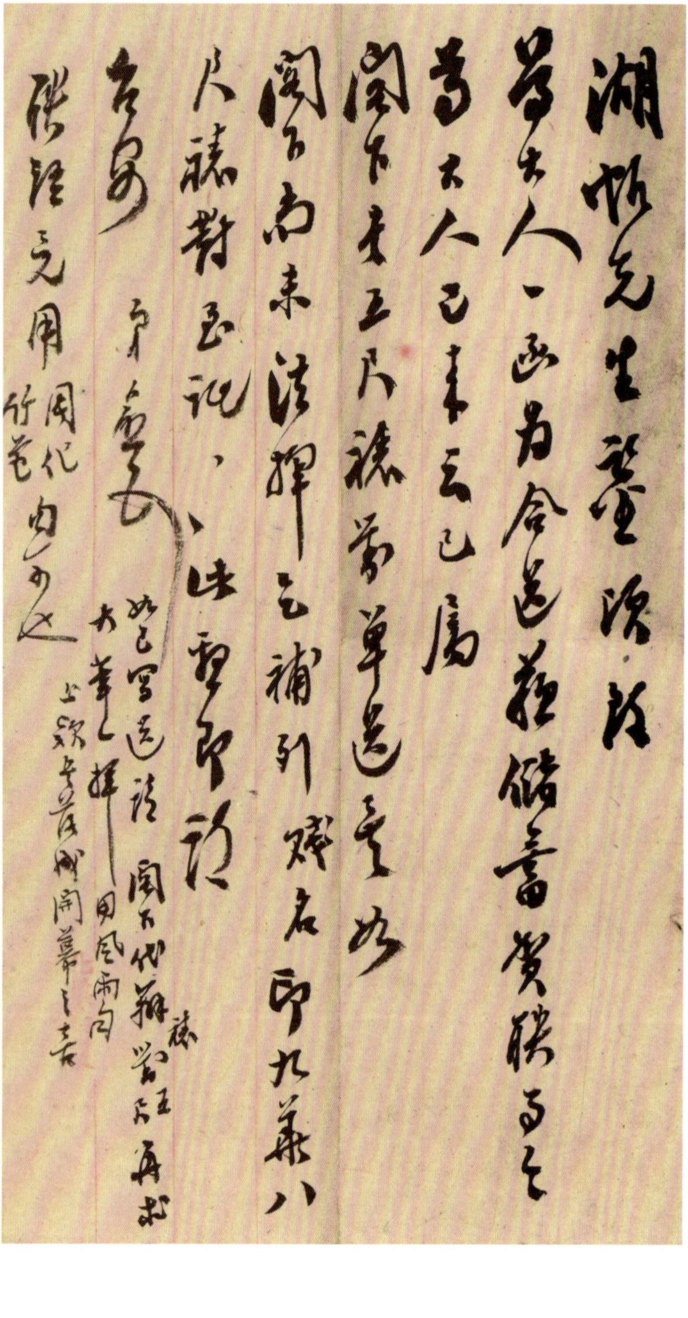

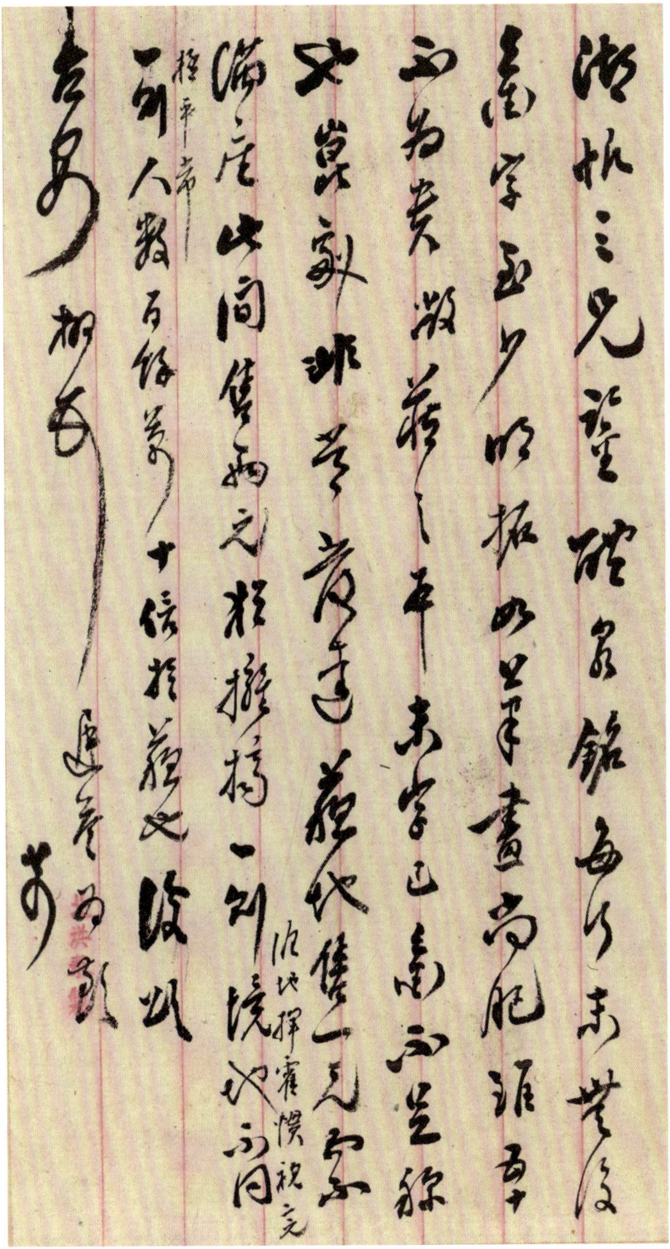

敬维榻本有另纸之别尔鲁杲斧韵壹
尔尚有十馀鍾未入韵石翻照文访集
昔序中来路任渠谈足月不停呷
老萬的細 致那之不此雁荏苹敬仁兄
老足所将何足走惠如之
代付新价宝老童性此
湖帆三世兄 弟

前輝

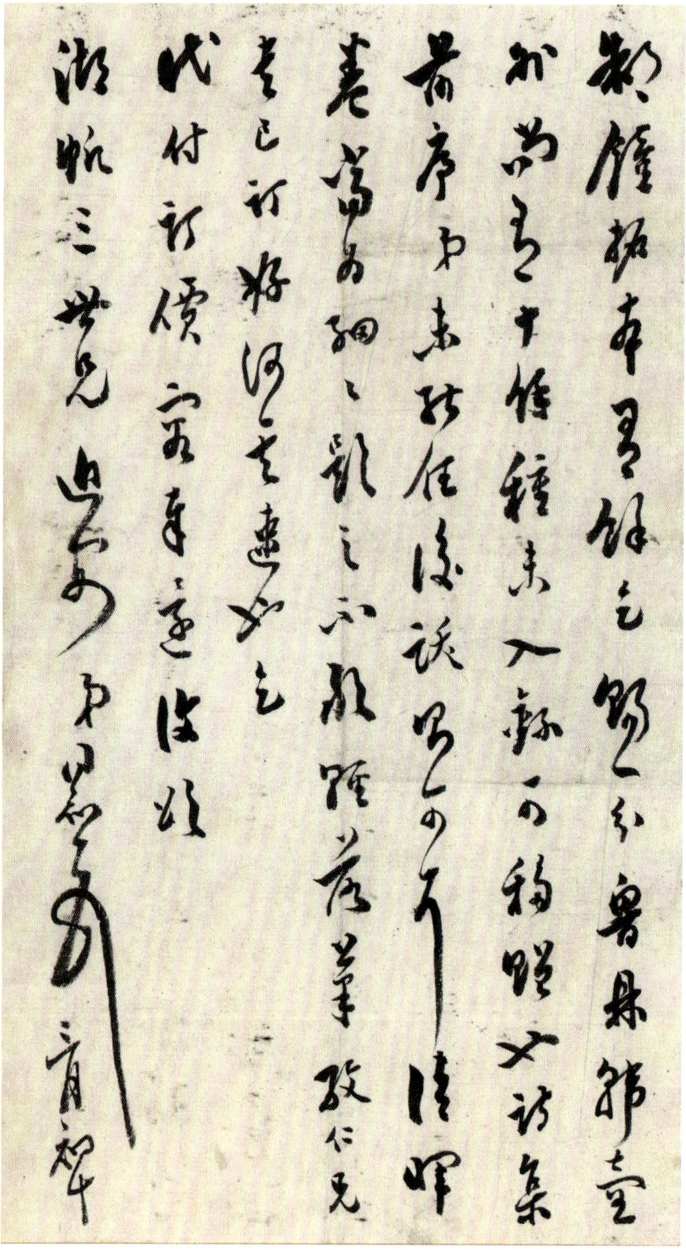

湖帆三兄抄本先睹為快 陶已許好
又兄未能常看此紙 此紙名露氏因
毫鋒但宜色不宜燥 故宜
綿雲脣久此紙
時經[已]甲蓋為
廿

陶語孫星名是鄉也
詳不紫氏藏書 亞蓋為帥
萬即是為海係
内宅
法帖三見刻佳本
六吉曰几

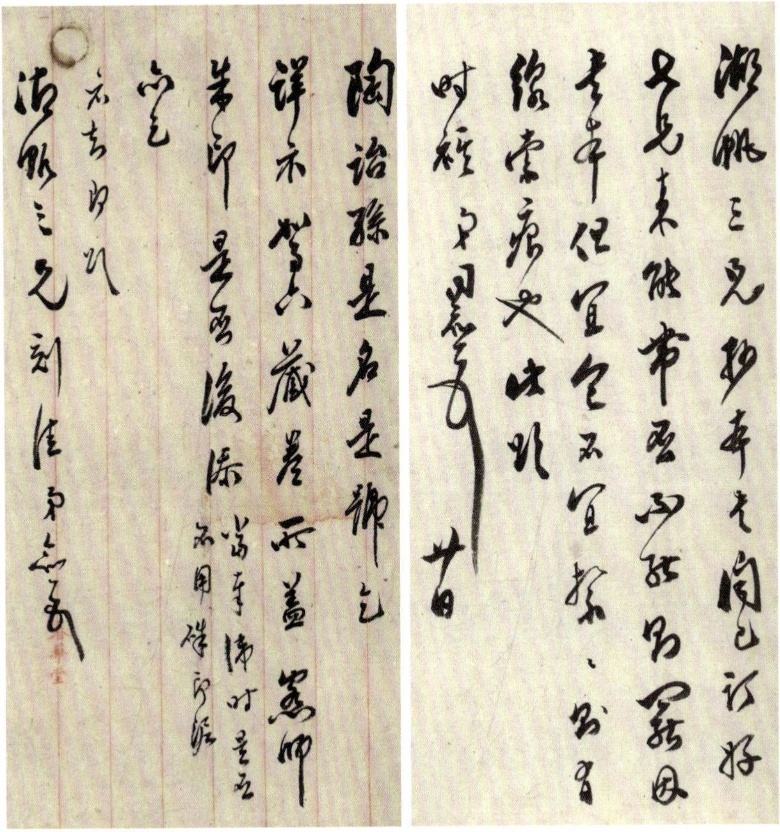

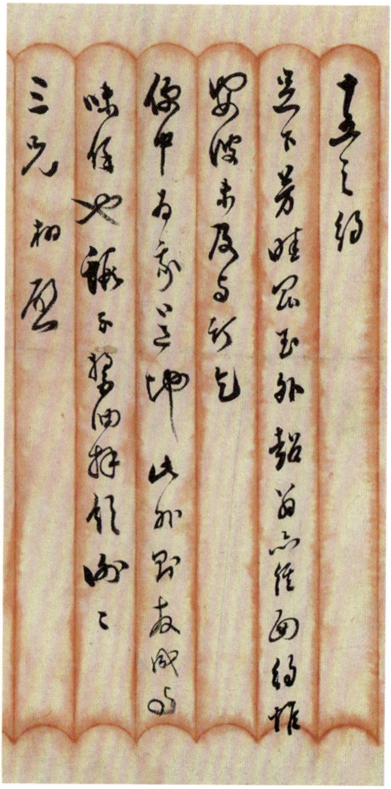

久闻尊念以深法情垂信云
兔兒尾罢间第七十九已示初浮汉
創申催写付窜雅白初
早晚寄去活笄求肯任一勞瓿
如箱之
黄神生之亦寄意云
吴帆三見詳

北洪奉製

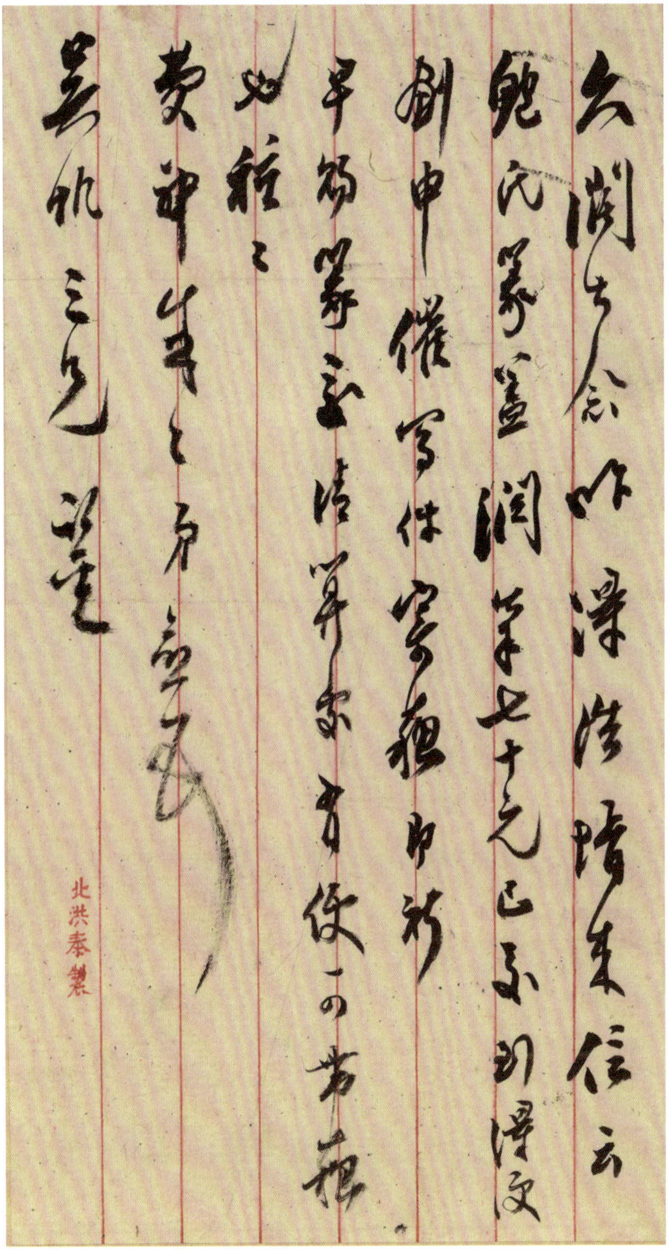

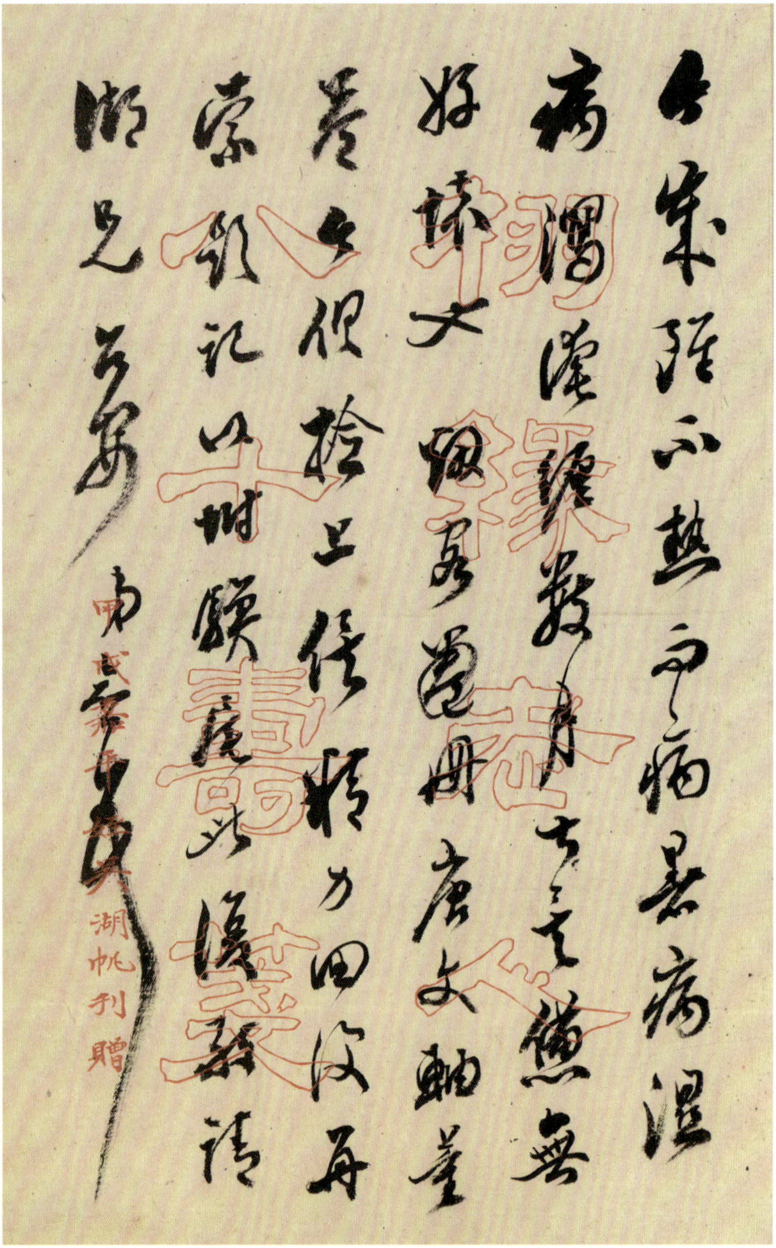

湘帆三兄有道 耑寄芳翰 聖旦即候善屬四

翢住滬甸日徽 覽国報兵 雨彦主小即如包用

過之 修造清褔家小孫蒞元營 日兵延示 小孫蒞元營三兄之子

撇盡天有用意窃思主演撫趙使冀達 自由

帝之目的 明翢地苟徘安東之郑州股蒙年

一寫之 穐承万篆 号蒋六如翢神往

不必從乃 假亦觀習多此小

深安 小翢手具

正月廿九日

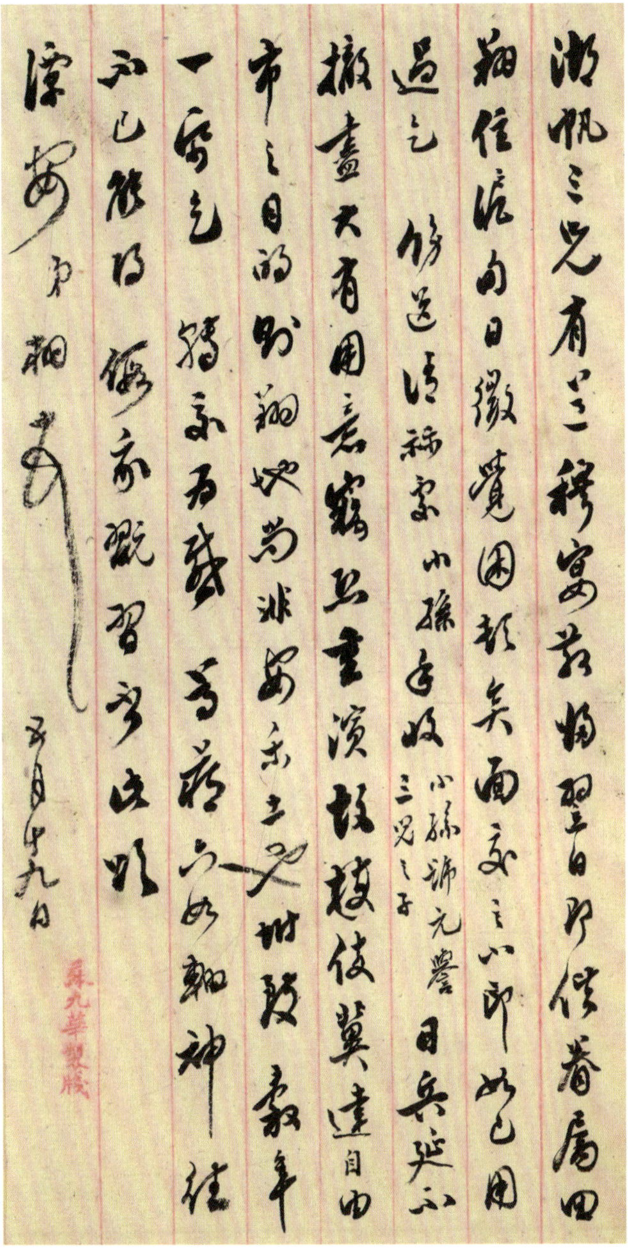

湖帆三兄道鉴 昨承

垂过州垩暗谭为快 眄

晚闷心轴前辱

赐有年 赠之感以

配寿东三玉同当至

华章注六云岁午惜

帼式喉小弥厚蒙

视以瓒玖如何矜需

如加被清幸益及邲

人保时跌以修尤为

感荷秋暴云

剧杂新 珍雨顺颂

道安

卞印昌

寅月志

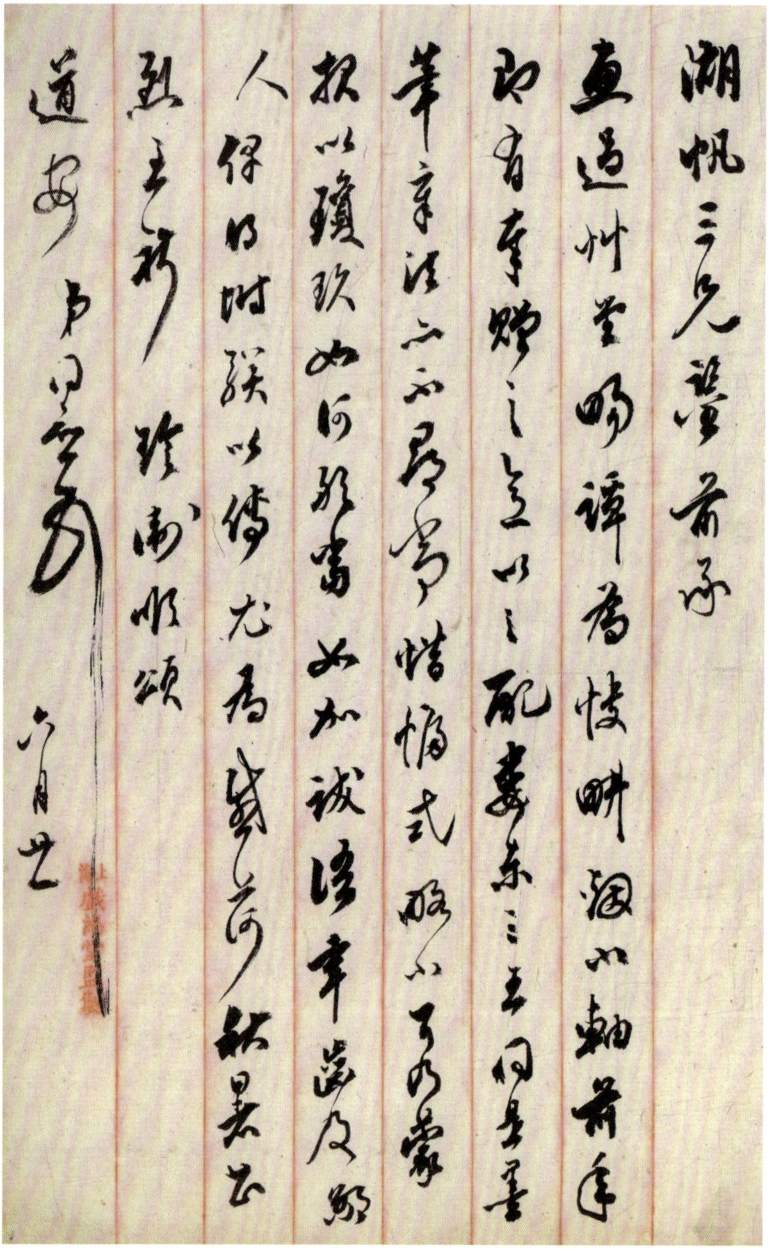

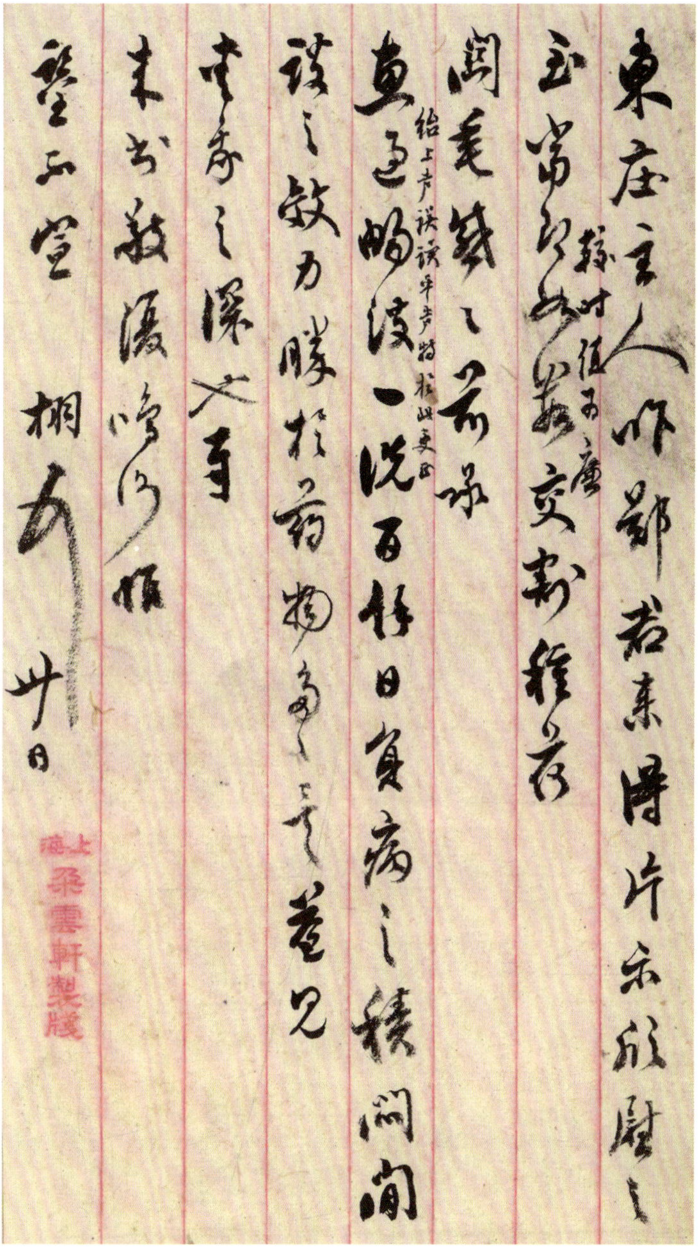

東莊主人昨歸，君來得片示，欣慰之至。當即與孫叔值不之廬菊裳交款維存。閣老錢之前承惠迦，略讀一過（給上声誤讀平声，特於此更正），百餘日負病之積悶閒讀之，欽力勝於前輩，獨爲之之並見老手之深文事，未克親深修候，順頌不宣。桐君 廿日

海上朵雲軒製牋

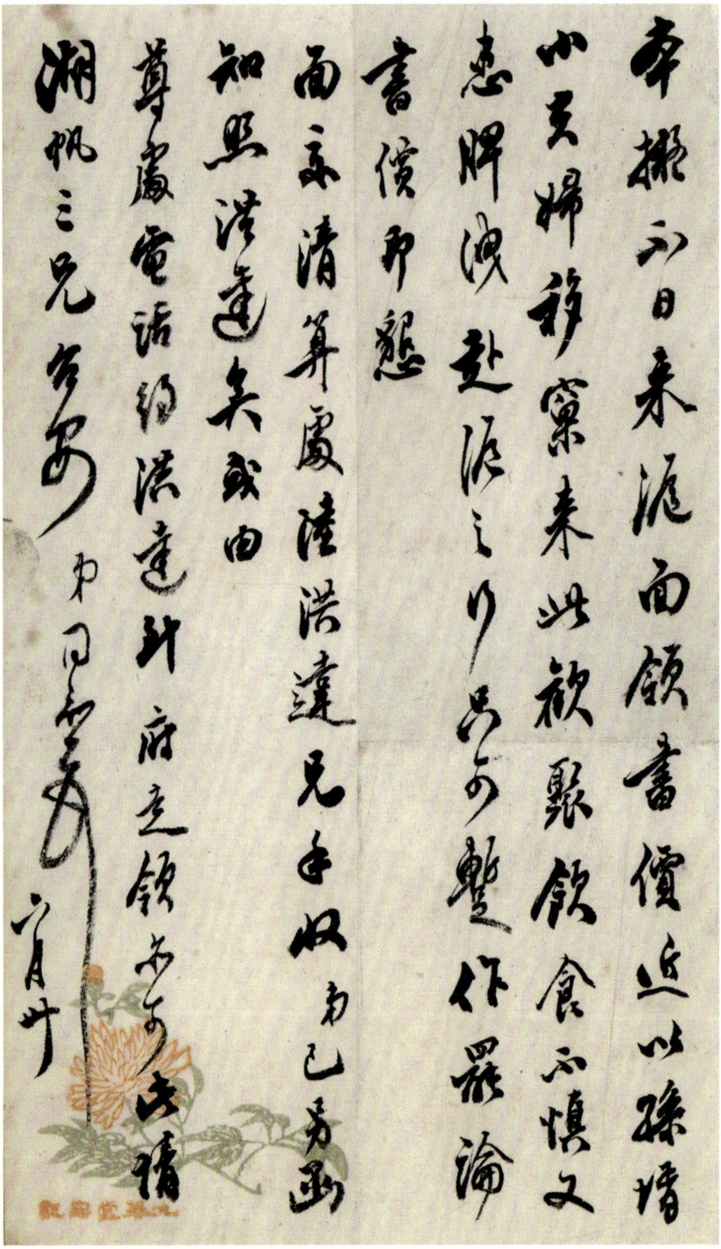
本擬六日來滬面領書價，近以孫婿
小夫婦移窠來此，欲懸飲食不慎，又
患脾泄，赴滬之行只好暫作罷論。
書價即懇
面交清算處陸潘達兄手收，弟已另函
知照潘達矣。或由
尊處電話約潘達到府走領亦可。此請
湖帆三兄台安
弟同和頓首
六月廿

手茀家至文送此外不已尽

到吾兄记作之久携之其作中

者视自来取不出此月初尚可

而來派佀因答不啻

從兄名觌而细书

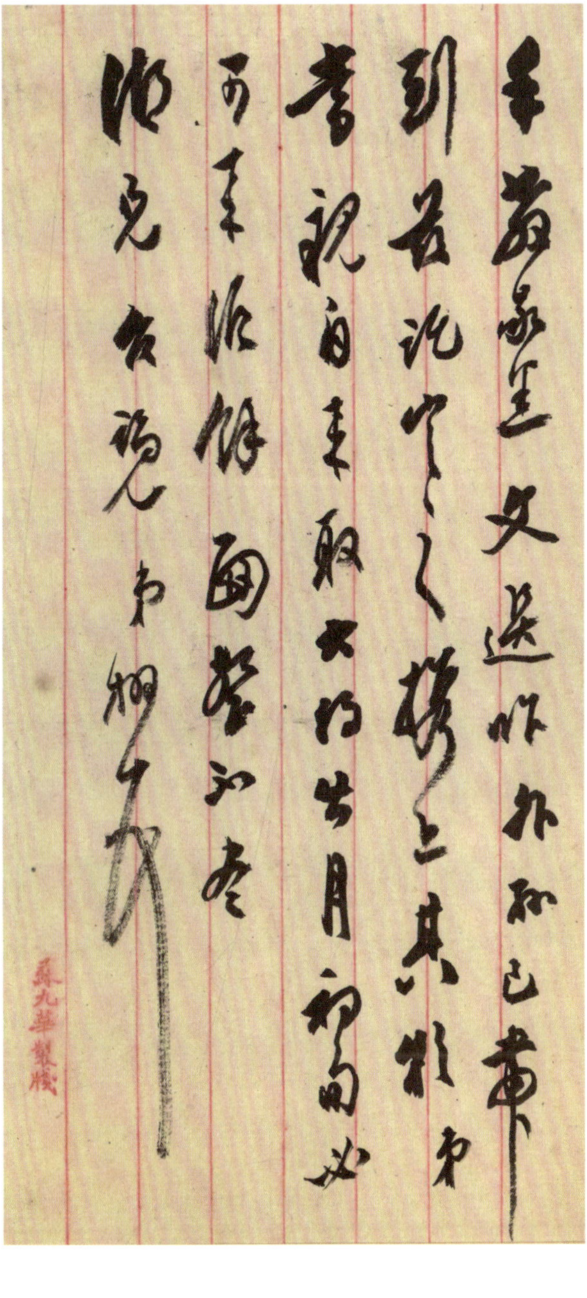

湖帆□兄足下宋选本前苏自□村後
敢诸未及详陈此书计三十卷犹是
青统之广次而汲古阁物流师传
是搜原阙艺□芳五卷用宋统钞
砚取精用宏尝为无氏作品宋时为
□人车以借钞补今书钞□有
難以借述古
催腾此车矣　　□□□□
知□□□
书在藐□□郎

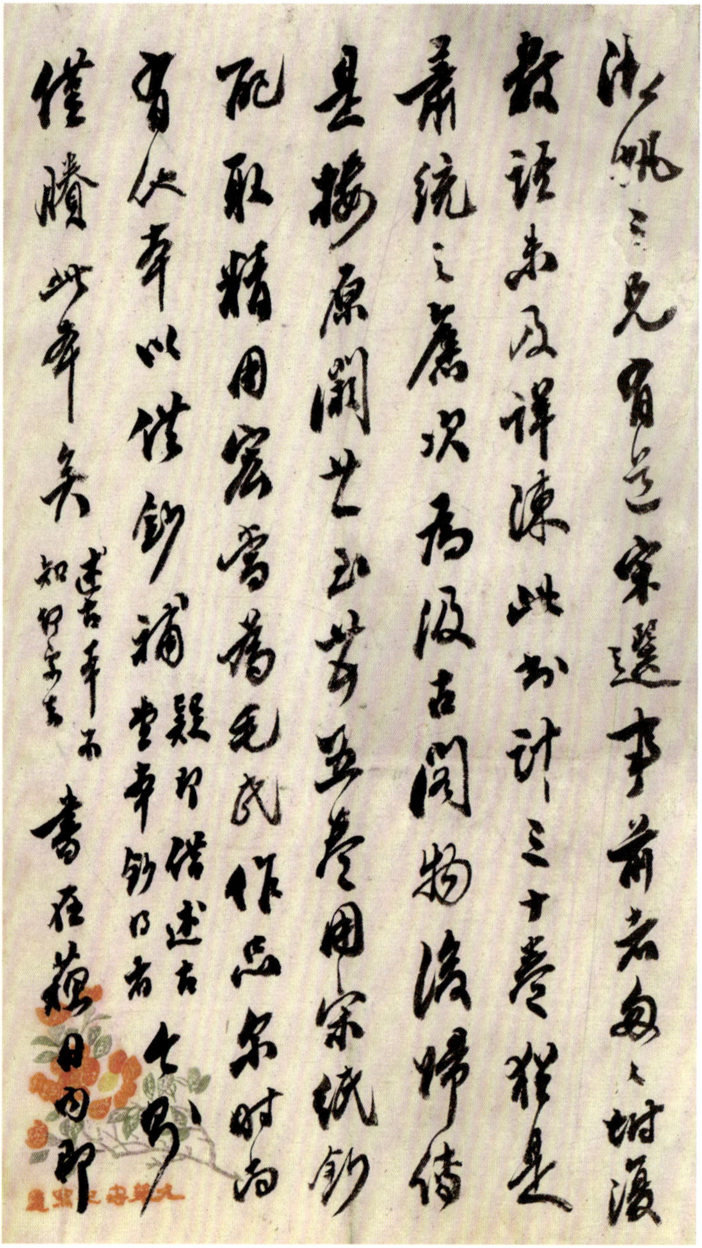

可脫卻市權觀自攜歸大佃于卷
中著主權苦日得沈雪苗使云湘空
臥病雜候君甚雅四羊得之作
已而狗觀見為乐乃仪默楊其京九扞
我省晚手美如
學胜折日分少尚寫目云此生此大
妙乎毛收什頌新安中六尝方

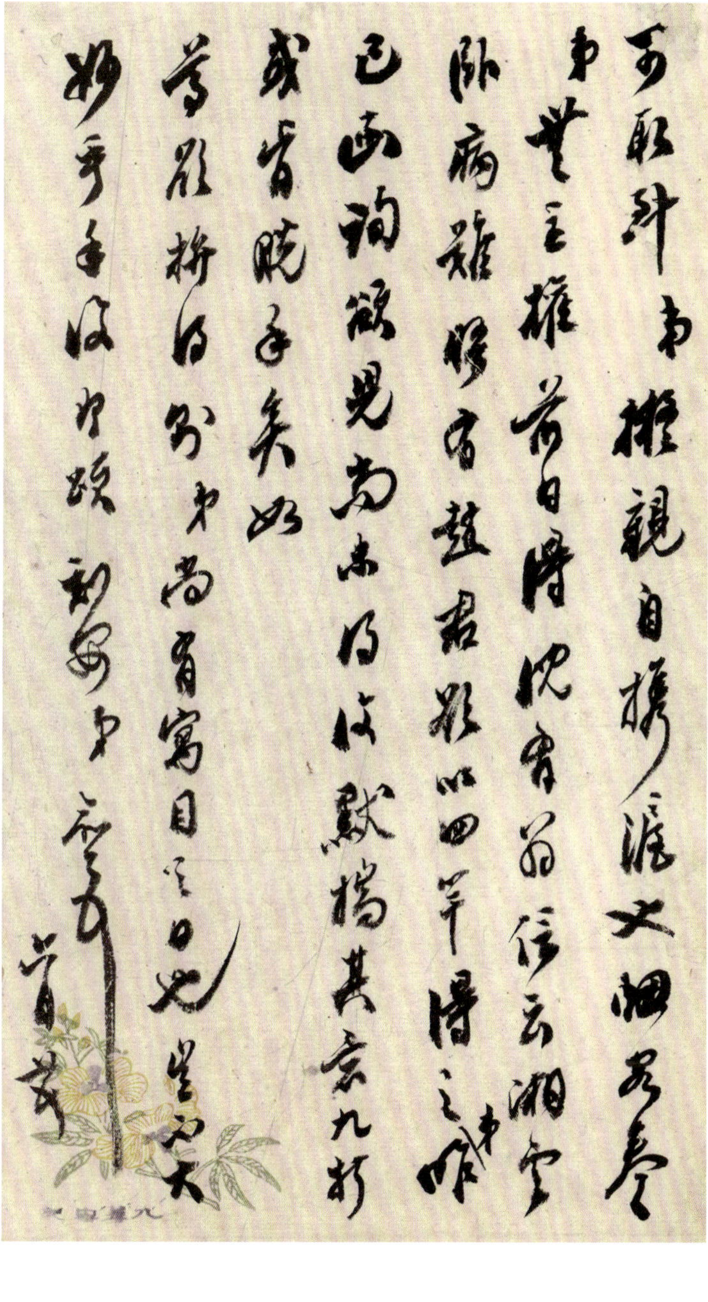

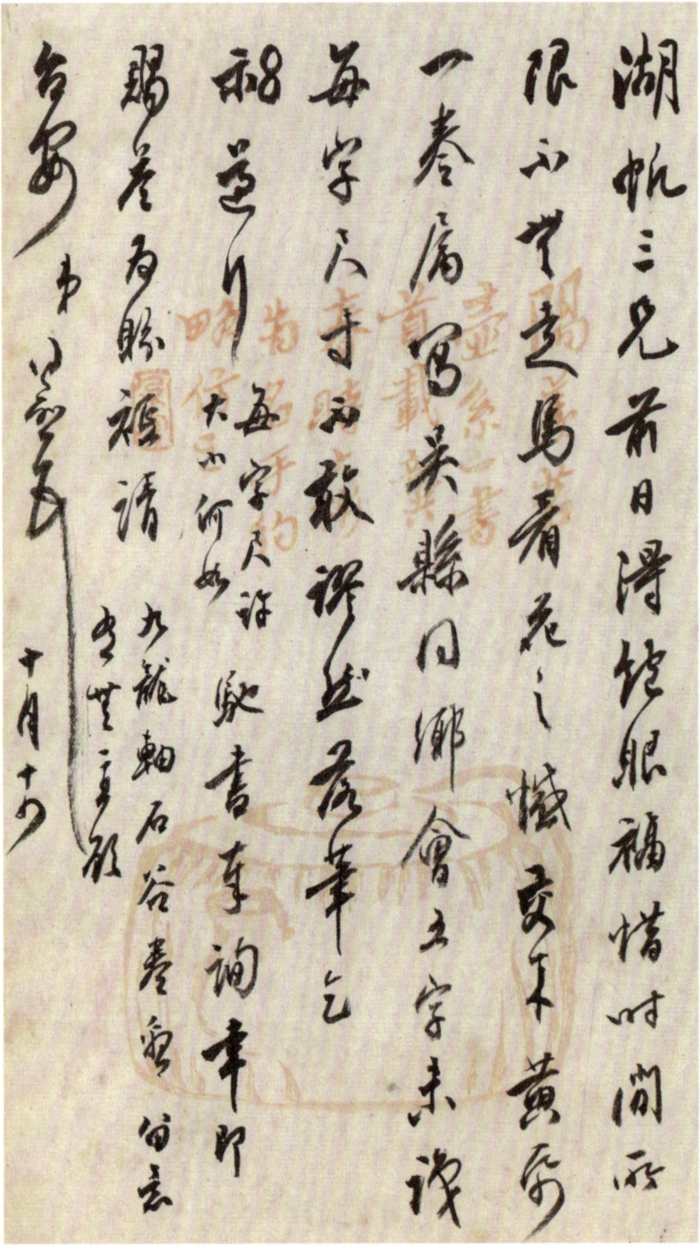

湖帆三兄前日得饱眼福，惜时间所
限，不能遍看。花之憾，爱本黄宗
一卷，与吴县同乡会五字未识
每字尺寸，亦能证兹庵笔乞
示知是则，每字尺许，大小何如，□书李询章耶
赐覆为盼。裱清，如能轴石谷卷幅，留意
台安。弟□□顿首　十月十四

湘帆三兄明誓前辈

真迹裱边吴郑门以以会已拓庶麻之字

出富早核着依表宋写为所室業

尊藏錦幅之為攝每一頃丰卅尚太守两册

披南戰為大雪岁色名僑潺体初日

都南矛蒙定明真芳孔祀一詩西臧毎三

續此真實言懷色仰问敬復

澤芝

光緒

民申下

十月廿八烛下

137

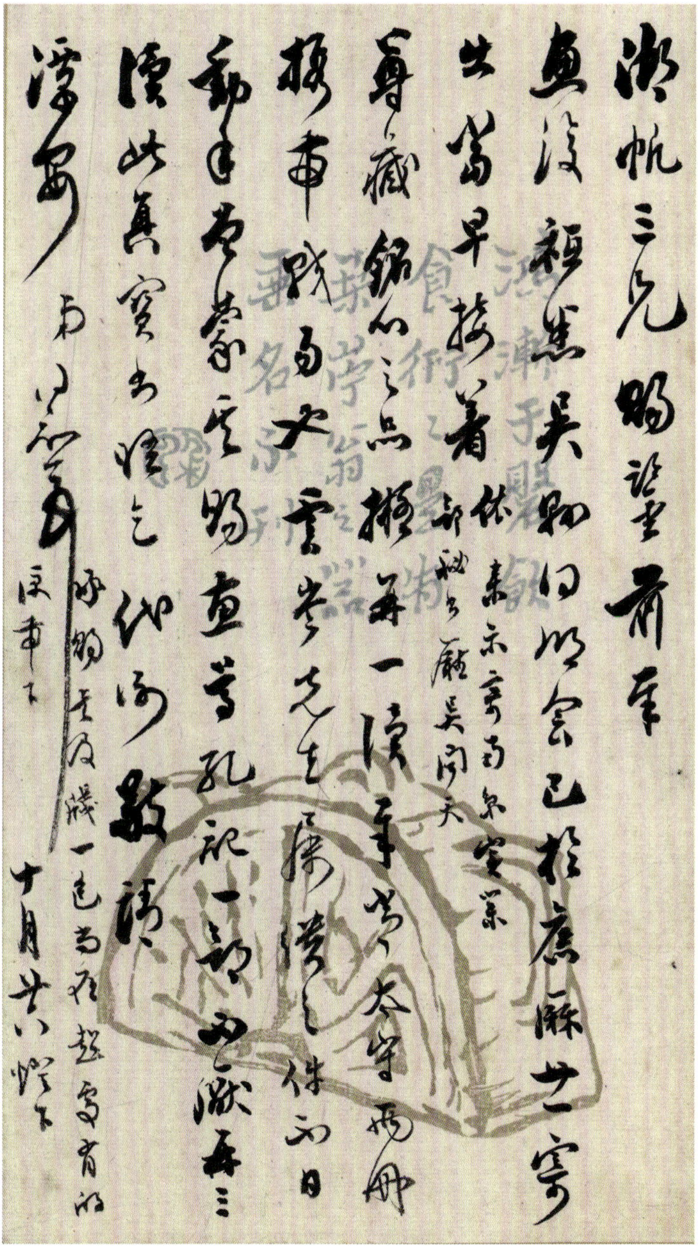

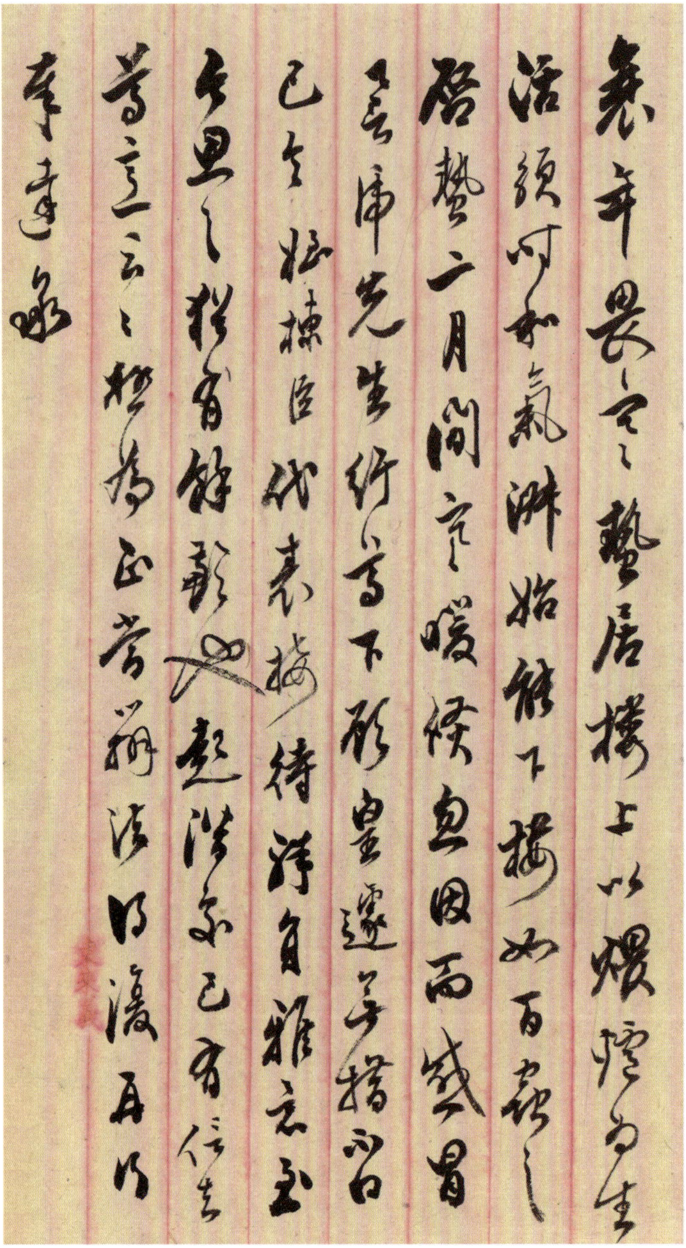

兼年畏之之蟄居樓上以煨爐為生
活頃何和氣漸始能下樓如百歲之
啓蟄二月間天氣暖後自因而感冒
吾師先生行之高下那里還乎摺習
已之校樣[illegible]代表接待詳自雅言至
先見之樣有錯誤[illegible]趣詳家已有信
並述云之樣為正當辦法明後再行
奉達 [illegible][illegible]

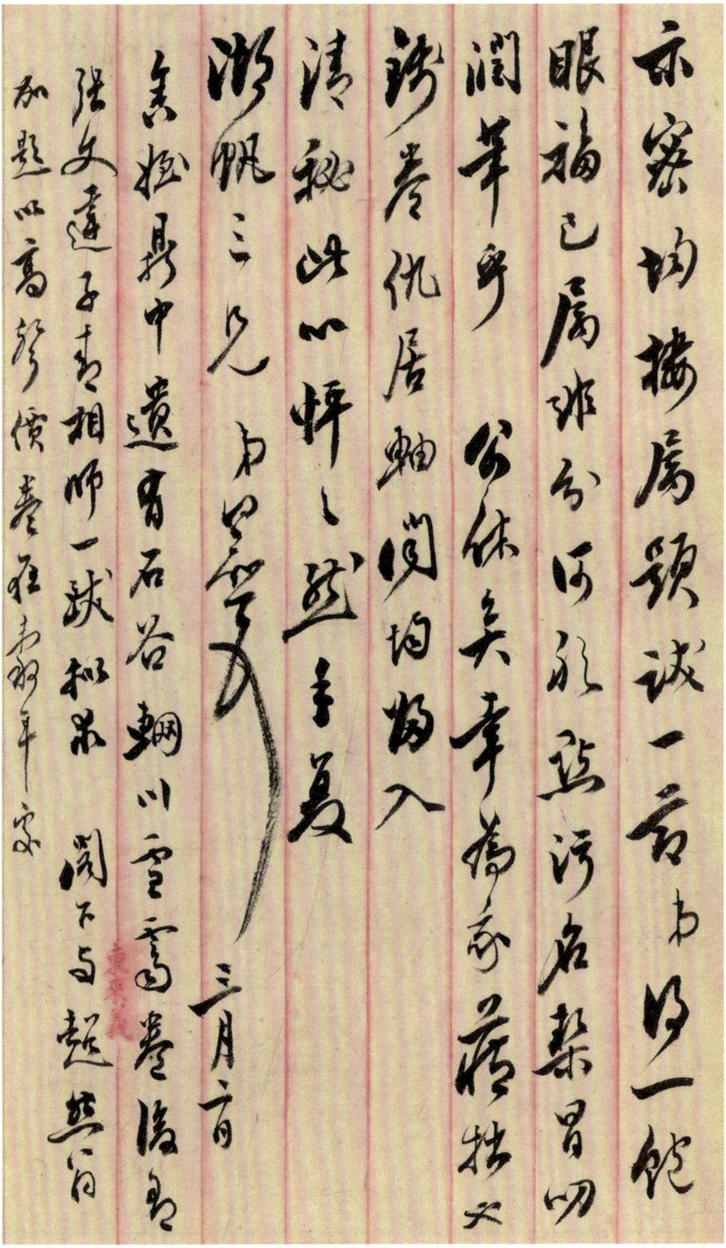

亦寀均擬屬題識一首，弟得之一飽

眼福已屬非分，何能添名紙尾切

閱筆耶？公休吳季蒼蘇拔尖

諸卷仍居軸，閱均物入

清秘，此心怦怦，越年復

瀏覽三次，弟即笑又　三月六日

東樵縣中遺有石谷翻川雲壽堂隨之

張文達子青相師一跋，擬求　閣下為題其側

並題以高聲價，春雅未卜可否

昨日媵人贺、迎将者亦俗人送上而

遥望不畏正如别有之获疏疏泛衍下

连城玥大敷围一带玥桃博玥立此相

桃何推细名药蓉人皇此中自已月

内由禾里翔病说厌、真正以今粉神

不振懒於动勤遽嵌虞今粉神

真虚敬喜者其巖虞诗稿专希报

玉厚方小兑兵史里不嘉毛冬湖帆见赠独得家

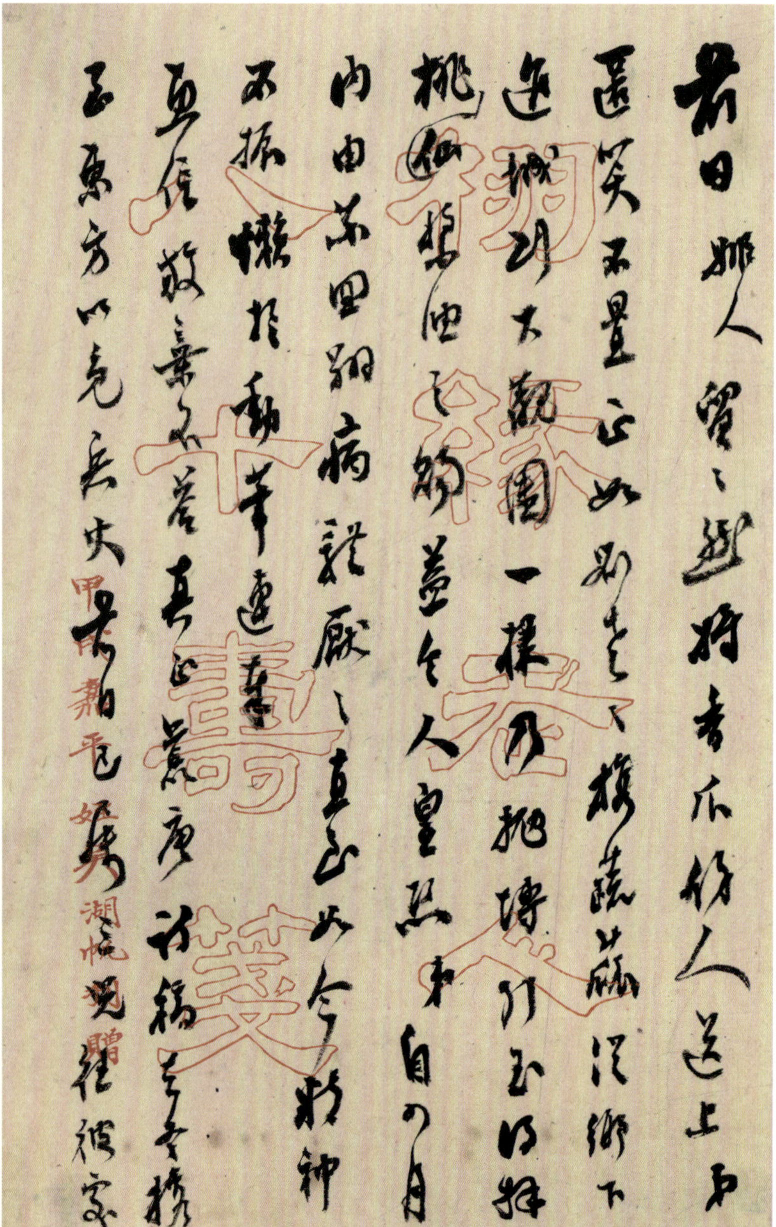

檥出迤上仲三兄此經邺病胝石未修久久
稿本殊至便湯芙意亦至欲令抄否
言亦諸出此誤用伴色細樓方可付印
或稱書為遠漏之好語欲作起間所稅
辛謹四抄入以此種々柜為麻煩各々二四
麻煩又起迤迤回信書事實對弟起也中
幼也天之氣甚僥真病薤署不好著各之法拇
示藏品拇為躰迤此者友人禾家弄己為真道
子在再家散住一看此功

湖机之凡濘安再言些

141

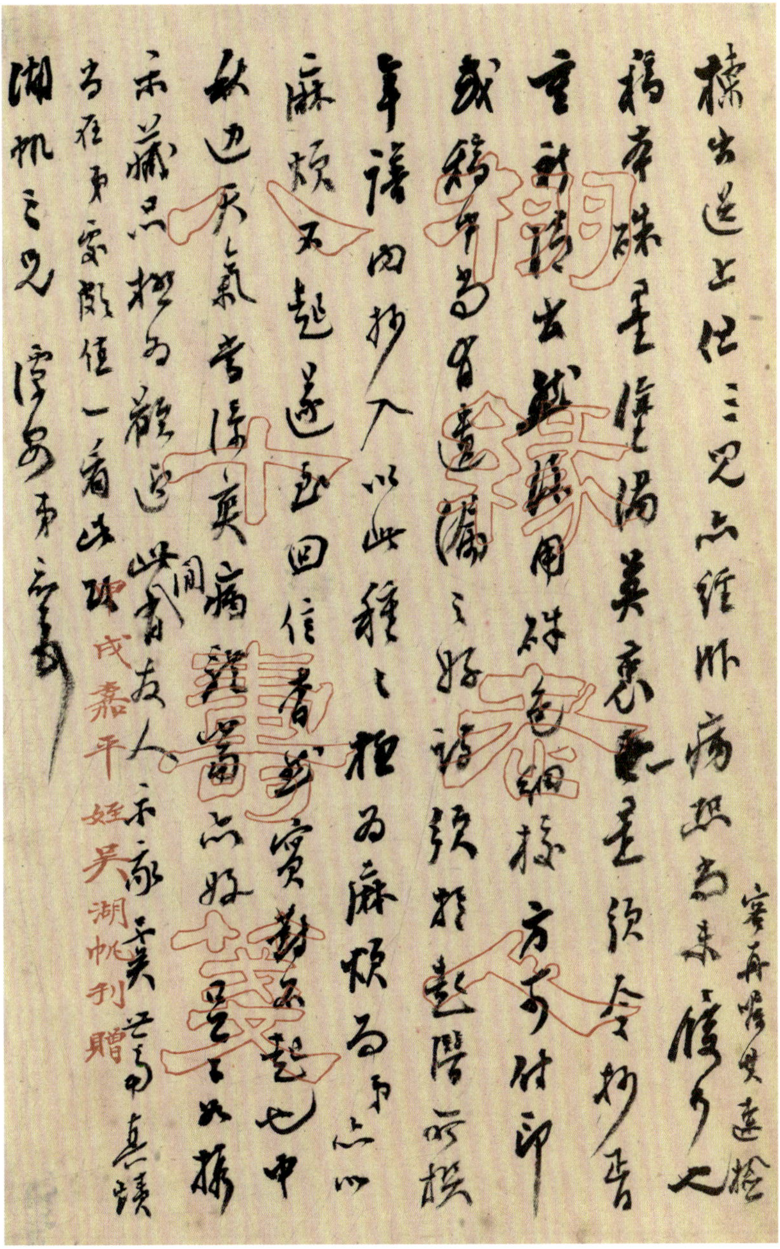

湖帆吾兄大鉴不尽

惠荷最善卷子两枝择作佃何、陈置、高

生年已望钱皆是亲年尚书

香东院生楷孔隆苏卑年张生楷孔隆

此等年院八六兼张□士兼附

闲便仍

星□ 甲□□ 六月十九

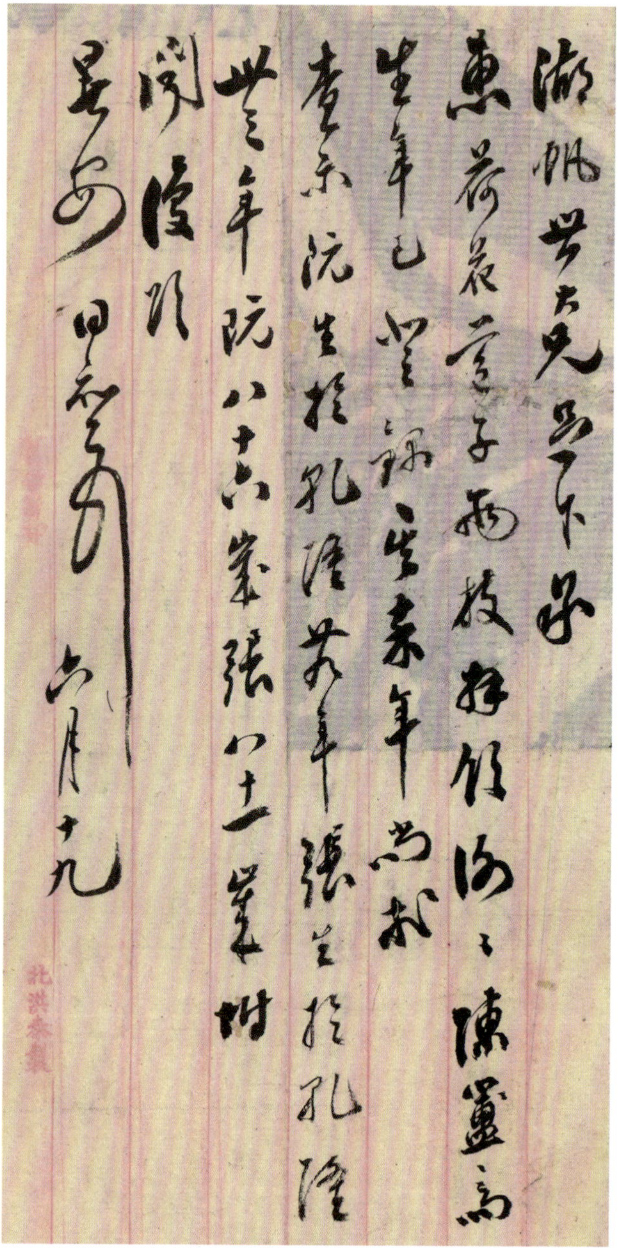

承
真以文為業如心源知
屑走申家修三兄拾出善
姐立純勝
六澤初日顺治李翔景好星耶日
明三兄不幸言一雨兄报復負主高來
蓋善煙毒不相尤炒
湘帆三兄下

北京奉製

143

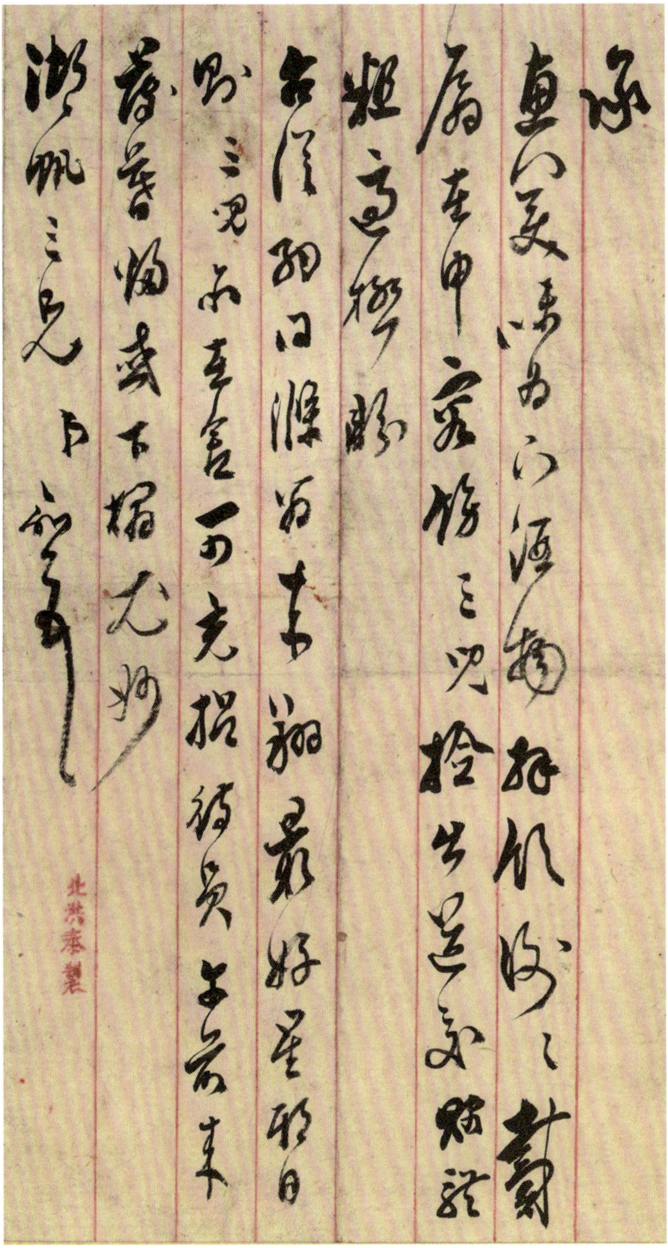

湘帆三兄赐鉴 仙驭前一日晤时致可思书
惠件皆即书就寄去想相早逹
说此祥者闻
诸及眲言即为韵为呈陶入
隔秘无隙候行之自言去投闻
向中邢並濡筆先挍为收简
拾永一柬居翰系无睱以答大

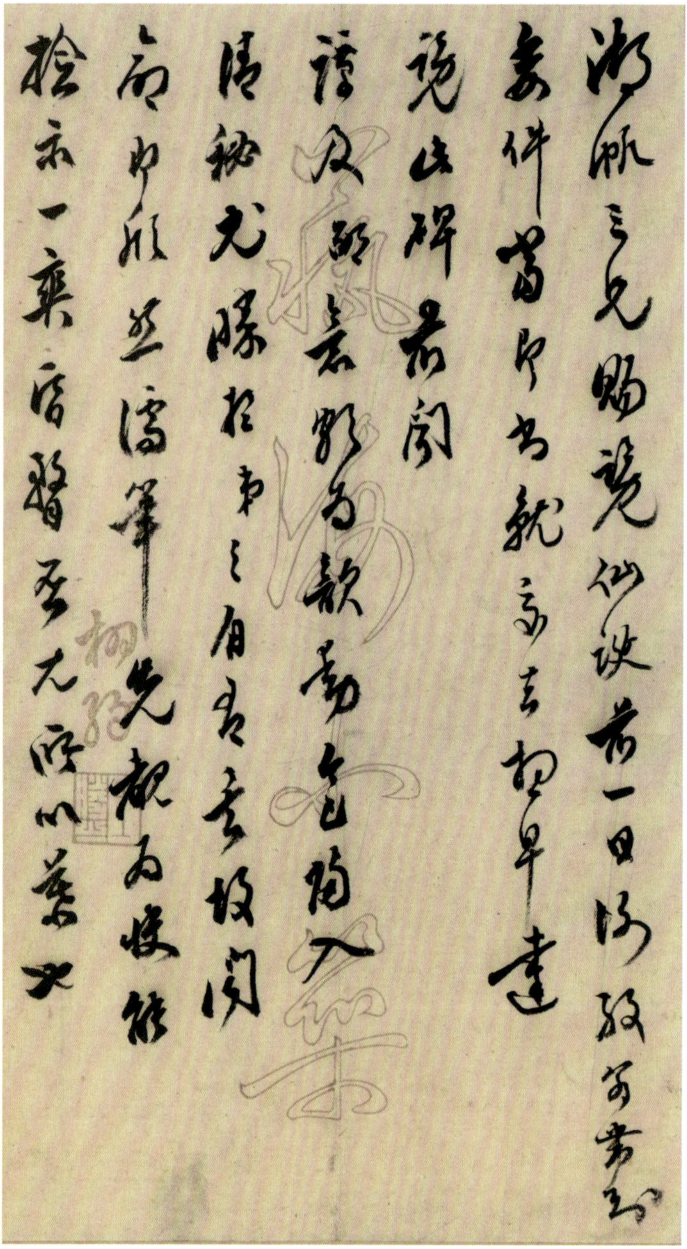

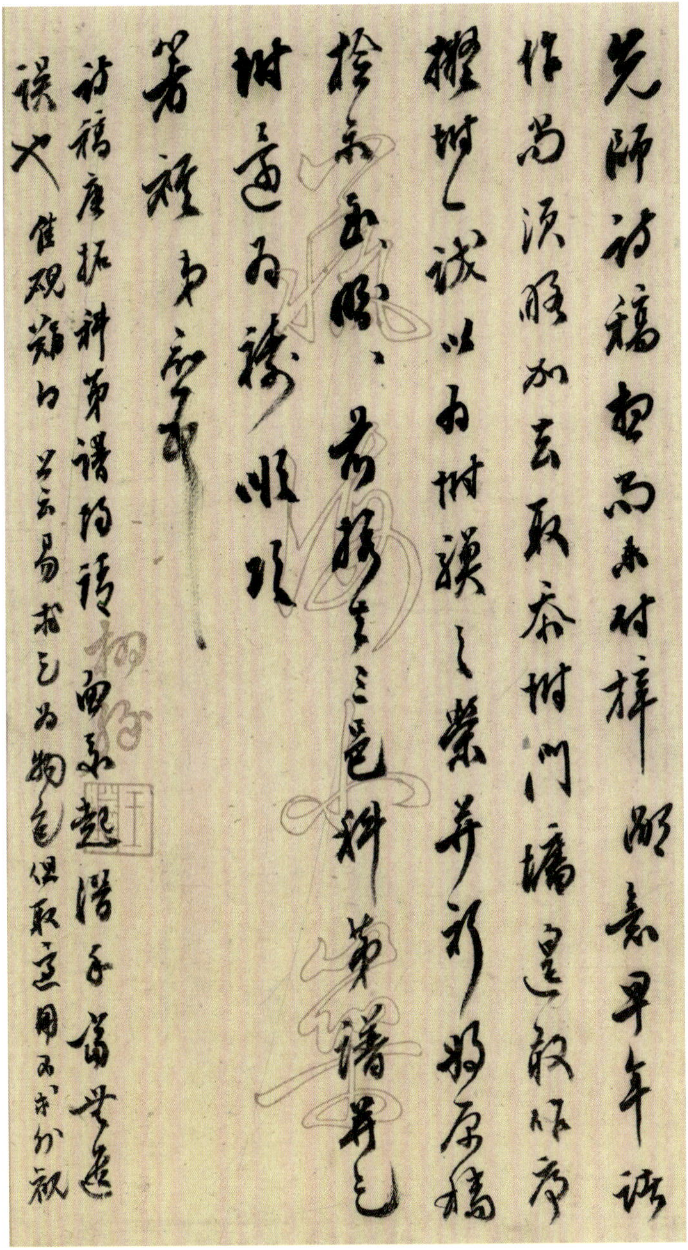
先師詩稿想為未付梓，頗意早年語作尚須酌加去取，奈樹門墻是致煩帝攖樹之誠以為樹模之榮，並於將原稿捨我而歸者，務芝之色科第譜並乞樹孟為請收搜
著雅 弟奕邨
詩稿序擬科第譜均請□來題譜予□要逸誤大 往觀類以 只云易者已為物色，但取適用為，求分視

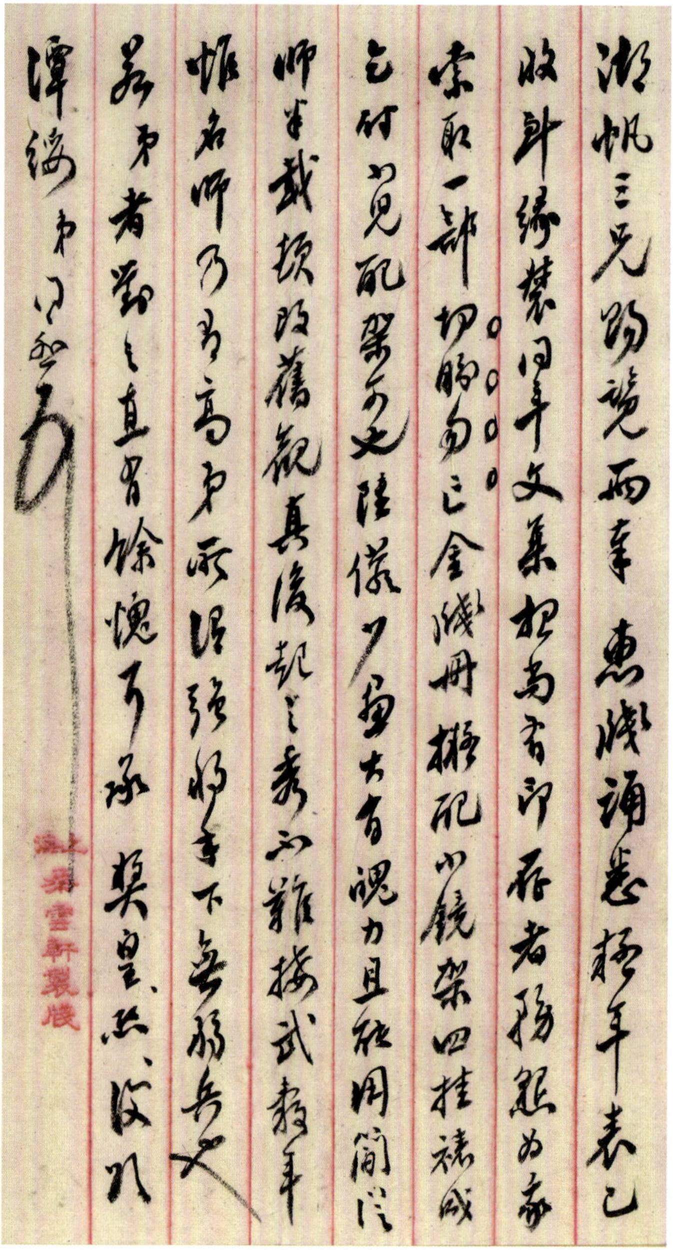

湖帆三兄阁览：两奉惠缄，诵悉。梅景表已
收到。缘黄同年文集拟为付印，存者务祈如数
索取一部，切盼切盼。寄上全缄册，拟配以镜架四挂裱成
之，付之觅配架可也。陆俨少留大有魄力，且经阅历代
师法，我辈收旧观真迹，后起之秀不难接武，我年
惟名师乃为高手，所谓强将手下无弱兵也。
吾弟者，勤之直当，余愧不逮。莫望、兴、设几。
谭泽闿弟叩。

海上朵雲軒製牋

大暑敬酒一返言言住於佩甚此矣才而又性之所喜

如日此咸作子好壽年催夕之於山和也之閣中配此

覺惕第一滿紅江沉之高矣而又沉之都亥此之陇有

去於此人本宜為作小令俾之巍達宏室內清之氣狀不

宜貪倣長調但能對此內露作殊之跡古本住捒捔

花宮宗朽也之高侈多日的而於此芒直坐門外務

不宜厚矣非之門松责一白之忍以塞盛亥章室

諭之不必再川

原詞後附贊數語狂妄之上

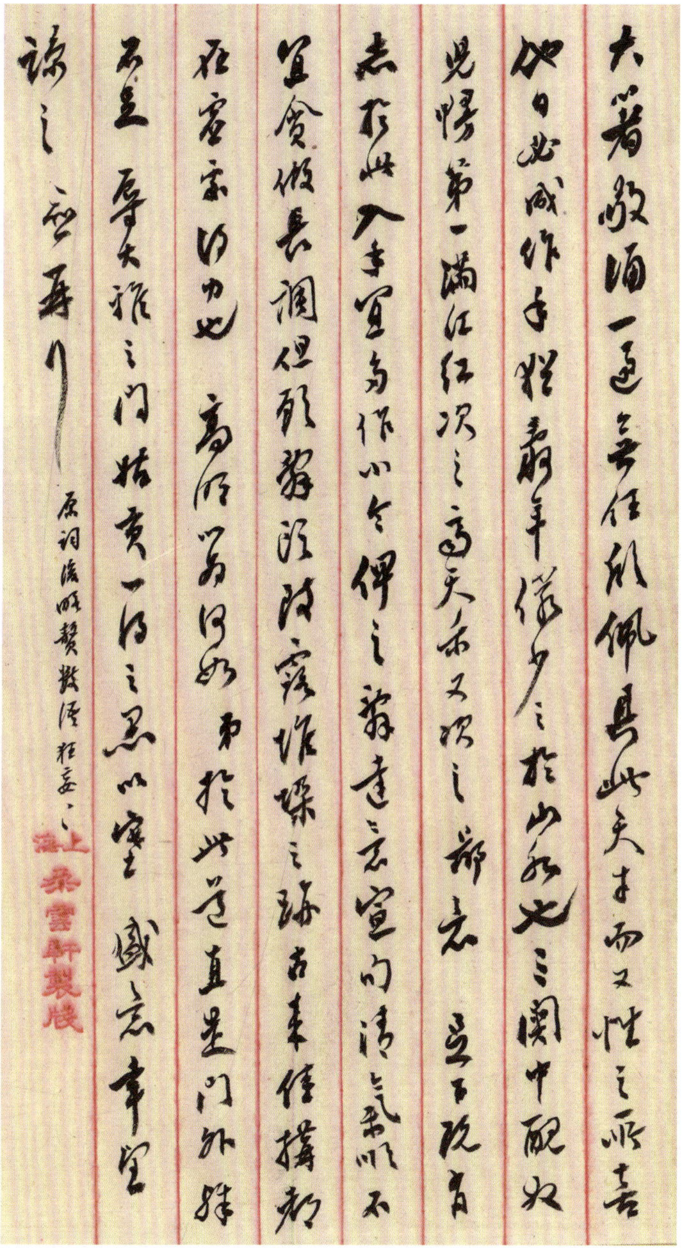

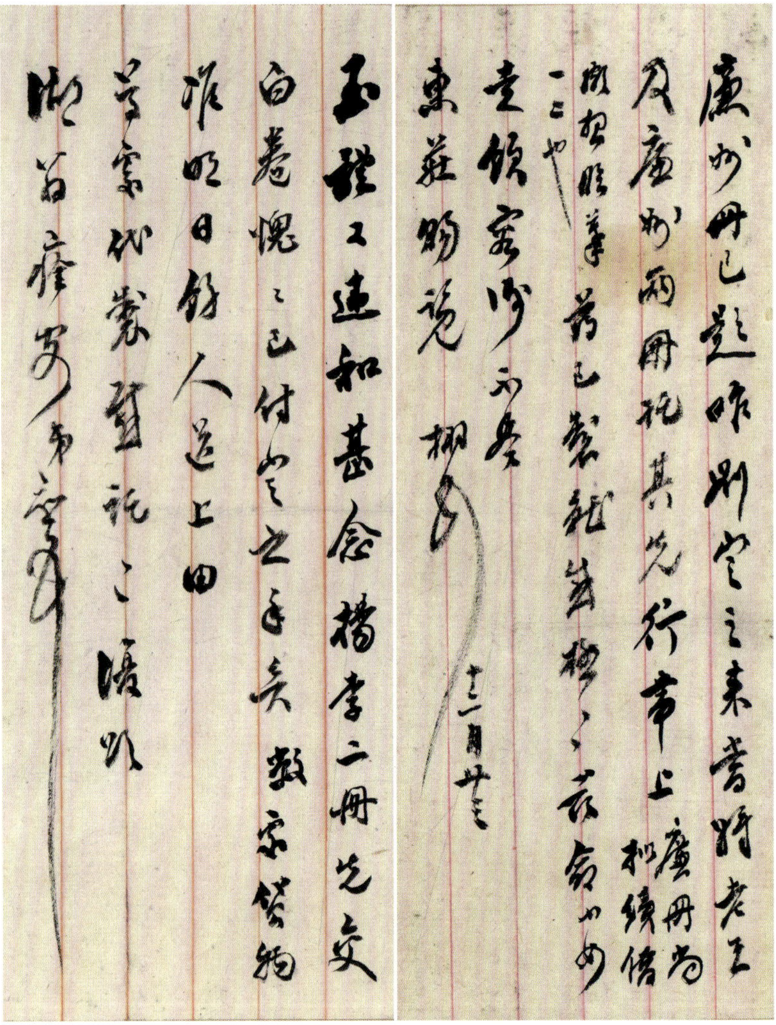

廣州冊已題昨別定之來書將老生
及廣州兩冊託其先行帶上 廣冊為 松鏡借
渤翁照華前已裝就並樹之衣翁如此
二二也
壹領定沙 示悉
東莊冊飭覆 梅叔
十二月廿三

玉琯又述知甚念 褚李二冊先交
白卷愧之已付如之之手矣 數字皆
很明日錄人送上田
苄客代裝題託之懷此
謝翁 痊安 弟 率

澍帆三兄蔘壽日暢淡可快 丗下孝廉望

日接居言知望如市五來連日輕淡吞侔

高來壽華正惶无眨弟兄可來處壘赴日此

同語居□易如日不肮 蕃侔兌夕承遣計

吳巻翁毫姬志趙帖□種南佳 巵天徳草狠

抗可彼振市玉枋未雅龓字以日再夕祝

向使而食多已諸似以

好福中□日□□

149

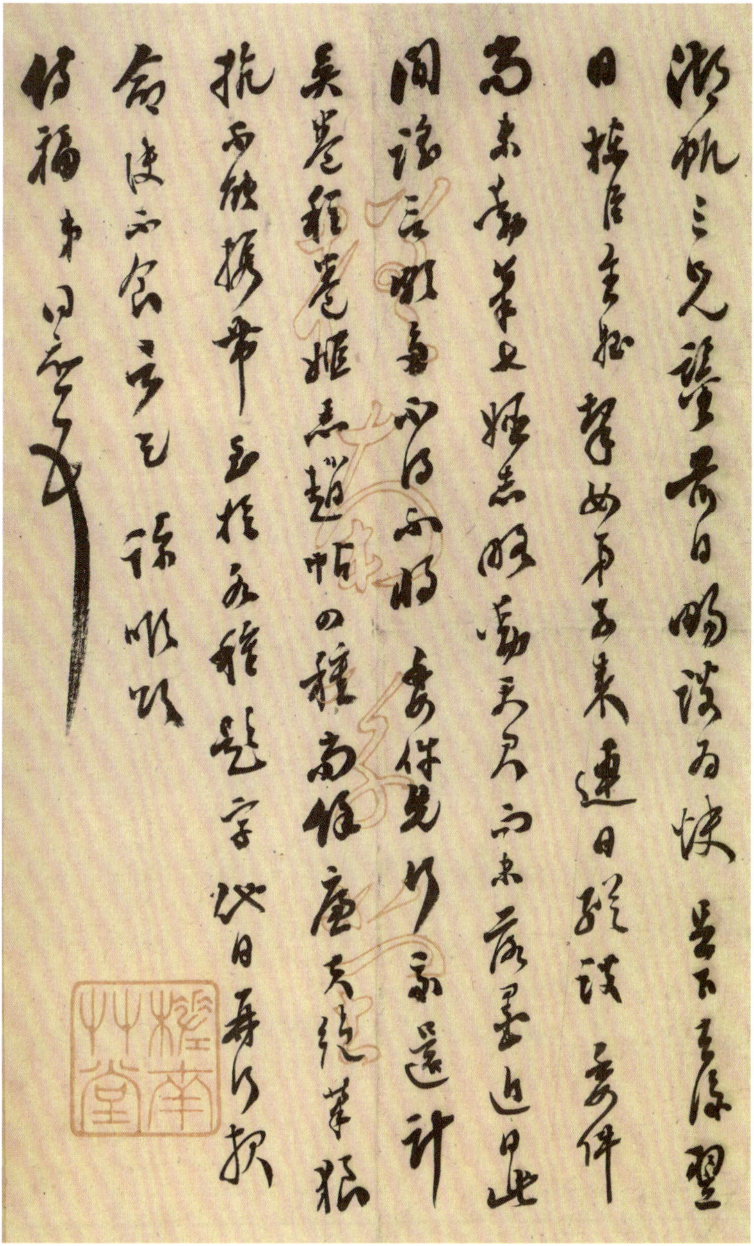

昨日承派高来超

前询之仇善册

赐一观并任弟携

翔手并禄以

澍帆老兄刺绪 中善才

仇善明日修苦纪送画而晤光

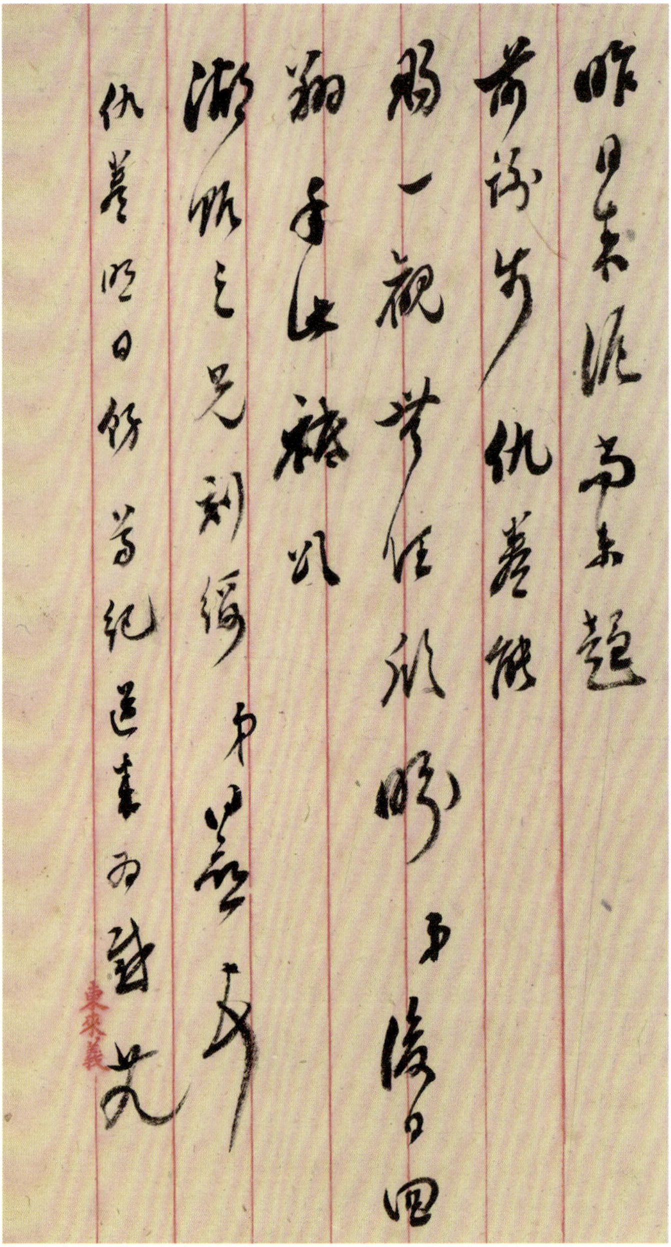

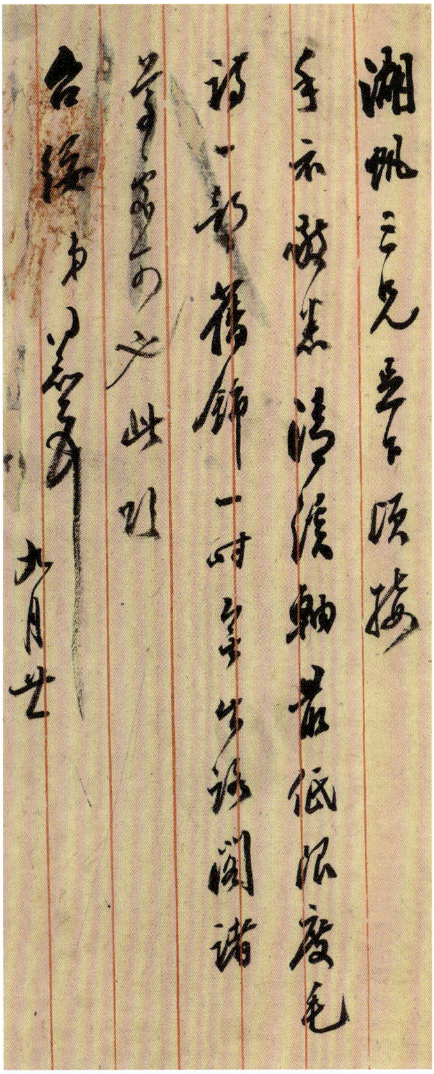

湘帆三兄足下頃接
手示敬悉詩後軸前低限度毛
詩一韻稿飾一時寫出錄閱諸
等等寫之文此頌
台綏弟[illegible]頓首
九月廿

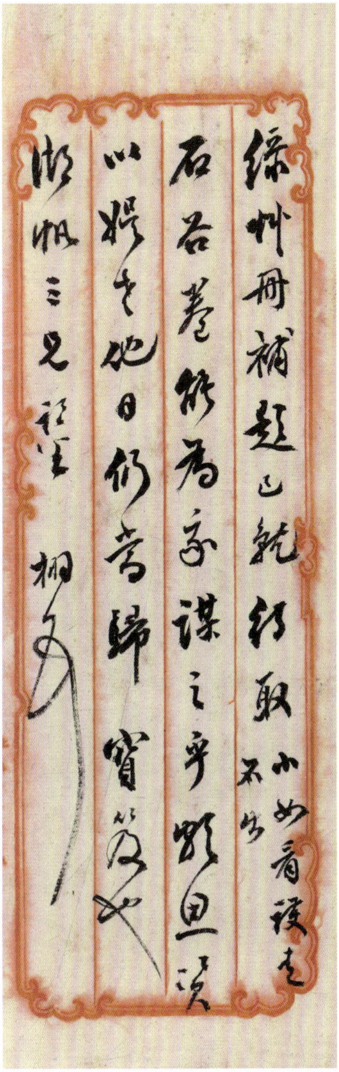

綠州冊補題已就附取小如看後還不悉
石谷卷能爲家謀之乎暇且須
以暇未他日仍當歸寶笈也
湘帆三兄 稟 桐[illegible]

壽仲以年之疾庸遂遲致 命弟

日擬壽箋而箋柳枝每遲不成

張芑堂畫一箋高不盈丈柳四字

擬易以龍經禮金玉其相如絲緯典章

上已來去不少取用原議務要見同

大一任畫後來當印高年此種

東庄詞壇四相齊

寶人鄉柱一硯羨柳寶而可乎

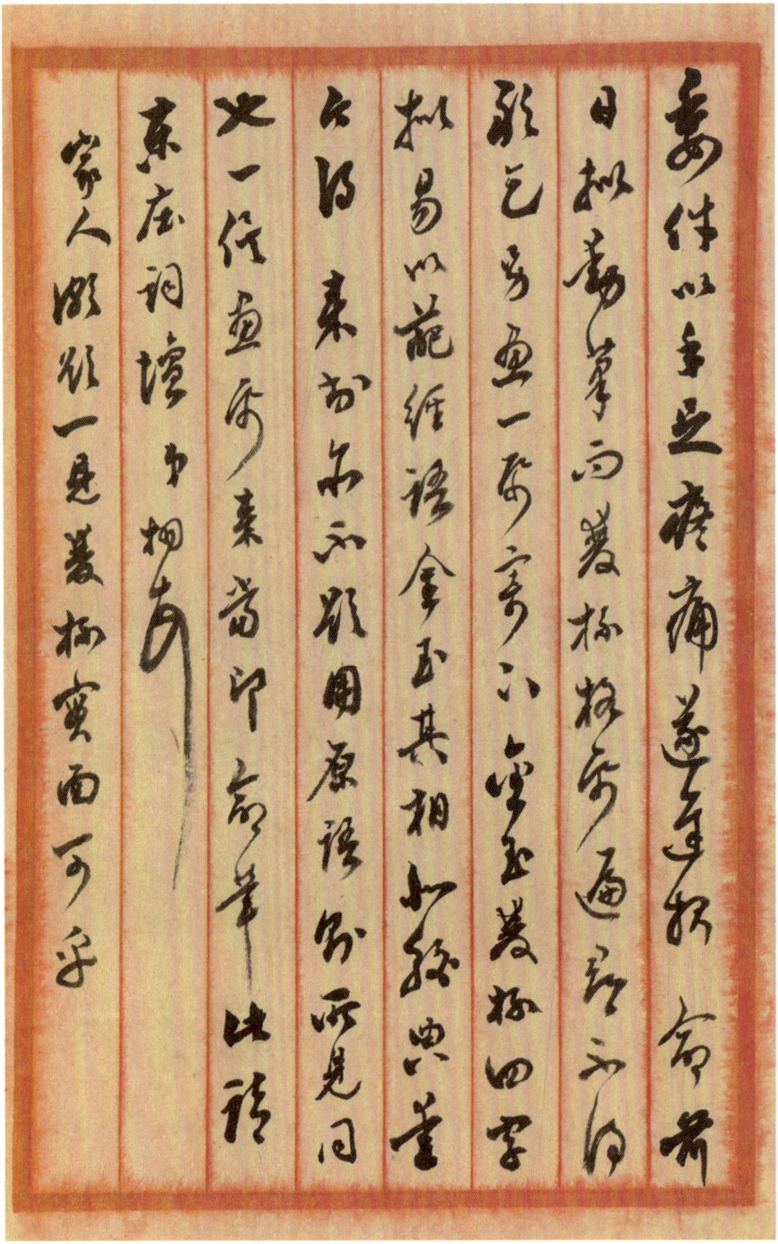

三居慶上下義年躲痛奇日大手堂高人

日大雪兄未省悴招揚郵橋委郭之件何

用无诗匆雨知以長城因義梅三字标香此不顧

用之田肉香春诗与一府访日光源生以未邪

血緒云白安意此正如

至此正草一可月文手此话话

湖帆秀光窗之亭了

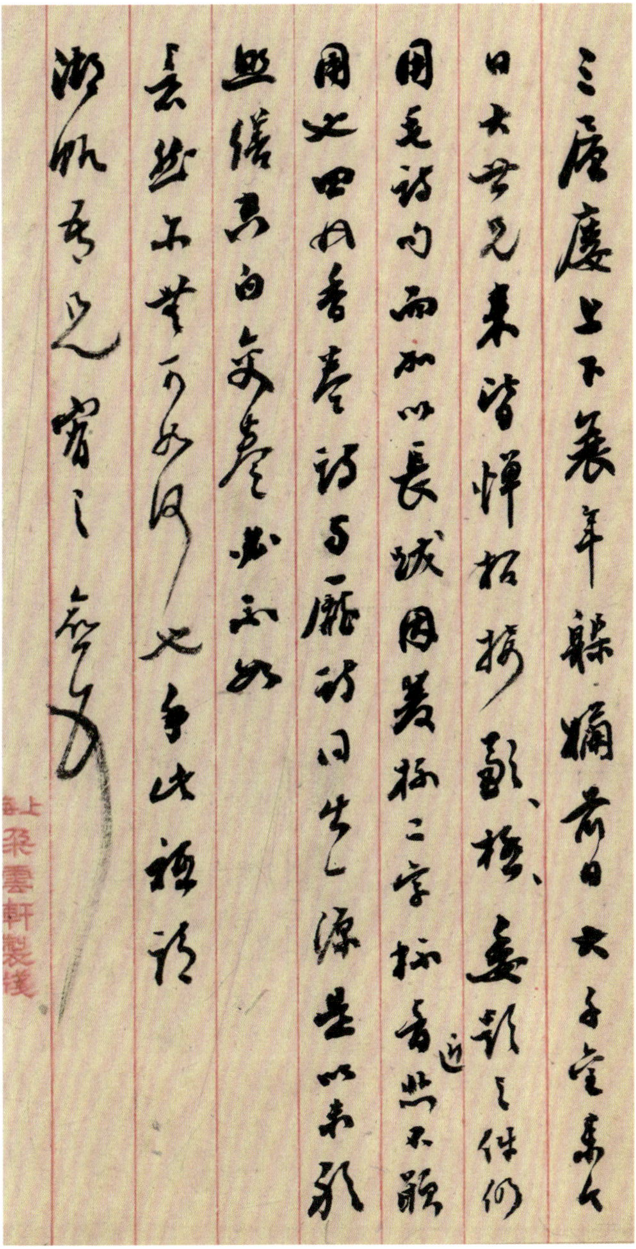

昨奉教及属跋邓如圭孝廉方须之专

不安南邓以此报为至简玉则蛤蜊直

搨引之已索明存有不宜於此帧再行

縈阁又論邀明山帖音音列恰与引芝直操以应澂两字已包括

切只当而得北公汪多画邺全如宜考

意气一室简石芒笔萆族盉々偣帆

以待群鳬乃多茍迟云更有催足石初仍保羞郎绿宇一片水阳青箪不江洋多辅吐焘古诏日者

东莪匆匆 柳氏

二修

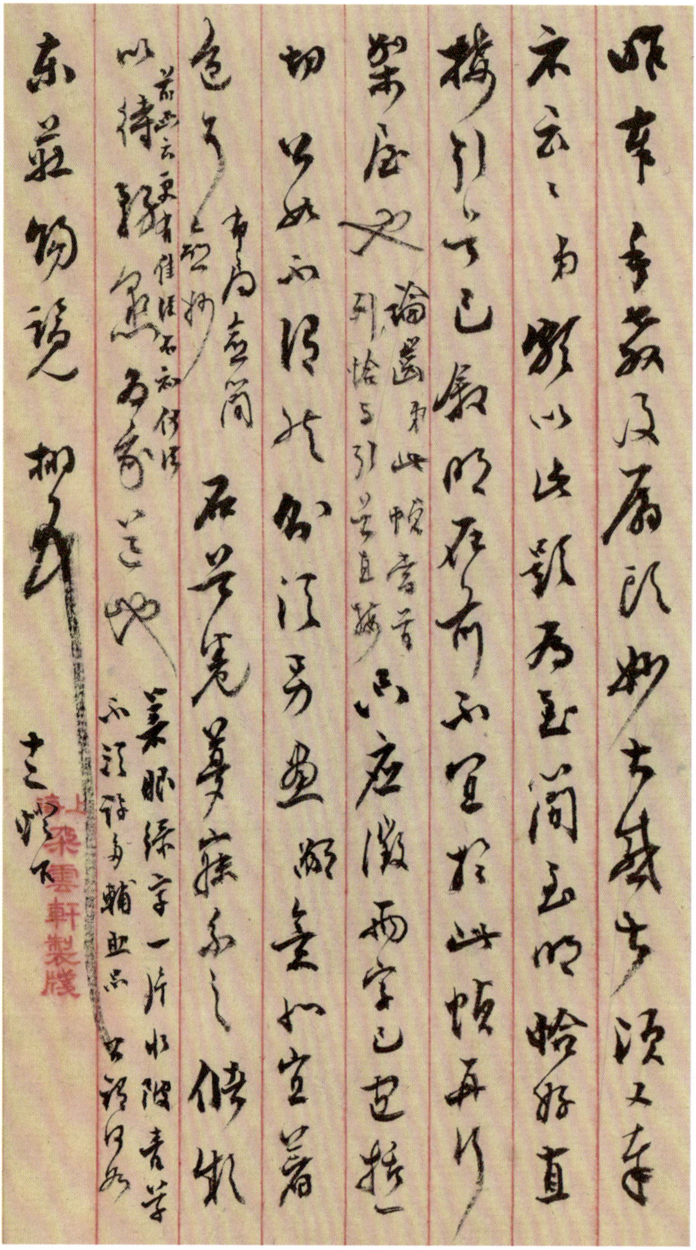

手示并悉程趙陳屬返上所咨卷
未歷多時如此已定許多之
心如甘苦多日所以共定付之
茫茫之之
沙帆仁兄台鑒弟諸拜具
古日

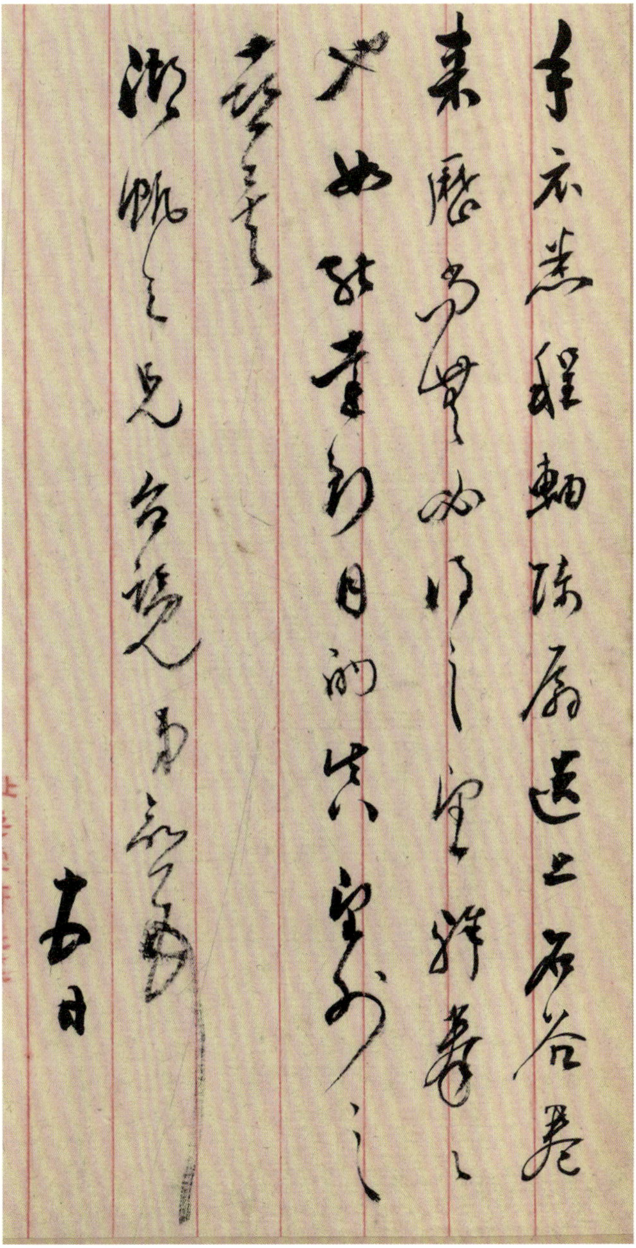

湖帆三兄有道：承诏

惠示先生此次

如许载宝而归，所得乾嘉

旧拓可展

近万通，广搜作者辈以一绪王若之若

营作字自刊版保儿辈经手方寄去

亦余之而连及此等碛上揽见甚

多多囲空之行一俟儵移托择清楚

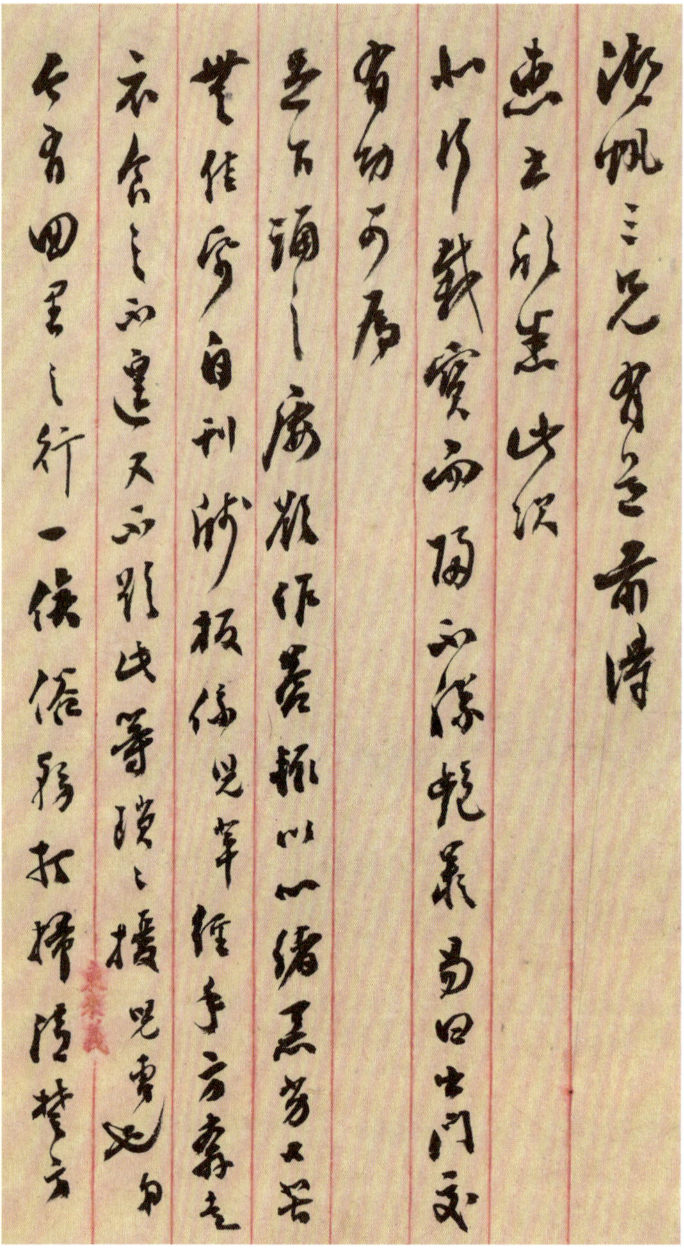

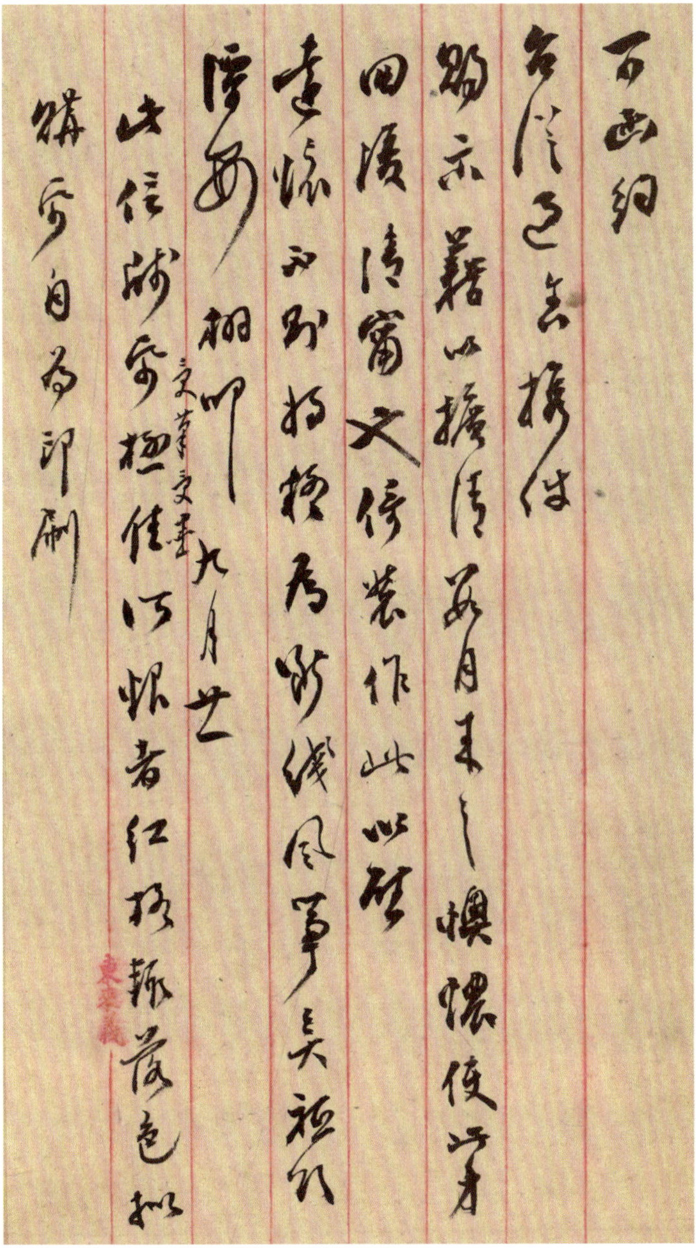
石西兄
台從已去擬往
囑示藉以攄積奚月來之懊懷使者
回讀清窗文付裝作此以殊
幸繞不對杉擬為斜錢風箏吳祉氏
覆安　桐叩　九月廿
此信封寄想佳河蝦者紅柿叛蔽色拟　文葉文臺
請寄自爲印刷

湖帆三兄大蓬前者

手劄约二日直往友人处同

五查属邪题访又恐尊处杜门傍

农愤携瓶访府知

黄鹤平连和女此来惟已早占贏畫之

垂湿系瓯悚

嫂夫人侍座

学情奉上承吴同邺家葓修拜

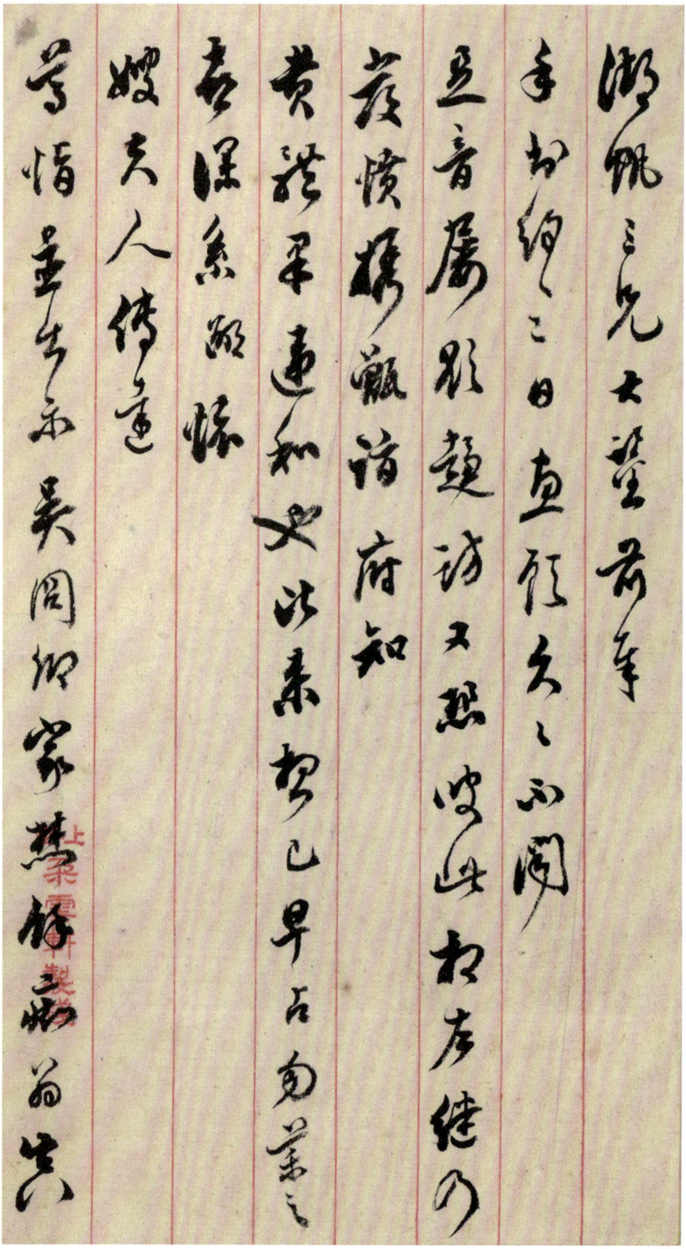

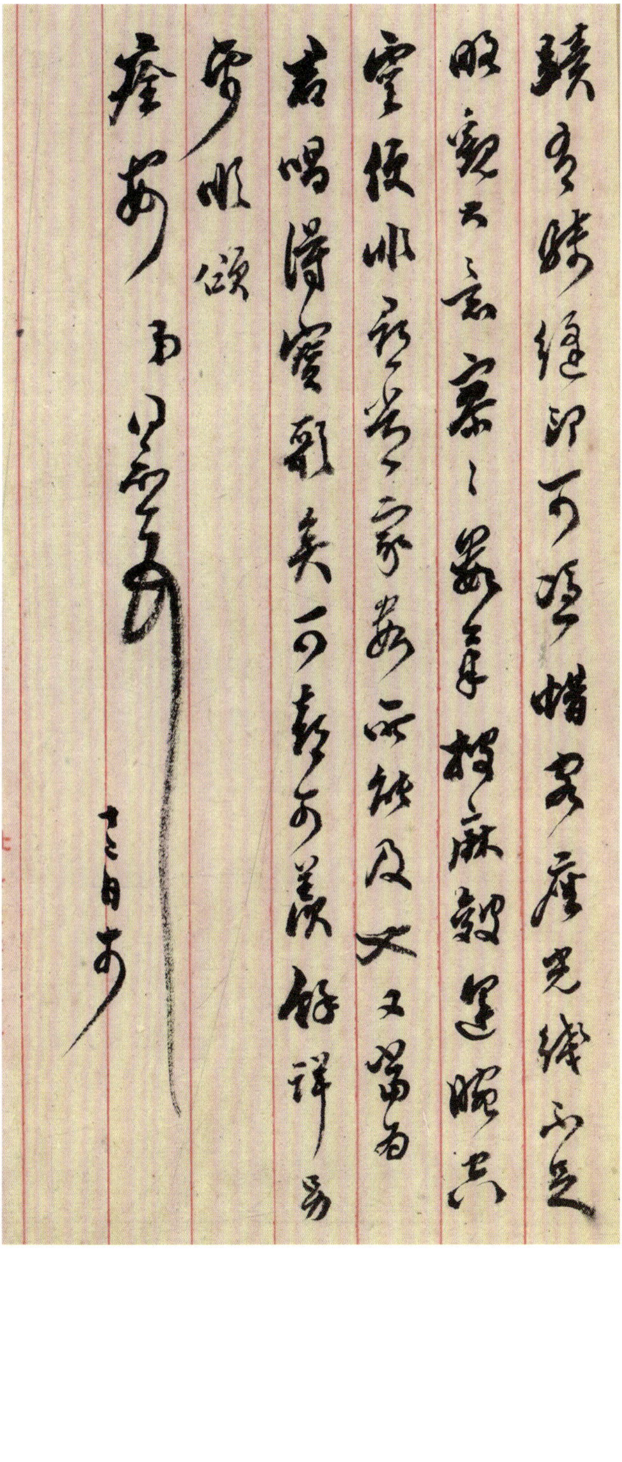

湖帆三兄有道客日持晡郊奉甫兄书到

承读承之暖隆正耐戟刺斗薤涤弄

卧病旬五人日始能起床春日大小不可紫

风寒劳惮睡须得闷余不葸十一日大风男如妆日

趁渍市以畏寒留在其书到渍者初四著妆

空六三气稍暖甚窝不卿雅依附郊三区号记

为无辇窝不卿可解忾年萦帅忠勇奋发

松新锐气甲办其学卖比非初奏不及妓

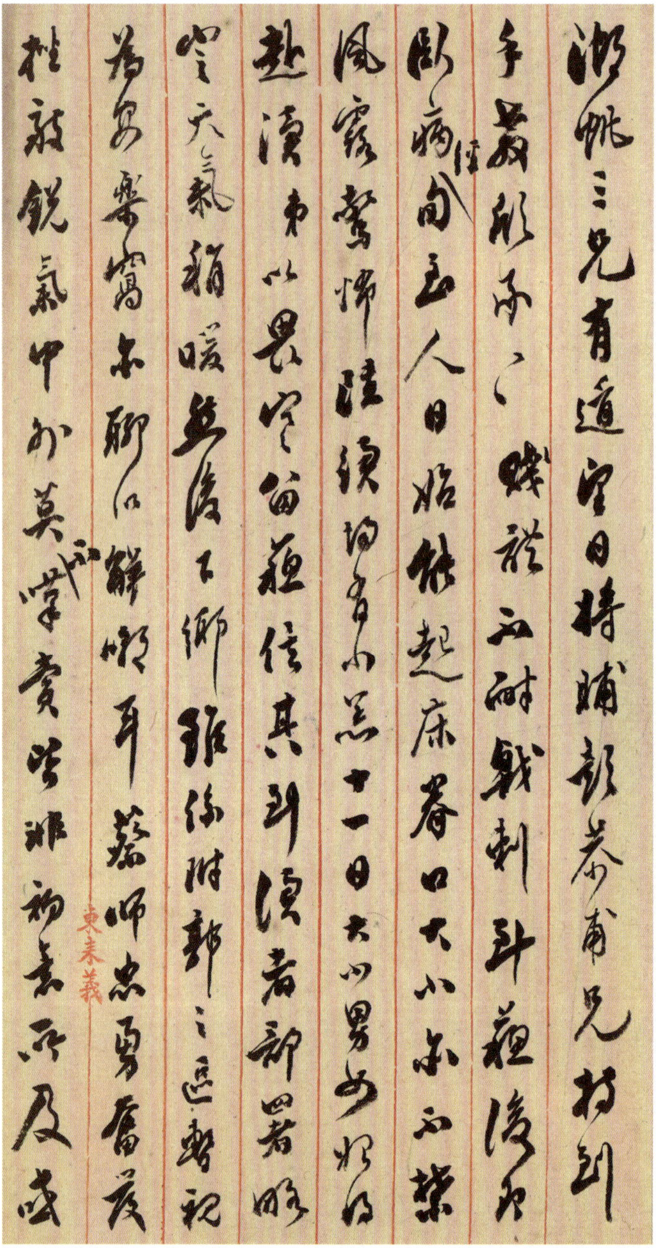

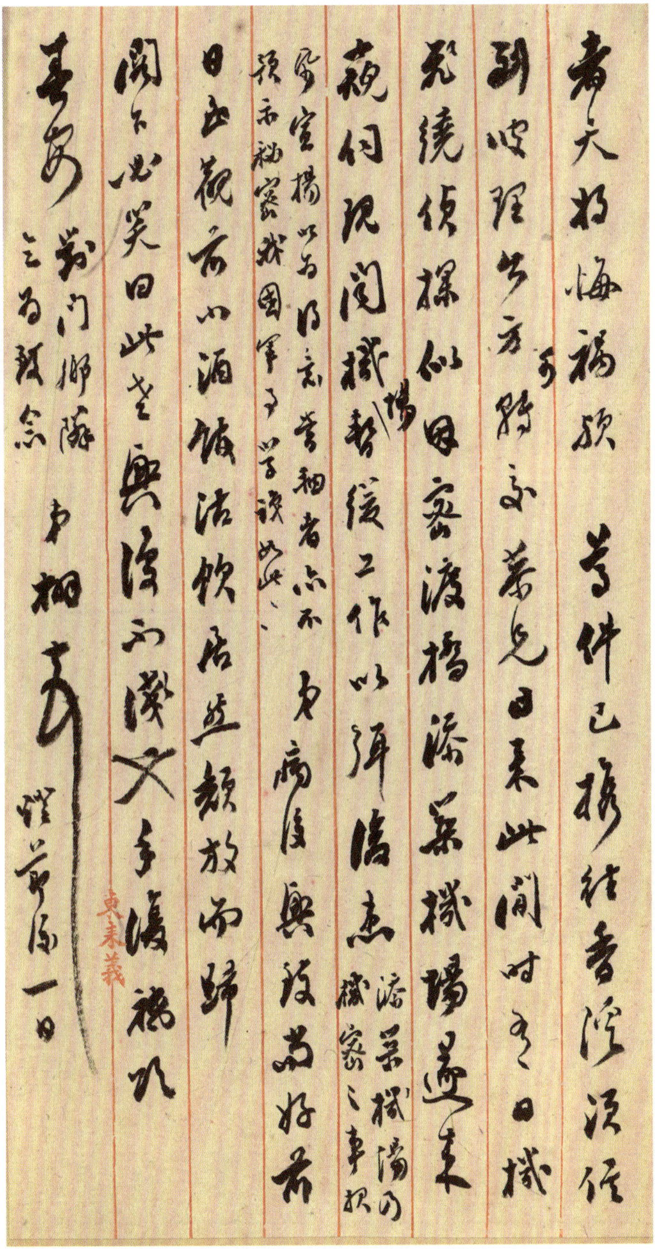
青天如晦稿頌　等件已接，係香港須經
副收理者方轉寄。茲見日來此間時有日機
飛繞偵探，似因寇渡橋孫果機場遂來
窺伺。現聞機場暫緩工作，以彈偵惠。瀋果機場乃機密之事，報
風宜揚以爲阿京者，細者亦不
須示秘密，我國軍事之所以誤如此、、
弟病後興致尚好，前
日出觀前以酒餞諸欽，居然頗放而歸，
聞之必笑曰：此老興復不淺。又手復，敬頌
著安。　弟桐
諸門鄉除之爲致念
謹並候陳一日
東來義

倘收如疯狗狂噬真芒刺之毒魔人言之
謦疑投诈鸽飞回际信荟堆地老言了
即瓦運去陵何之瘡派之水灌鹅灌之自
耶之父亏嚷世闻火阅西诸车已而通里日
如小站及即如作諧嚸了里亏朝世三亩西玄
車挚者属十三人如偌二人玄站電開快之而
歸望日車站有人送信六有西來車狗逍
黃凌望逗了於圭臺以十俘人蹒跚乾逄

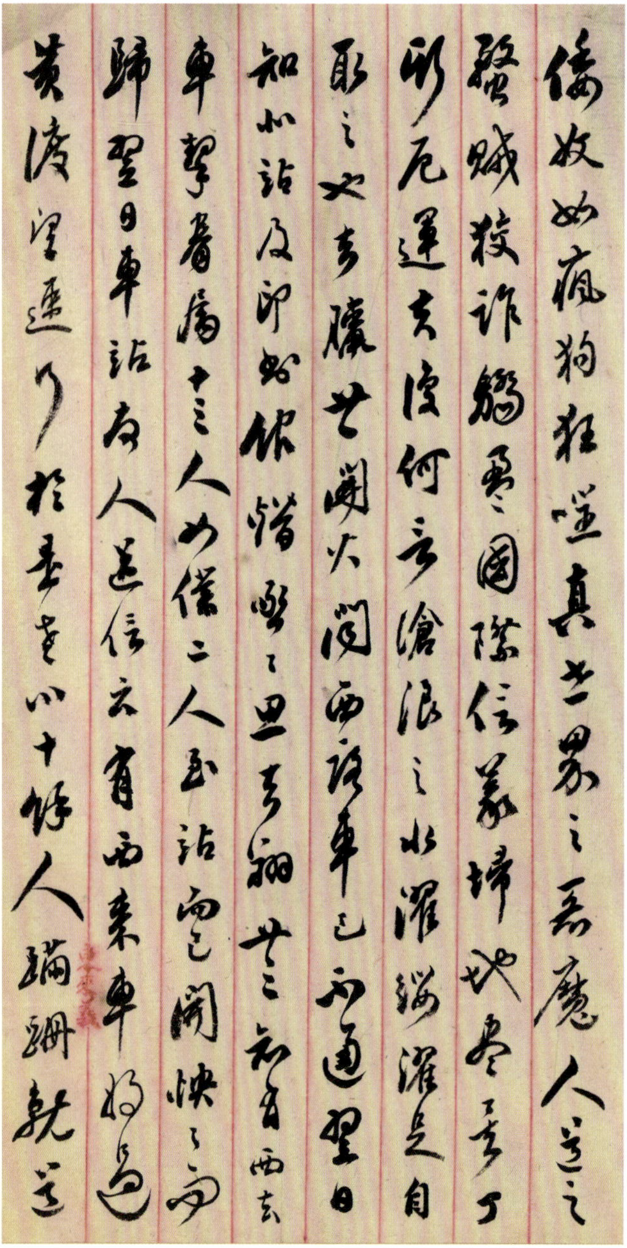

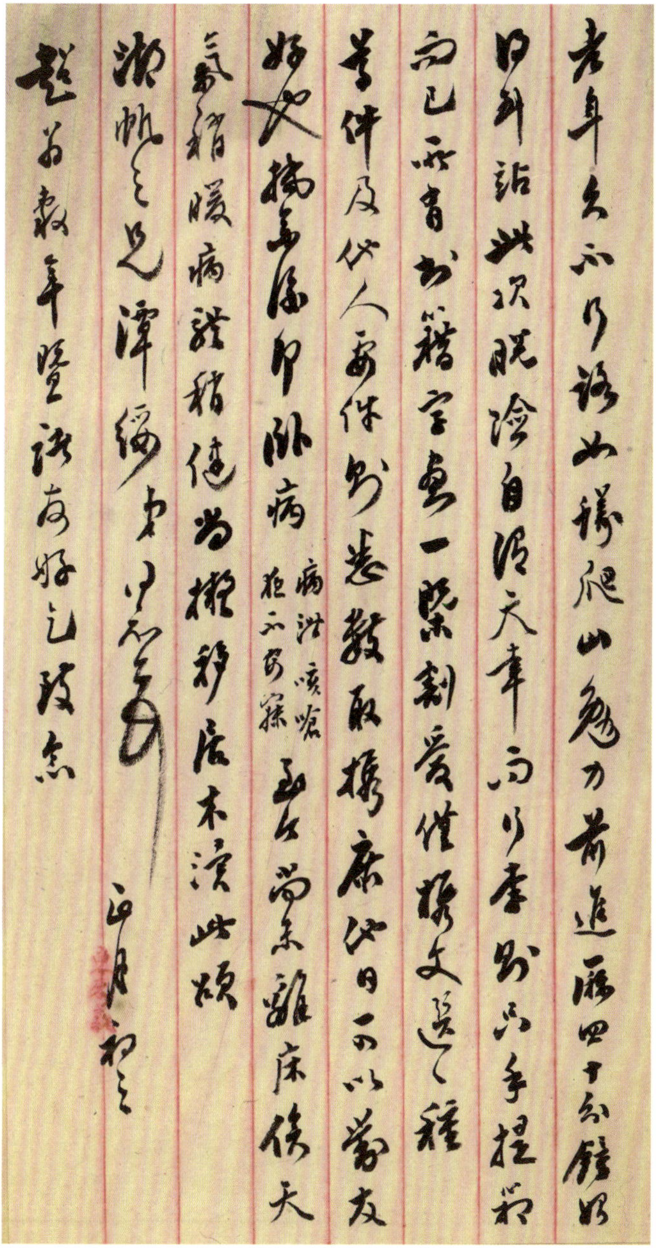
老年久不行路，此稱爬山，急力前進，歷四十分鐘始
得到站，此次晚冷自頂，天寒而行李則只手提物
而已。承寄書籍字畫一紮，割愛借據文選一種
等件，及代人索件，均悉。敬取據康俟日可以寄友
好。又據嘉係即臥病，病况頗危，非不要緊，至今常未離床，候天
氣稍暖，病體稍健，當擬移居木瀆。此頌
潮帆之之足下潭綏
正月初三
楚翁教年譯夜好之政忠

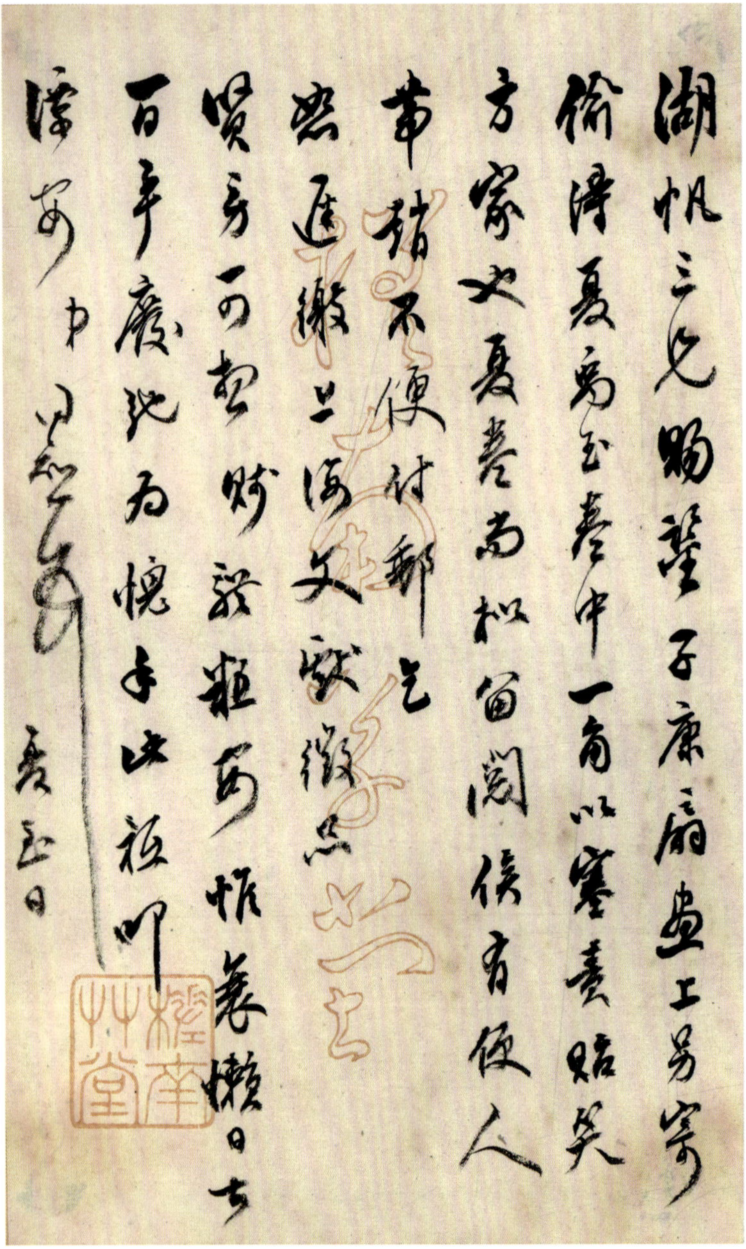
湖帆三兄賜鑒：子康扇面上另寫徐浮夏為玉嘉中一角以塞責貽笑方家。又夏壽為松留閱，俟有便人帶。諸不便付郵之照匯徵之海文獻徵忠賢弟一兩勢財致粗寫帳叢懶日去百年廢池為愧，手此敬叩潭安。弟[illegible]頓首 廿五日

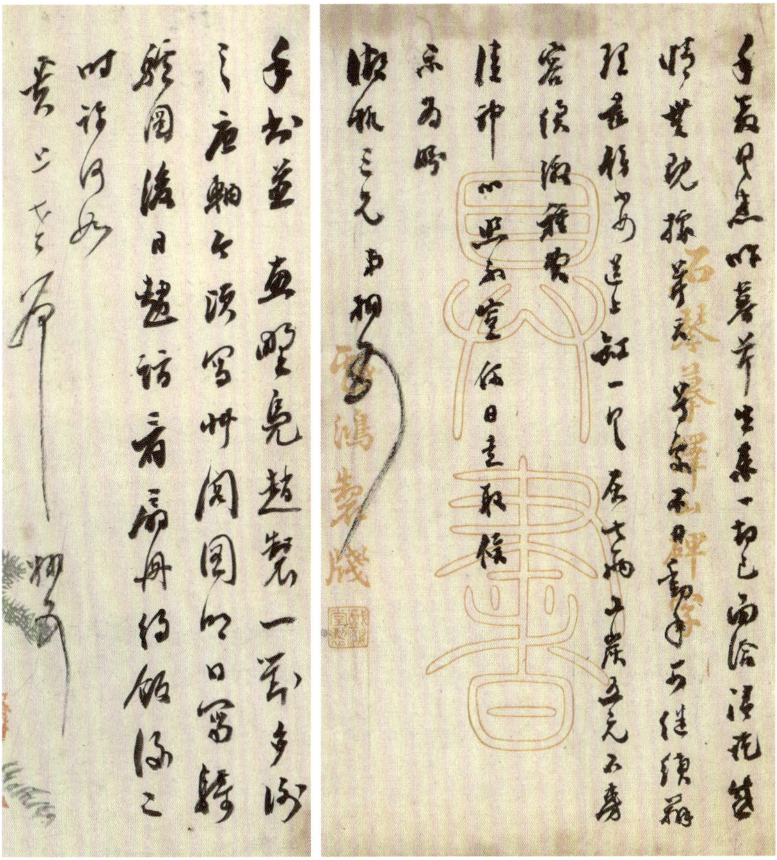

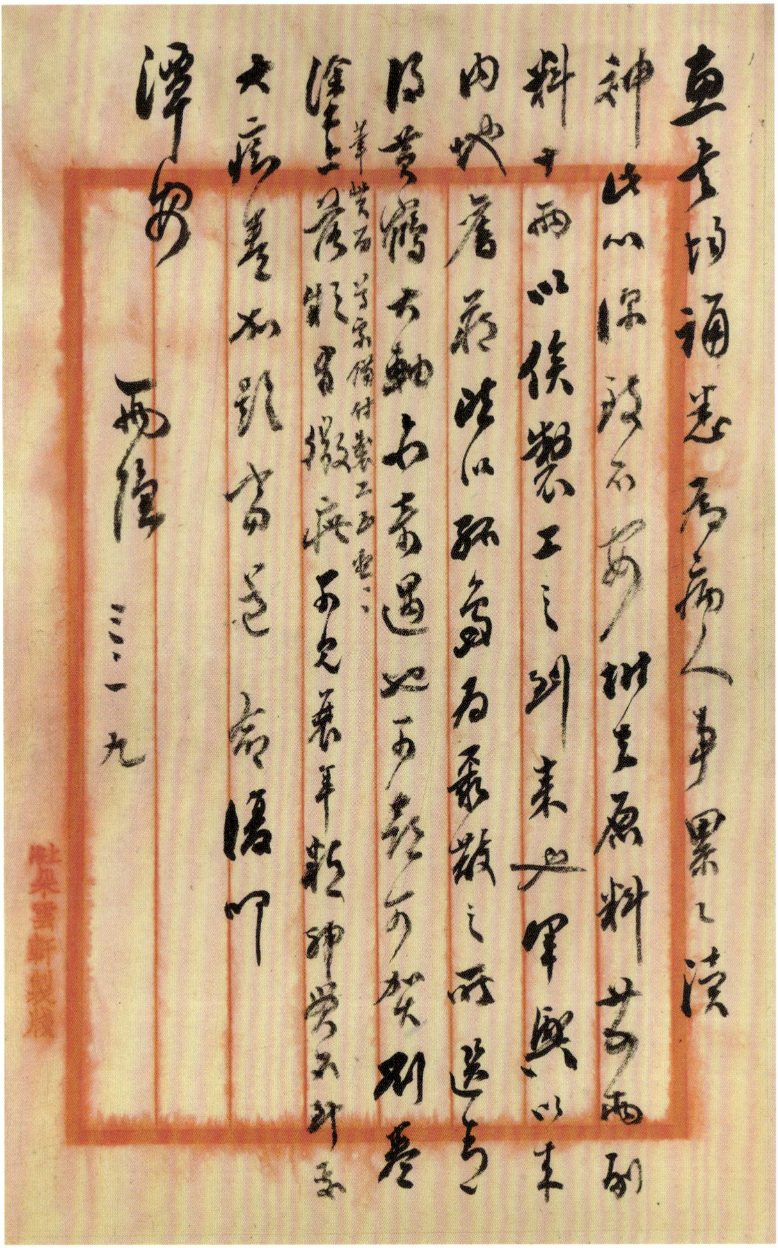

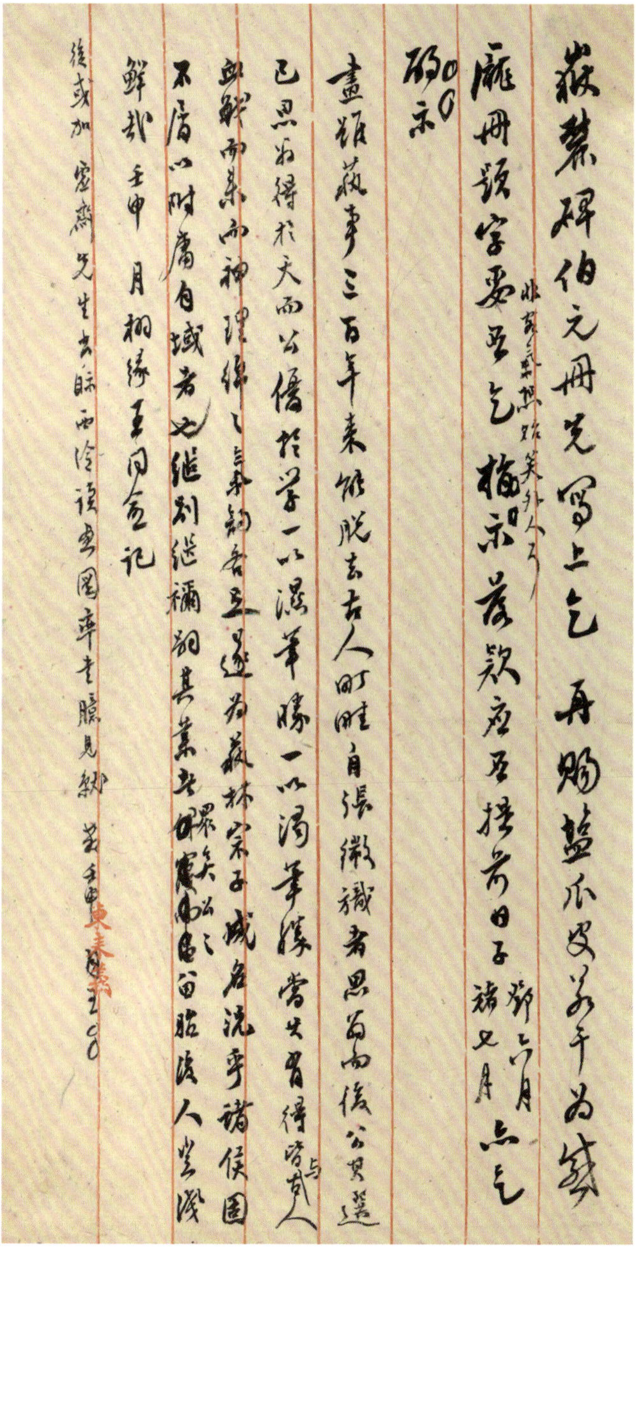
荻莊碑伯元冊先寫上乞 再賜鹽瓜及茶千為感
龐冊題字要早乞（非荻莊中人頭頭姑笑外人乃） 梅示 蘚款應用擇前日子 鄭六月 禱又月 點乞
硏示
畫類荻事三百年來能脫去古人町畦自張一幟識者思為而後公其選
已思有得於天而公借於學一以濕筆勝一以渴筆勝嘗共有得 皆與或人
與斂而柔而神理綿綿與柔韌者並途為荻林宗子城名流乎諸侯國
不屑以附庸自域者也繼別繼禰紹其業者 畧矣公之 甘寢而留貽後人者淺
鮮哉 壬申 月 栩緣王同愈記
後或加 密齋先生出賸西泠讀書圖卒章賸見紗 第壬申 東來 二〇〇

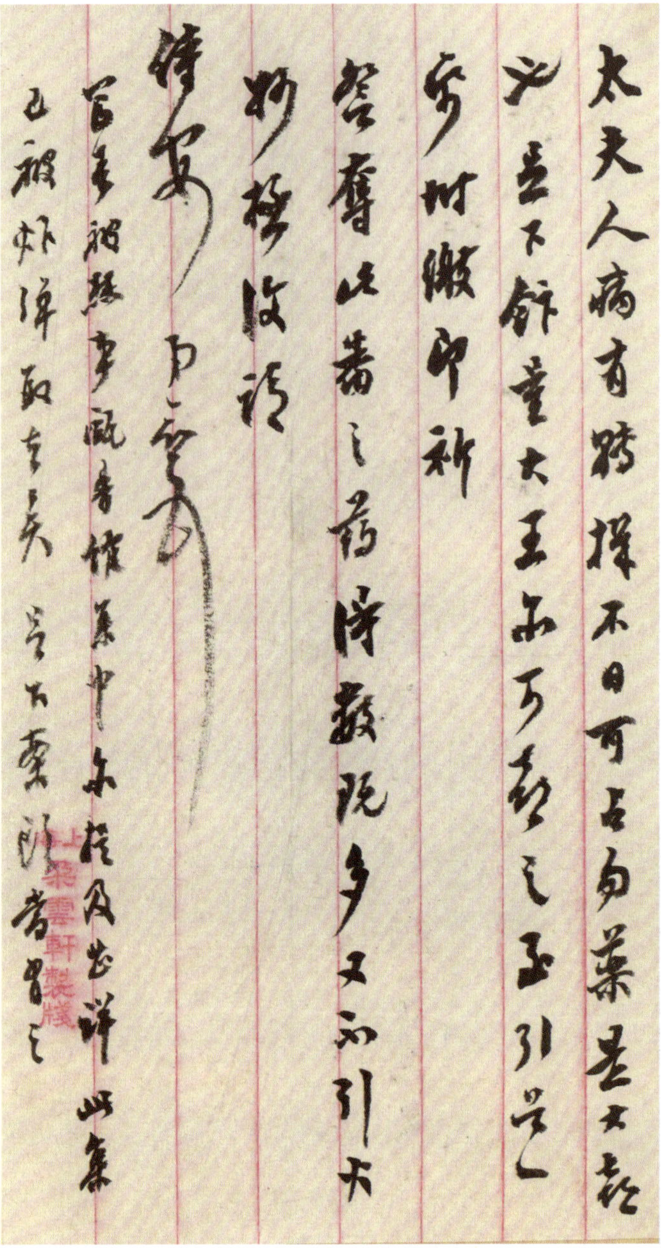

太夫人病有轉機不日可占勿藥甚大喜
之至[illegible]下餘重大王承可喜之至引是
旁附繳即祈
鑒存此番之游詩幾既多又引大
將樓後語
詩安 弟[illegible]頓首
前年[illegible]事[illegible]書[illegible]集中無從致[illegible]詳此集
已被[illegible]否矣 [illegible]告[illegible]

昨遣取潤單並將遺去

荃帚

弟善此日古客眺青此為難保此合所蒙也

盍先為武定必正殘伺匆祈雁喜周見一

診視之

浙帆三兄枉顧

辛未秋枷陽上

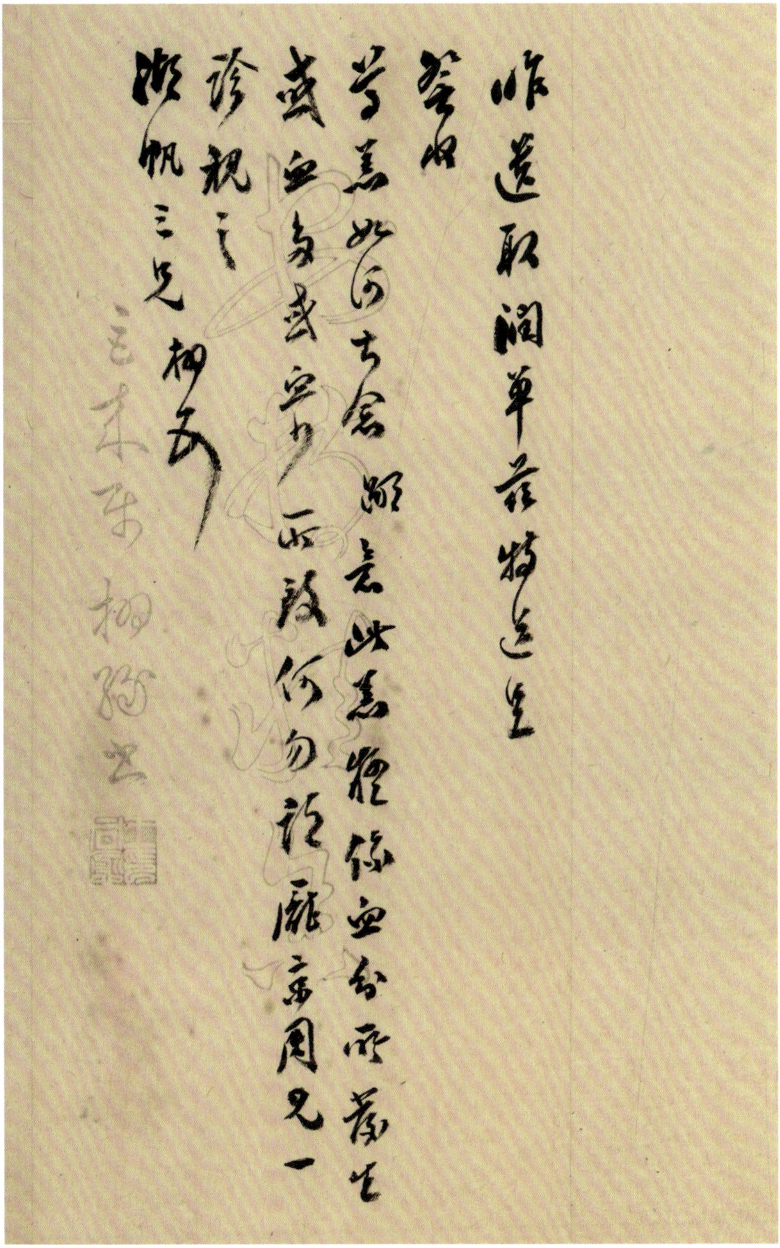

如此怅惘耳

弟葆循志坚迟莫多惭愧负尤

佳胜必须月馀三续事以宿债顺復今

午极而承接玉函

鉴谅谨奉复安善独此盛临原委上

並误佳画葢而矣耑此

颂元吉安並唧

柳宾

三六惶恋

侍弱

下

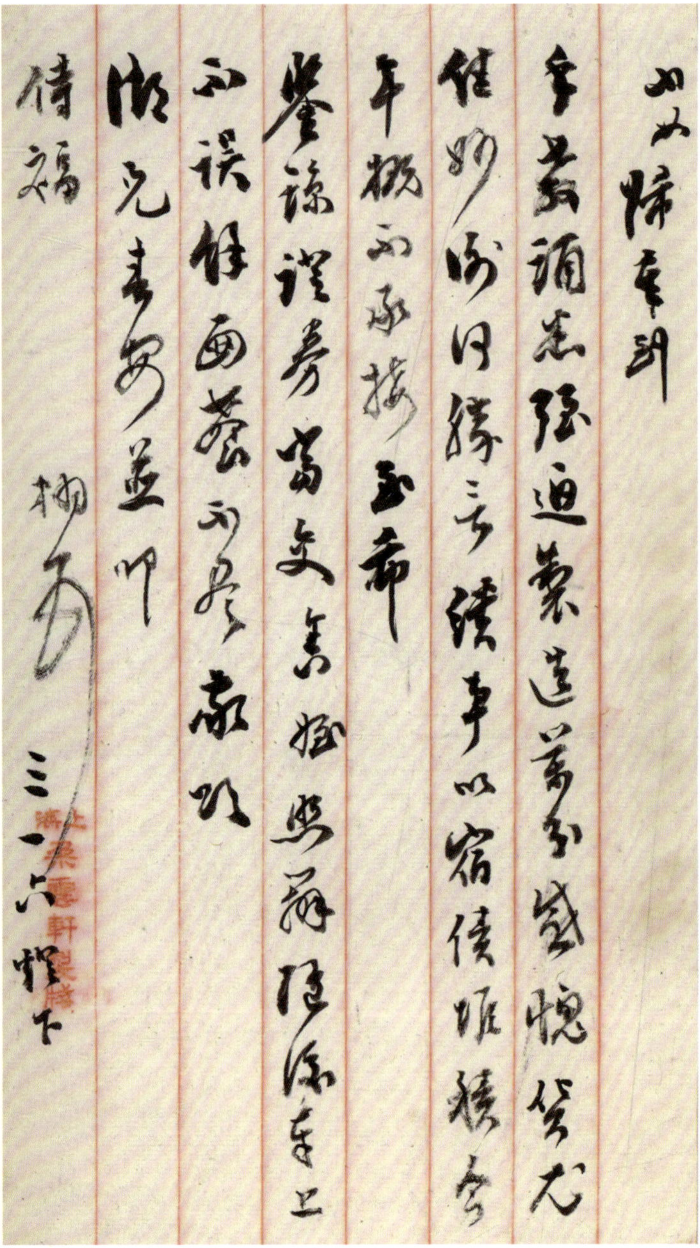

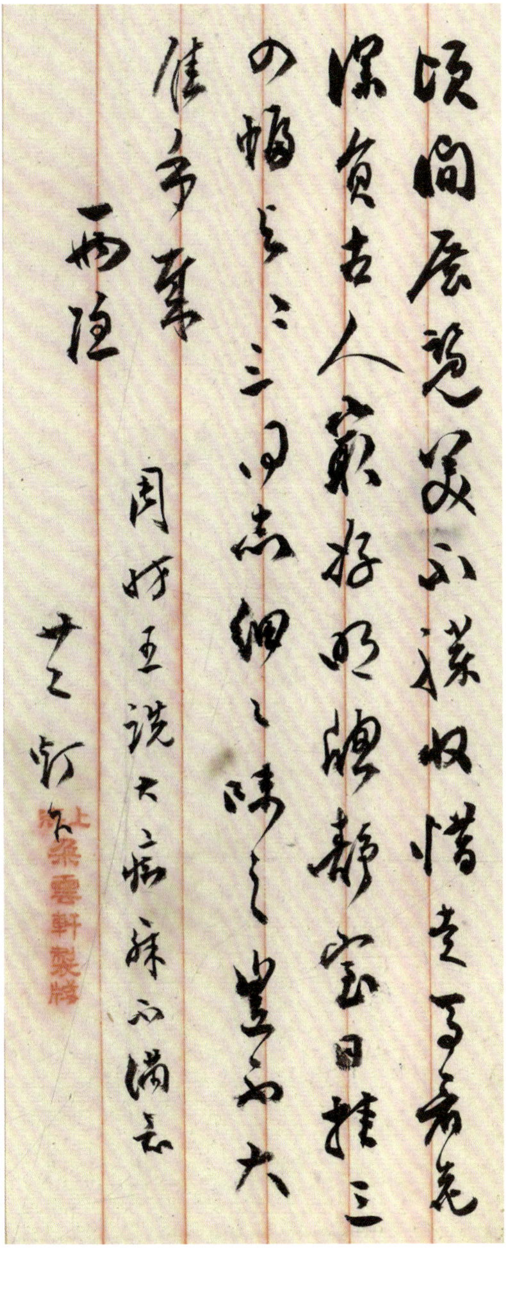

頃閱展覽又示藻收惜走馬看花
深負古人觀存明聰靜室日掛三
四幅二三日志細細讀之豈不大
佳乎 草草
一兩復
周妹至說大姊姊亦滿意
士釗

上海朵雲軒製牋

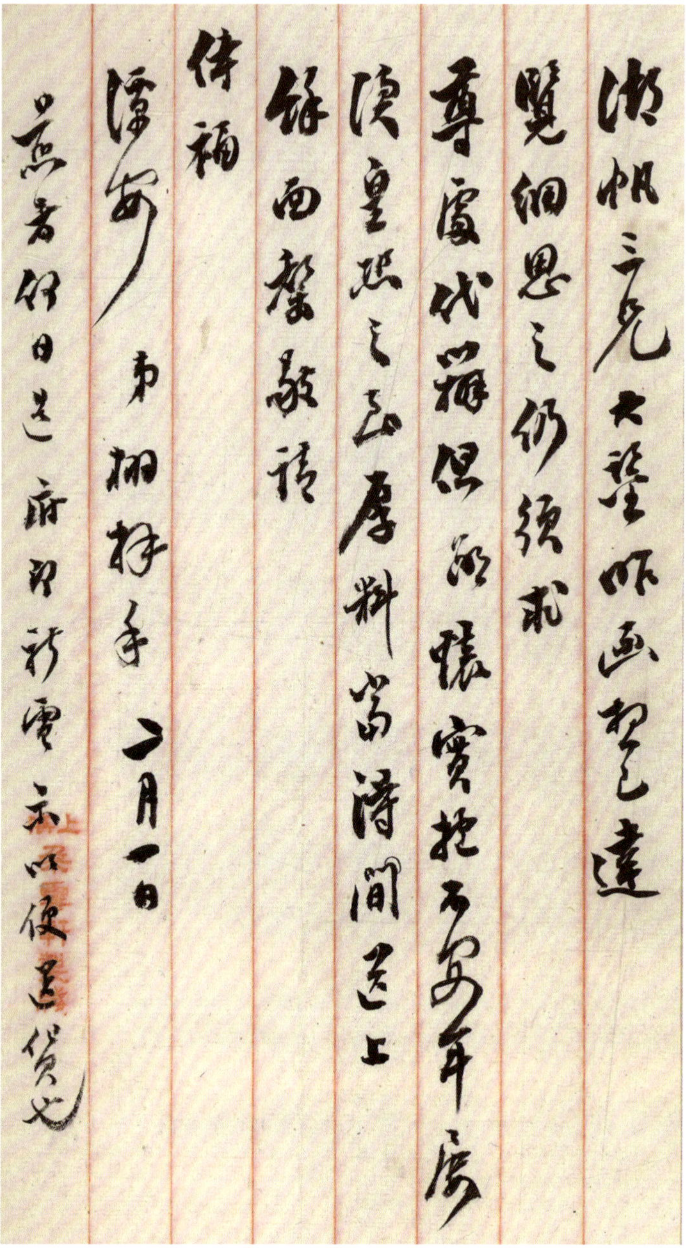

湖帆仁兄大鉴：昨画想已达
览，细思之，仍须求
尊处代罗，但将缓，实把不定年庚，
须呈照之处，厚料当请閒送上。
余面罄，敬请
侍福
潭安
弟翊拜手 二月一日
画书好日送府，即请霞示，以便遵送也

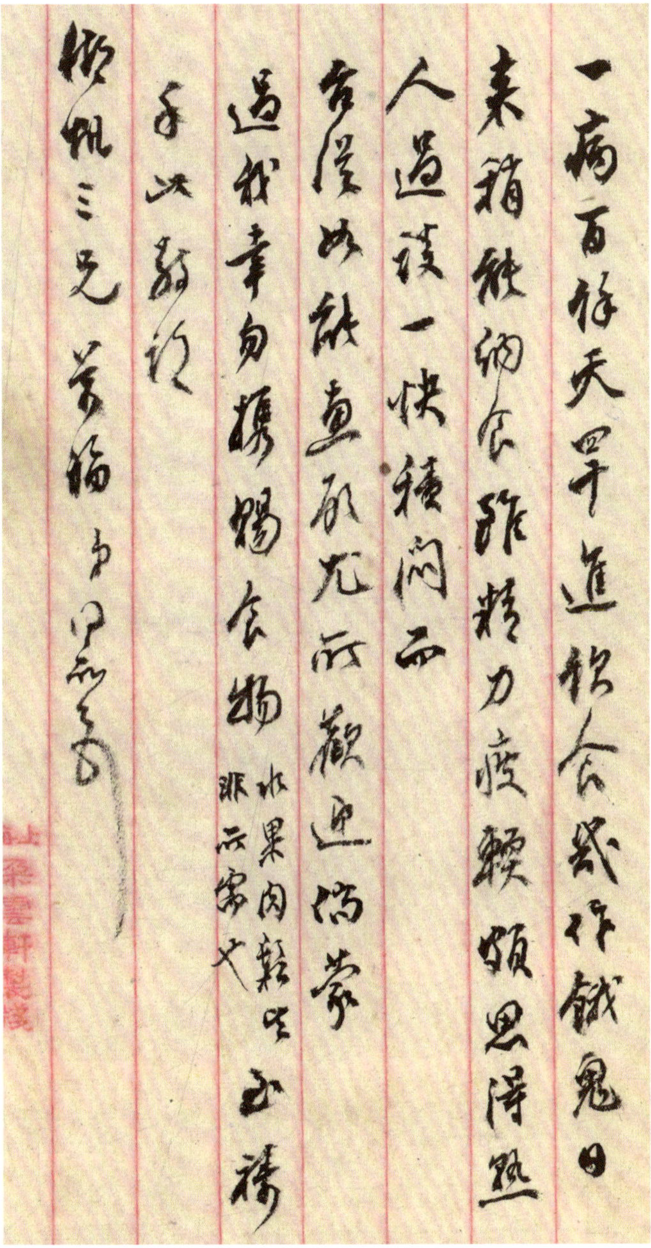

一病百餘天，罕進飲食，幾作餓鬼。日來稍能納食，雖精力疲頓，思得與人道談，一快積悶。而吾儕如欲畫取，尤所歡迎。倘蒙過我，幸勿攜帶食物（水果肉類生，亦非所需也）。玉禧

手此敬頌

頌桃三兄　萬福　弟 [illegible]

上海朵雲軒製箋

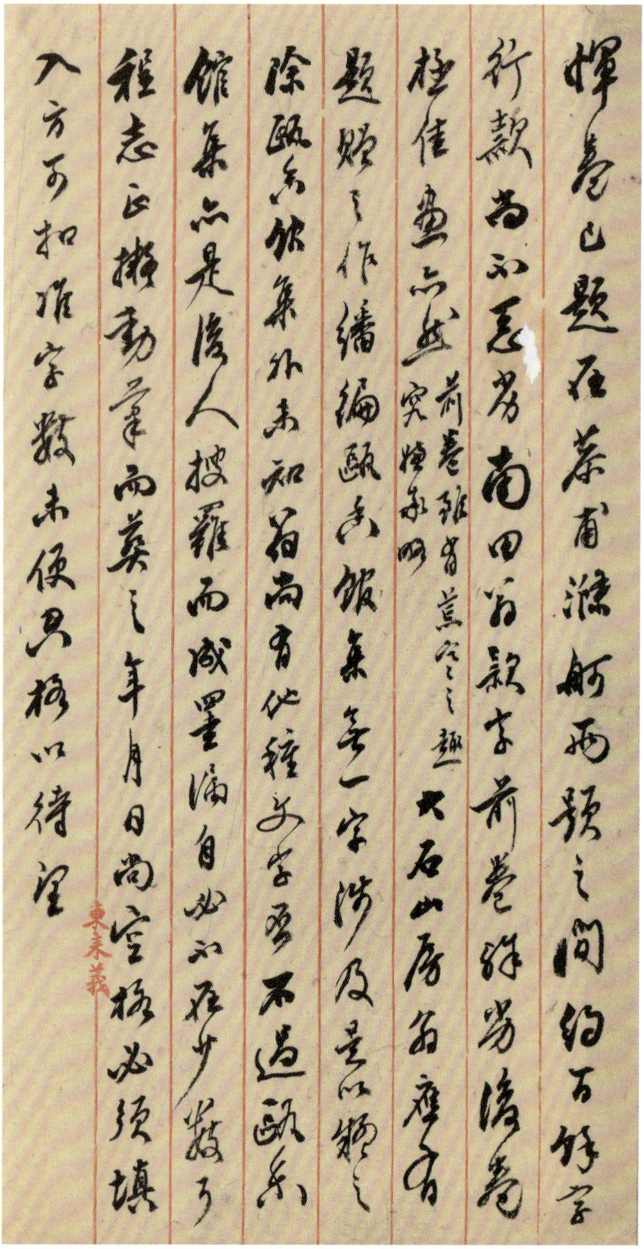
惲卷已題在蔡甫濂舫兩題之間約百餘字
行款尚不甚勞南田前款字前卷詳勞後卷
極佳畫亦然 前卷雖有荒率之趣 究惜不如 大石山房前卷有
題贈之作繙編頤素館集第一字始及是輝之
除頤素館集外未知尚有何種文字否不過頤素
館集亦是後人搜羅而成墨蹟自必不在少數乎
程志正擬動筆而莫之年月日尚空格必須填
入方可知確字數未便先擬以待望

東泰義

一词桂渊兄玉安、雨後暑新早已窗好□

便音即道上 冷年皆東翔之 揮鳧□□□遠文
说□和其带上

外知荷已蒙

赐择带荷 战□□、像少之文虫並作古

宾误在曾金之手□地窗原因住但害□□病

心地方贵誉可择宾为危险□□優待

津安 □申命 四月吉音

湖帆三兄赐鉴

重奉義

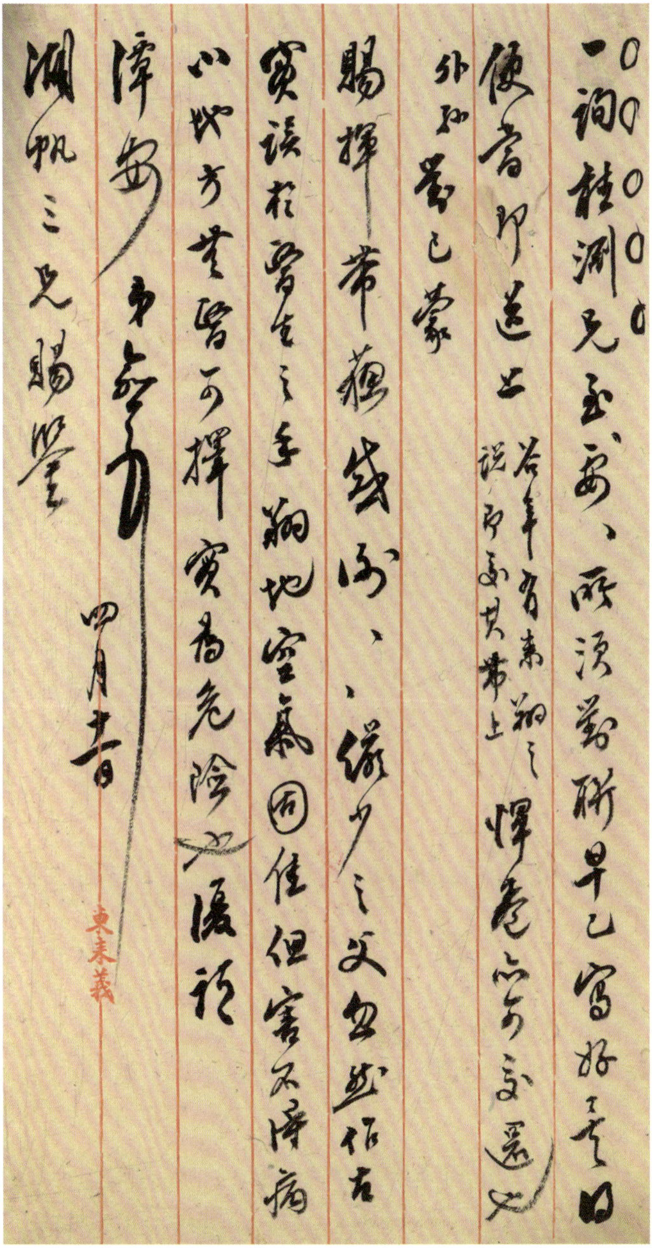

靈鴻圖潤身軸前日三幅

報鴻章乞速日寄人可望乎

散幼安送上此少

安

柳安

夕師誠夫佳

並山似近人手筆

也

花帖早不寫

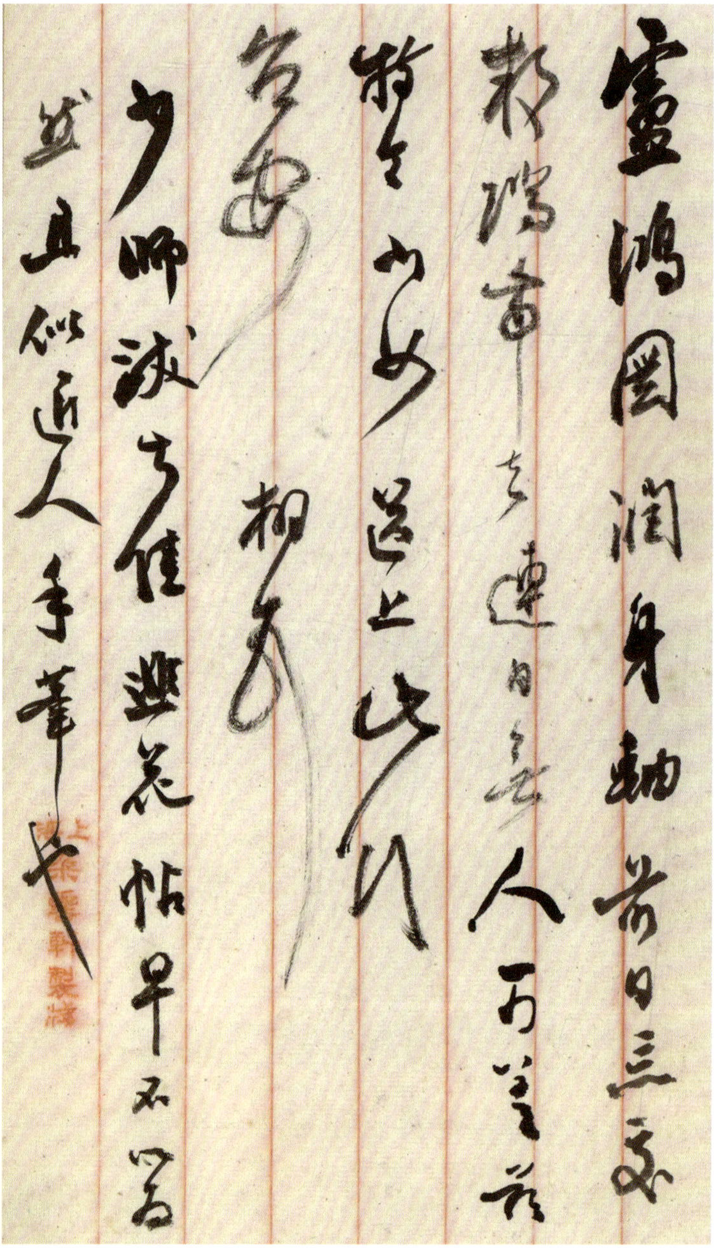

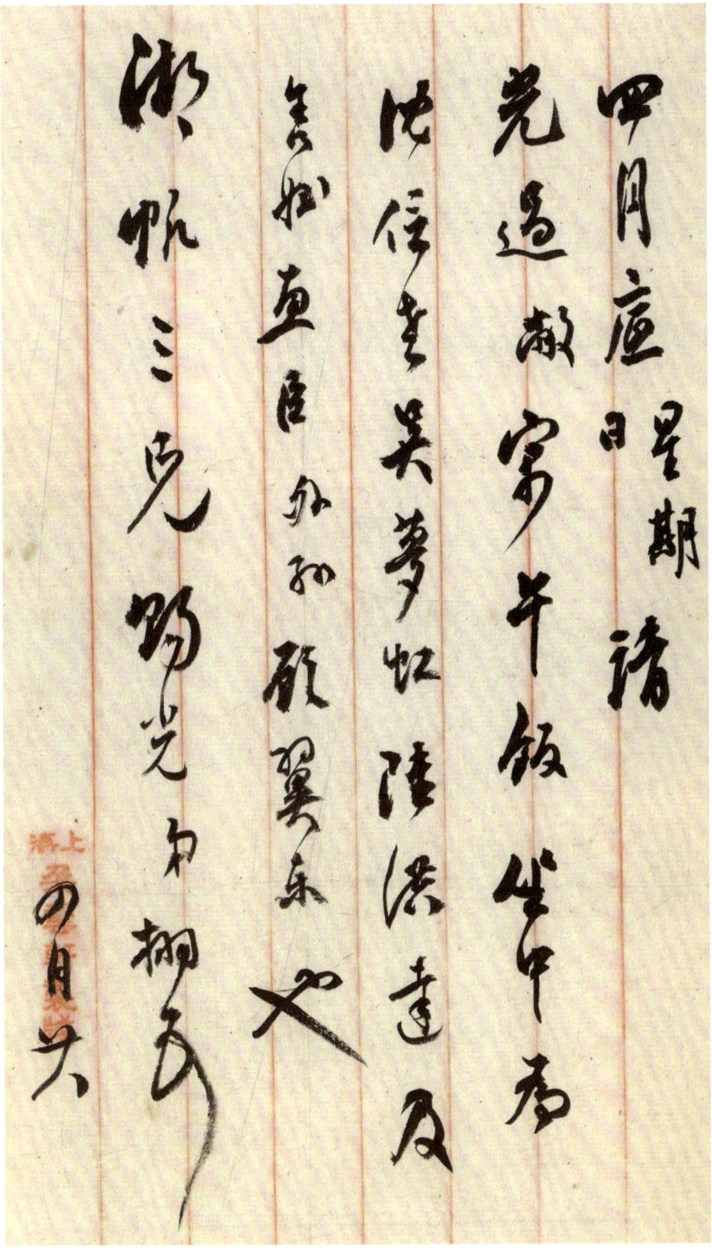

四月廿八日星期日請
光過敝寓午飯，坐中有
沈信卿、吳夢初、陳洪達及
姜拙堂、臣孫和、顧翼東也。
務懇 三兄賜光為荷。桐孫
四月廿六

正书信间俗少来南到
手去走何许多万英就须
其去不常在某处
难吒刻是去西往取而去
相交民

千某先生文迟我相中寿视
自春取大约出月初旬必一万来
晤检面磬正考
晤见去说中朴不

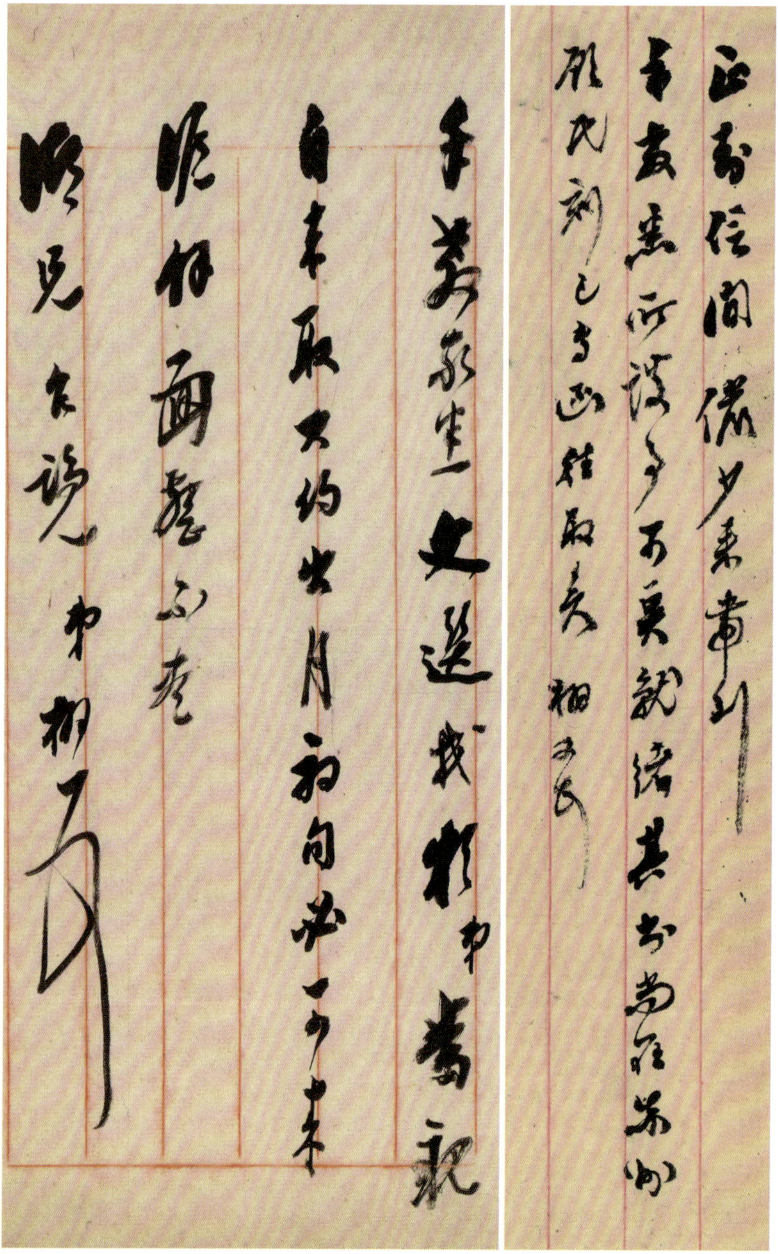

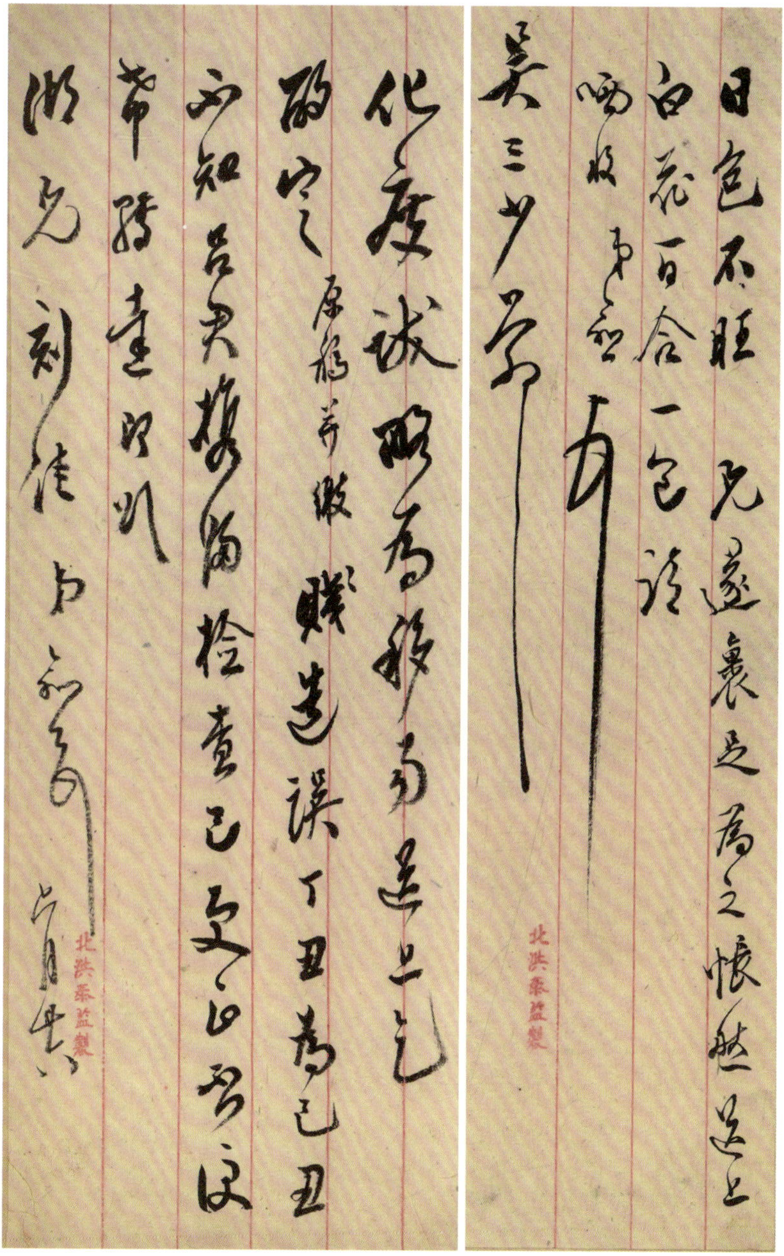
北洪泰監製
北洪泰監製

時輕愚志胃痛好衆十餘帖未見大劲
静气積浦三次四磨饮再求為萊廢冲
眼猜岩軍倦過身每日試寫青等勝
疲乃止為東後次原之蒙
直開朗昭笔扇大大所
三理數以事稿半日五糊
多件終拂适室為腰事
蘭埠為阜
帆三兄鈞鑒
柳翠

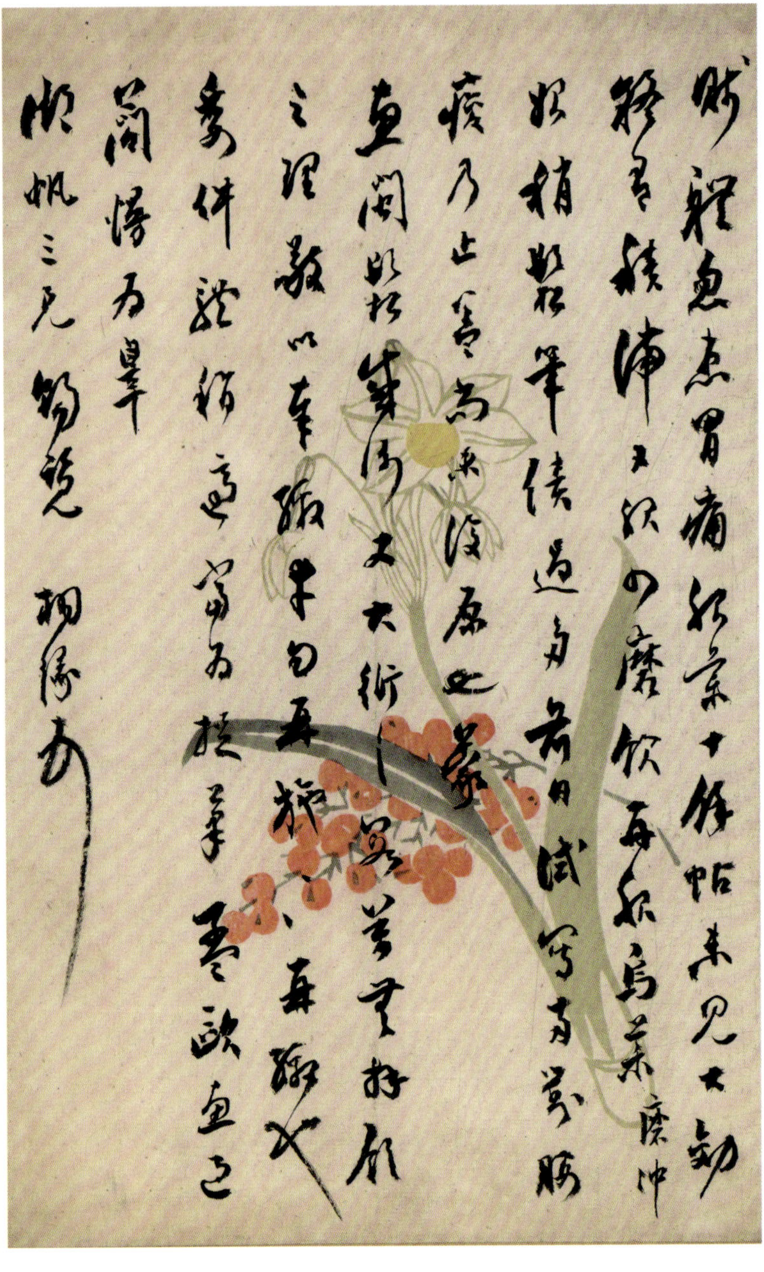

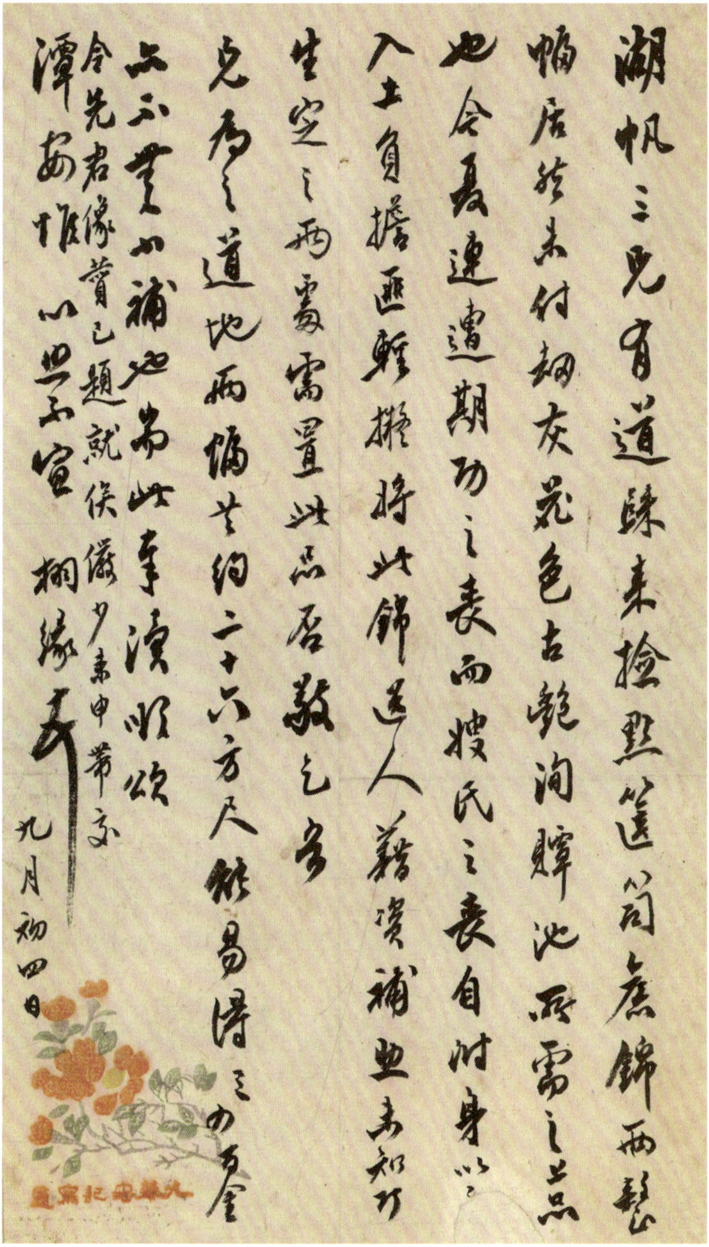
湖帆三兄有道：疎來撿點篋笥，唐錦兩幅，
幅居於宋，付銅灰荒色古艷，洵瑋池所需之上品
也。今夏連遭期功之喪，而嫂氏之喪，自討身以之
入土，負擔匪輕，擬將此錦送人，藉資補助，素知打
生定之，兩需需置此品，居敬乞為
兄爲之道地，兩幅共約二十六方尺，能易得之金
以示兼以補也。爲此事瀆懇，
令先君像贊已題就，俟儀少東申篆文
潭安，惟以照不宣。桐緣頓首
九月初四日

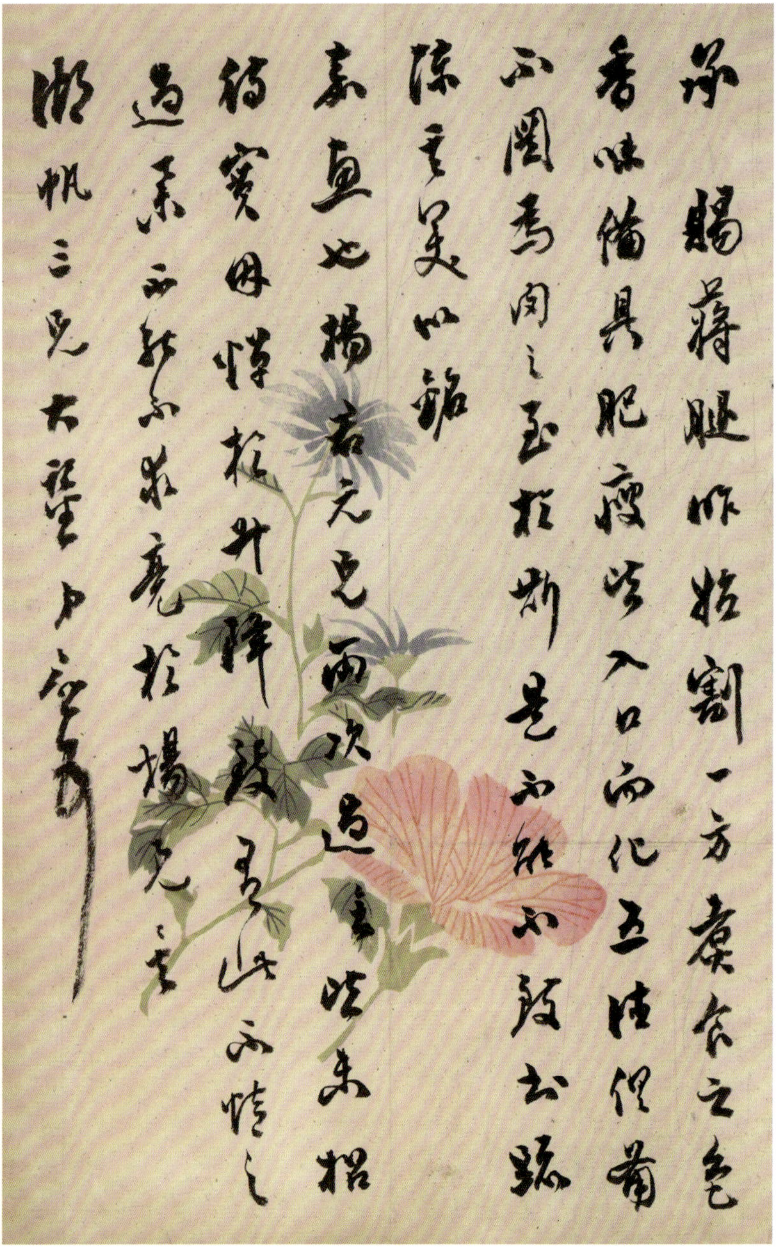
承赐蒋腿，非特割一方，康食之色香味备具，肥瘦皆入口而化，五味俱备，不图为肉之至于斯也，不能不致公[illegible]
谅吾兄以铭
素画也。扬君元良两次过舍时来招
待，实因悖于此降，经多此不情之
过，素而能不敢处于扬兄之[illegible]
湖帆三兄大鉴　上[illegible]

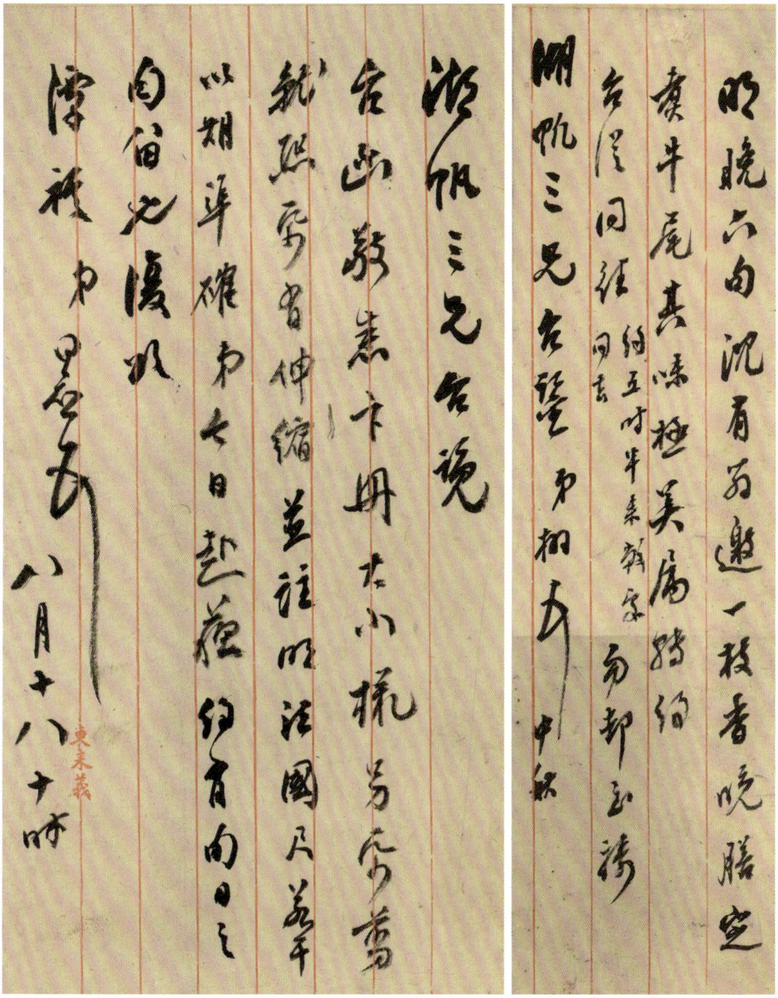
昨晚六由沉肩菊邀一枝香晚膳定
煮牛尾其味極美屬轉約
台從同往 約五時半來敝寓同去 勇卻玉請
湘帆三兄台鑒 弟翔頓首 中秋

湘帆三兄台鑒
台函敬悉 下冊大小樣均已寄
能照原書伸縮並註明法國尺若干
以期算確 弟七日赴粵 約有兩日之
句留也 復頌
譯祺 弟思頓首 八月十八 八十時

東來義

湖帆三兄大鉴 沈氏主藏右军祝祓
帖宿持赵台鑑赏 却又为晋华家
送善庋妙迹帧数百幅许浚取去
倾因眈而之 晚闻彼纲赵台教
年暇携画谐多题咏之此作
多安
甲月卅一
王佩诤兄六敬民彦文六届顺金客画
赤佰松栝之易人

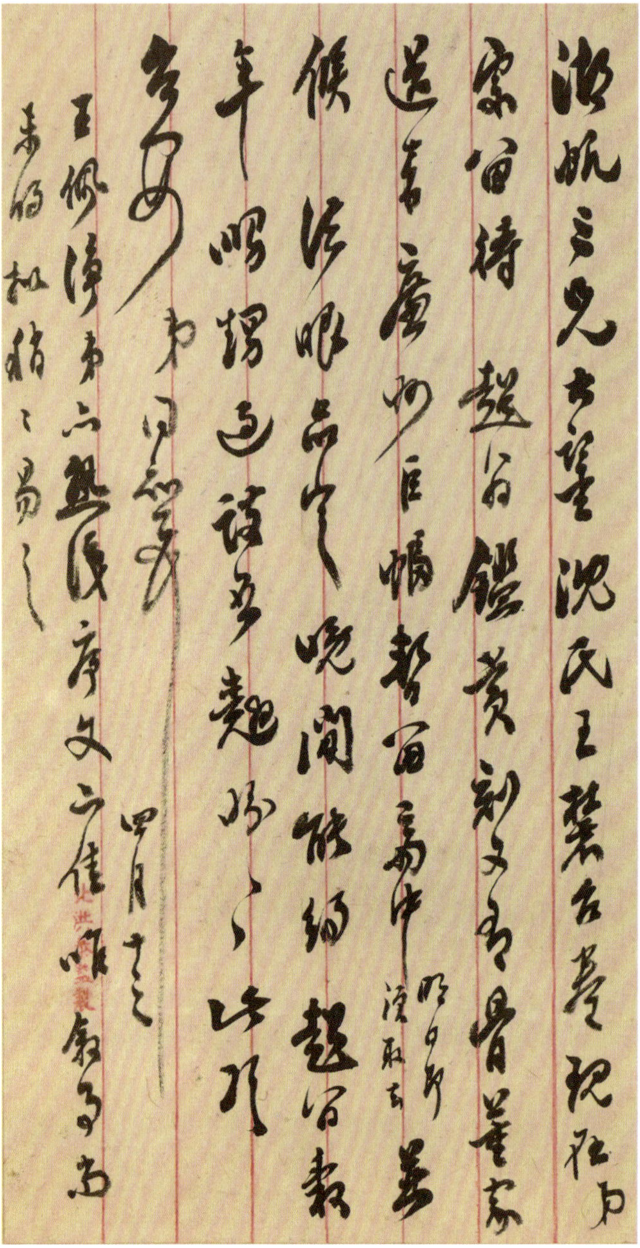

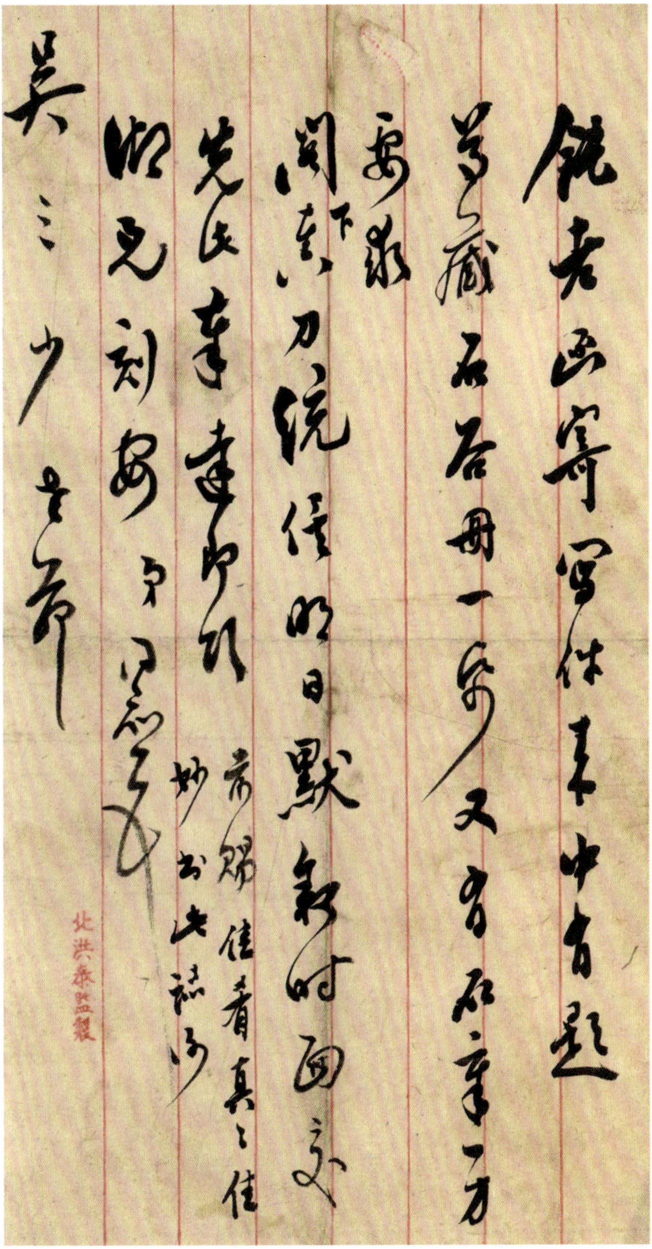

鈍老函寄寫件來中有題
尊藏石谷冊一頁又有石章一方
要求
閣下奏刀統俟明日默叙時面交
先生尊章即乞
前歸佳看真之佳
妙出此語何
湘兄刻安 弟□□
吳之少老郎

北洪泰監製

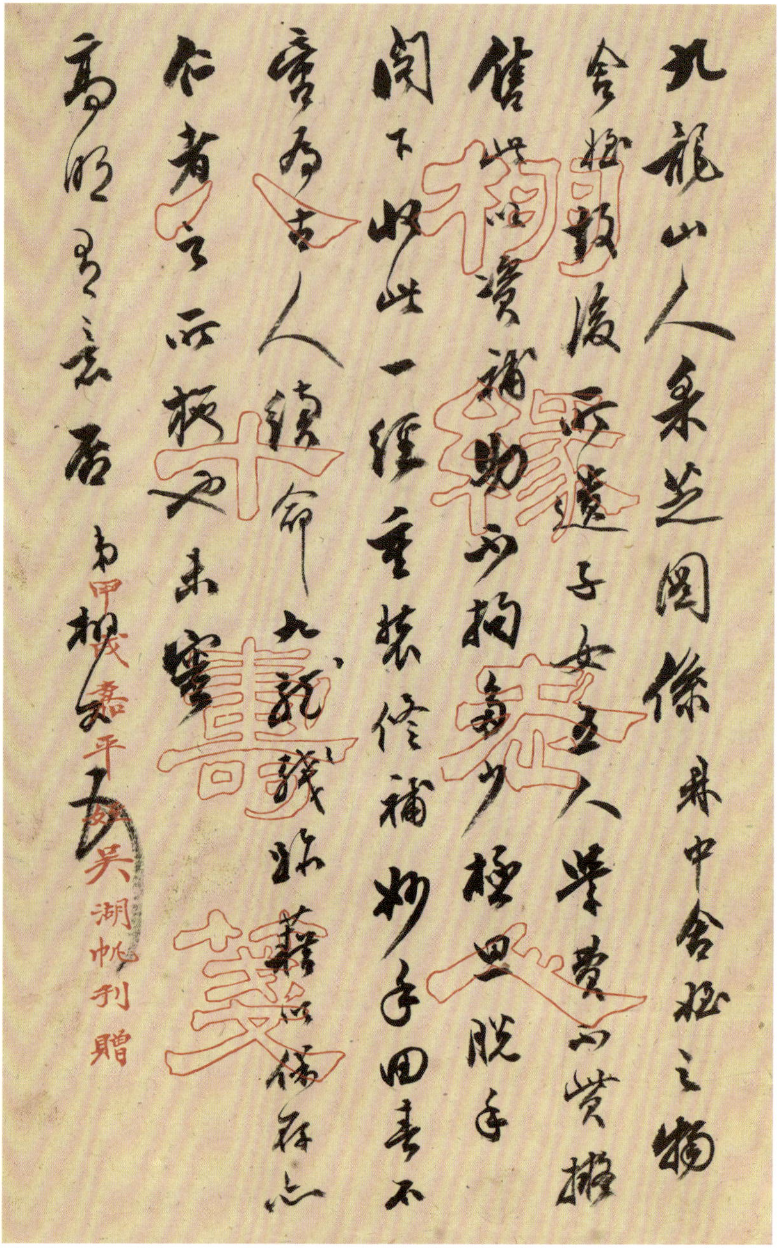
九龍山人采芝圖係昇中舍短之物，會短散後所遺子女五人，其費由賞搬售此以資補助，而構易少極田脫手。閱下收此一經重裝修補，妙手回春，不啻為古人續命，大德殘骸藉以保存也，不肯立所較也，未審高明以為然否。

弟柳亞頓首

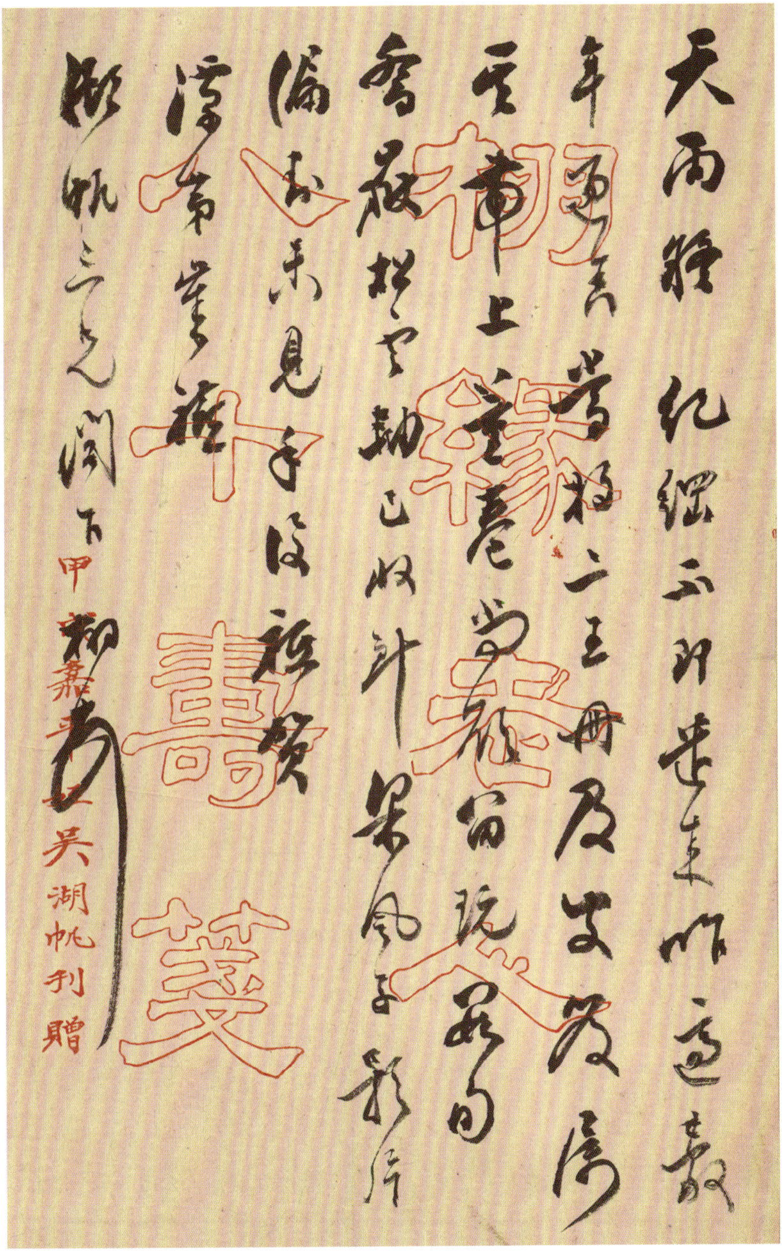
吴湖帆刊贈

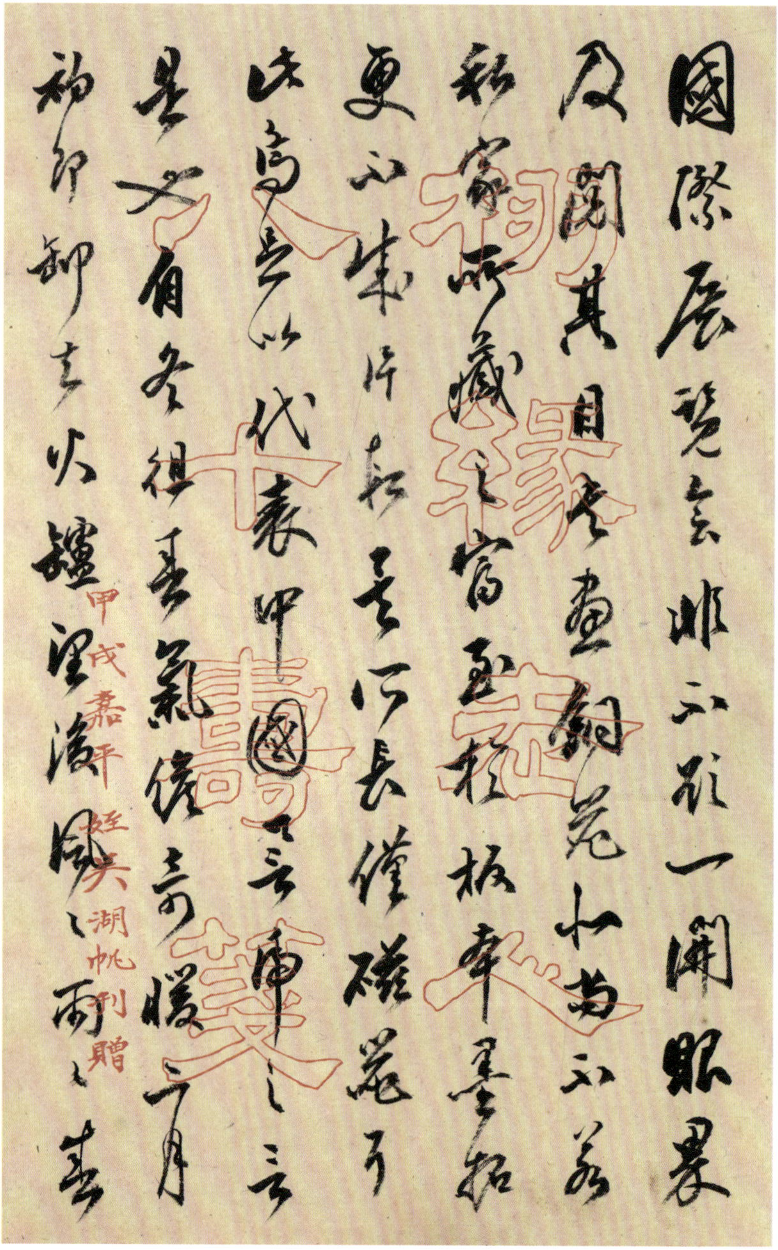
甲戌嘉平
姪吳湖帆刊贈

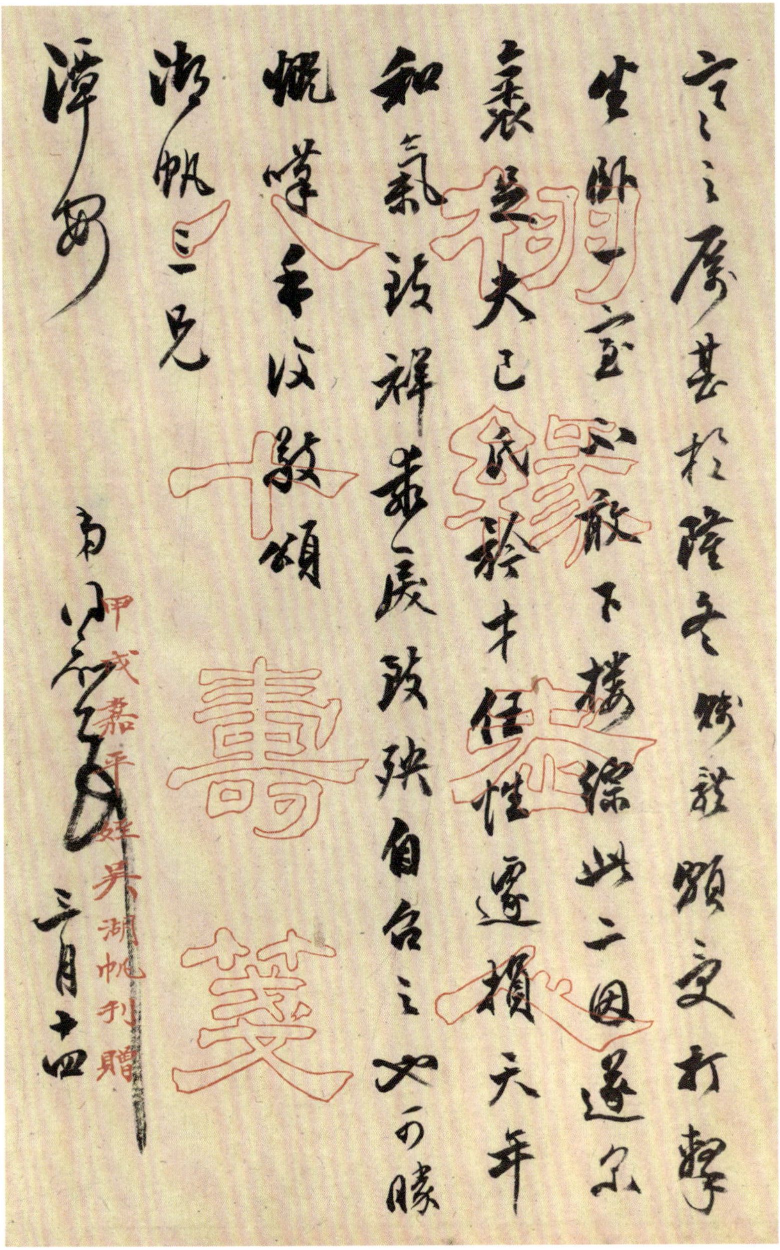
六之處甚於陰冬嬉戲頗受打擊
生卧室窗前下樓深此二因遂不
襄老大已成於未任性逆擯天年
知氣詃祥悲痍致殃自召之尤可
慨嘆手此敬頌
湖帆三兄
譚安
弟[illegible]
三月十四

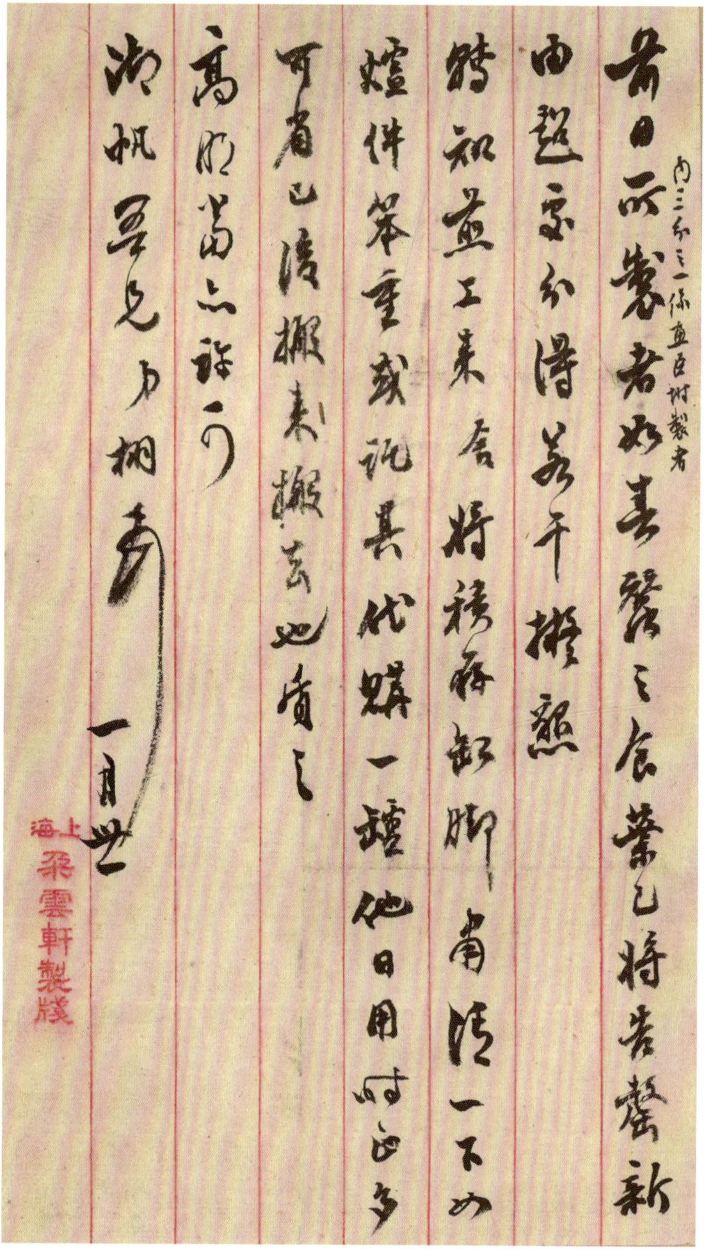

前日所製者如嘉饕之食葉已將告罄新（內三分之一係查臣所製者）
由邈京分得若干擬懇
轉知蕭工來舍將積存剩腳篩清一下如
蠟件等重戴訊甚代購一罈他日用時必多
可省些清擬來擬去也費了
高明當亦許可
湖帆再見　少桐吾兄
一月廿

上海朵雲軒製牋

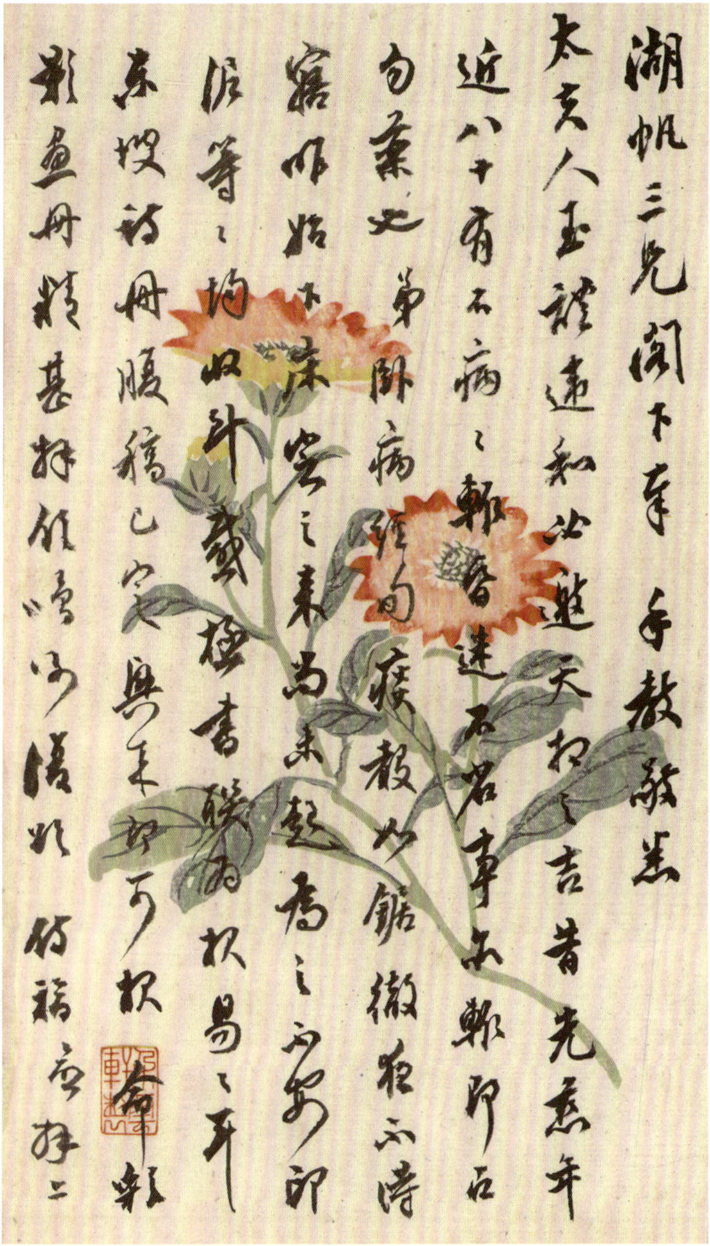

湖帆三兄閣下奉手教敬悉
太夫人玉體違和必遂天相之吉昔先慈年
近八十有不病之病鄭醫謂不尋常不轉即否
自棄之弟臥病經旬疲敝如餅微熱不時
寫作始下床寒之來尚未起為之不安即
泥等等均收到盛極書展為快易之弄
東坡詩冊跋稿已定與來即可收命錄
新畫冊精甚拜領以謝清眠竹禧示拜二

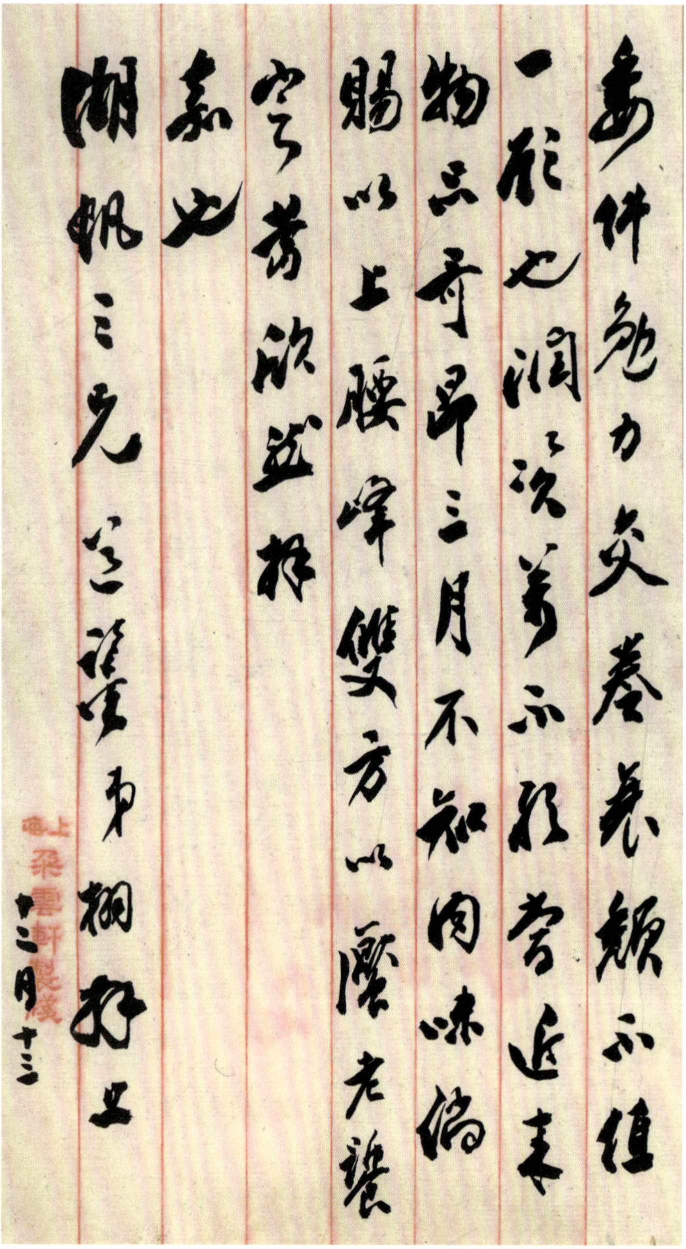
每件勉力交卷卷頗不值
一顧也潤資菲不敷嘗近來
物亦奇昂三月不知肉味僞
賜以上腰峰雙方以饜老饕
實荷欣感拜
嘉也
湖帆兄 鑒 謹 弟 桐 拜上
十二月十三

自夏徂秋三月病魔戕我如瘧棄書日久足見
名唇先臨之暴原賜之在絡路时一别䏲年內
兩沙桮去里悵然無端托之夢缘
代羅来释能賜之器䫻顏再復豈興人違如阴
先生累承
康辰十二月廿七日

東坡詩云圃元旦盧力題記陰
太平無今二㪍余舍間些人送上之
棊艇来亦好子
㺯峒色之
著甲乎亦恍然跬御来者皆移
不利此山以与不棄之事
直南好我具懷去有子弥迁低
鳴戈
相打上

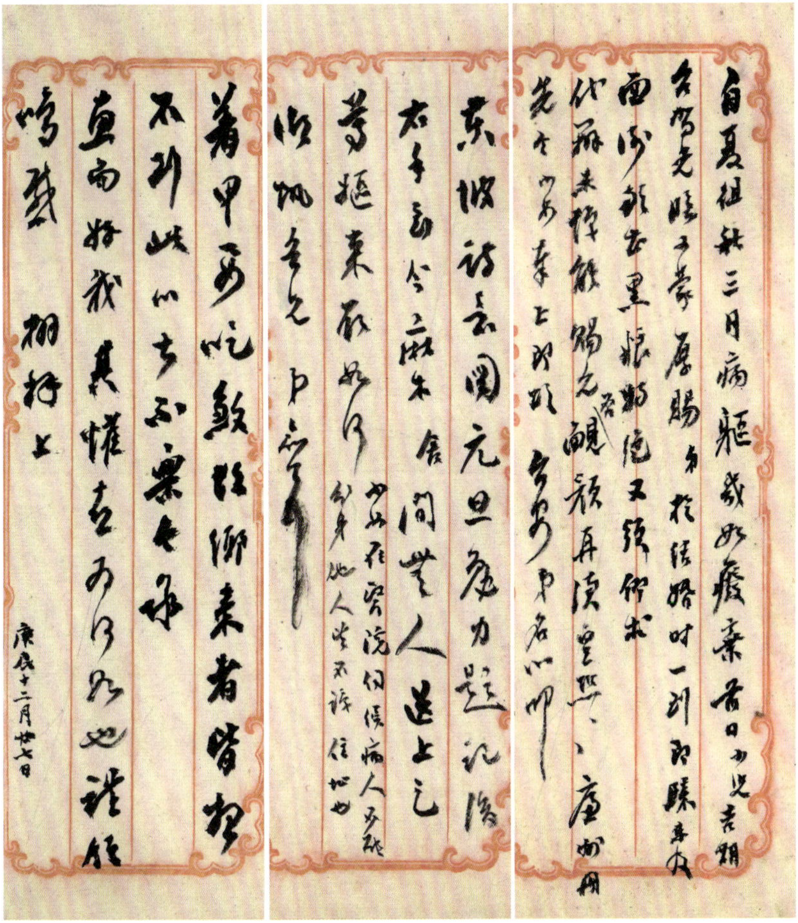

【吴湖帆师友书札】·上册·第二卷

书札释文

○120/○121

湖帆三兄足下：承属龚世兄寄宿事，已为规画定妥，但来时须自备椶垫、架子也。叶养吾之尊人初九开吊，初七邀弟题字，准午后快车至安定（同行者翼之、子英），登气油船至青浦，题主后即开赴珠家阁，初八至娘娘庙看旧书画。闻庙中收藏甚富，自国初迄道咸间主僧皆工六法，今则无此高僧尚能保守云。乾隆间王兰泉先生所藏亦悉数捐入庙中，必有可观者。足下初六来申，初七同往，在足下本应答吊叶氏，洵一举两得之道。专此奉约，即颂侍祺。　弟同愈顿首。　九月初一。

○122

湖帆先生鉴：顷致尊大人一函，为合送苏储蓄贺联事，今尊大人已来，云已属阁下书五尺裱对单送矣。如阁下尚未法挥，乞补列贱名，印九华八尺裱对，至托至托。此恳，即请台安。弟愈顿首。

如已写送，请阁下代办裱对（五尺），再求大笔一挥，用『风雨』句，上款书『落成开幕之喜』。联语竟用『周化』『竹芦』句可也。

○123

湖帆三兄鉴：《醴泉铭》每行末无复冲字，至少明拓，如笔画尚肥，虽五十不为贵。敝藏之本末字已冲，不足称也。昆剧非常发达，苏地售一元而不满座，此间售两元犹拥挤，一则境地不同（淮地挥霍惯，视二三元极平常），一则人数百余万，十倍于苏也。复颂台安。　栩顿首。　廿四。　迟答为歉。

○124

郘钟拓本有余乞赐一分。鲁鼎韩壶我尚有十余种未入录，可移赠也。诗集前序弟未能任，后跋则可耳。《清晖》卷当为细细题之，不敢轻落笔。孜仁兄书已订好，何其速也，乞代付订价，容奉还。复颂湖帆三世兄近安。　弟同愈顿首。三月初十。

○125

陶诒孙是名是号，乞详示。驾六藏卷所盖愙师朱印是否后添（当奉讳时是否不用朱印泥），亦乞示知。即颂湖帆三兄刻佳。　弟愈顿首。

○125

湖帆三兄：抄本书闻已订好，七兄来能带否？不能则罢。因书本但宜包不宜扎，扎则有线索痕也。此颂时祺。　弟同愈顿首。　廿日。

○126

《九龙》轴、《清晖》卷已到，可来一赏鉴也。　湖帆三兄　名心印。

○126

十五之约，足下芳畦昆玉外，超翁亦经面约，惟安波未及与订，乞便中为我道地。此外则友成与味余也。虾子酱油拜领，谢谢。三兄　栩启。

○127

久阔，甚念。昨得浩婿来信，云鲍氏篆盖润笔七十元已交到，得便划申，催写件寄苏。即祈早赐篆交清算处，有便可带苏也。种种费神，感感。　弟愈顿首。　吴帆三兄鉴。

144/145

湖帆三兄赐览：仙诞前一日谢敏翁带到委件，当即书就交去，想早达览。此碑前闻谭及，鄙意颇为歆动，今已归入清秘，尤胜于弟之自有矣，故闻命即欣然濡笔。先睹为快，能检示一爽昏瞀否，尤所心慕也。先师诗稿想尚未付梓，鄙意早年诸作尚须略加去取。忝附门墙，遑敢作序，拟附一跋，以为附骥之荣。并祈将原稿检示，至盼至盼。前携去三邑科第谱并乞附还为祷。顺颂箸祺。弟愈顿首。

诗稿、唐拓科第谱均请面交起潜手，当无遗误也。

佳砚难得，公云易求，乞为物色，但取适用，不求外观。

146

湖帆三兄赐览：两奉惠笺，诵悉。《疑年表》已收到，缘督同年文集想尚有印存者，务恳为我索取一部，切盼勿已。金笺册拟配小镜架四挂，裱成乞付小儿配架可也。陆俨少画大有魄力，且能用简，从师半载，顿改旧观，真后起之秀，不难接武谷年，惟名师乃有高弟，所谓强将手下无弱兵也，若弟者，对之直有余愧耳。承奖，皇恐皇恐。复颂潭绥。弟同愈顿首。

147

大箸敬诵一过，无任欣佩。具此天才而又性之所喜，他日必成作手，犹谷年、俨少之于山水也。三阕中《丑奴儿慢》第一，《满江红》次之，《齐天乐》又次之。鄙意足下既有志于此，入手宜多作小令。俾之辞达意宣，句清气顺，不宜贪做长调，但顾辞头，致露堆垛之迹，古来佳构都在虚处得力也，高明以为何如？弟于此道真是门外，殊不足辱大雅之问，姑贡一得之愚以塞盛意，幸望谅之。愈再拜。原词后略赘数语，狂妄狂妄。

148

玉体又违和，甚念。杨、李二册先交白卷，愧愧，已付定之手矣。敝处货物准明日饬人送上，由尊处代制，感托感托。复颂湖翁痊安。弟愈顿首。

148

廉州册已题，昨刘定之来，当将老夫及廉州两册托其先行带上（廉册尚拟续借，颇想临摹一二也）。药已制就，感极感极。兹命小女走领，容谢，不尽。东庄赐览。栩顿首。十二月廿三。

149

湖帆三兄鉴：前日畅谈为快。足下去后翌日，栋臣舍侄挈女弟子来，连日纵谈，委件尚未动笔。《七姬志》略动天君而未落墨。近日此间谣言颇多，不得不将委件先行交还，计吴卷、程卷、姬志、赵帖四种，尚余廉夫绝笔，狼抗不能携带。至于各种题字，他日再行报命，决不食言，乞谅。顺颂侍福。弟同愈顿首。

○150

昨日来沪，尚未趋前谢步。仇卷能赐一观，无任欣盼。弟后日回翔。手此，祇颂湖帆三兄刻绥。弟同愈顿首。廿九。仇卷明日饬尊纪送来为感。

○151

《绿草》册补题已就，待取（小女看护走不出）。石谷卷能为我谋之乎？颇思资以娱老，他日仍当归宝笈也。湖帆三兄鉴。栩顿首。

○151

湖帆三兄足下：顷接手示，敬悉。清溪轴最低限度毛诗一部，旧锦一时无出路，阁诸尊处可也。此颂台绥。弟同愈顿首。九月廿一。

○152

委件以手足疼痛遂迟报命，前日拟动笔而『双杯』格纸遍寻不得，敢乞另画一纸寄下。『金玉双杯』四字拟易以《葩经》语『金玉其相』，似较典重。今得来书，亦不欲用原语，则所见同也。一俟画纸来，当即命笔。此请。东庄词坛 弟栩顿首。家人颇欲一见双杯实面，可乎？

○153

三层楼上下，衰年躲懒，前日大千金来，今日大丗兄来，皆惮招待，歉极歉极。委题之件仍用毛诗句而加以长跋，因『双杯』二字『杯』音近悲，不愿用也。《四香卷》诗与庞诗同出一源，是以未敢照缮。空白交卷，必不如意，然亦无可如何也。于此，祇请湖帆吾兄宥之。 愈顿首。

○154

昨奉手教及扇头，妙甚感甚。顷又奉示云云，弟颇以此题为至简至明，恰好直接引首，已叙明在前，不宜于此帧再行架屋也（论齿弟此幅当首列，恰与引首直接），只『应征』两字已包括一切。公如不谓然，则须另画，鄙意似宜着色耳（布局愈简愈妙）。君首卷梦寐系之，储款以待（前函云更有佳法，不知何法），务恳为我道地。东庄赐览。 栩顿首。十二灯下。着眼『绿』字，一片水陂青草，不须许多辅助品，公谓何如？

○155

手示悉。程轴、陈扇送上。石谷卷来历尚无必得之望，殊拳拳也。如能达到目的，真望外之喜矣。湖帆兄台览。弟愈顿首。 十五日。

○156/○157

湖帆三兄有道：前得惠书，欣悉此次北行载宝而归，不胜艳羡，《易》曰『出门交有功』，可为足下诵之。屡欲作答，辄以心绪恶劣，又苦无佳纸。自刊笺板系儿辈经手，方奔走衣食之不遑，又不欲此等琐琐扰儿曹也。弟今有回里之行，一俟俗务打扫清楚，方可函约台从过舍，携件赐示，藉以扩清数月来之懊恼，使此身回复清宁也。倚装作此，以慰远怀，不则将疑为断线风筝矣。祇颂潭安。 栩叩。 九月廿一。 此信笺纸极佳（受笔受墨），所恨者红格辄落色，拟购纸自为印刷。

158/159

湖帆三兄大鉴：前奉手书，约一二日惠顾，久久不闻足音，屡欲趋访，又恐彼此相左，继乃发愤携甑访府，知贵体果违和也。比来想已早占勿药之喜，深系鄙怀。嫂夫人传达尊旨，并出示吴冏卿家焚余痴翁真迹，有骑缝印可凭，惜客座光线不足，略观大意，寥寥数笔披麻皴，运腕空灵，便非寻常家数所能及也，又当为君唱得赞歌矣，可喜可羡。余详另纸，顺颂痊安。弟同愈顿首。十二月十四。

160/161

湖帆三兄有道：望日将晡，彭恭甫兄持到手教，欣承欣承。贱体不耐戟刺，到苏后即卧病经旬，至人日始能起床，眷口大小亦不禁风露惊怖，陆续均有小恙，十一日大小男女始得赴渎。弟以畏寒留苏，俟其到渎者部署略定，天气稍暖，然后下乡。虽系附郭之区，暂视为安乐窝，亦聊以解嘲耳。蔡师忠勇奋发，挫敌锐气，中外莫不叹赏，皆非初意所及，或者天将悔祸欤。尊件已携往香溪，须俟到彼理出，方可转交恭兄。月来此间时有日机飞绕侦探，似因密渡桥添筑机场，遂来窥伺。现闻机场暂缓工作，以弭后患（添筑机场乃机密之事，报纸宣扬以为得意，当轴者亦不预示秘密，我国军事学识如此如此）。弟病后兴致尚好，前日至观前小酒馆沽饮，居然颓放而归，阁下必笑曰：『此老兴复不浅也。』手复，祇颂春安。弟栩顿首。灯节后一日。对门乡邻乞为致念。

162/163

倭奴如疯狗狂噬，真世界之恶魔、人道之蟊贼，狡诈骄盈，国际信义扫地尽矣，丁斯厄运，夫复何言！沧浪之水，濯缨濯足，自取之也。去腊廿一开火，闻西路车已不通，翌日知北站及印书馆熸，亟亟思去翔。廿三知有西去车，挈眷属十三人、女仆二人至站而已开，怏怏回归。翌日车站友人送信云有西来车将过黄渡，望速行，于是老小十余人蹒跚就道。老年久不行路，如蚁爬山，勉力前进，历四十分钟始得到站。此次脱险，自谓天幸，而行李则只手提箱而已，所有书籍字画一概割爱，仅携《文选》一种，尊件及他人要件则悉数取携，庶他日可以对友好也。抵苏后即卧病（病泄、咳、呛，夜不安寐），至今尚未离床，俟天气稍暖，病体稍健，尚拟移居木渎。此颂湖帆三兄潭绥。弟同愈顿首。正月初三。

超翁、谷年暨诸友好乞致念。

164

湖帆三兄赐鉴：子康扇画上另寄，偷得夏禹玉卷中一角以塞责，贻笑方家也。夏卷尚拟留阅，俟有便人带赵，不便付邮，乞恕迟缴。上海文献征品贤劳可想。贱体粗安，惟衰懒日甚、百事废驰为愧。手此，祇叩潭安。弟同愈顿首。夏至日。

165

手书并惠墅凫赵制一对，多谢。之唐轴今顷写《草阁图》，明日写《骑驴图》。后日趋访看扇册，约饭后二时许何如？栩顿首。

165

手教具悉。昨暮芹生来，一切已面洽清讫，感情无既。据芹云尊处不日动手，可继续办理，兹饬小女送上缸一具、灰七两，又炭五元，不敷容续缴。种费清神，心照不宣，何日走取，候示为盼。湖帆三兄 弟栩顿首。

166

惠书均诵悉。为病人事，累累渎神，此心深致不安。附去原料廿五两、副料十两，以俟制工之到来也。军兴以来，内地旧藏皆以孤岛为聚散之所，选青得黄鹤大轴，亦奇遇也，可喜可贺。刘卷涂上（笔赀留尊处备付制工，至恳至恳），落款有微疵，可见衰年精神贯不到处。大痴卷加题当遵命。复叩潭安。两隐。三、一九。

167

《岳麓碑》伯元册先写上。乞再赐盐瓜皮若干为感。庞册题字妥否乞指示（非客气，恐贻笑外人耳），落款应否提前日子（邓六月，褚七月）亦乞酌示。

画虽艺事，三百年来，能脱去古人町畦，自张徽帜者，思翁而后，公其选矣。思翁得于天而公优于学，一以湿笔胜，一以渴笔胜，当其有得，皆与古人血战而来。而神理绵绵，气韵各足，遂为艺林宗子成名，况乎诸侯固不屑以附属自域者也。继别继祢，嗣其业者众矣，公之留贻后人岂浅鲜哉。壬申月栩缘王同愈记。

后或加『虚斋先生出示《西泠读画图》，率书臆见就教。壬申月王〇〇』。

168

太夫人病有转机，不日可占勿药，是大喜也。足下饭量大王，亦可喜之至。引首一纸附缴，即祈詧夺。此番之药得数既多，又不引火，妙极。复请侍安。弟愈顿首。

《富春》被焚事《瓯香馆集》中亦提及，甚详。此集已被炸弹取去矣，足下案头当有之。

169

昨遗取润单，兹特送呈詧收，尊恙如何？甚念。鄙意此恙疑系血分所发生，或血多或血少所致，何勿请庞京周兄一诊视之？ 湖帆三兄 栩顿首。

170

小女归，奉到手教，诵悉。强迫制造，万分感愧，货尤佳妙，谢何胜言。绘事以宿债堆积，今年概不承接，至希鉴谅。证券当交舍侄照办，随后奉上不误。余面罄，不尽。敬颂湖兄春安，并叩侍福。 栩顿首。 三、一六灯下。

171

顷间展览美不胜收，惜走马看花，深负古人，最好明窗静室，日挂三四幅，与二三同志细细味之，岂不大佳乎哉。两隐。 廿二灯下。 周昉、王诜、大痴殊不满意。

172

湖帆三兄大鉴：昨函想已达览。细思之仍须求尊处代办，但鄙怀实抱不安耳。屡渎，皇恐之至。厚料当得闲送上，余面罄。敬请侍福、潭安。 弟栩拜手。 二月一日。 煎者何日造府，即祈电示，以便送货也。

○173

一病百余天，罕进饮食，几作饿鬼。日来稍能纳食，虽精力疲软，颇思得熟人过谈，一快积闷，而台从如能惠顾，尤所欢迎。倘蒙过我，幸勿携赐食物（水果、肉松皆非所需也），至祷。手此，敬请湖帆三兄万福。　弟同愈顿首。

○174/○175

恽卷已题，在恭甫、涤舸两题之间，约百余字，行款尚不恶劣。南田翁款字前卷殊劣，后卷极佳，画亦然（前卷虽有荒寒之趣，究嫌率略）。大石山房翁应有题赠之作，翻遍《瓯香馆集》，无一字涉及，是以疑之。除《瓯香馆集》外，未知翁尚有他种文字否，不过《瓯香馆集》亦是后人搜罗而成，挂漏自必不在少数耳。程志正拟动笔，而葬之年月日尚空格，必须填入方可扣准字数，未便空格以待，望一询听渊兄，至要至要。所须对联早已写好矣，得便当即送上（谷年有来翔之讯，即交其带上），恽卷亦可交还也。外孙对已蒙赐挥带苏，感谢感谢。俨少之父忽然作古，实误于医生之手，翔地空气固佳，但害不得病，小地方无医可择，实为危险也。复请潭安。弟愈顿首。　四月十一日。　湖帆三兄赐鉴。

○176

卢鸿图、润身轴前日忘交邦瑞带去，连日无人可差，兹特令小女送上。此颂台安。　栩顿首。　少师跋甚佳。《韭花帖》早不以为然，且似近人手笔也。

○177

四月底（星期日）请光过敝寓午饭。坐中为沈信老、吴梦虹、陆洪达，及舍侄惠臣、外孙顾翼东也。　湖帆三兄赐光。　弟栩顿首。　四月廿八。

○178

正封信间，俨少来，带到手教，悉所谈事可冀就绪，其书尚在苏州顾氏，刻已专函往取矣。　栩又顿首。

○178

手教敬悉。《文选》找款弟当亲自来取，大约出月初旬必可来沪。余面罄，不尽。　湖兄台览。　弟栩顿首。

○179

《化度》跋略为移易，送上乞酌定（原稿并缴）。贱造误丁丑为己丑，不知吕君携归检查已更正否，便希转达。即颂湖兄刻佳。　弟愈顿首。　六月廿六。

○179

日色不旺，兄遂裹足，为之怅然。送上白花百合一包，请哂收。　弟愈顿首。

○180

贱体忽患胃痛，饮药十余帖未见大效，疑有积滞，又服四磨饮，再服乌茉药（磨冲），始稍松。笔债过多，前日试写两对，腰废乃止，盖尚未复原也。蒙惠闽松，感谢。又大衍之数万无拜领之理，敬以奉缴，幸勿再施，再施再缴也。委件体稍适当为捉笔。孟欧惠过，简慢为罪。　湖帆三兄赐览。　栩缘顿首。

○181

湖帆三兄有道：归来检点箧笥，旧锦两整幅居然未付劫灰，花色古艳，洵蹕池所需之上品也。今夏连遭期功之丧，而嫂氏之丧自附身以□入土，负担匪轻，拟将此锦送人，藉资补助，未知巧生、定之两处需置此品否，敬乞吾兄为之道地。两幅共约二十六方尺，能易得三四百金，亦不无小补也。耑此奉渎，顺颂潭安，惟心照不宣。　栩缘顿首。　九月初四日。　令先君像赞已题就，俟伻少来申带交。

○182

承赐蒋腿，昨始割一方煮食之，色香味备具，肥瘦皆入口而化，五德具备，不图为肉之至于斯，是不能不致书疏陈其美，以铭嘉惠也。杨君元兄两次过舍，皆未招待，实因惮于升降，致有此不情之过举，不能不求亮于杨兄矣。湖帆三兄大鉴。　弟愈顿首。

○183

湖帆三兄台览：台函敬悉。卞册大小样另纸剪就，恐纸有伸缩，并注明法国尺若干，以期准确。弟今日赴苏，约有旬日之勾留也，复颂潭祺。　弟同愈顿首。　八月十八十时。

○183

明晚六句，沈有翁邀一枝香晚膳，定煮牛尾，其味极美，属转约台从同往（约五时半来敝处同去）。勿却，至祷。湖帆三兄台鉴。　弟栩顿首。　中秋。

○184

湖帆三兄大鉴：沈氏王麓台卷现在弟处，留待超翁鉴赏。刻又有骨董家送来廉州巨幅，暂留斋中（明日即须取去），并候法眼品定。晚间能约超翁、谷年舅甥过谈否？翘盼翘盼。此颂台安。　弟同愈顿首。　四月十三。　王佩诤弟亦熟识，序文亦佳，唯叙事尚未的，拟稍稍易之。

○185

钝老函寄写件来，中有题尊藏石谷册一纸，又有石章一方，要求阁下奏刀，统俟明日默叙时面交。先此奉达，即颂湖兄刻安。　弟同愈顿首。　前赐佳肴真正佳妙，书此志谢。

○186

九龙山人《采芝图》系鼎中舍侄之物，舍侄故后，所遗子女五人学费不赀，拟售此以资补助，不拘多少，极思脱手。阁下收此，一经重装修补，妙手回春，不啻为古人续命，九龙残迹藉以保存，亦仁者之所施也，未审高明有意否？　弟栩又顿首。

○187

天雨，疑纪纲不即遣来，昨适谷年过舍，当将二王册及皮箧属其带上。董卷尚欲留玩数旬。《乔岳松云》轴已收到，梁风子影片漏封未见。手复，衹贺潭第岁禧。　湖帆三兄阁下　栩顿首。

188/189

国际展览会非不欲一开眼界，及阅其目，书画铜器似尚不若私家所藏之富，至于板本墨拓，更不成片段矣，所长仅磁器耳。此焉足以代表中国，誉虎之言是也。自冬徂春，气候奇暖，二月初即卸去火炉，望后风风雨雨，春寒之厉甚于隆冬，贱体颇受打击，坐卧一室，不敢下楼。综此二因，遂尔裹足。夫已氏矜才任性，遽损天年，和气致祥，乖戾致殃，自召之也，可胜慨叹。手复，敬颂湖帆三兄潭安。　弟同愈顿首。　三月十四。

190

前日所制者（内三分之一系惠臣附制者），如春蚕之食叶，已将告罄，新由超处分得若干。拟恳转知煎工来舍，将积存缸脚肃清一下。如炉件笨重，或托其代购一罐，他日用时正多，可省已后搬来搬去也。质之高明，当亦许可。　湖帆吾兄　弟栩顿首。　一月卅一。

191

湖帆三兄阁下：奉手教，敬悉。太夫人玉体违和，必邀天相之吉。昔先慈年近八十，有不病病辄昏迷不省事，亦辄即占勿药也。弟卧病经旬，痰声如锯，彻夜不得寐，昨始下床。定之来，尚未起，为之不安。印泥等等均收到，感极，书联为报易耳。《东坡诗册》腹稿已定，兴来即可报命。彩影画册精甚，拜领鸣谢。复颂侍福。　愈拜上。

○192

委件勉力交卷，衰颓不值一顾也。润资万不敢当，近来物品奇昂，三月不知肉味，倘赐以上腰峰双方，以餍老饕，定当欣然拜嘉也。湖帆三兄道鉴。　弟栩拜上。　十二月十三。

○193

着甲要吃煞，故乡来者皆想不到此，心甚不乐。今承惠而好我，其欢喜为何如也。谨领，鸣谢。　栩拜上。

○193

《东坡诗意图》元旦勉力题记后右手至今麻木，舍间无人送上，乞尊妪来取如何（小女在医院伺候病人不能分身，他人皆不识住址也）？　湖帆吾兄　弟愈顿首。

○193

自夏徂秋三月，病躯几如废弃。前日小儿吉期，台驾光临，又蒙厚赐，弟于结婚时一到即归，未及面谢，歉甚。黑粮将绝，又须仰求代办，未识能赐允否？靦颜再渎，皇恐皇恐。廉州册先令小女奉上，即颂台安。　弟名心叩。

汪曾武（1866—1956）

朱祖谋（1857—1931）

陶湘（1871—1940）

陶心如

邓邦述（1868—1939）

金兆藩（1869—1951）

廖恩焘（1864—1954）

夏仁虎（1874—1954）

夏纬明（1907—1972）

湖帆仁兄吟席久耳

鴻名緣慳把臂穉園待刊

尊著倦宋詞痕一冊正音依律勝息清真以聆韶護情文並茂前諷

吟纍日倦眼為開同調有人詞學賴以不墜欣佩無斁

珂鄉年世誼最多遜清乾隆初葉先五世祖司空公高祖宮庶均以

上第與彭文敬同朝歷渡潘文勤世恩為司空公小門生光緒乙酉北闈

伯寅文勤以世兄弟相待招飲米市胡同滂喜齋贈以金石拓本陸文端

與仲兄同治癸酉同膺鄉薦濬夫為弟廿餘年汪蓉台同佐鄂幕兹父嫂

仲兄光緒丁酉拔萃同科曹君直甲午同榜冼彥同出瑞安黃漱蘭師門同

調稀著書院費屺懷江建霞太史尚彭畏岩都是世交每游蘇必偕

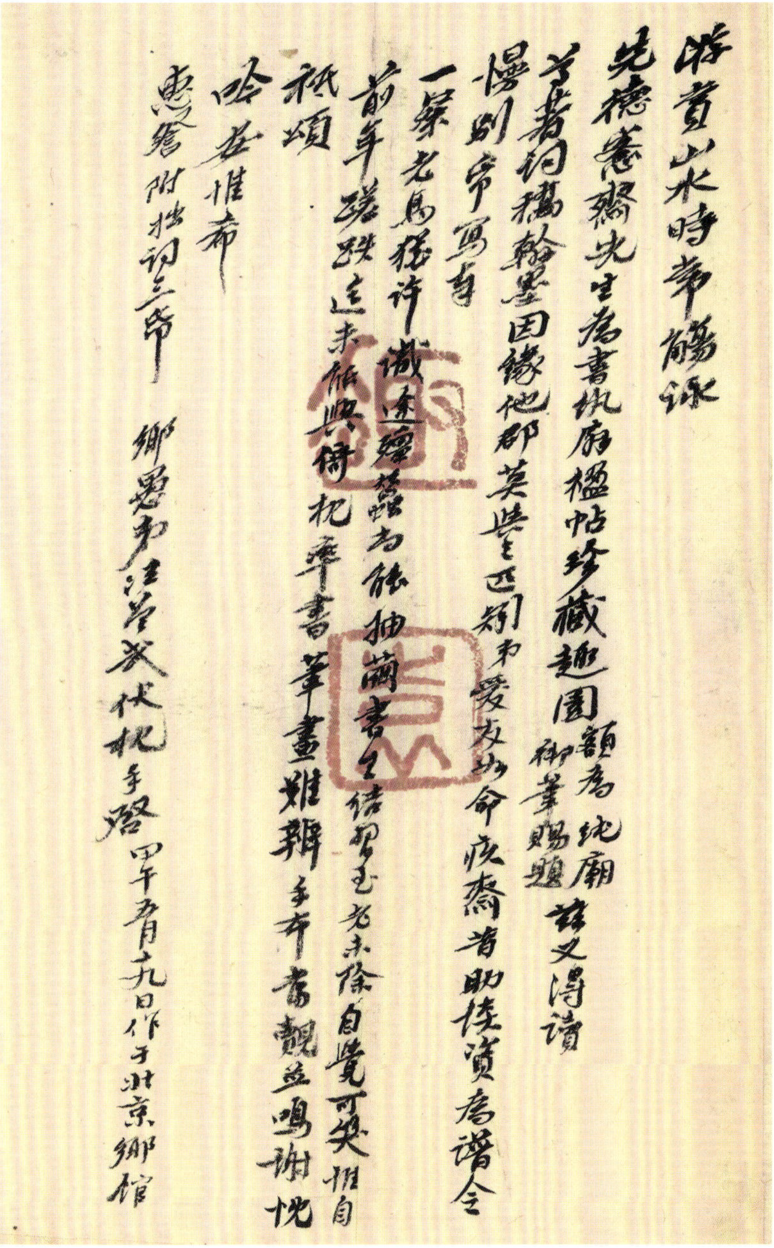

承賞山水時帶觴詠
先德蓋齋先生爲書楓廟楹帖珍藏趣園額爲純廟
御筆賜題 蘇文潯讀
手書詞稿翰墨因緣他郡莫與之匹矧弟愛友如命疲齋者助校資爲譜令
暢則常寫耳
一衆老馬猥許識途纏蠹蟫爲能抽繭書之結習至老未除自覺可笑惟自
前年瑤牋遠來紙與綺杝牽書筆畫雖辨手布書覿益鳴謝愧
祇頌
吟安 惟希
惠詧 附拙詞三闋
鄉愚弟汪鳴鑾伏枕手啓 甲午五月十九日作于北京鄉館

国画瀛寰早有声，词章金石一齐并，士风冰雪净聪明。先
后苏斋堪镜爽，小山首肯以心倾，揄扬我亦感同情。元宝淑红馆主吴恭人善写生，家南
田画法右军，间亦吟咏，手写诗词稿，章式之外部为林下
清风，并肯为签淑红馆主手写诗词稿，知交题咏甚多
老结词场翰墨缘，旁人笑我附骚坛，那知高唱在光宣。美玉明珠陶铸
眼，知交题序自联翩，一编珍重比金荃。
狼藉微场六十年，诗盟鹤後挽留连，回思韵事话开天。云起文道希学
士词名压我 审堂吟苑词 蜩知王半塘给谏词名 传宋派新赏 况夔笙 大鹤 郑叔问 论词源中箱元
寄兴磨研 四印斋镌蕤元中箱寄清真集
西有聊园东趣园 南海谭篆青部郎有聊园词社 张南周北萃群贤，扬风纪雅廿三年

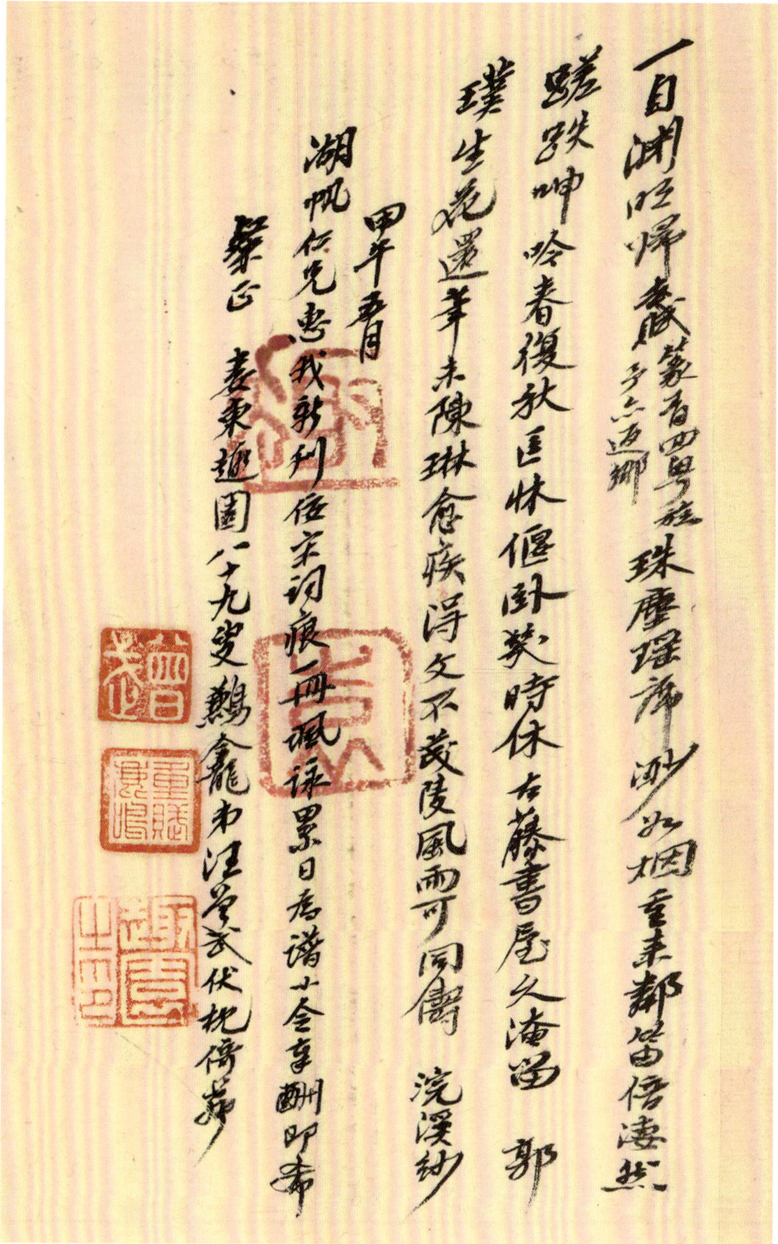

一自湖庄归去后（予亦返乡）篆香四曲兹珠尘瑶席渺如烟重来都只倍凄然

蹉跌呻吟春复秋匡床偃卧几时休古藤书屋久淹留　郭

璞生花还笔未陈琳愈疾得文不兹陵风雨可同俦　浣溪沙

甲午五月

湖帆仁兄惠我新刊佞宋词痕一册讽咏累日为谱小令幸郢即希

粲正　寄东趣园八十九叟鹤龛龙市汪东伏枕倚声

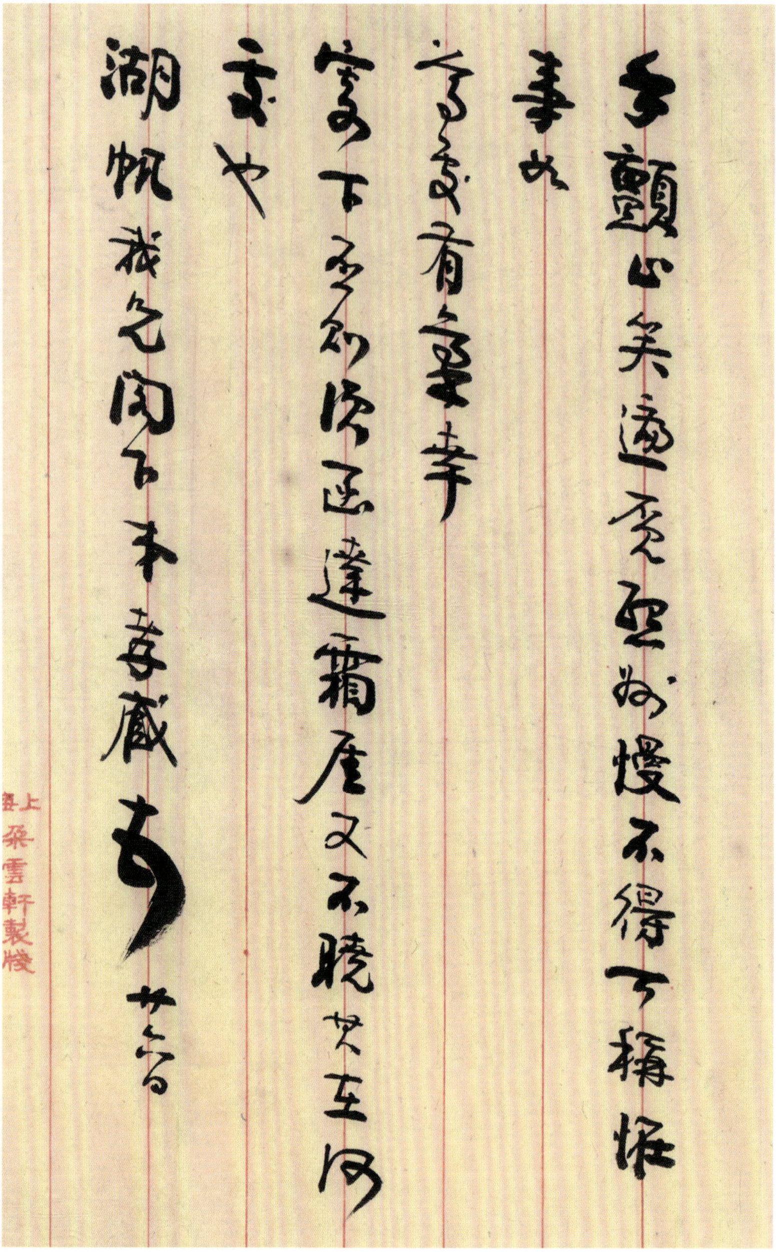

手顫甚矣，邇來硯如慢不得下，稱怪
事也。
令愛有喜幸
寫下要紛，須逕達霜厓，又不曉其在何
處也。
湖帆我兄閣下　朱孝臧頓首　廿六日

上海朵雲軒製箋

孝臧

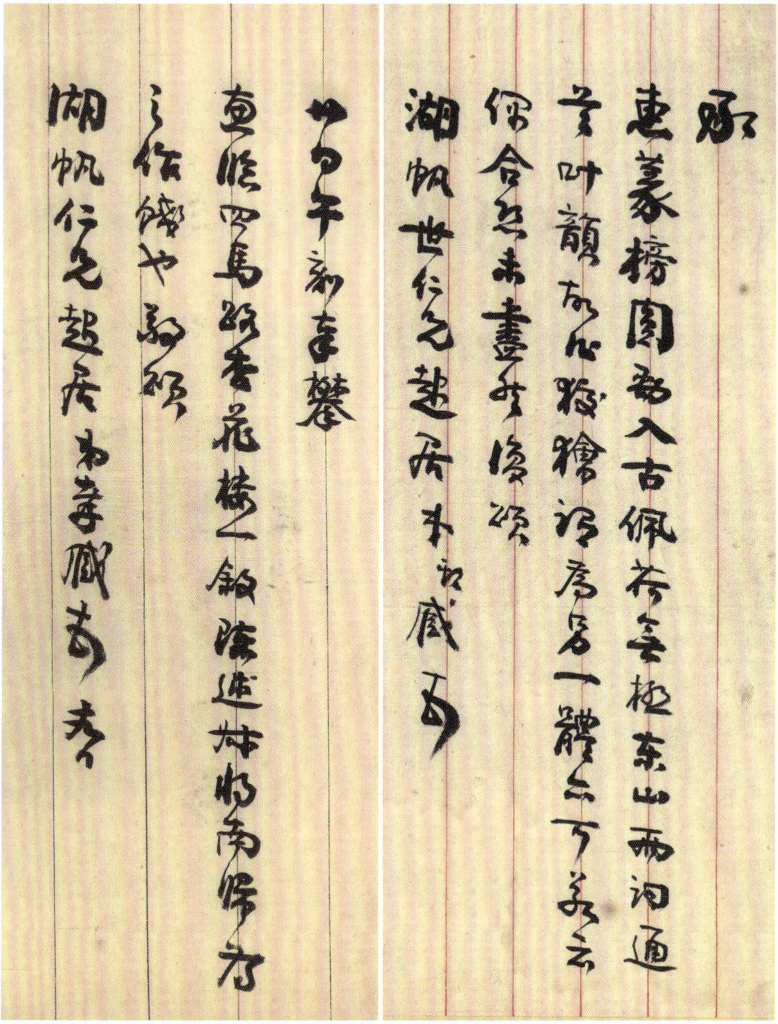
承
惠篆榜，圓融入古，佩荷無極。東山兩漢通
并叶韻，敬佩。弢翁詞序另一體亦可兼之，
俟合其未盡者續頌。
湖帆世仁兄起居 弟寿藏頓首
卅四年新年犢
頃作四馬路香花橋之飲，誰述妙收南筒存
之佐餘，也新禧
湖帆仁兄起居 弟寿藏謹啓

湖帆先生阁下 别已逾月 时深系念 无任

青切 适阳寒独 盛意殊切 专已饰尾 久此中

大壑无事 而有除论劳 以疾为辞 望董真 无觉

平弦一修一敬 英不为快 以发千来 既稿此于

免告溪 立三中二西 重就健 平钓藏 祈近之 即海

言近沫知 通信如血 仍为 庶庆 十三号

闻下了平 远誉 郗句 不段 升绪 以季列 有 共代为

业棠 中适日 弟 体谨必 凤建 十批 阳应 十月

前日 起 讼涤可快 该 波 收颂

座祉 祈 湖帆 廿

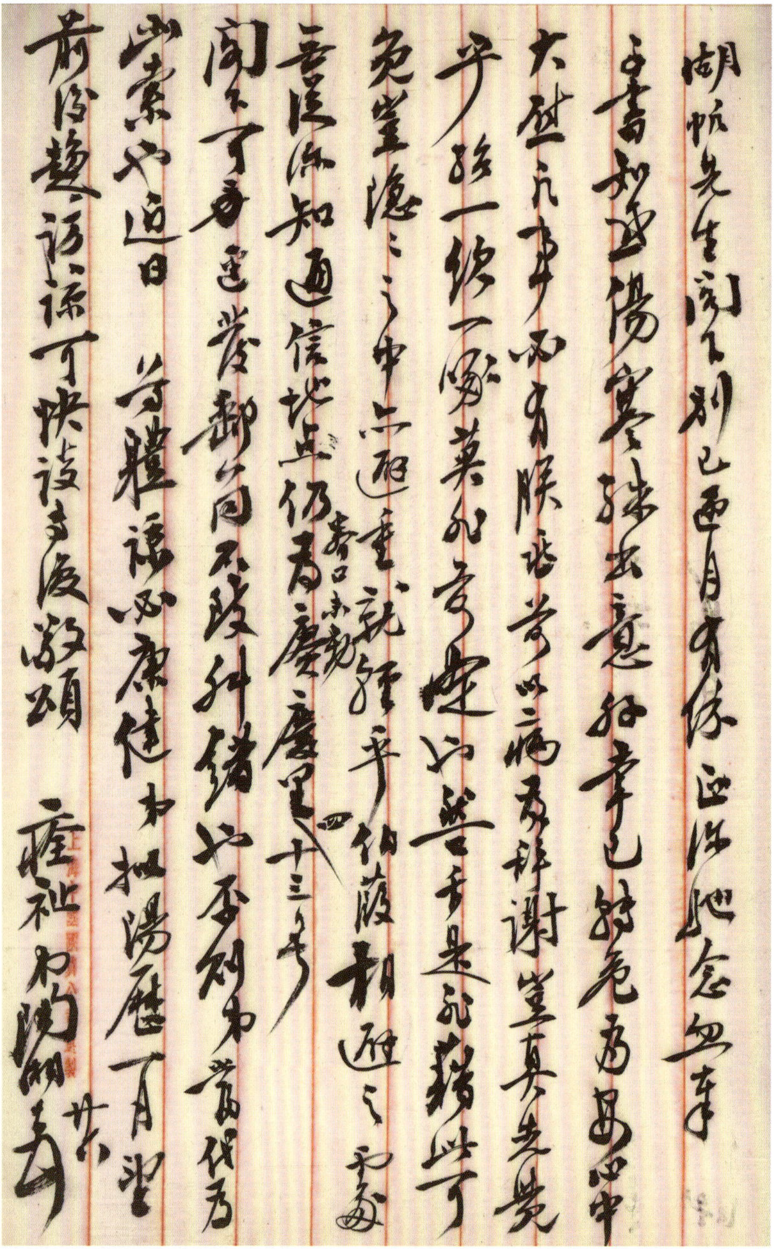

湖帆先生道之去歲第廿日因事未赴卻逢天
雨為之悶之石濤堂暢葉悌
即詩何穩因此尚秦□讀偶此僧居詩畫
罷陵雲　　春神　　多住惜歲和伯之□卯匝後鸞瞰詩花紅
障祉石了
　　弟陶冷月頓首

委題月波樓詞牀夙廑稿殊未愜言
鴉班為幸連旦傍先損多悵懷悲期
先德卷須慎重題咏章
寬假時日悚息△此
湖帆先生左右　申冷月
　　　　　　　正月十九夕

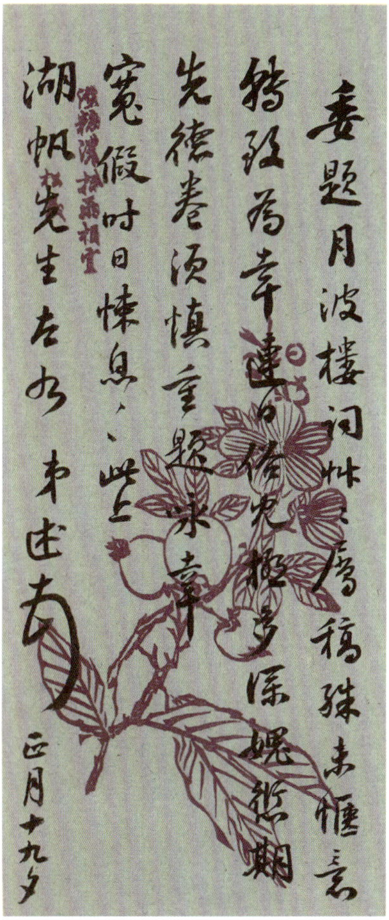

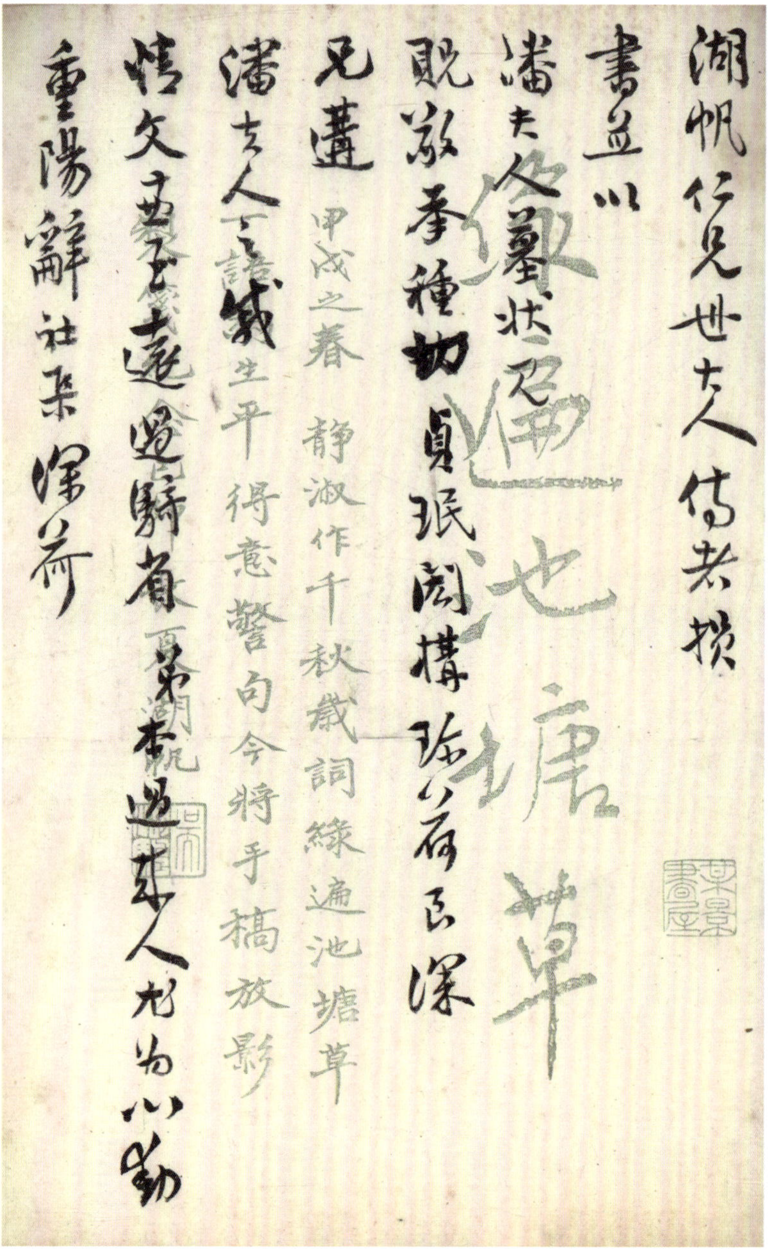
湖帆仁兄世大人侍者：捧
書並以
潘夫人墨跡見
貺，敬拳種切，負張閣構，珍以為臣深
兄遺
潘夫人下語箋生平
情文並茂，遠道寄贈，百弟本過其人尤為心勤
重陽辭社集 [illegible]

鑑諭乃引起舊疾以致脈影作惡多日所

見想必意者豈以疫間候予以為斷蘇寒諸新

珍饌儻或錢已為也手字後候敬諸

无妄基夏

当諭勿以再春　靜海世兄二寂　金世榃遍地塘年

製箋紀念巳卯長夏湖帆

一語為生平得意警句今將于橋放影

217

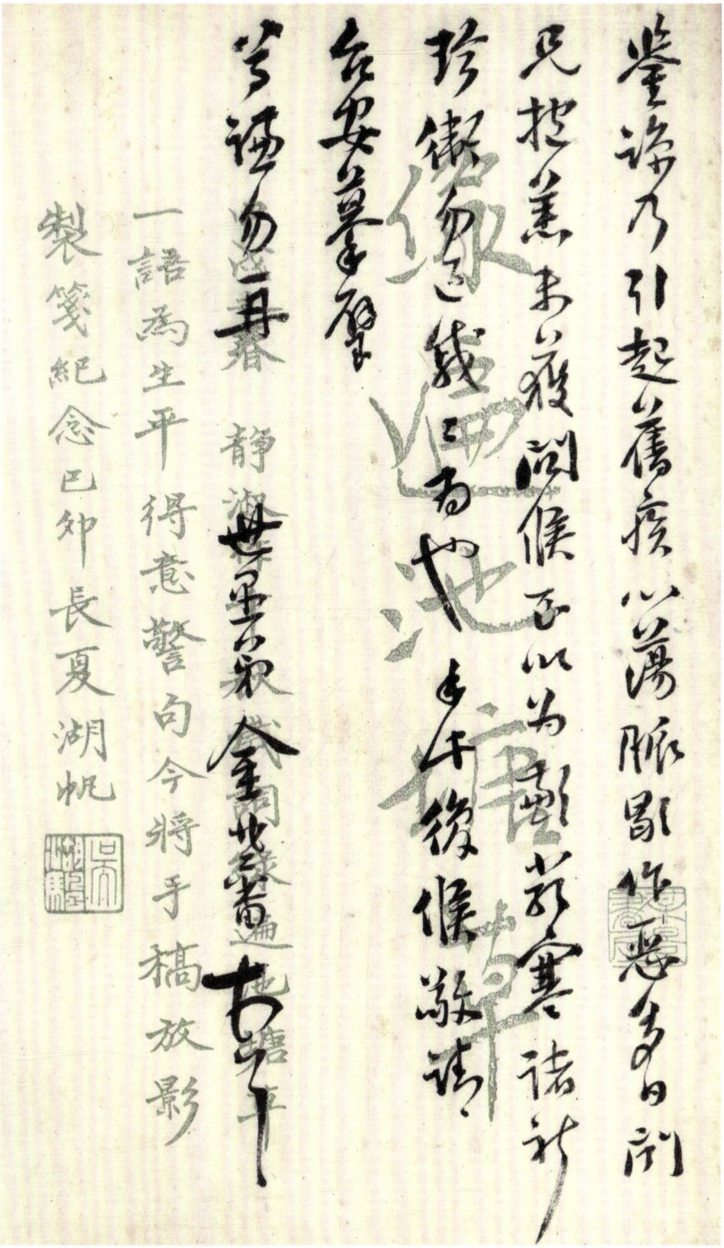

湖帆词長兄詞若閣下久未奉晤
敬甚念若欲寄書即寄平湖醉經齋詩課之到候威書
釣政雕撰製一小冊聲乘時候夜齋填詞備身徵海内詞人
題賣尚吾
兄並代畫界臣聲有雲請
莘莘廣廬嗣起番必不意之納
吾餘八傅語族祭昭示孫葶卓不怡之詳葬气
暑無不憚
兄原力感 十月二所悬畫 廿三

湖帆钝兄詞若閣下晤
示莘渡一幅僕畫毋辱乃當所書
函云渡勞年端作畫東坡歡請陽處
略畫一事賜名指江黃来憲 怏飛山
陸和與欲等不說如不待浩重
一言如升世界長為即有
廿三

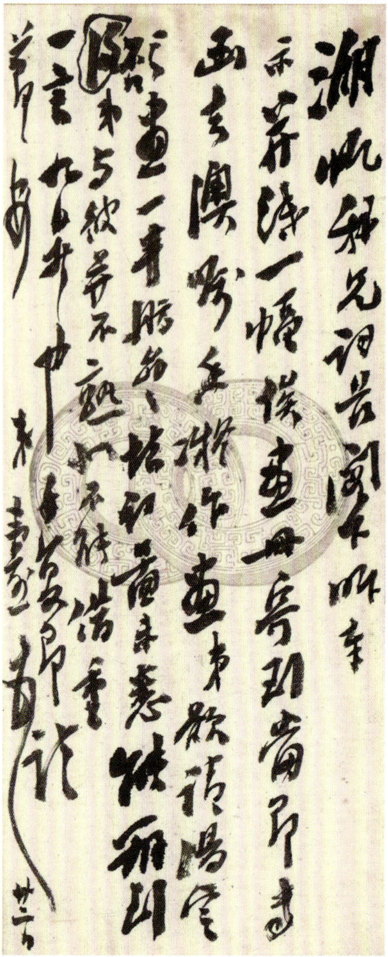

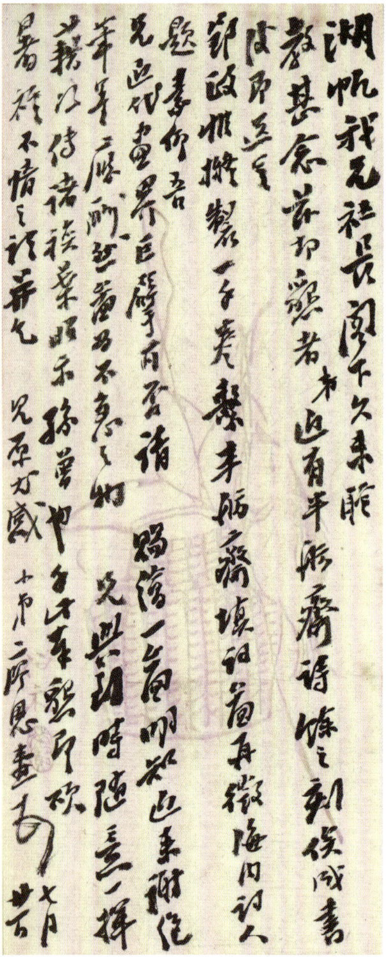

湖帆詞兄社長屬題漫頌

惠示乎承以乾隆奮時寫本
祠圖拓玩數四見一筆氣奮奮勁遒蓮
華畢竟氣陵此際勇遒盡陸生
追蹤取精青董獨倚於末戊女子与董宗
於向已却此世况無此仍可分部人似章而
言問勿為傳家之寶也寒謝帆行言
新來篆詩二十六宋矢帝後身永權壬年
居禾虞帝市通正殿閣有越南之行
以時乃郡歸嘗而不累院地凡鶴款漢寫

219

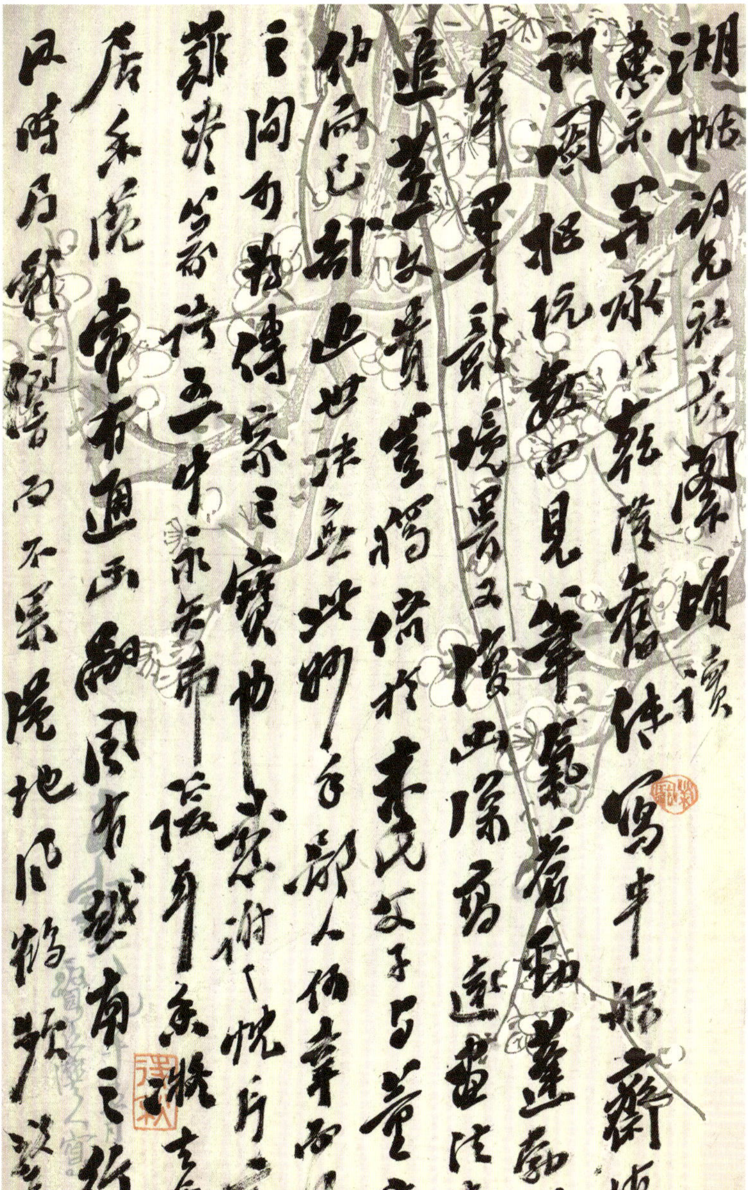

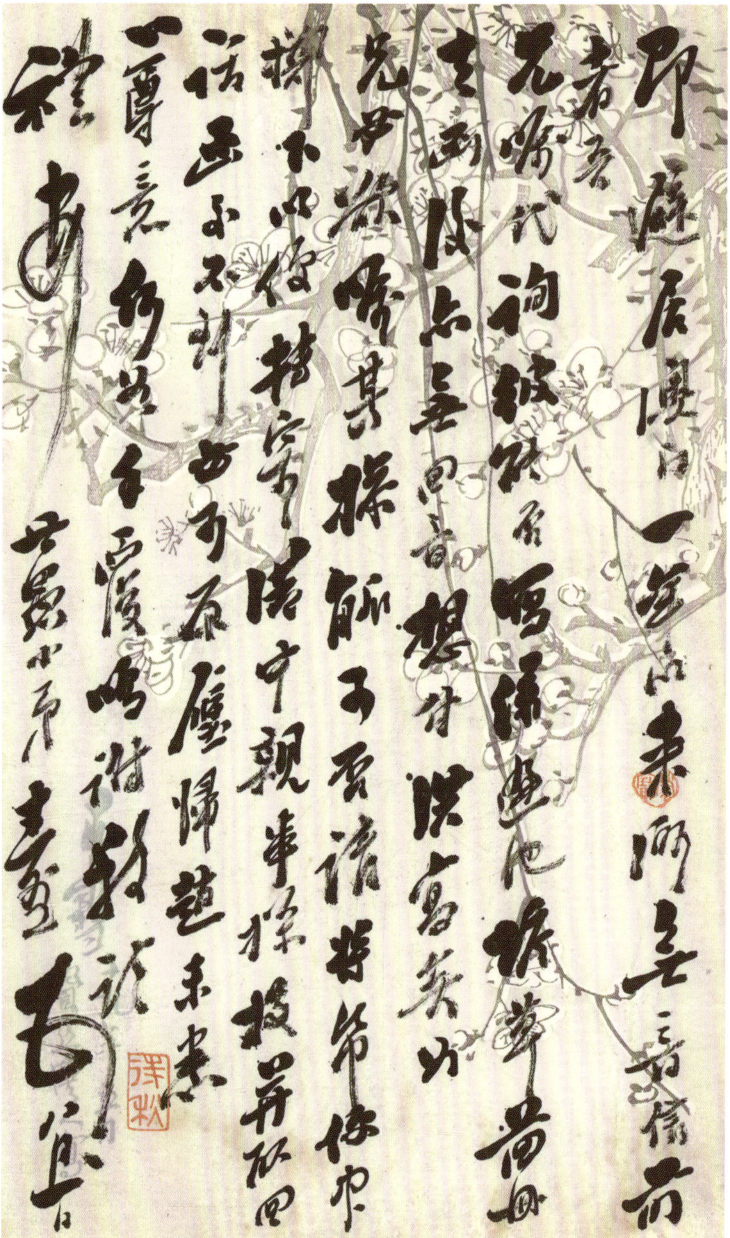

湘帆仁兄社長史側右

借金甌解先記盖畫不擱居案頭
今教并承
寫畫墨冊禮即什龍起賣山戚陸葊畫
冊二部玉座攜溪内命美端探蒇桂
期兩寫在中今笈致衍所以
撰事

宗矛庸矣方在此枕卧丁寫作保臻神明推讀
数四卷之必然冬痪虫塵垂港作此属有復更
近半年来未収書来不属賓必晉者好喪
此芽大函封戶手大世界崎其稿送此玉硯運到
非今中無陰救羽
絨病内外寶別方副
箸神不宣

弟七年二際民產臣
十二月卅日

九月廿六日

221

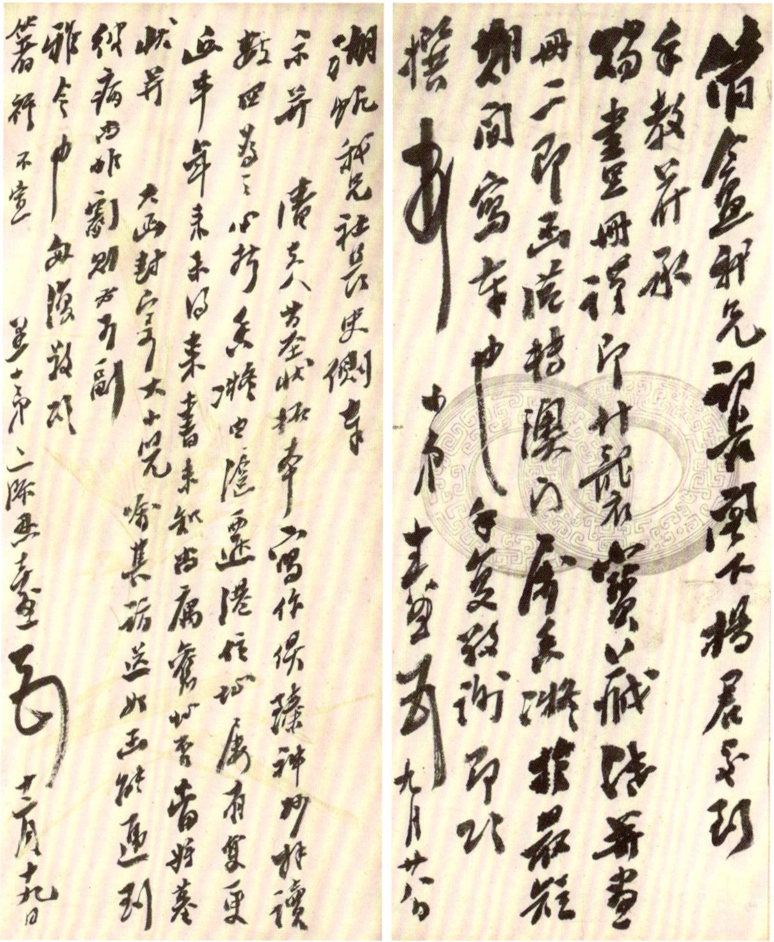

湖帆先生梓筌曾至葉遐庵處得讀 大作心
儀之矣頃閱疆人同年所刻佞宋詞集得窺全
豹拜領誦誦吷庵金坡相繼奄逝滬濱詞侶日
以寥落 足下盛年天才東南壇坫相屬望
矣疚齋久未通訊去年傷足聞已痊癒近狀
將否暇乞致聲（改）至相念也匆此道謝並候
起居綏
餐不備
夏仁虎拜啟 十二日

湖帆吾兄：兩接來函，並讀所得以新詞見示，渴望之至。弟耄而未明，百為俱負。因足下近作引我舊興，成鶴和謀一詞，春寄四聲並和。弟向不贊同，惜尚江村爭之甚力，因見近代詞家有才情逸好，而起卷太匠，故得亦為之至於寡味（甚者則失之愈遠）。宋名家皆有出入，但須辭情時代清真，或不至重犯，而不能因為宋名家改變詩法。難謂清真詞亦必如此。見較儘易斷鶴，讀鳧紅友詞律例有此格，弟又嘗謂作

因循文字，無論何種，至易代之際必有數人契而不舍，典型賴以不墜，詞學尤為甚。淺於兩宋名家之多，可知矣。鶴翁尚足下與兄之吳中六社舊友，常有健在者。至瞿淞上有龍君唐君，於詞壇歷史致力甚勤，所作確有之見，兄可與之相商否。鶴亭集即擬付刊，甚望多寄數首，藉償自作餘閒。

暑安，並盼見覆。枝巢弟夏仁虎頓首　八月八日

附詞稿一紙

瑞鶴仙

鶴讀周清真此調悄郊原代郭一

首心声及句法寄吳湖帆憶上

數文離病鶴 相对語 冥說亮年積

雪 安知壽何極 但銘詞 留左沉

千黄不老鶴攜壽不江知其瀏松磨妙鶴見銘語銘

松陰悄立 盼九需 難舊倦隔 之

全饑暗轉 惜有侯恨 流鑾四壁

不意青回翎客 求友嬰鳴 遠間声

悲 淞波自潔 傳高悦 引清喉

夢揚州 那是當年情淀 三分推見

舊月 待南飛春出 還擬協君弄節

清真此詞上半支斂餘紅以下九字

下半支嘆西園以下九字皆应作上

三下六而向來傳寫皆作上五下四

斷鶴償息點金成鉄此誤弥妳於萬

江友故為正之

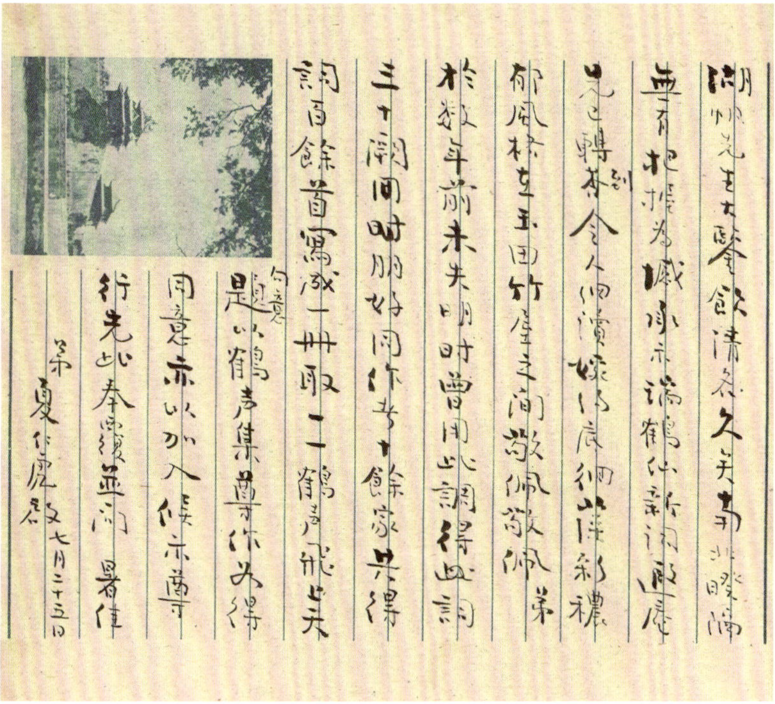

湖帆先生大鉴：钦饮清名久矣，郭啸麓
無有把挹为憾。承示瑞鹤仙新词，遍庵
兄已转寄到，令人佩读，深佩底细萍彩秾
郁，风标在玉田、竹屋之间，敬佩敬佩。弟
于数年前未失明时，曾用此调得此词
三十阕，同时朋好同作者十余家，共得
词百余首，写成一册，取二鹤声飞上天
句意题以鹤声集，尊作如得
同意，亦以加入，俟示尊
行。先此奉复，并问暑佳
弟夏仁虎名敬 七月二十五日

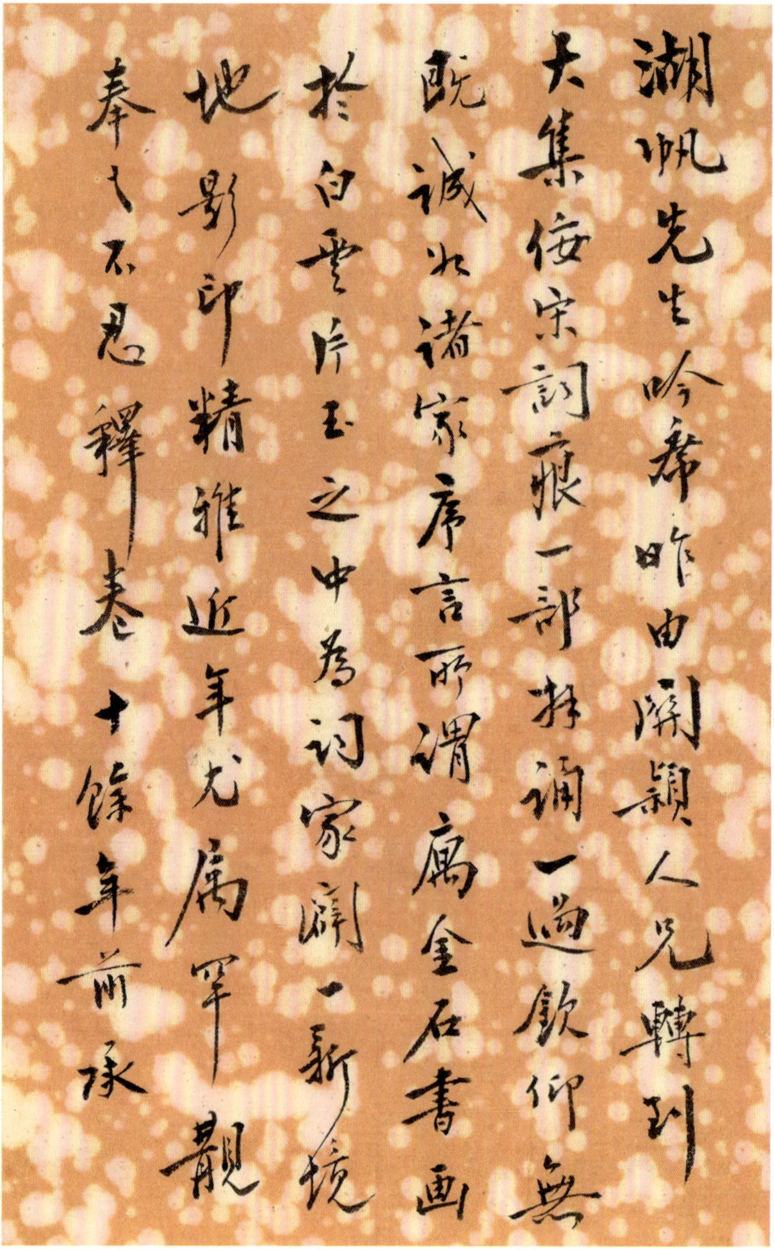

湖帆先生
吟席：昨由關穎人兄轉到
大集《佞宋詞痕》一部，拜誦一過，欽仰無
既。誠如諸家序言所謂寓金石書畫
於白雲片玉之中，為詞家闢一新境
地。影印精雅，近年尤屬罕覯。
奉之不忍釋卷。十餘年前承

夏緯明

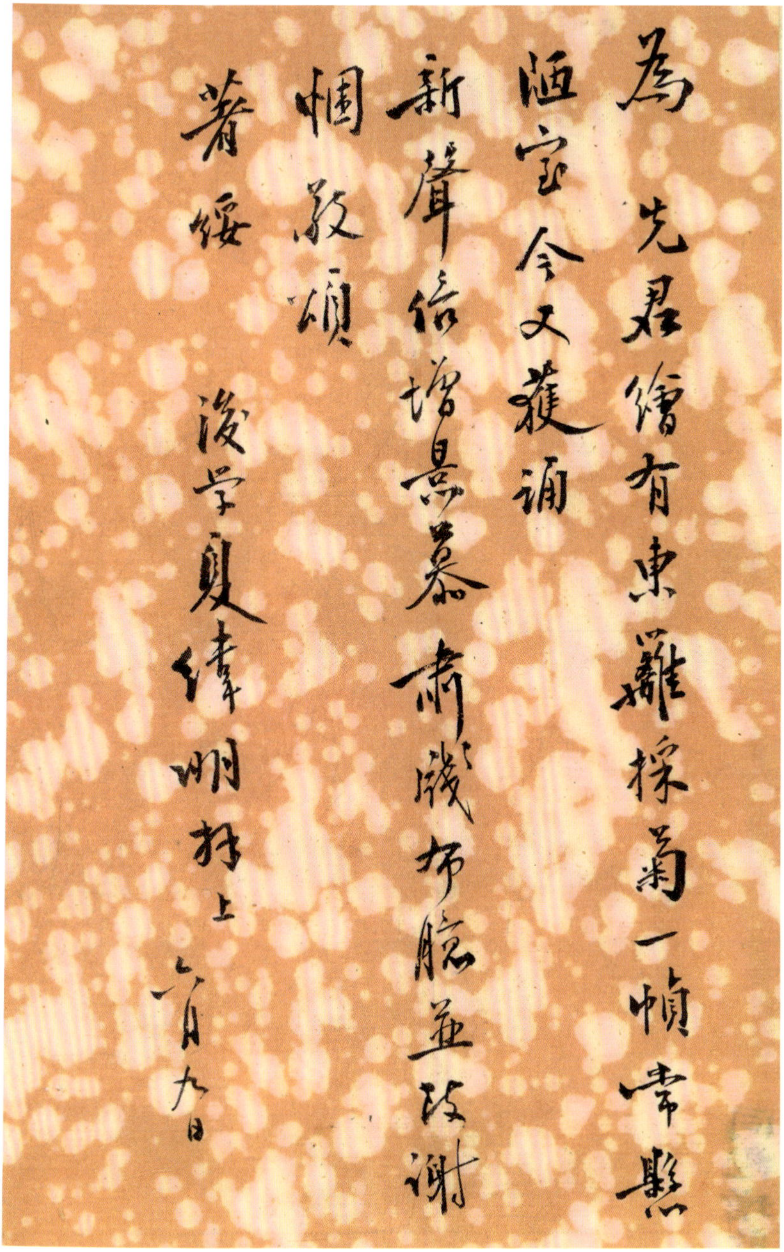
為　先君繪有東籬採菊一幀常懸
陋室今又獲誦
新聲倍增嵩慕　前牋布臆並致謝
悃敬頌
著綏
後学夏緯明拜上
六月九日

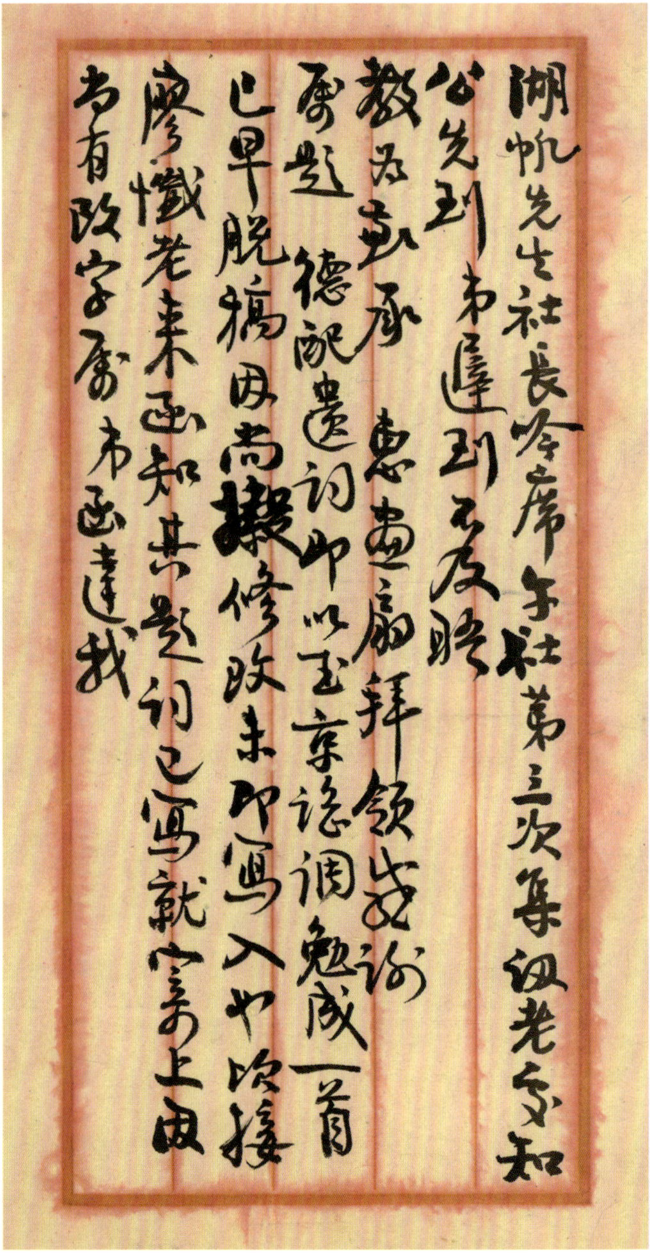

湖帆先生社長吟席：午社第三次集，叔老令知
公先到，而遲到，未及聆
教為歉。承
惠畫扇，拜領，感謝。
屬題《德祕遺詞》，即以玉京謠調勉成一首，
已早脫稿，因尚擬修改，未即寫入也。頃接
廖懺老來函，知其題詞已寫就，寄上，因
尚有改字處，屬函達我

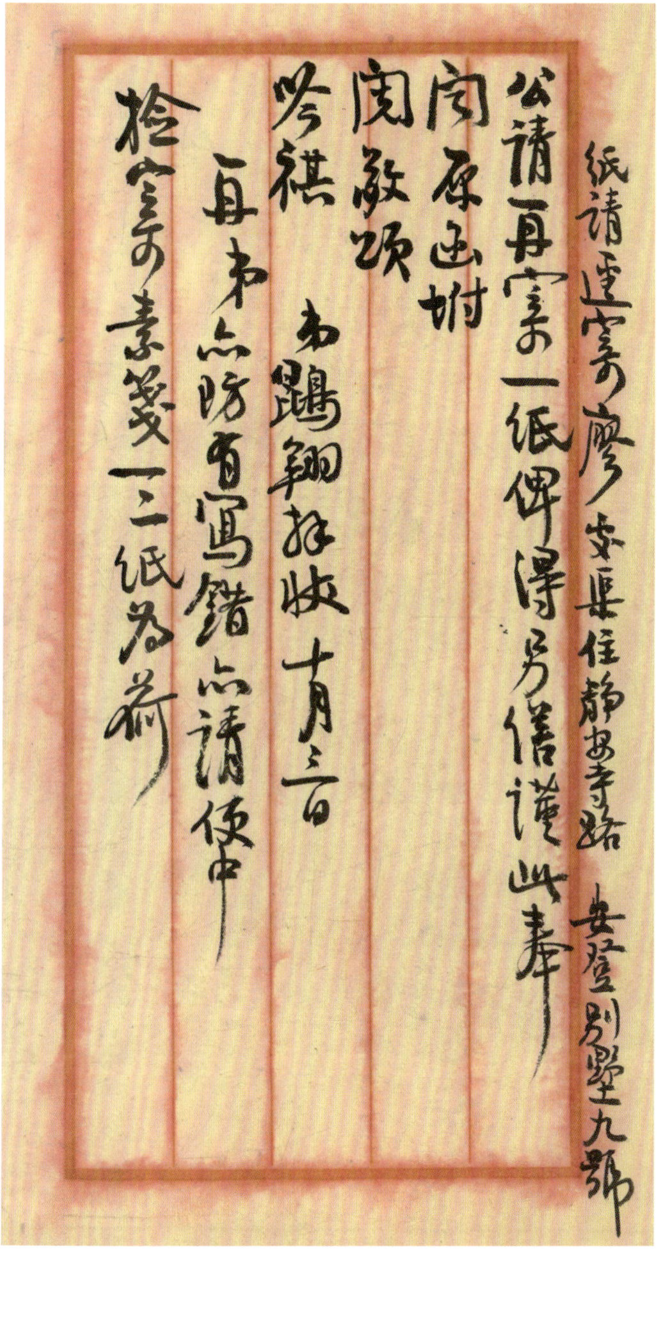

紙請速寄廖安垦住靜安寺路安登別墅二九號

公請再寄一紙俾得另借謹此奉

聞原函附

閱敬頌

吟祺　弟鵬翔拜啟　十月三日

再弟亦防有寫錯亦請便中

檢寄素箋一二紙為荷

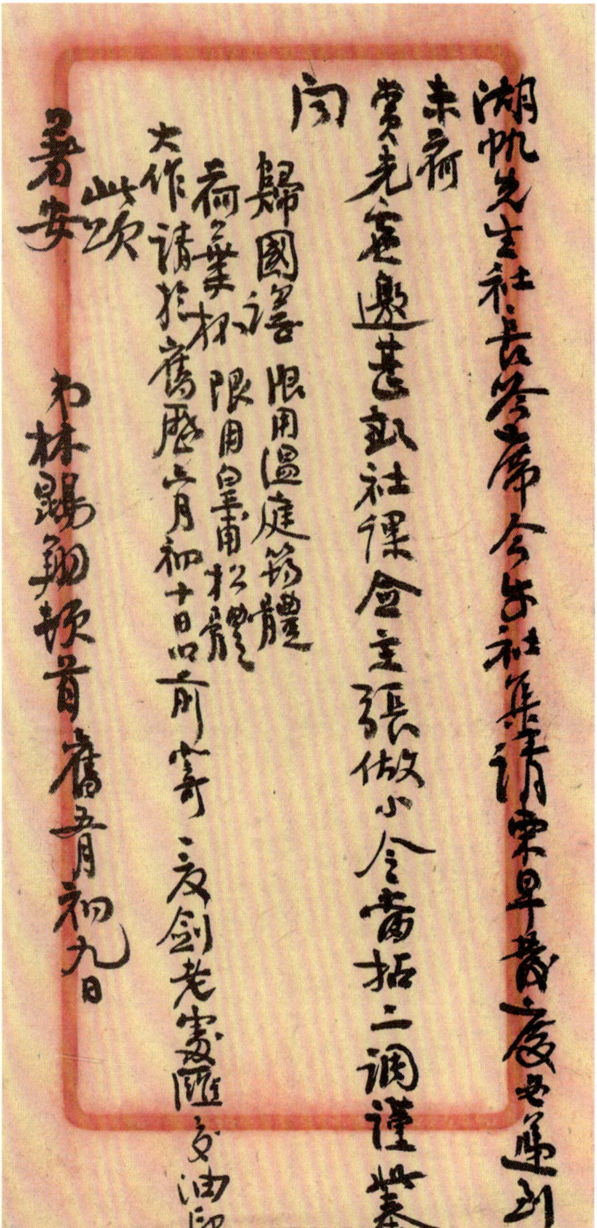

湖帆先生社长：今年社集请宋早叢度也遲到

来荷

賞光，奄邀甚歡。社課會主張做小令，當括二調，謹奉

聞。

歸國謠　限用溫庭筠體

荷葉杯　限用皇甫松體

大作請於舊曆六月初十日以前寄　友劍老寓匯交油印

此頌

暑安

弟林鹍翔頓首　舊五月初九日

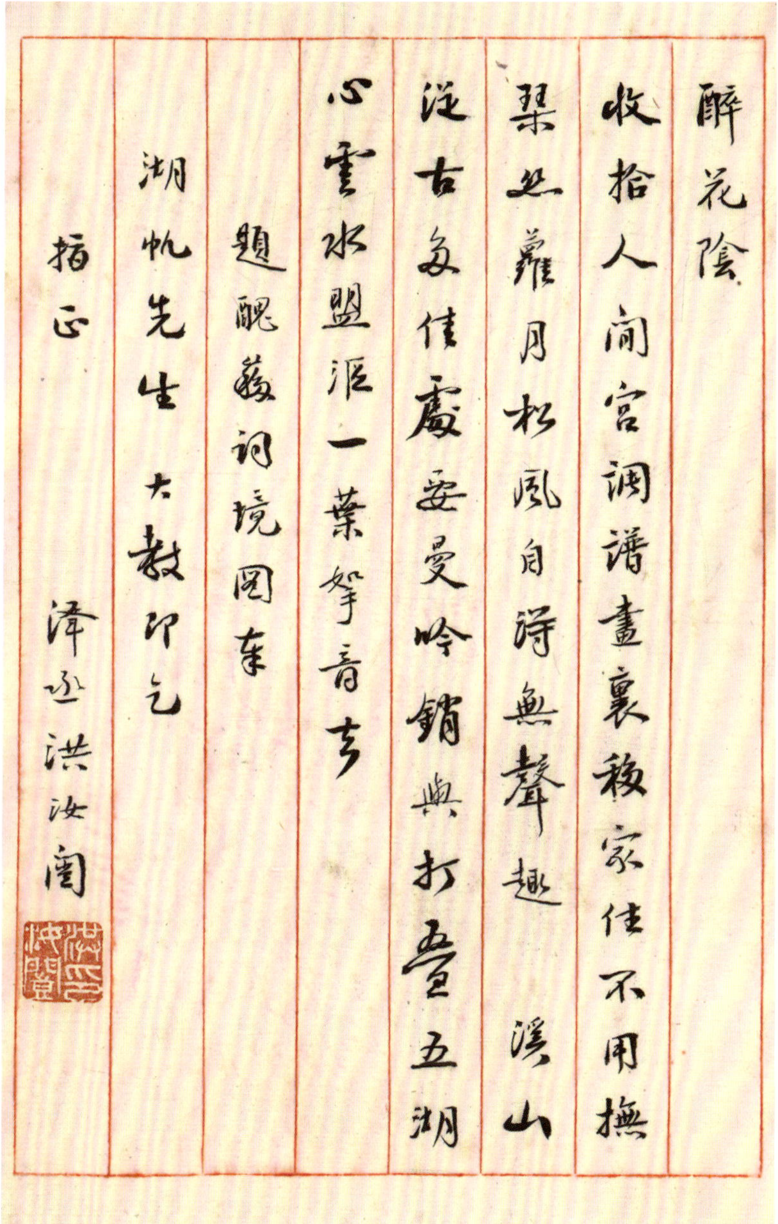

醉花陰

收拾人間宮調譜，畫裏移家住。不用撫琴弦，蘿月松風，自有無聲趣。溪山從古多佳處，要受吟銷與。打疊五湖心，雲水盟泥，一葉箏音去。

題醜簃詞境圖集

湖帆先生大教印乞

指正

澤丞洪汝闓

湖帆我兄社长阁下：昨社集因

适有他约未躬与盛，延为歉。

顷贞兄家到承

赐画章盖扇报尚佳之此外尺

笺书

丁亥十二月 藐翁 金城製

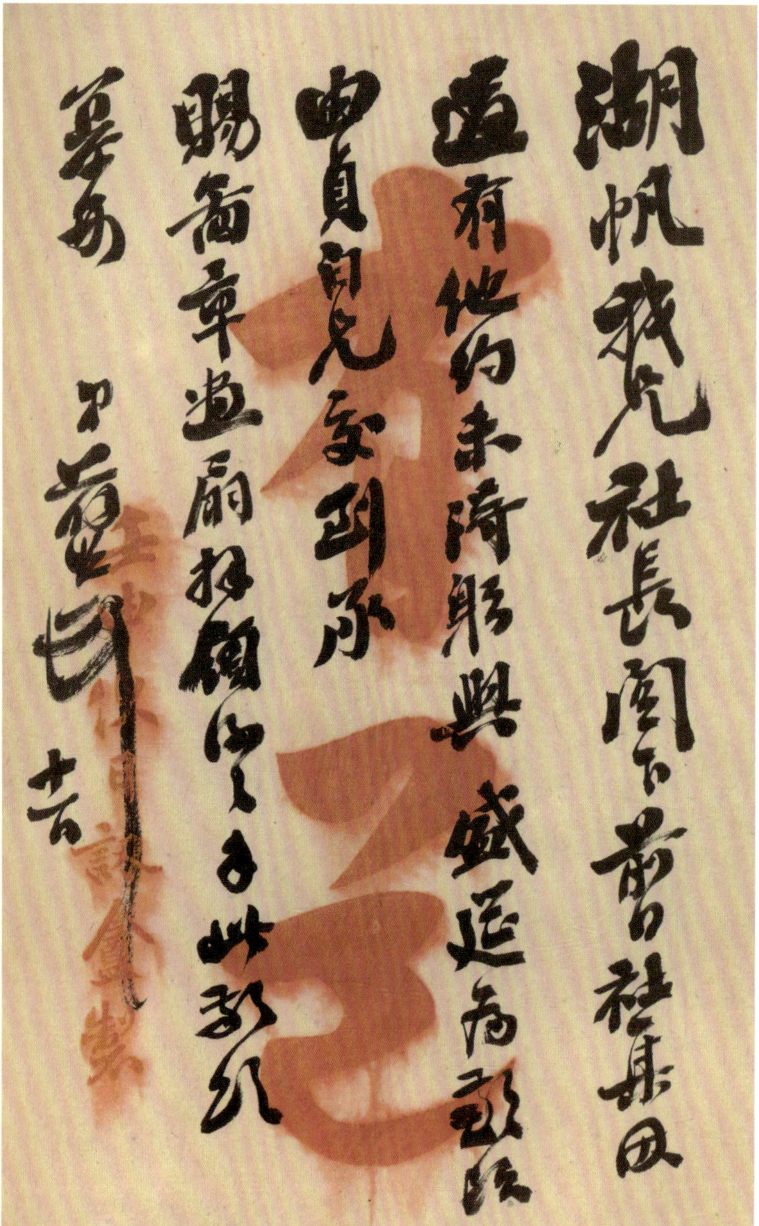

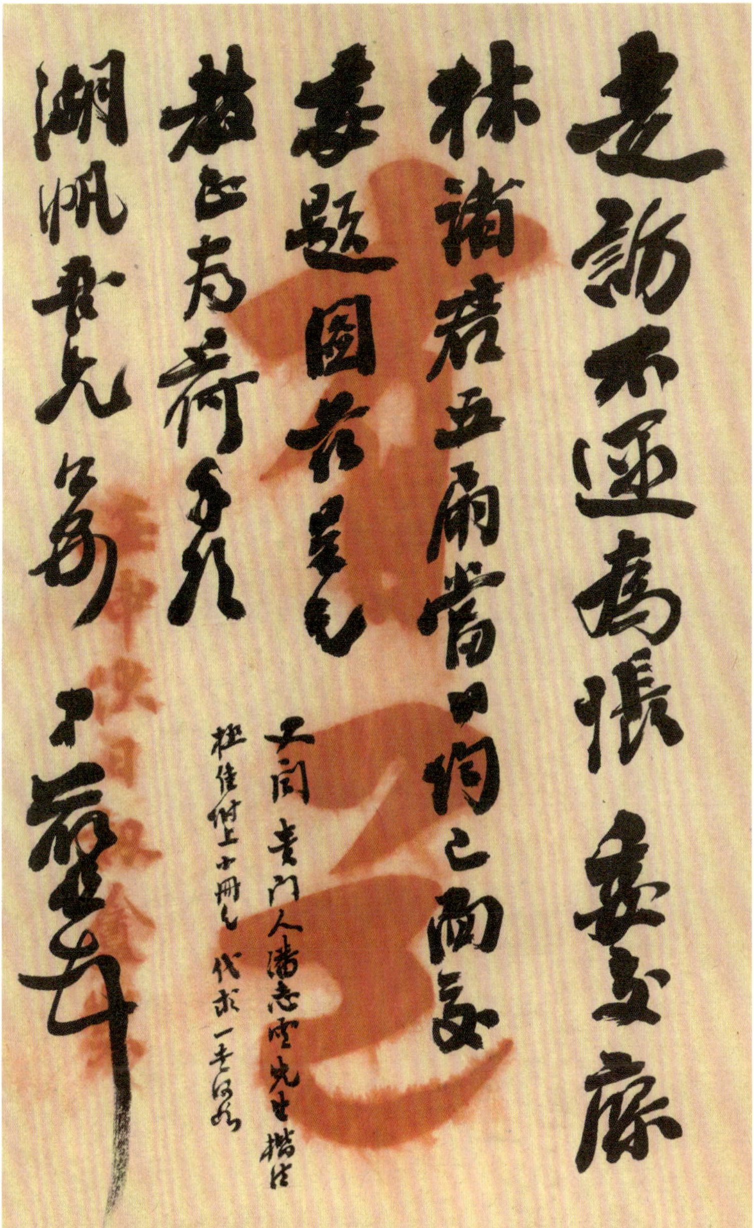

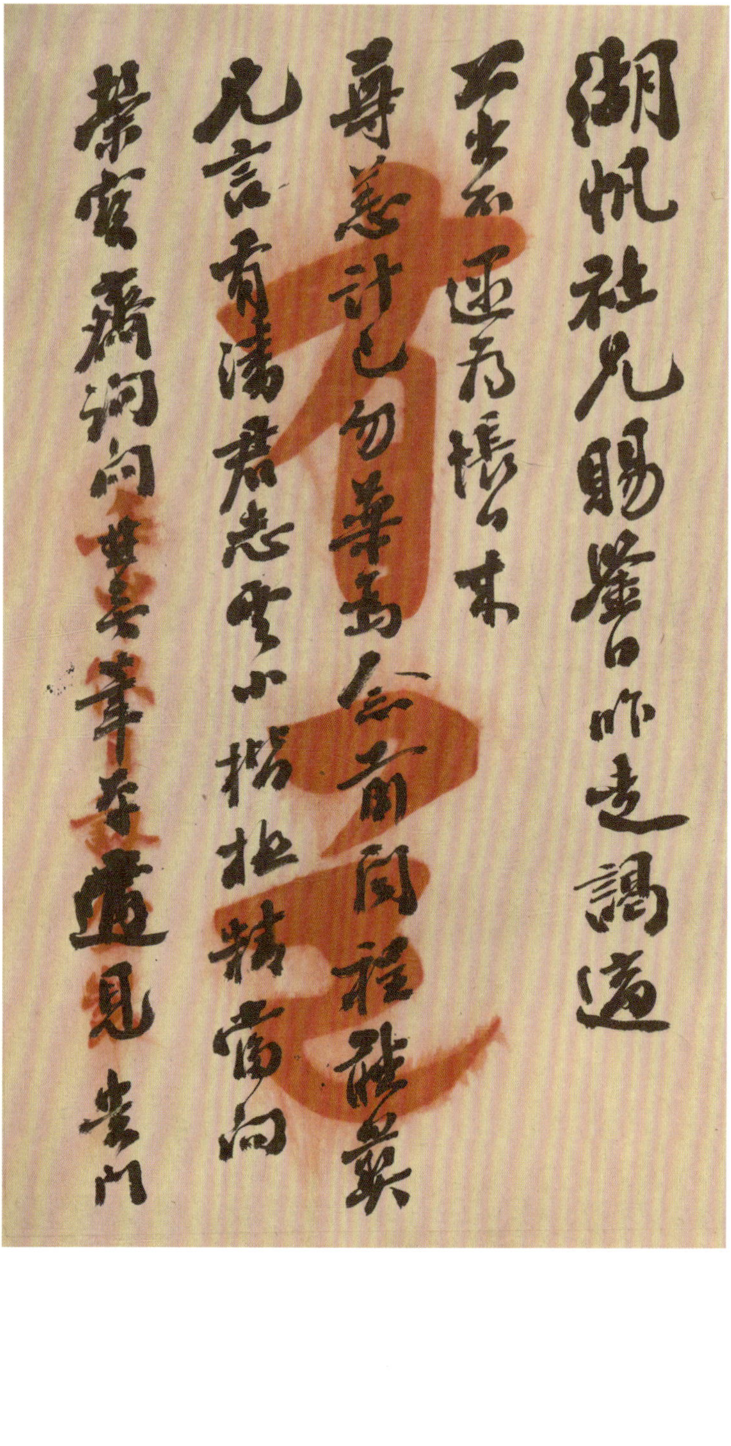

湖帆社兄賜鑒：昨走謁道
安，出不遇，為悵〻。來
尊恙計已勿藥為念。前聞程雅葉
兄言有潘君忠雲小楷極精，當向
榮寶齋詢問，無著，幸希查見。崇門

人登報有濤吾兄名在以筆託吾兄

承濤君紙細華書畫裝吊附一紙託竹

代求作畫不便仍未陸君氣鴻吾小楷

可延故事寫

千祖石有遠相承九葦前見鴻九

藏先世希以付兒　疼岳　乙前任

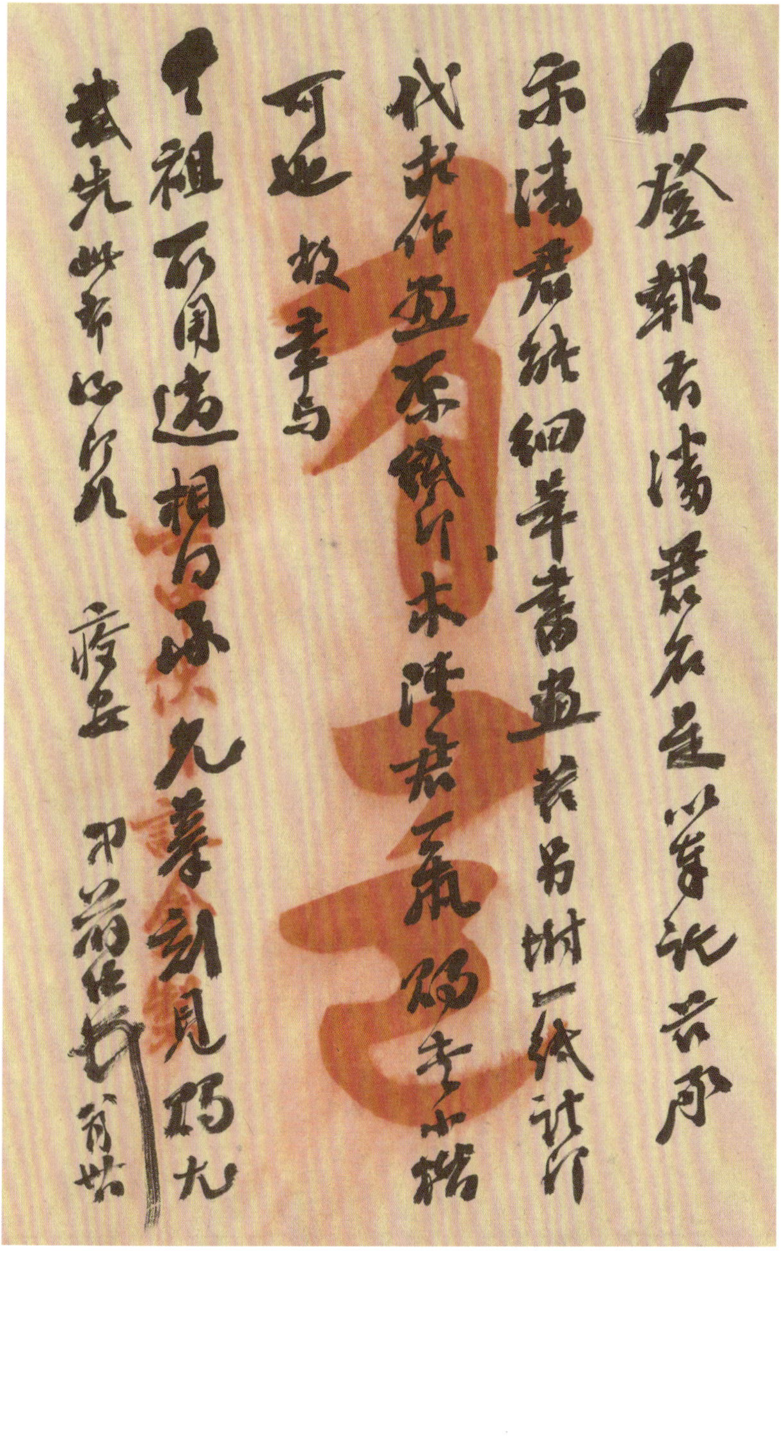

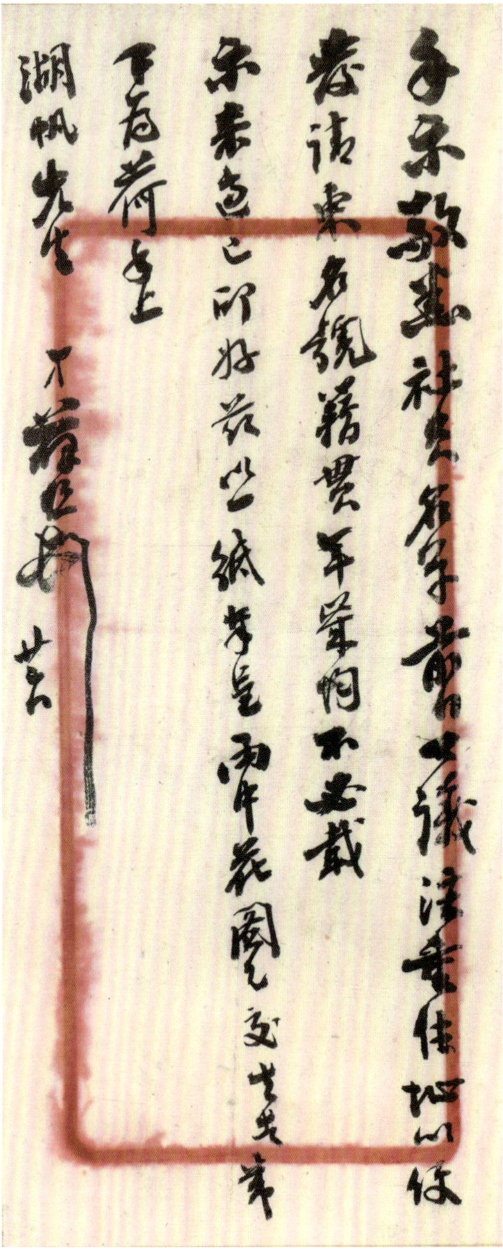

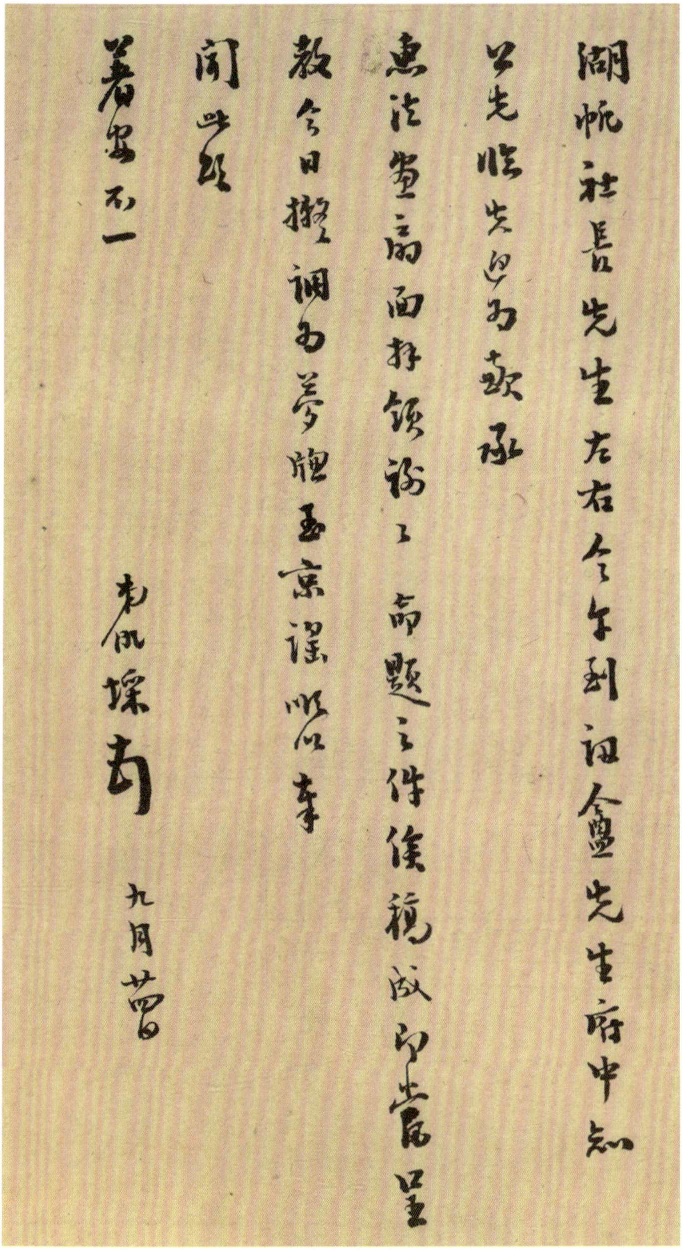

湖帆社長先生左右：今午到詛盦先生府中，知吾先生昨失迎為歉。承惠詒畫扇面拜領，謝謝。命題之件俟稿成即當呈教。今日擬訪易夢廬盛京謀晤未果，聞此頌著安不一。

弟帆琛叩 九月廿四

湖帆先生有道 弘一姊修嚴阮此秋祗候日羡

純知此

心語如壬辰秋前仙公郭歡生薌庵得書

李梅歸述其辛喜獨

壽蘇梅新畫冊第一集坡觉仿法多知

美門盍遊痛當其中比仿参銜慶諦而成

郵送遺荒苑又壬寅雨為娛百年所藏書自愧

240

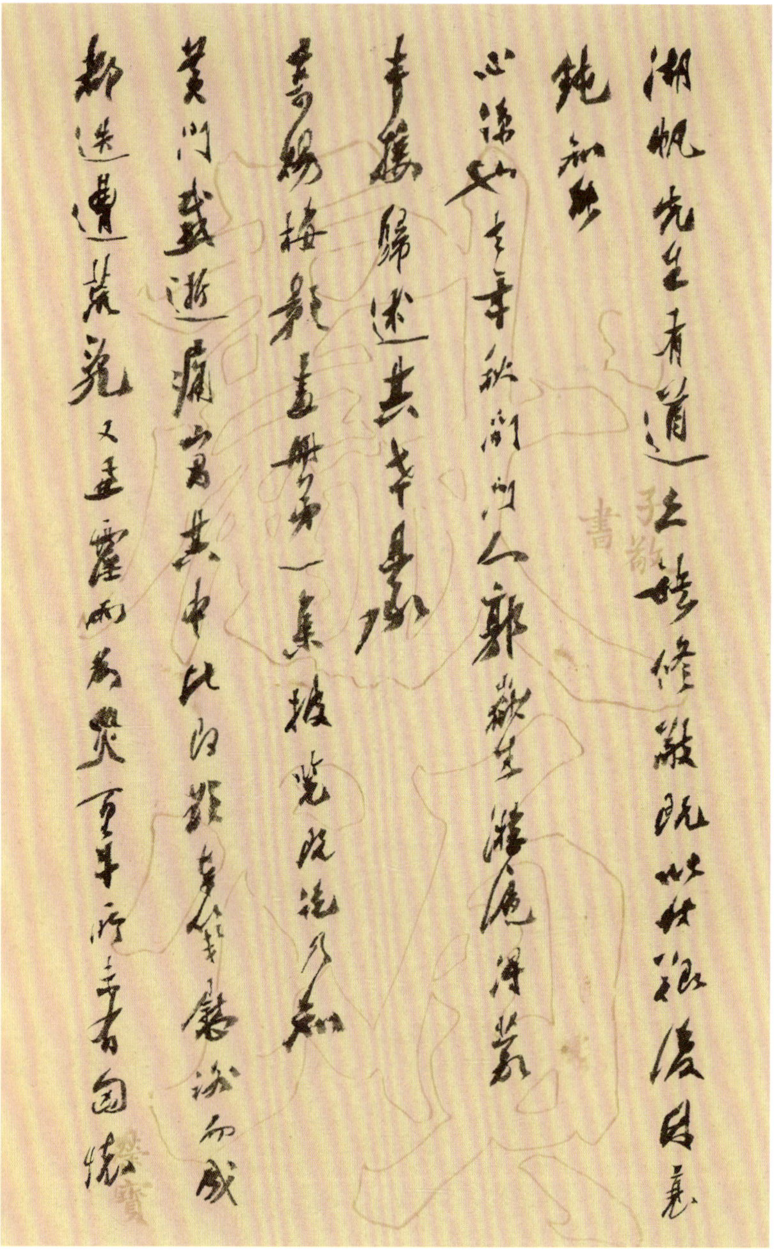

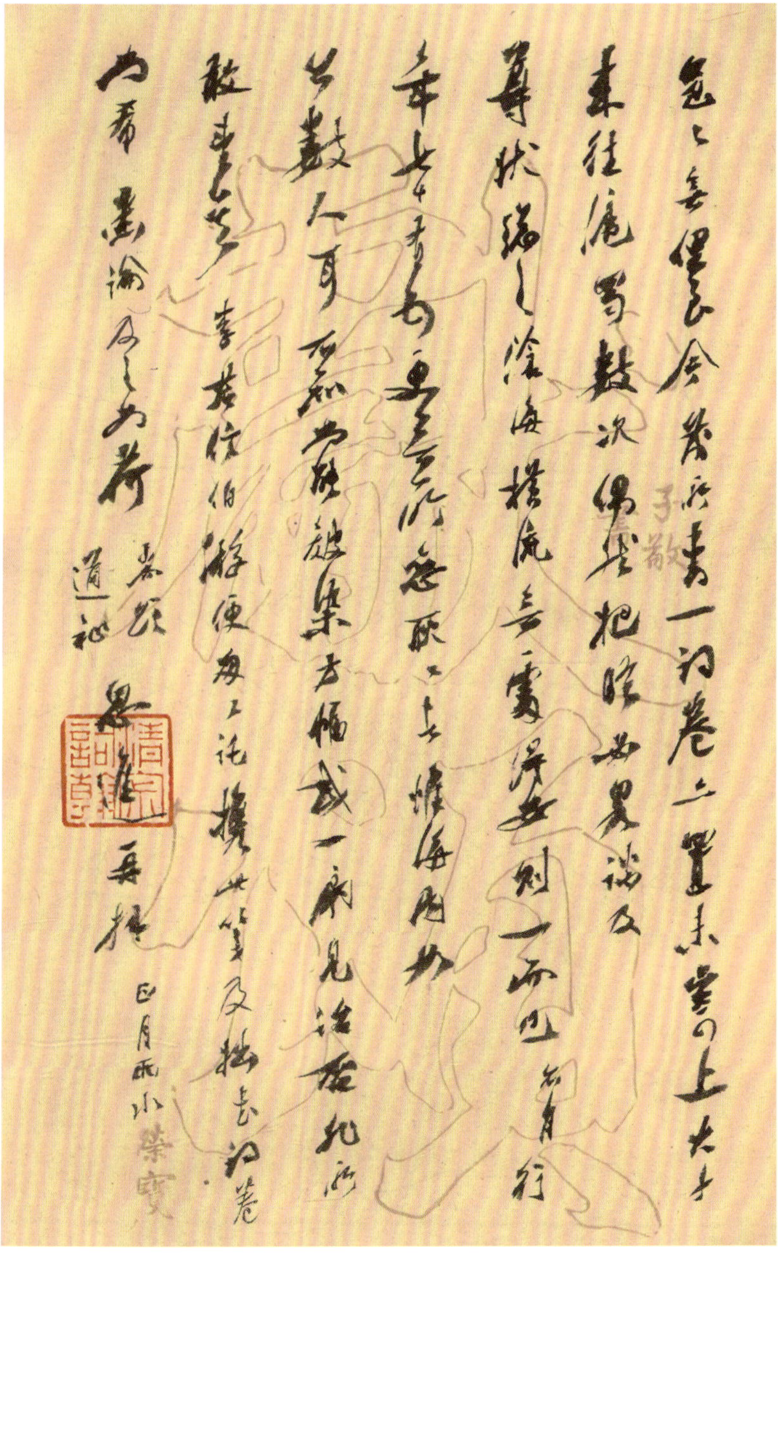

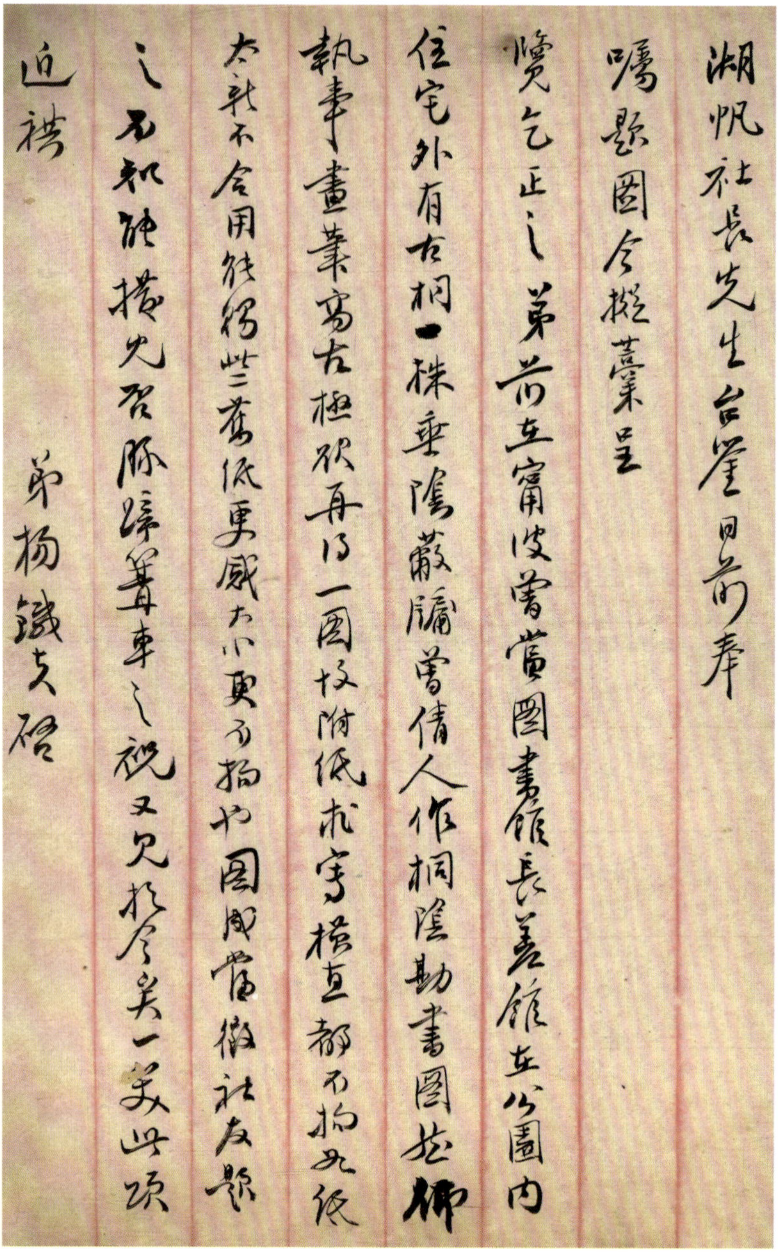

湖帆社長先生台鑒：日前奉
囑題圖，今擬稿呈
覽，乞正之。弟前在甯波曾當圖書館長，蓋館在公園內，
住宅外有古桐一株，垂陰蔽牖，曾倩人作桐陰勘書圖，茲仰
執事畫業高古，極欲再得一圖，故附紙求寫，橫直都不拘。此紙
太新不合用，能得些舊紙更感，大小更不拘也。圖成當徵社友題
之。不知能償兄賀脉歸算來之說，又兄於今矣，一笑。此頌
近禧　弟楊鐵夫啓

安公子 奉題文（仇十洲）侍詔長門望幸圖 弟楊鐵夫呈稾

幸草青如許長門春去誰為主翳袂臨風難掩淚任落梨花雨望昭陽笙歌燈火宵連曙金屋誓輸與長生語縱茂陵聲價漫入回心院宇 十載承恩遇椒房慣駐羊車處肺附荊枝摧折甚識倚簾人妒（后妒衛子夫得幸幾置之死又使人捕其弟青）曾幾日金鋪玉户空朝暮故劍求傳說疑無據（史明言廢后薨乃相如賦序則言復得親幸王先謙曰此文人文飾之詞不足信）惜城南桐柏猶是郎官抔土（衛后以太子事自殺葬城南桐柏陳后葬郎官亭東）

路朝銮（1880—1954）

吴　庠（1879—1961）

关赓麟（1880—1962）

靳　志（1877—1969）

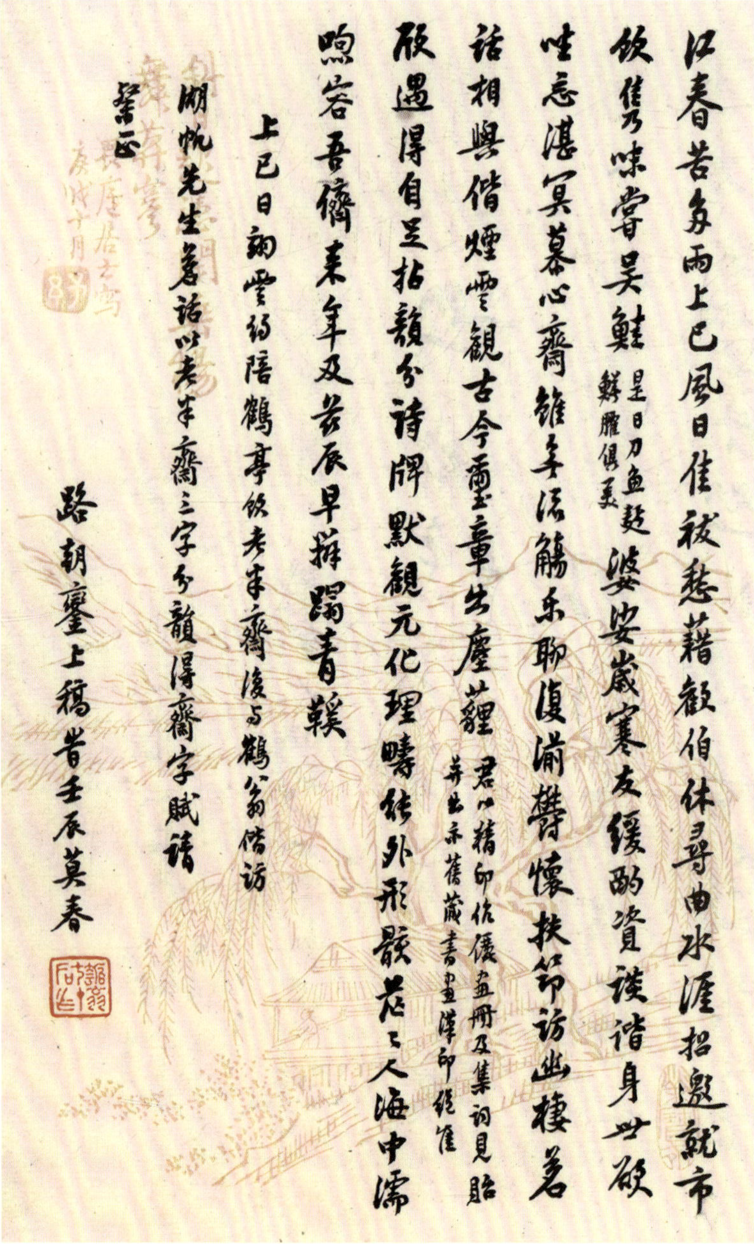

江春若多雨，上巳風日佳。祓愁藉觴飲，伯休尋曲水涯。招邀就市飲，隽味嘗吴鮭（是日刀魚鮆鮮雁俱美）。婆娑歲寒友，緩酌資談諧。身世殊味忘，湛冥慕心齋。雖分活觴乐，聊復瀟灑懷。扶節訪幽樓，茗話相與偕。煙雲觀古今，壺章出塵韜（君以精印仇儀孟冊及集詞見貽，并出示舊藏書畫澤印絕佳）。啟遇得自足，拈韻分詩牌。默觀元化理，曉跡外形骸。花工人海中，濡噢咨吾儕。來年及吉辰，早擬躡青鞵。

上巳日融雲約陪鶴亭飲老半齋，後與鶴翁偕訪

湖帆先生茗話，以老半齋三字分韻，得齋字，賦請

鑒正

路朝鑾上稿 昔壬辰莫春

湘孤先生道席昨由鶴舫交來

住繪摺筆墨瀋淋漓直尊席覽之席

梅溪細戀山詩李譜多錄就

正岑題硯籍清閟寒十二幅由為鈌一顧係

日間名人所畫致爺

媽示因拙稿附吾小序睚眛流畫寒姓名故

也手来鳴謝祗此嶺禧未鬆鑾再川曹

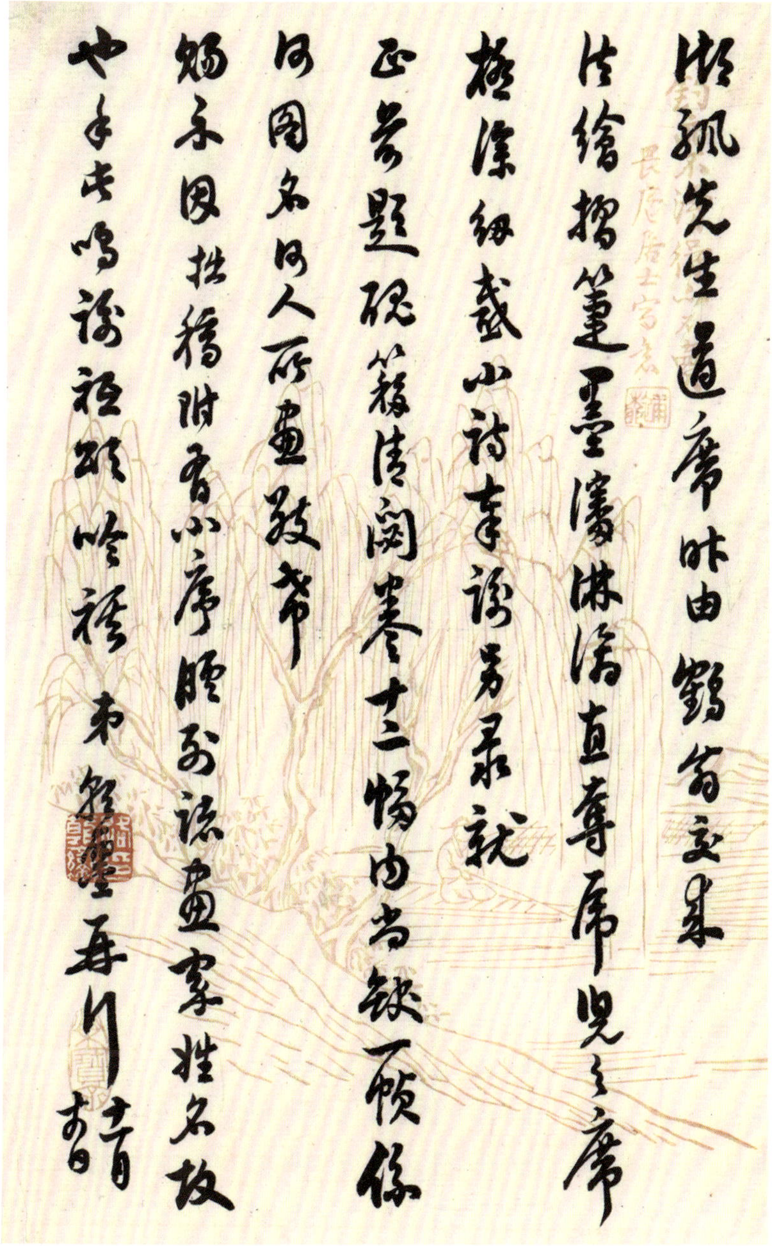

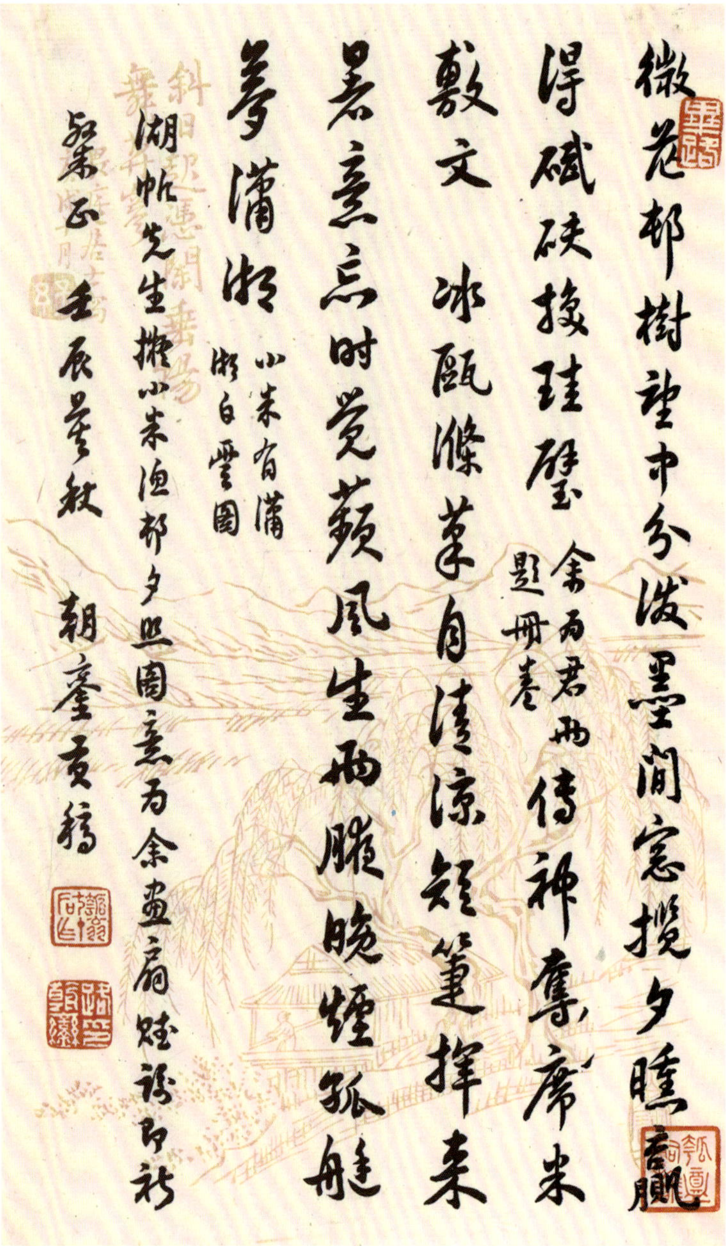

微茫郊樹望中分，潑墨間窓攬夕曛。得硯硤接珪璧，余為君兩題冊卷。傳神髣髴米敷文。冰甌滌暑自清涼，短箋揮來畫意忘，時覺蘋風生兩腋，晚煙孤艇夢瀟湘。小米有瀟湘白雲圖。

湖帆先生擬小米漁郊夕照圖意為余畫扇，賦詩即祈斧正。壬辰暑夕敘。朝鑾貢稿

路朝鑾

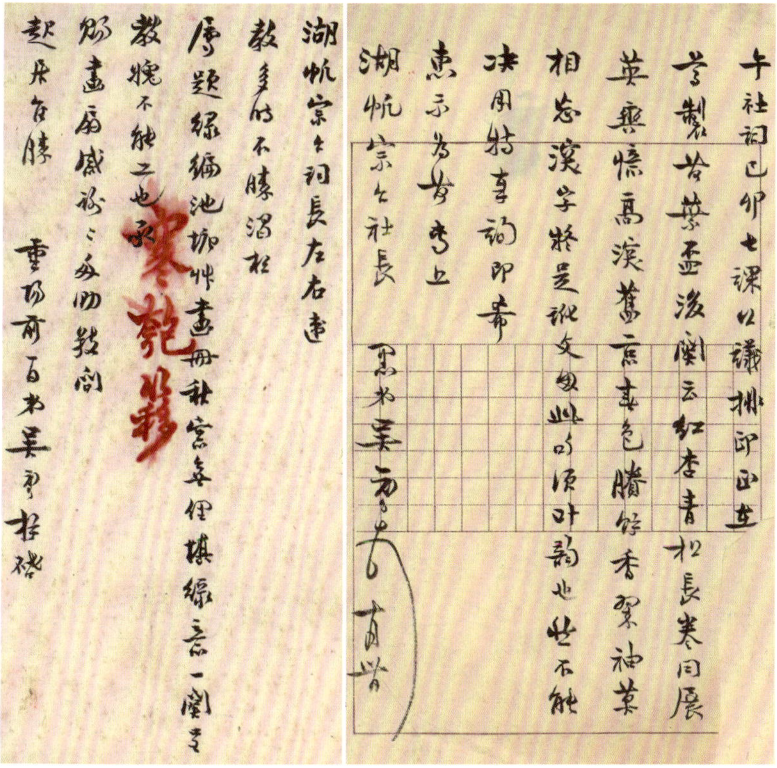
午社词己卯七课以议排印正在
苦制昔叶壶后阕云红杏青松长寒同展
英舆憶高滨旧言春色腾舒香絮袖叶
相忘滨字将是讹文细此句须叶韵也些不能
决用特奉询即希
惠示为幸 专上
湖帆宗长社长
愚弟吴庠 顿首
湖帆宗长词长左右违
教多时不胜渴想
属题缥缃池馆画册秋窗各一阕
教愧不能工也 承
赐画扇感谢之余敬谢
起居多胜
重阳前日书 吴翼 拜启

湖帆社長先生大鑒：手書示大作搗練子二闋，已交錄存。此次社課同人主見亦一再提議，為諸暮擬二主者斂手引避，微惶寶懿。得吉亡國之懼，為餘波所及，要為未難，三而敝所投稿綜計已五十闋，七首更依大抵去於此時期中其所集諸四字未次之幕自北宋依源而下，惜未為多數詞，遂及社友果只致軫於紅友而柔二聲，但以示彥集用同社互以而相尚，雖攷錯正，社中君文唐甚力於精進之本，自消半，仍教而去通於未及戴備造而遽淫之游，觀海旅大浪的不返，重身，僅以寐以待，極示之事，辯攷亦不諱其非，只但以羼是序昔平常之詞中上六闋後半字，第平仄如同者多，亦何不何於社友以為其中何妨後半？孫字宜讀去聲說萬字府段平仄亦為其所編宋元人填

此調平韻者，自晁補之以六十一字人此曲為一，不作七言平起律詩者，由其法可決斷，非社友言斷爵宛須與蔡君謨同時單行實，未晁等之前，小宋之為此調，慢詞完須寶刻，未免此詞又為當時所極推重，故云「闋北一定」，未同而此為實不研究之深往也（詞譜先不平仄，詞律只之又一體，照以字數為次序）。疆村集中以未嘗依此調，至選宋詞時未嘗異議，蓋選詞一為定律，又一為古人詞為之推崇，仍而於內讀音律，攷辨亦可依者（如東坡亂）（華亭大江東去之類）。遂讀未嘗橫秦也，此為如容納某之議，以將鎖愁長門四字鉤轉使句末為序云說，則加以注云「一作長門鎖愁」，亦謂傳之一說，若言以為如何，新艷城上並君信教工夫，似尔如馭者之惠教，當據以定稿也。即頌

日祉

廖蘅手啟　中秋後六日

坤聚前三請代致庶齋及丘君

廖蘅

湖颿社長先生以席子煇聯珠集大化運
用巧妙嘗蒙題瓊匠一言緣眉果吐胸
先勿□宋人二嗣度枝兼詞家孤峯印
少伯宗緣姝詞先之此旅侶□魁梅景
古屋詞法於此出胺為古手之題甚
新業以羌世似寶屬以寫葦近調查
澎詳彥杉史史之竅閒伵伍國金破
正常展時路子援壇為藥連端同題之
韵為煙云之迎此行路大化為佳反為龍
李匀吝生印子
無辰 时盖在
庶齋先生正 廣辦主破稽首
代逊三云一

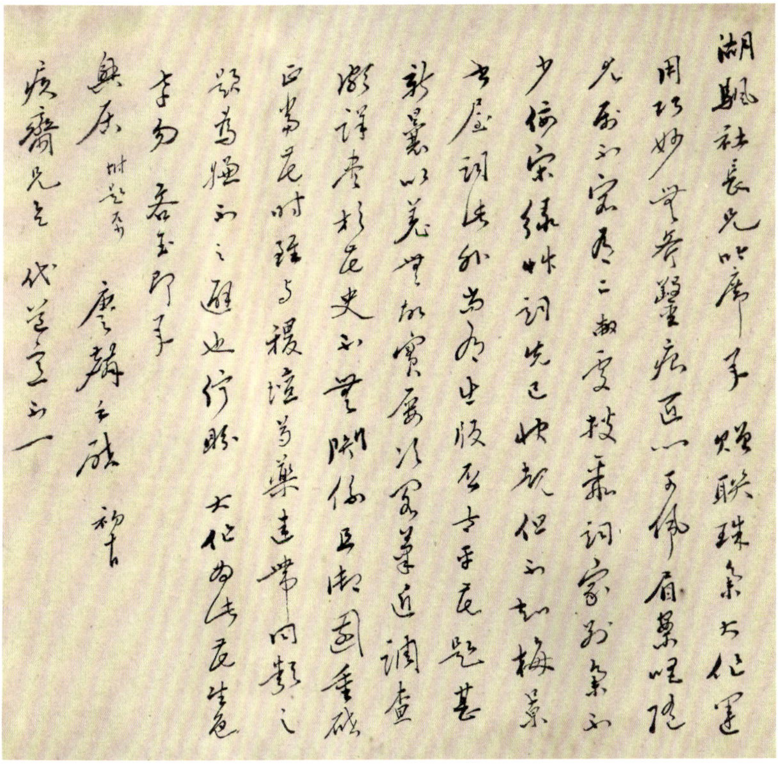

湖颿先生吟席：手 庆齋兄转寄来
大作玉烛新词过誉
藻饰皆谫生蒙华以世风仰
高风尚怪怀阅安於迅庐诗翁请及之敝社敬
立廷及人幸提及章约条加而以贵徵彩同之
者近未见收拟未能留睐统乞谅
先施兹已由 庆齋送达叶子以索嵌名专识来
总义表欢悰近来庐学人物益如晨星加
群众结社声气相孔大亦非所宜是以出外亦
用社名函笔通讯亦但寄鄙人以免误会社

社名單用鋼未印，轉嘗以本字諭當

謹及。社課一至十五期詞鈔已印，爰君映庵處

當可轉存。如

就便賜取，即可明瞭敝社情形。每冊成本一元九毫 騰印

每從何處寬免，外講統聯

指正為幸。專佈即頌

撰祺。 剛廖燾手啟 三、廿五日

過去課題篡陵用古圖不限調，及踏青附卷之叶

吉痕齋處已得見。小課題當專附寄請 教也

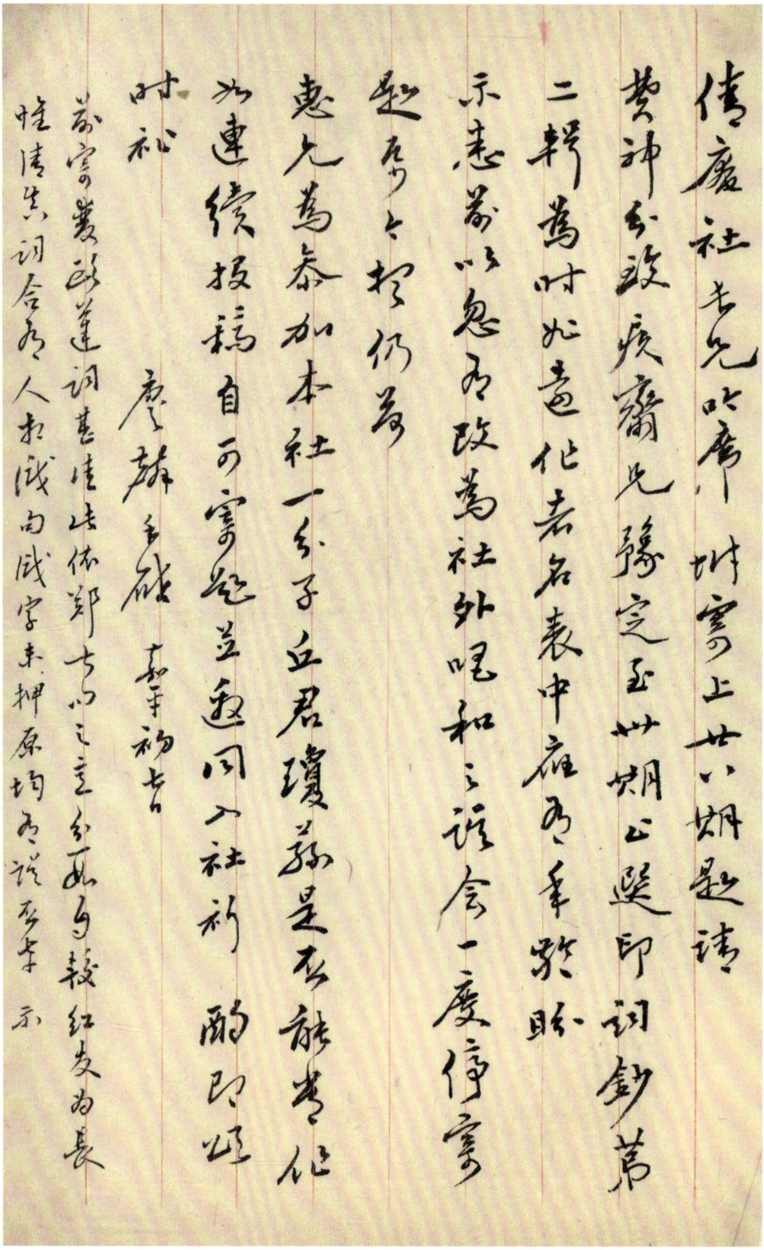
倩庵社長先生吟席：昨寄上廿八期題，請
費神分致。旋蕭兄擬定五卅期四題，即詞鈔第
二輯，爲時如意化者名表中應予年齡，
示悉。前以急予改爲社外唱和之詞，會一度停寄
題，希即將仍前
惠允爲參加本社一分子。丘君瓊蓀是否能參加
連續投稿，自可寄題並邀同入社。祈酌即頌
時祉
慶麟手啟　嘉平初吉
前寄覆蕭蓮詞甚佳，惟依鄭大鶴之意，分題以穀紅友爲長
性情集詞合爲人和，成而成字末押原韵爲說，未示

倩庵同志吟席：韞古齋于君仲民來齋到

手翰暨大著詞畫冊，茲已收悉。近來物力艱難，知音

收錄紛儔中吟稿，多艱於付梓。

執事獨能毅力成之，裝裱精美，罕見殊珠。拜

誦之下，殊感盛意。兼承寄四冊，已分贈汪仲虎、夏枝巢、

王琴希、夏慧遠。當時本以其江蘇同鄉之故，而

述及源委，乃悉與　府上為有文誼，幸不辱　命。此致

敬禮

唐蘇　手緘　六·六·廿

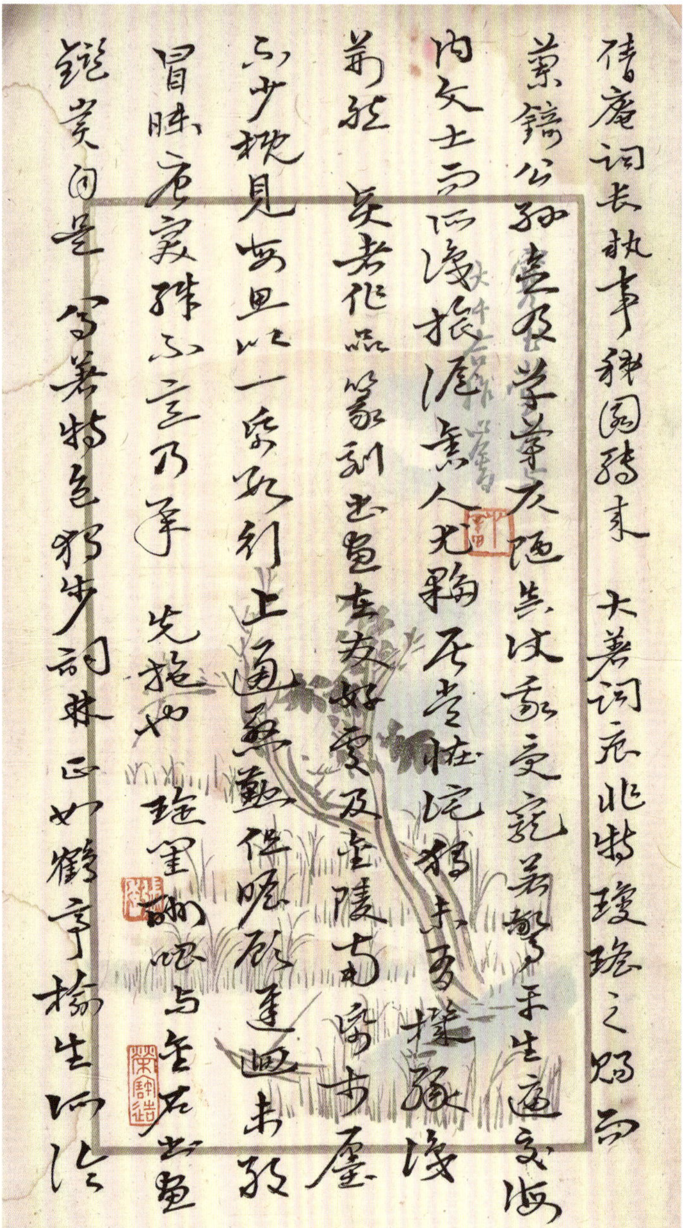

倩庵词长执事：稚园转来大著词底，此特琼瑰之始而
萧镕公孙壹及学笔，夜随出以歌变，殊着郑手生，遍交海
内文士，而何仍振汇集人光驹，石岩仕院，特才多槎溪後
英杰。吴老作品篆刻书画在友好处及金陵古肆方屡
不少，扰见安里以一张转上道，无勤作呢，欲遂画来，敬
冒昧唐突，殊不言乃笑。先据也，璇星酬呢与金石书画
谨先向是。写著特色郑步词林，正如鹤亭、梅生何论

不可湮沒　集中老弱往來　咽喉者駐坐皆須用意展卷

眠淺如兄弟從筆末高下凌替忽焉而少倘如拔河子
苟動延男生西圖盞埤固早枯不諒壓而免之墨耗止又
兄先叙叙寒徒有　志自抗戰微茫新叙迤〔近〕於七十餘身可
吾詩十卷詩一卷　共吾自序皎生句孫集大百意地
越七日及予早歸〔苦〕忽從老誰〔定〕蓋作弁言
領詠共歇老

映寧壬未予錄而志手寫自序一冊私寄鶴亭受

257

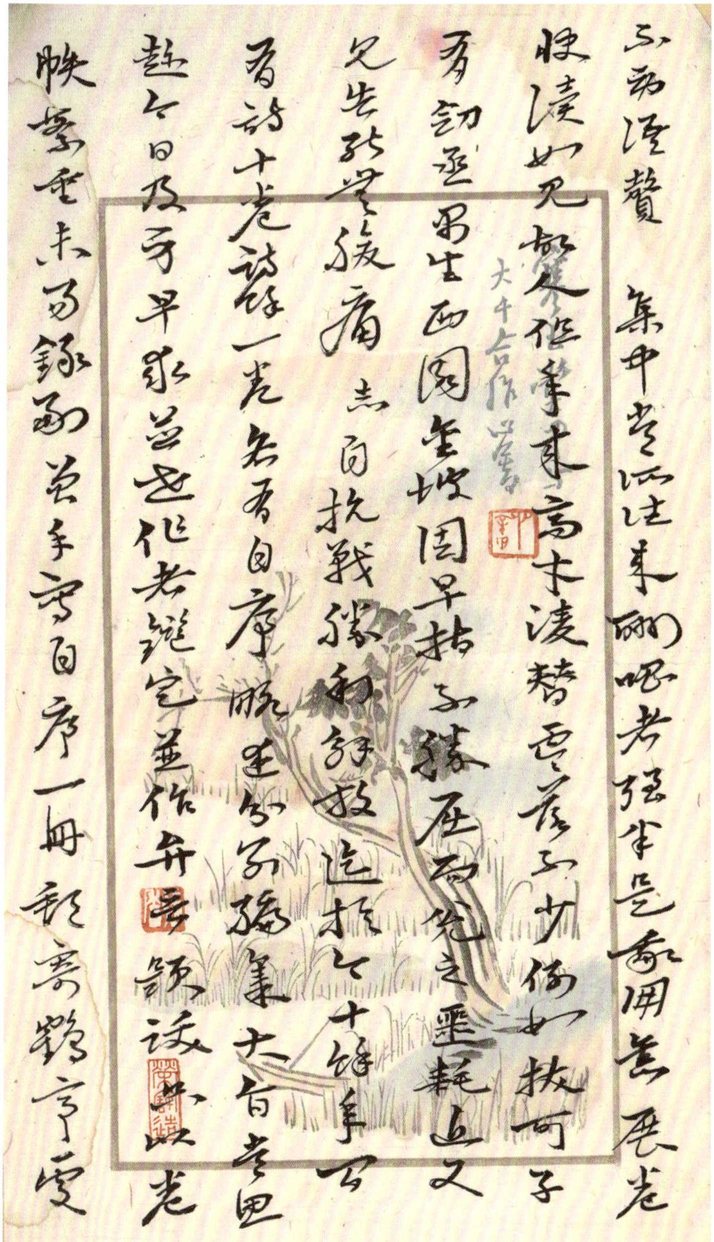

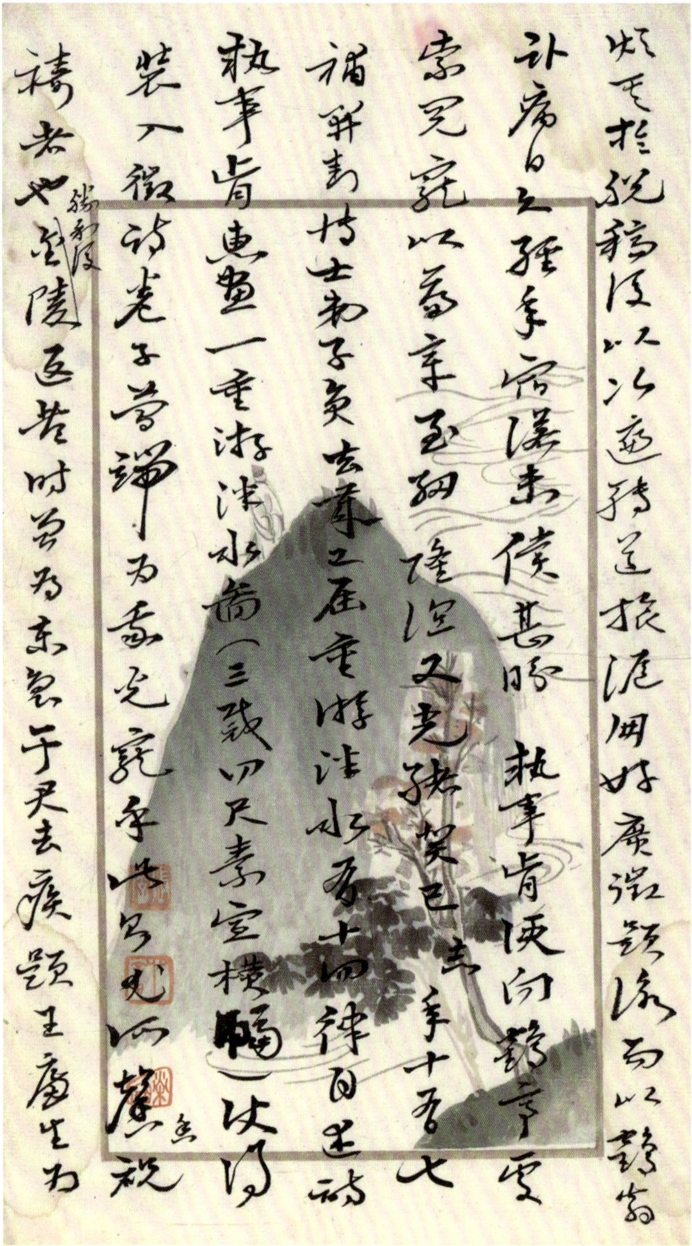

煩老於貌稿後以江遐跨道猿涯個好廣徵題詠而以靜簃
計虜白之雅手宿溪來僕甚盼　執事肯便向靜簃索
索覓竟以為辛丑隆渥又光緒癸巳去年十有七
福稱為博士弟子員玄孫之後重游泮水為十四律自述詩
執事肯惠畫一重游泮水圖（三尺四尺素宣橫幅）以得
裝入徵詩卷子尊蹕為壽是竟幸甚亦所殷祝
禱者也。陵近若時為東道于吳去疾題王廣生為

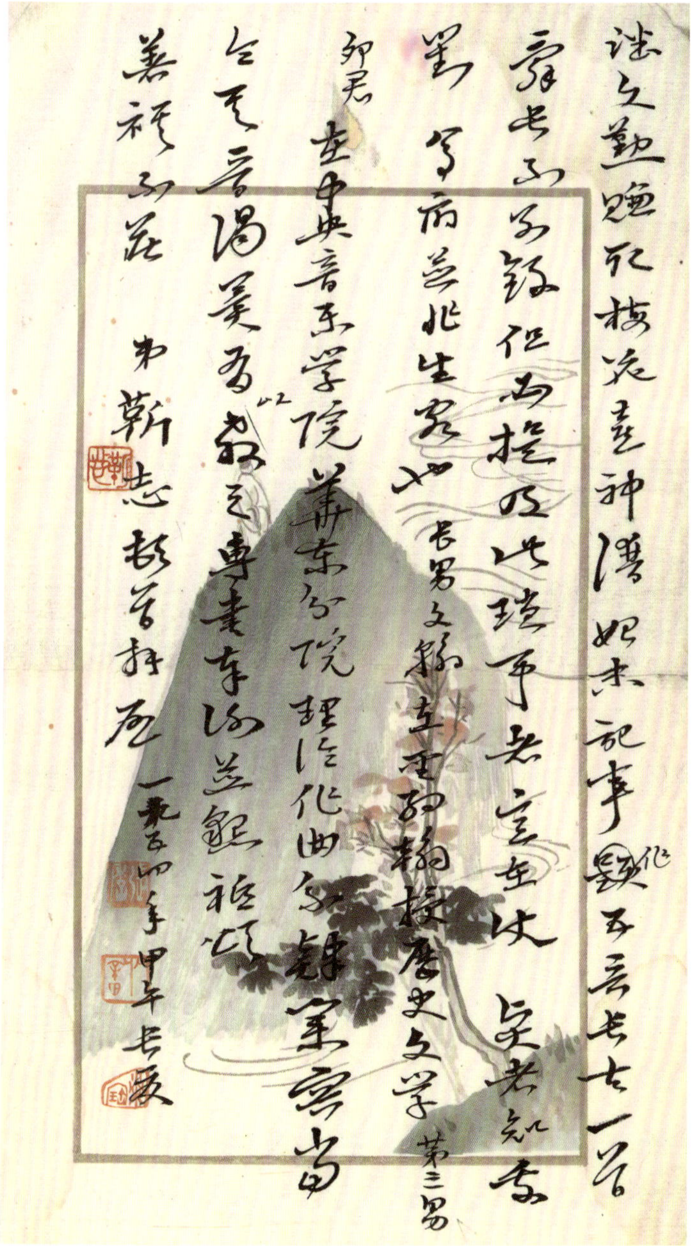
述文勤晚紀校沈壺神潛如未記事錄五言長古一首
齋長不可錄但為接收此跡耳老宣在此吳君知李
罷寄府並北生家也長男文錄在西北輔校歷史文學第三男
卯君在中央音樂學院華東分院理論作曲系鋼琴室當
今夏言謁美專以教之專畫專修並鉅祈頌
善頌不莊　弟靳志頓首拜啟
一九五四年甲午長夏

柳肇嘉

邵　锐（1905—？）

杨　圻（1875—1941）

何之硕（1911—1990）

黄孝纾（1900—1964）

夏承焘（1900—1986）

苏渊雷（1908—1995）

湖兄左右：迭奉手书，敬悉一一。大词雅似草窗，艳如白石，声律、情韵浑然天成，倘写以丹青，则画中之词，词中有画，今之摩诘也。只疑裹君为裹之误，以字形论，颇有可能性。琢属代改释园已付邮传。请恙瘳否？念念。即颂

著安

弟嘉寿顿首 前日

湖帆先生左右：昨函諒達

覽。大詞讀竟，如宋摹顧愷之洛神圖，

欽佩服膺。若生謝箋奉詹，其京寓

西單區宗帽二條十號。餘俟走謁請

教。即頌

著安

弟柳肇嘉頓首 有旨

湖帆仁丈侍右：頃奉柳貢禾師轉到
惠賜大著佞宋詞痕一冊，拜讀展
誦，感佩交縈，敬謝敬謝。拙儒書如故之善
之陳，風便當希
時錫德音，誨而教之，幸甚〻〻。肅請
箋安。拙鄭弟銳頓首
五月廿九日

湖帆仁兄闇下久違如奉

屏雲如韻

咳吐画境可進令人益思江南矣

先時董西搨原拓好可賀此碑

二年前曾於徐森玉處得一見之

未知是否原石時日久其文已蝕

記憶所

尊囑題初敬石谿貌但诗

饒抄胥錄寄一通倖得交卷巳了之

玉禱江海早春此頌

遐屆百禰
萬楊邨
年祉

锡兗寄奉垣皇皆内某一何也

265

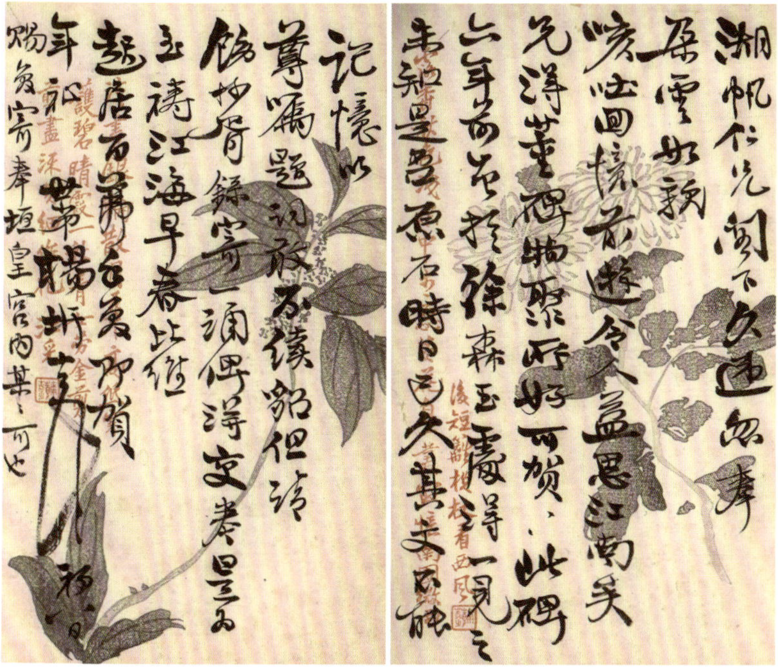

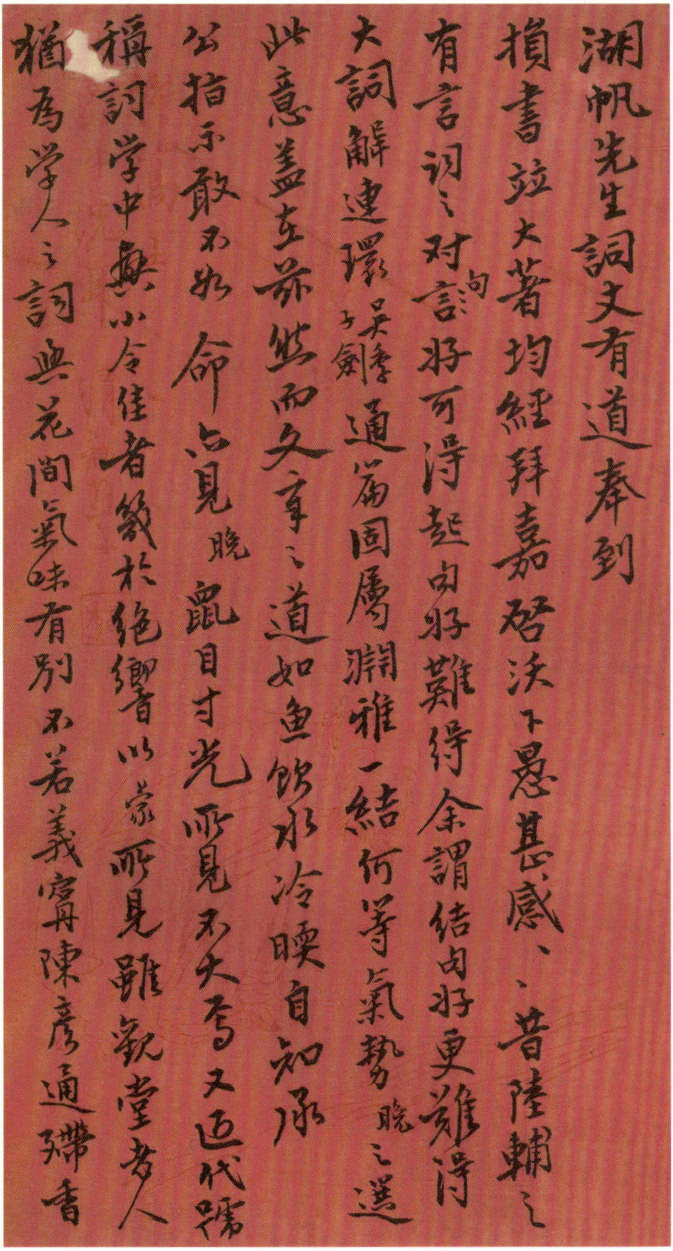
湖帆先生詞丈有道奉到
損書並大著均經拜嘉啓沃下懸甚感感。昔陸輔之
有言詞之对句好可得起句好難得余謂结句好更難得
大詞解連環（吳季子劍）通篇固屬淵雅一結何等氣勢晚之選
此意蓋在茲然而文章之道如魚飲水冷暖自知承
公指示敢不如命占見晚鼠目寸光所見不夭為丈道代購
稱詞学中無小令佳者毅於绝響以宗所見雖欽堂老人
猶為学人之詞與花間氣味有别不若義甯陳彥通瑞香

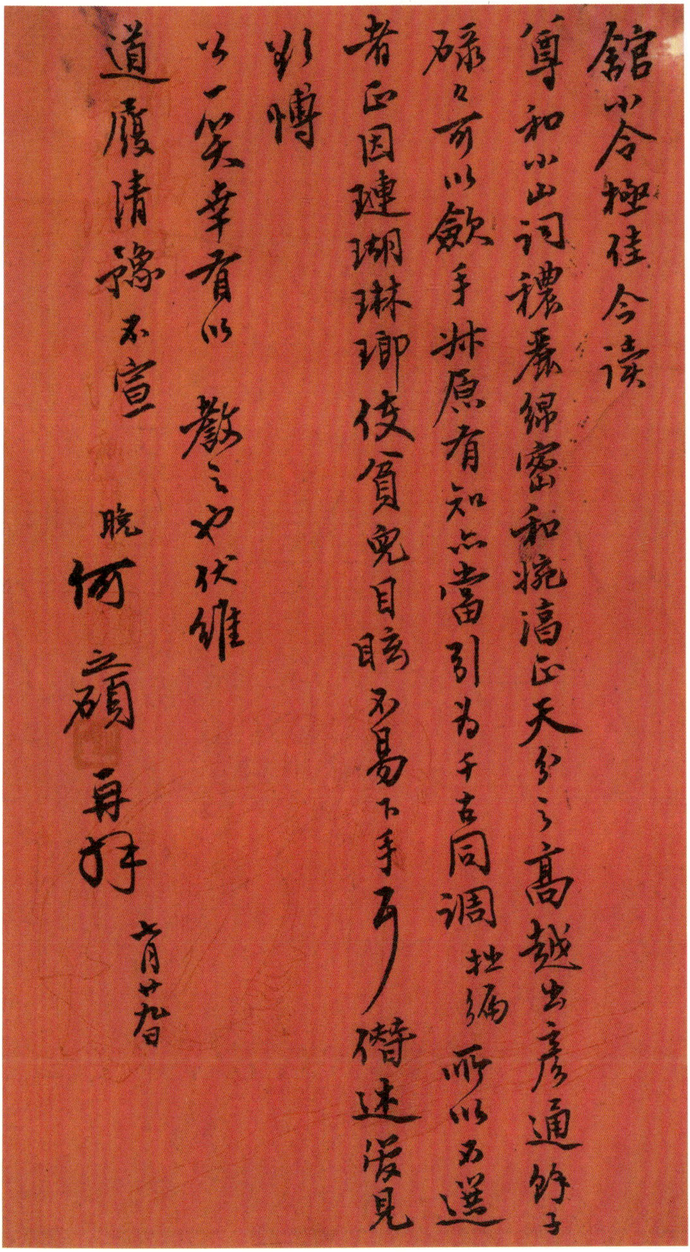

館小令極佳，今讀
尊和小山詞，穠纖綿密，和婉清正，天分之高，越出彥通、舒子
碌碌，可以斂手，然原有知亦當引為千古同調。拙編所以不選
者，正因璉瑚琳瑯，使貧兒目眩，不易下手耳。儔述從見
彩博
以一笑，辛有以 教之也。伏維
道履清豫，不宣。 晚何之碩再拜 十月廿四

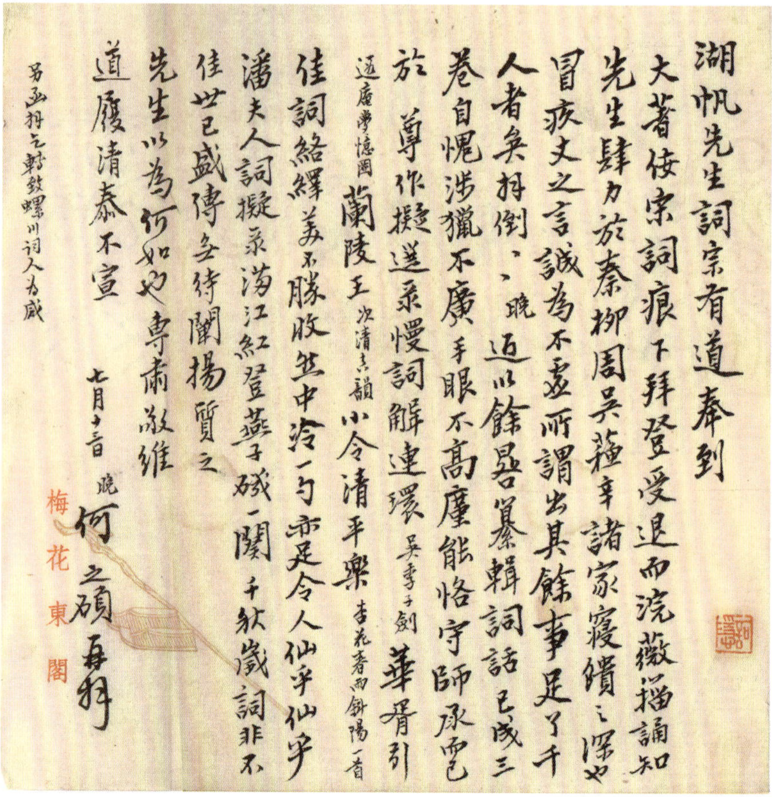

湖帆先生詞宗有道奉到
大著佞宋詞痕下拜登受退而浣薇揺誦知
先生肆力於秦柳周吴蘇辛諸家寢饋之深也
冒疚齋之言誠為不虛所謂出其餘事足了千
人者矣拜倒拜倒 晚
近以餘晷纂輯詞話已成三
卷自愧涉獵不廣手眼不高僅能恪守師承而已
於
尊作擬選采慢詞解連環 吴季子劍 華胥引
迤廬夢憶圖 蘭陵王 次清真韻 小令清平樂 杏花香雨 斜陽一首
佳詞絡繹美不勝收然中冷一句亦足令人仙乎仙乎
潘夫人詞擬采滿江紅 登燕子磯 一闋 千秋歲 詞非不
佳世已盛傳無待闡揚質之
先生以為何如也專肅敬維
道履清泰不宣
七月十二日 晚何之碩再拜
另函拜乞轉致螺川詞人為感

梅花東閣

何之碩

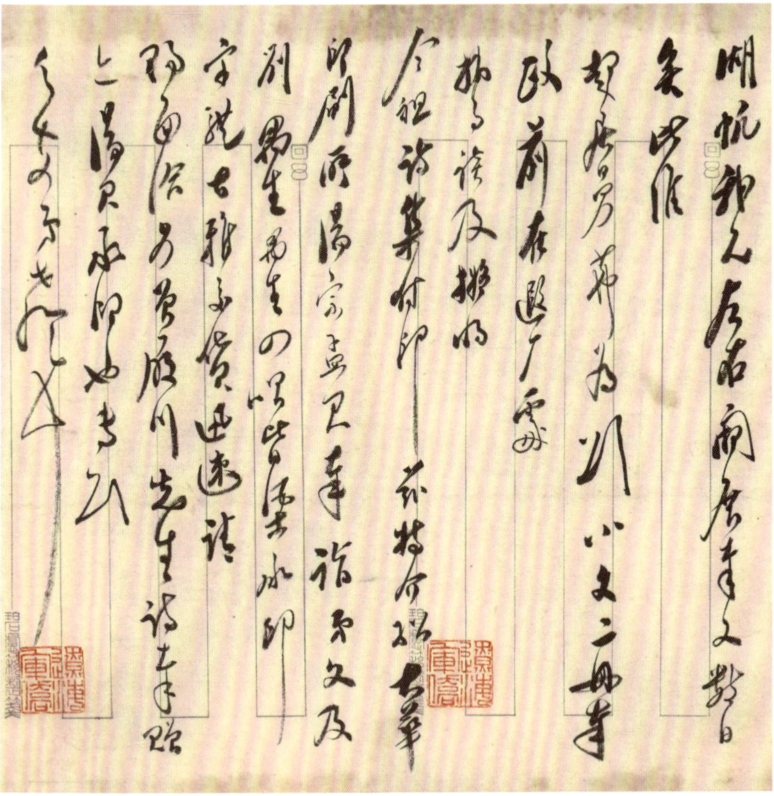

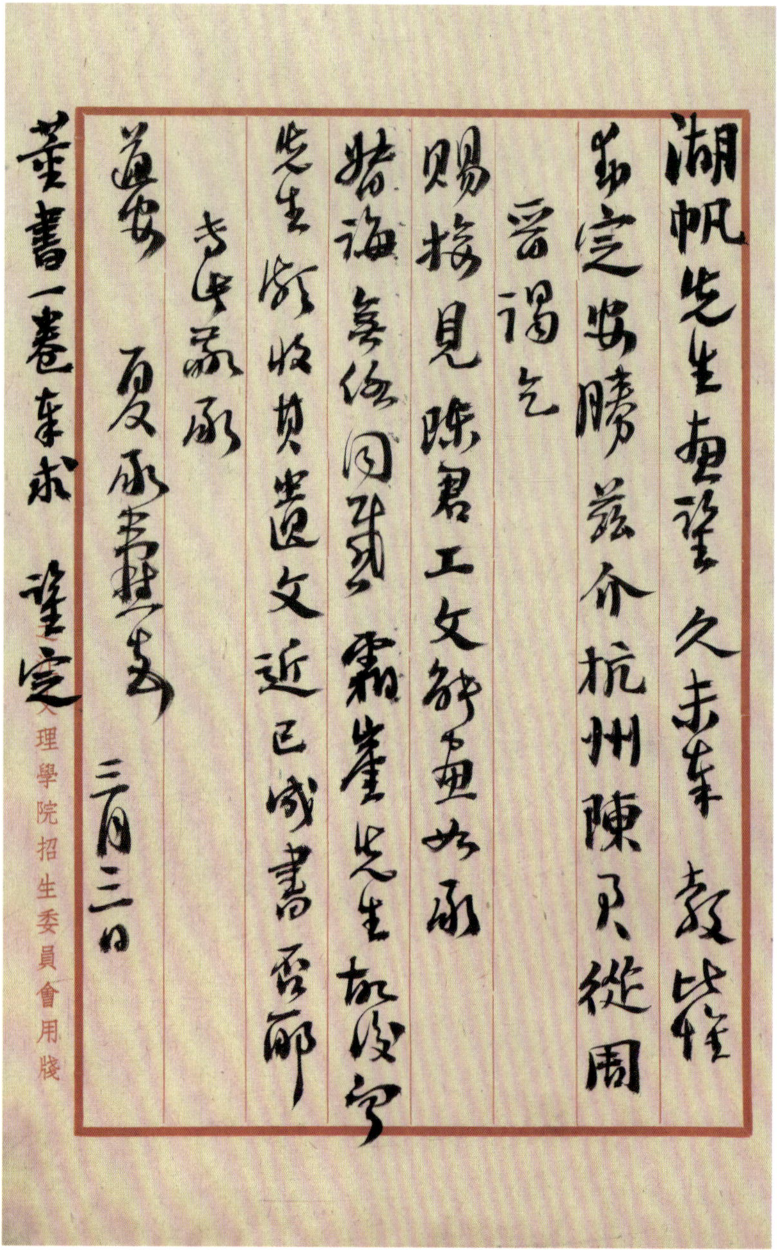

湖帆先生惠鑒：久未奉教，殊悵。節定安勝。茲介杭州陳君從周晉謁，乞賜接見。陳君工文能畫，好承請誨，無任同感。霜崖先生故後，守先生彙收其遺文，近已成書否耶？專此，敬頌道安。夏承燾上。三月三日。

董書一卷奉求鑒定。

之江文理學院招生委員會用牋

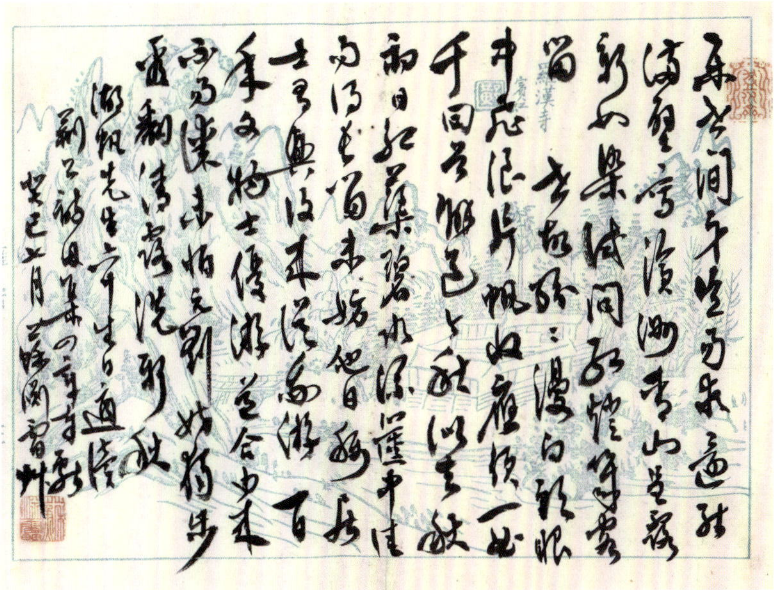

陆颂尧

阮慕韩（1902—1964）

罗丹

丘琼荪（1897—1964）

孙成

黄炳谦

吕碧城（1883—1943）

方君璧（1898—1986）

周錬霞（1909—2000）

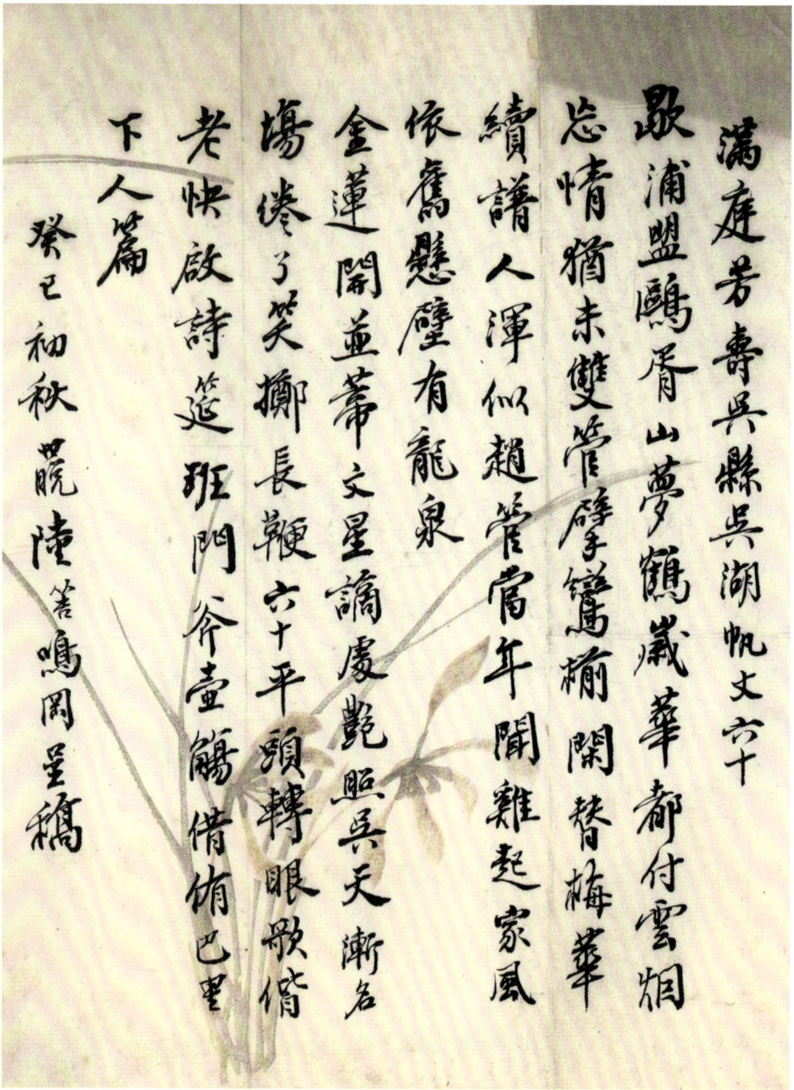

滿庭芳　壽吳縣吳湖帆丈六十
歇浦盟鷗胥山夢鶴歲華都付雲烟
忘情猶未雙管擘鸞箋稍閑替梅華
續譜人渾似趙管當年閒雞起家風
依舊懸壁有龍泉
金蓮開並蒂文星謫處艷照吳天漸名
場倦了笑擲長鞭六十平頭轉眼歌偕
老快啟詩筵班門斧壺觴借侑巴里
下人篇
癸巳初秋　世晚陸箸鳴岡呈稿

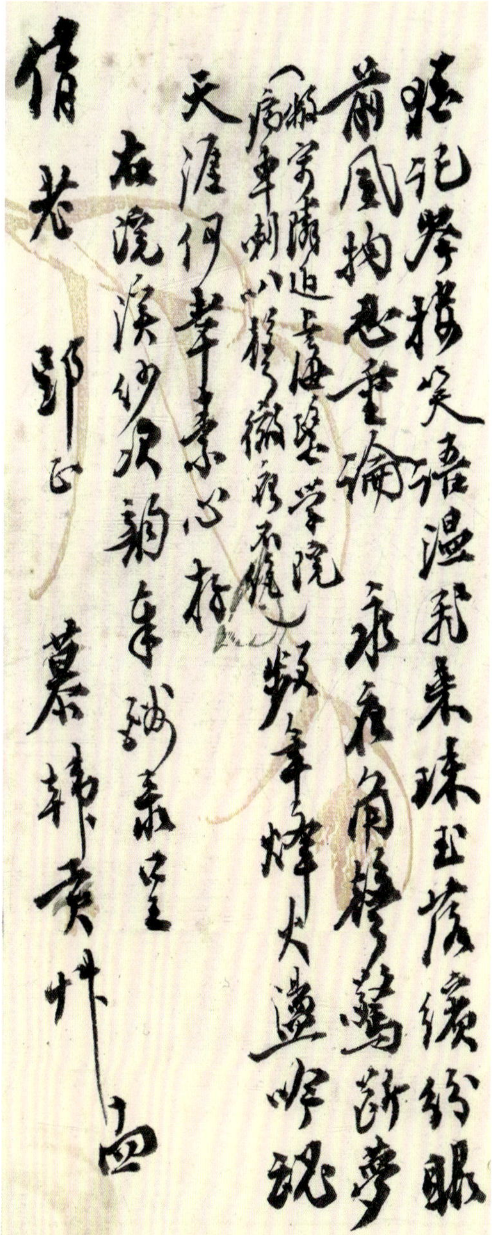
晤託聆接笑語温我來珠玉落繽紛眼
前風物悉重論　承在角聲驚斷夢
（擬寄滬濱追悼學院庚申劇八稿徽殘不饒）數年烽火遙呼號
天涯何幸素心存
在滬濱抄呈翦年誠叔素望
清光　郢正　慕韓　庚卅日函

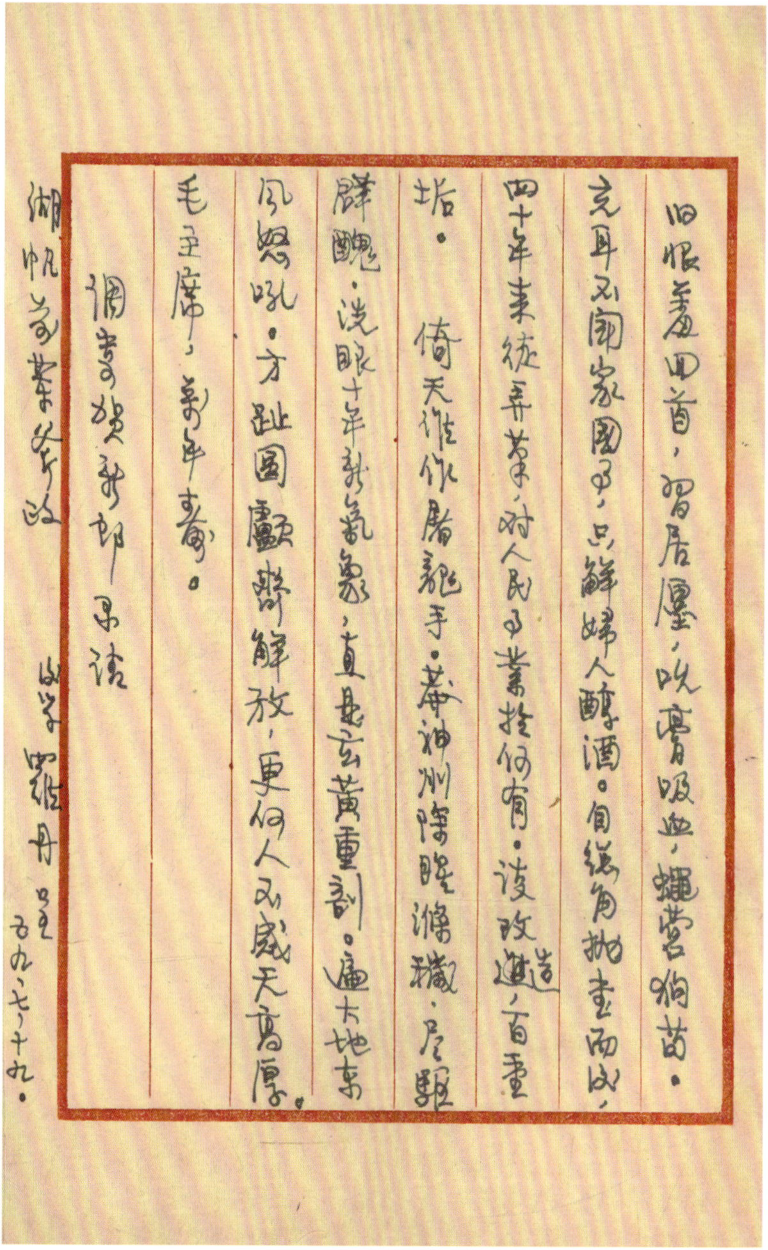

旧恨羞回首，曾居垒，吮膏吸血，蝇营狗苟。竟耳不闻家国事，只解妇人醇酒。自总角抛书而后，四十年来徒弄笔，对人民事业於何有。读改造，百重指。

倚天谁作屠龙手。看神州阴晦涤残，尽驱魑魅。洗眼十年新气象，直是玄黄重剖。遍大地东风怒吼。方趾圆颅齐解放，更何人不感天高厚。毛主席，万年寿。

调寄贺新郎呈请

湖帆前辈斧政

晚学 罗继丹 呈

五九、七、十九。

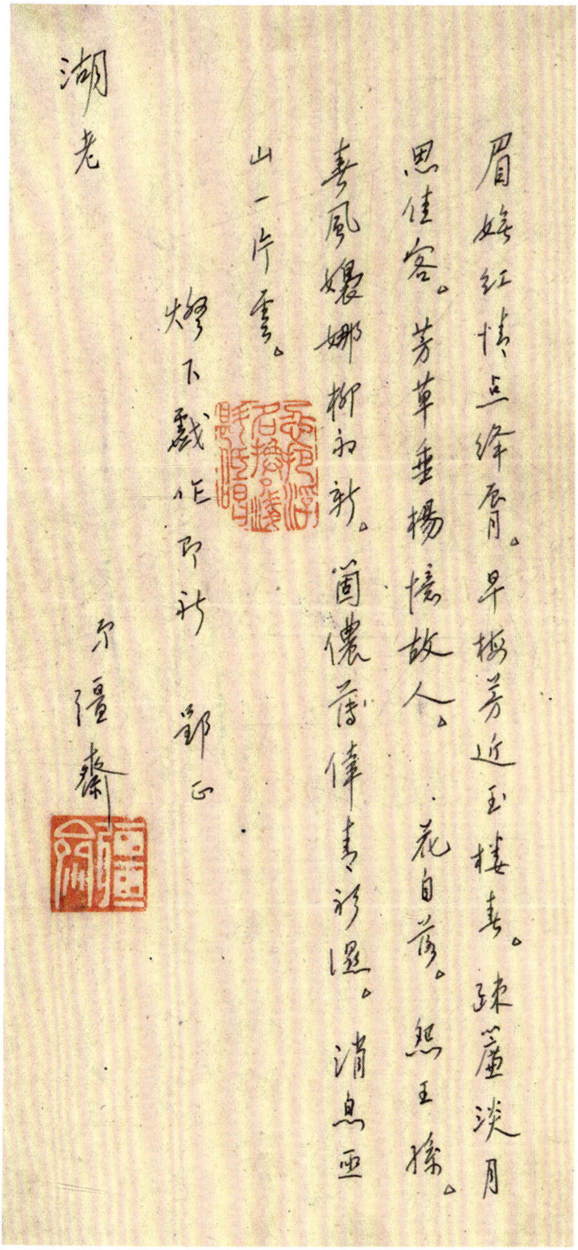

眉嫵紅情點絳脣。早梅芳近玉樓春。踈簾淡月
思佳客。芳草垂楊憶故人。花自落。怨王孫。
春風嫋娜柳初新。箇儂薄倖青衫濕。消息巫
山一片雲。
燈下戲作即祈　郢正
湖老
弟　瓊蓀

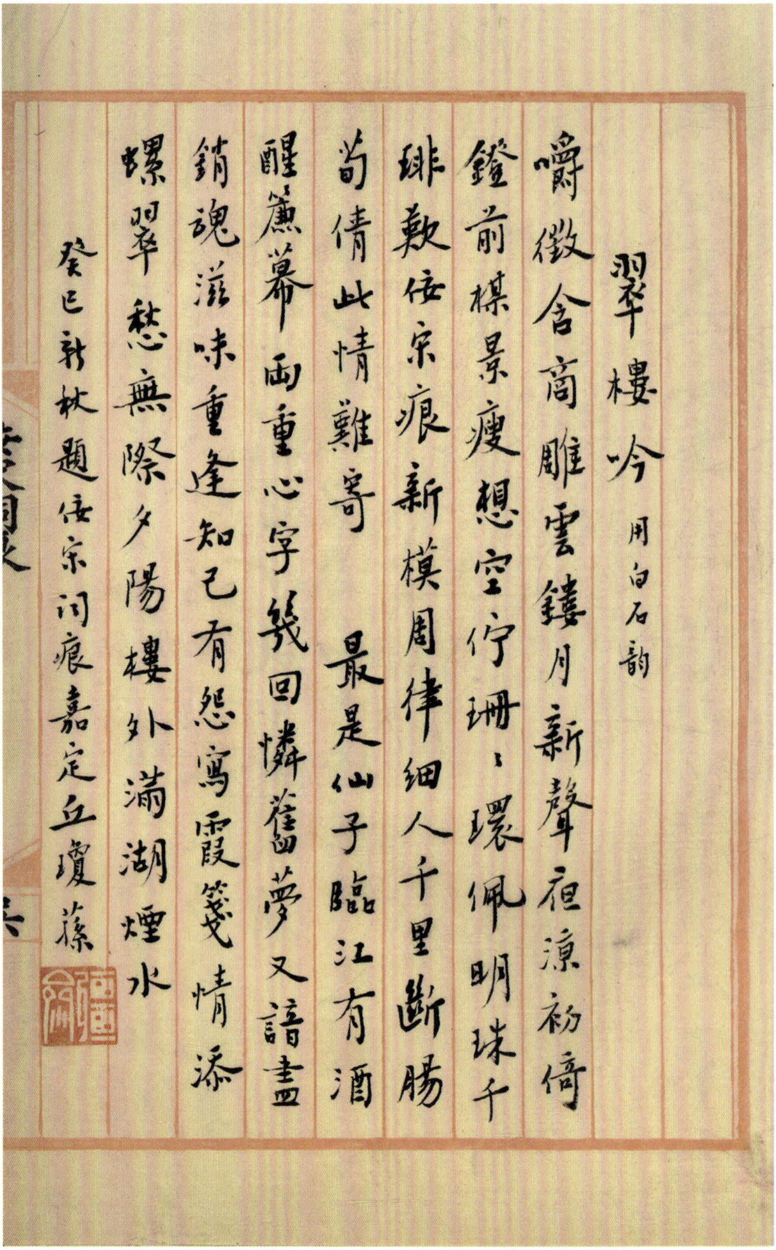
翠樓吟 用白石韻

嚼徵含商，雕雲鏤月，新聲夜涼初倚。鐙前橅景瘦，想空佇、珊珊環佩。明珠千琲。歎倚宗痕新，模周律細，人千里。斷腸蔔倩，此情難寄。　最是仙子臨江，有酒醒簾幕，雨重心字。幾回憐舊夢，又諳盡、銷魂滋味。重逢知己，有怨寫霞箋，情添螺翠。愁無際。夕陽樓外，滿湖煙水。

癸巳新秋題倚宗詞痕　嘉定丘瓊蓀

丘瓊蓀

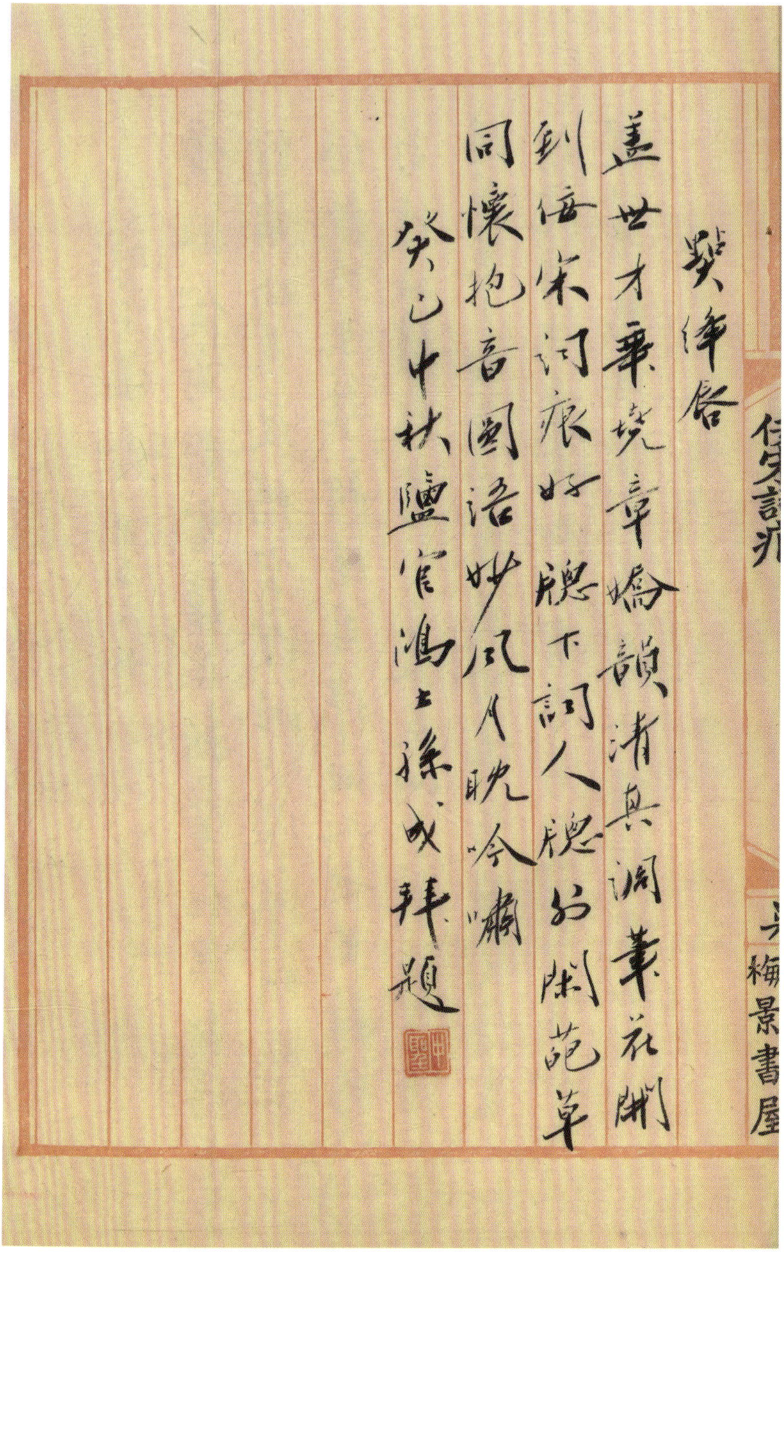

佞宋詞痕

吳梅景書屋

奘倖啓

蓋世才華燒章嬌韻清真調葉花開

到倍宋詞痕好總下詞人總於閑范草

同懷抱音圖語妙風月晚吟嚮

癸巳中秋臚官鴻士孫成拜題

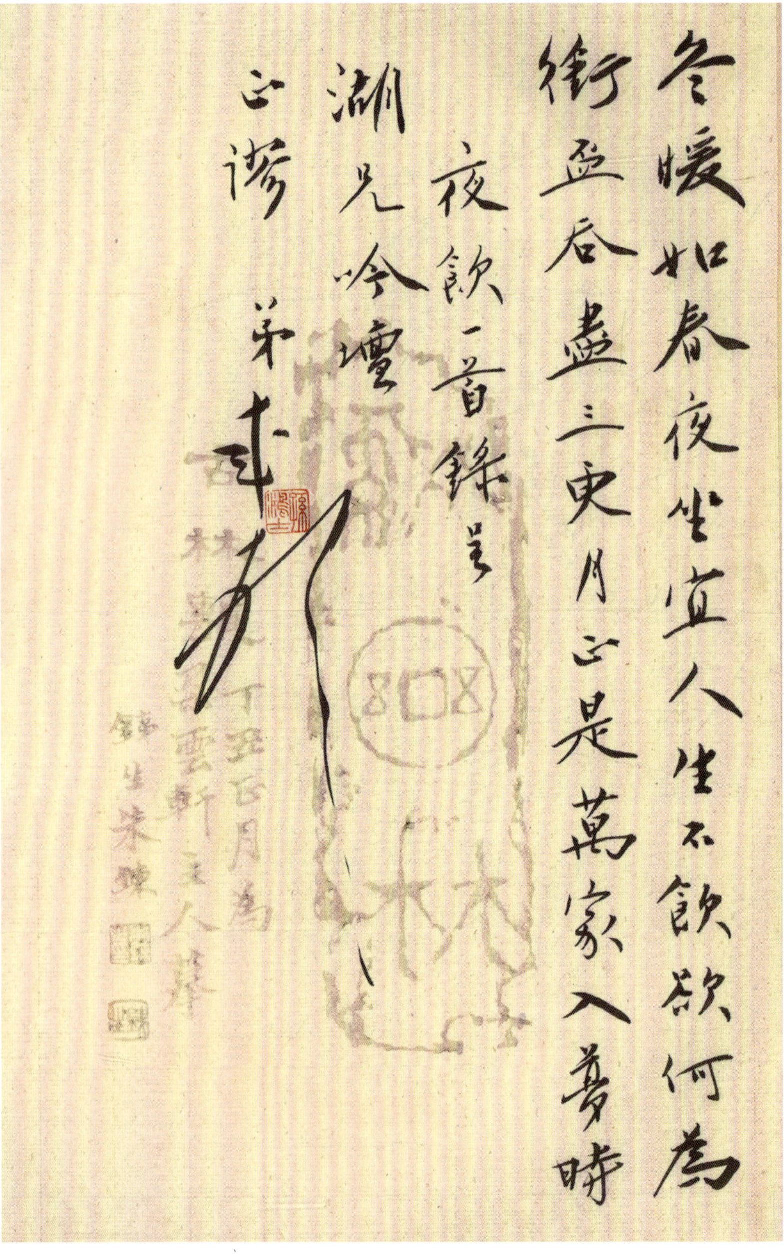

冬暖如春夜坐宜人生不饮欲何为
衔盃吞尽三更月正是万家入梦时
夜饮一首录呈
湖帆吟坛
正谬 弟[illegible]

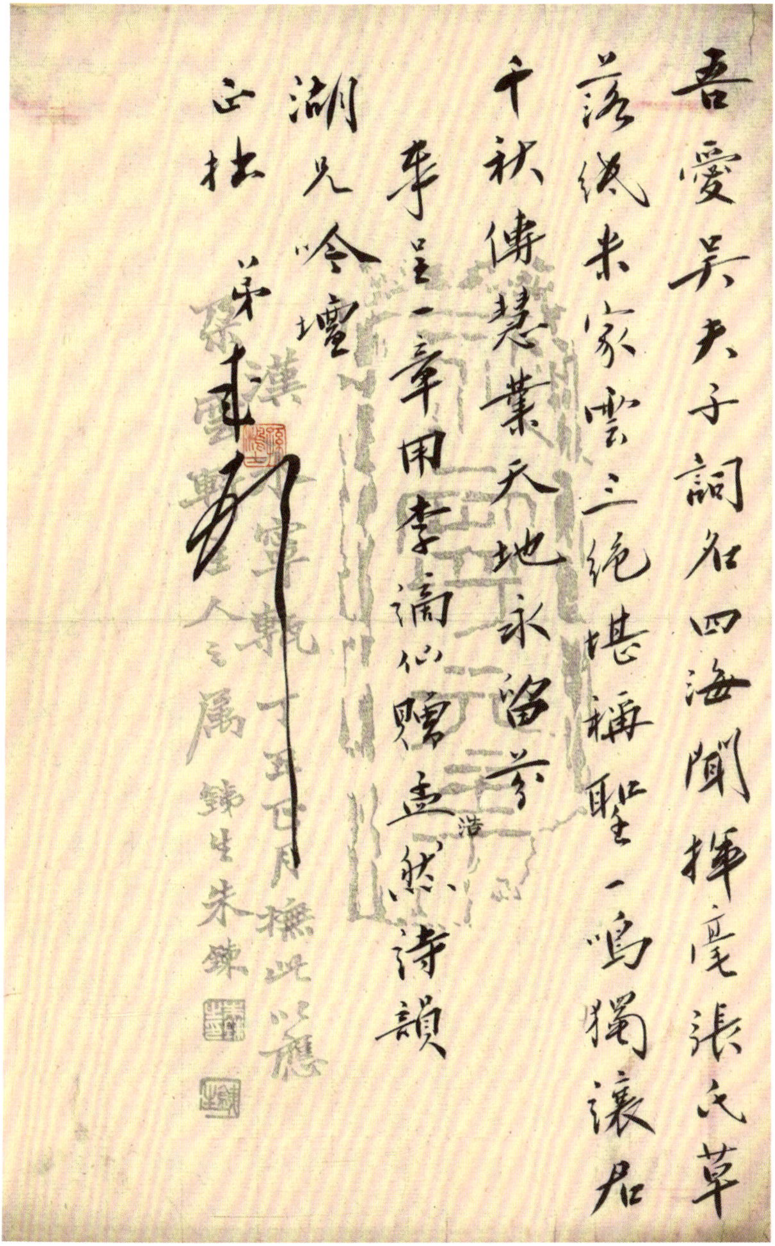

吾愛吳夫子詞名四海聞揮毫張氏草
落紙米家雲三絕堪稱聖一鳴獨讓君
千秋傳慧業天地永留芬
率呈一章用李謫仙贈孟浩然詩韻
湖兄吟壇
正拙　弟

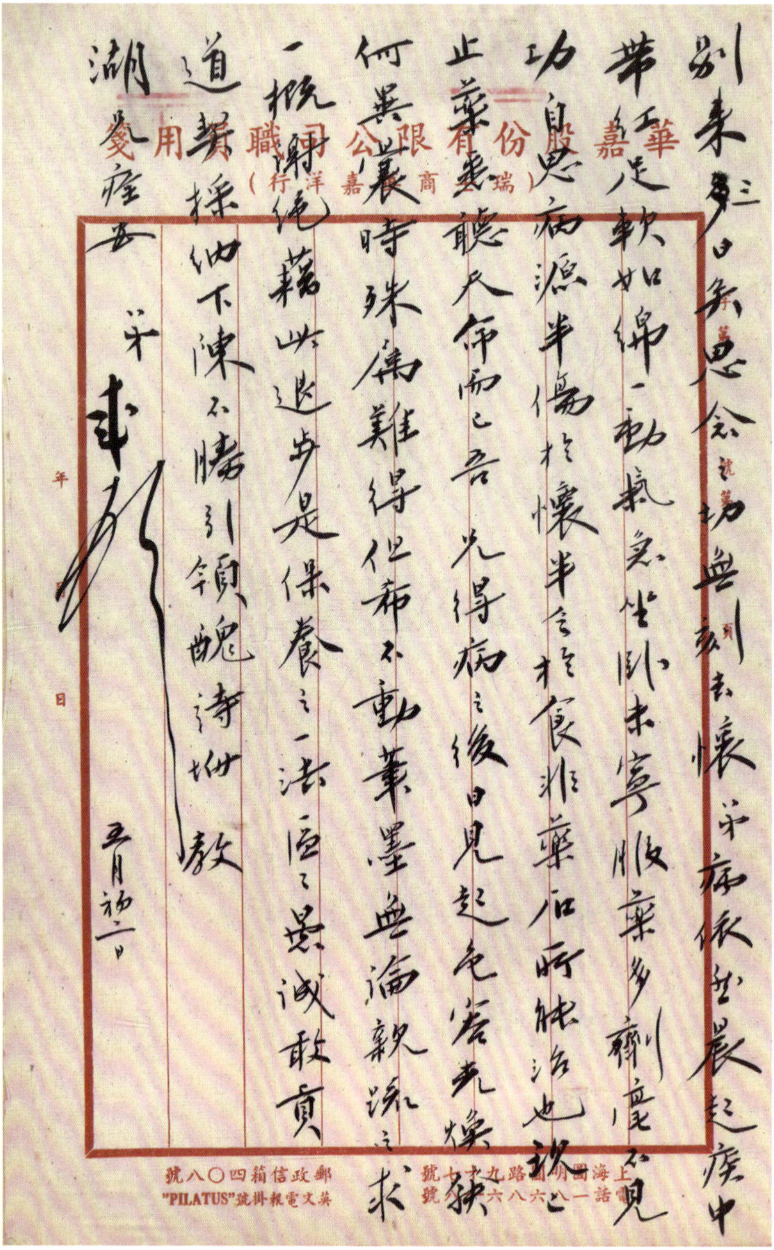
華嘉股份有限公司職員專用箋
（瑞商嘉洋行）

别来三日矣，思念之切无刻去怀。采病依然，晨起痰中带红，足软如绵，一动气急，坐卧未宁，服药多剂，毫不见功。自思病源半伤于怀，半亏于食，非药石所能治也。医亦止药矣，听天命而已。吾兄得病之后，日见起色，容光焕发，何异曩时，殊属难得。但希不动笔墨，无论亲疏之求，一概谢绝，藉此退步，是保养之一法。区区之愚，诚敢贡道契。採细下陈，不胜引领，魄诗册教

湖帆兄痊安

采 [signature]

五月初二日

年　月　日

上海圓明園路九十七號　電話一八六八六號
郵政信箱四〇八號　英文電報掛號"PILATUS"

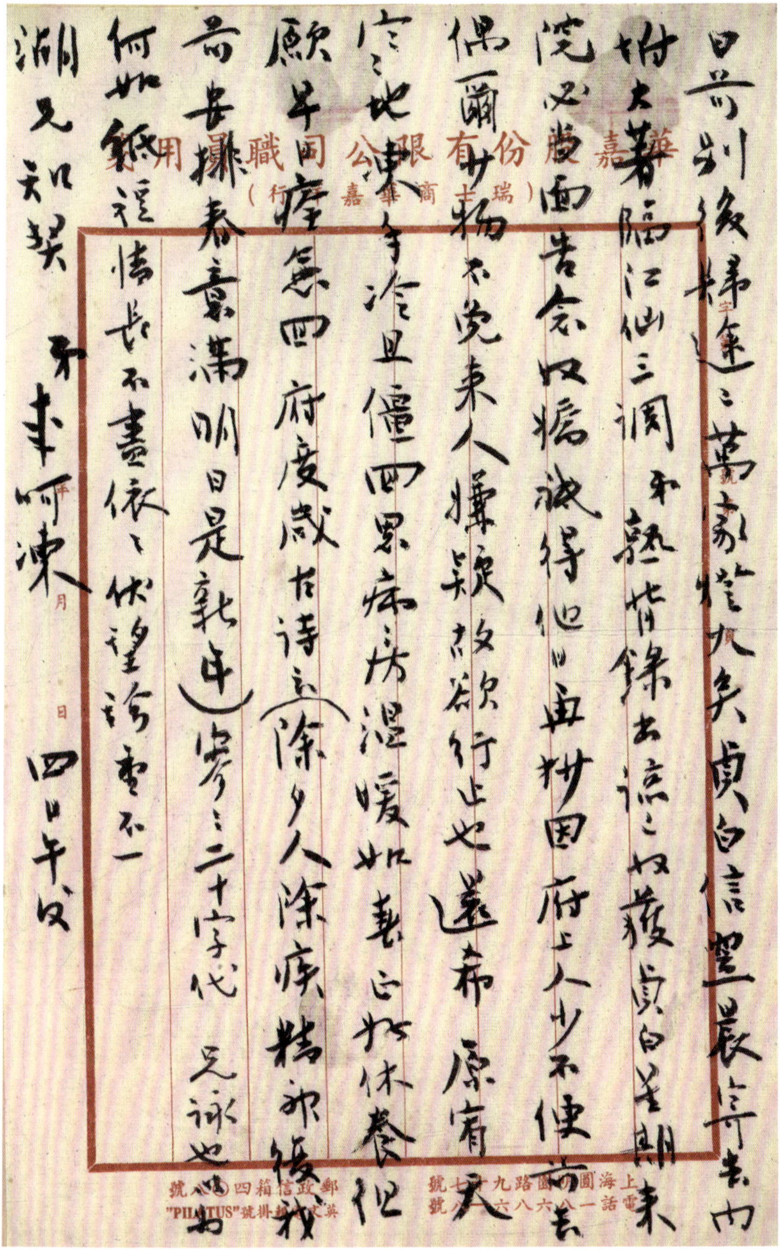

華嘉股份有限公司職員用箋
（瑞士商華嘉行）

日前別後歸途已萬家燈火矣貞白信望一晨當寄去內
附大著臨江仙三調 弟熟背錄出諒已收獲貞白並期來
院必當面告念奴嬌欲得他日再掛因府上人少不便前去
偶爾廿物不覺東人攤疑故欲行止也 遂希 原宥 天
寒之地凍手冷且僵四界病亦防濕暖如春正好休養俾
默平痊愈回府度歲古詩云（除夕人除疾精神復
奇安攝養春意滿明日是新年）寥寥二十字代 足詠也哉
何如紙短情長不盡依依 伏望諒察不一
湖帆知契 弟李呵凍 四日午后

上海圓明園路九十七號 電話一八六八六號
郵政信箱四〇八號 英文電報掛號"PILATUS"

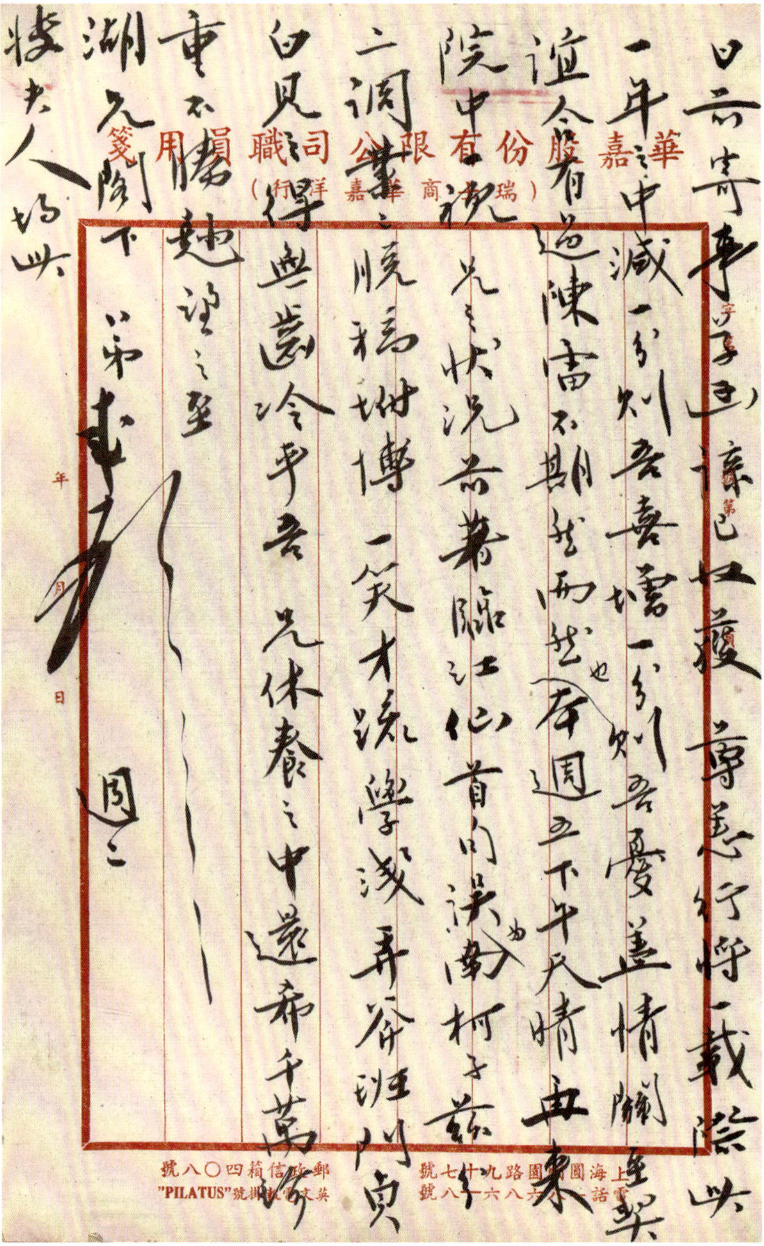
華嘉股份有限公司職員用箋
（瑞士商華嘉洋行）

日前寄奉寸函，諒已收覽。尊恙行將一載，際此
一年之中，減一分則吾喜增一分，增一分則吾憂益甚，情關至契，
誼合肴過。陳雷不期然而然也。本週五下午天晴無事，
院中視先生狀況，舊著臨江仙首句誤為柯子，蘇
二詞業已脫稿，謝傳一笑。才疏學淺，弄斧班門，
自覺無甚冷乎。吾兄休養之中，還希千萬珍
重，不勝翹望之至。
湖帆兄閣下　弟 [illegible]　周之
嫂夫人均此

上海圓明園路九十七號　電話一六八六一
郵政信箱四〇八號　英文電報掛號"PILATUS"

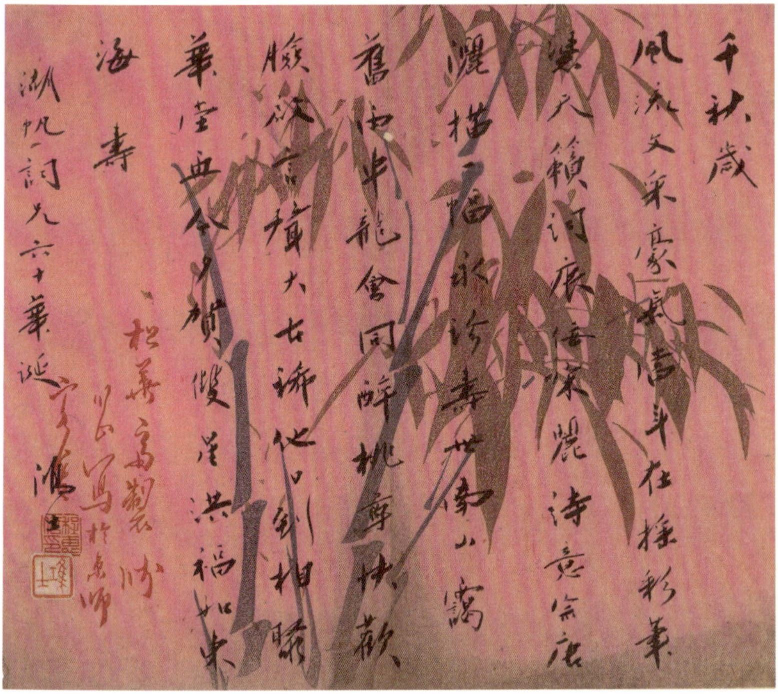
千秋岁
风流文采豪气高，斗在操彩笔。
旧年闻诗宁作唐宋体，诗意如唐。
丽描一幅永谈寿世，象山鹤。
旧雨中龙会同醉桃，寿扶欢。
胜欢言挥大古，犹似日剑相晓。
华堂画介文，颂仪星洪福如东。
海寿
淑帆词九六十华诞
宗鸿
松寿高画制
以公写于京师

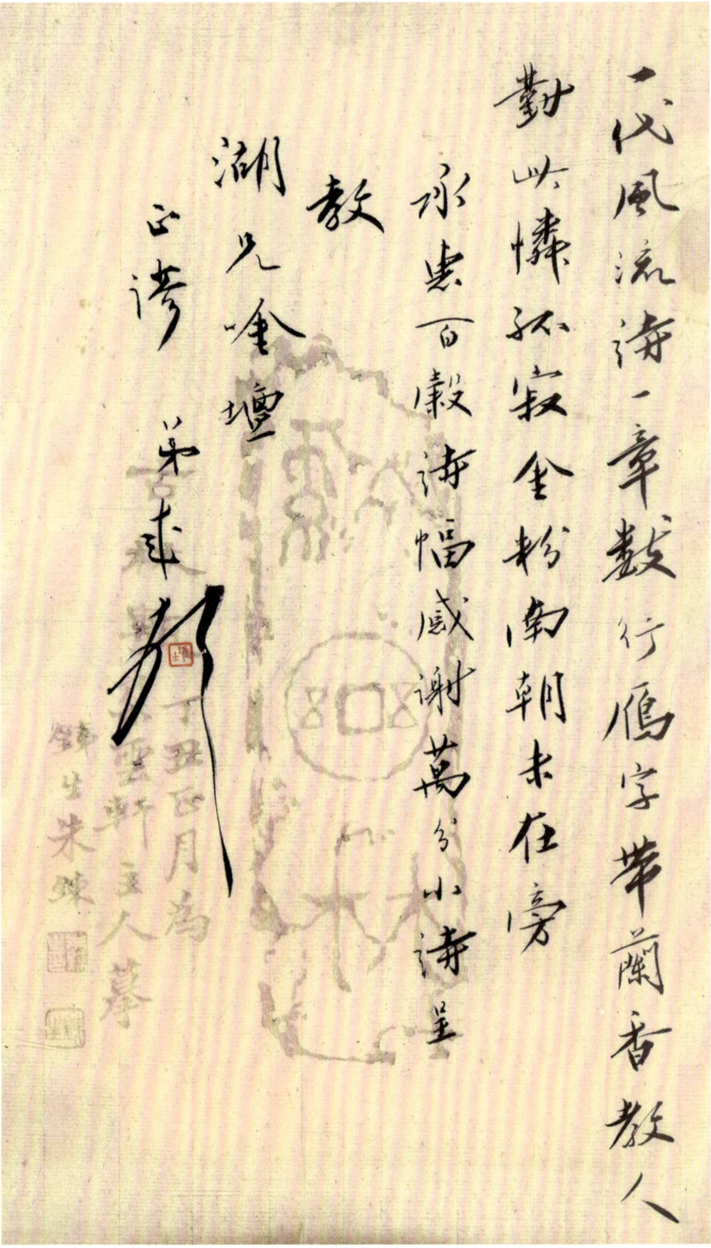
一代風流詩一章 數行雋字帶蘭香 教人
歎此情非寂寞 金粉南朝未在旁
承惠百歲詩幅 感謝萬分 小詩呈
教
湖帆吟壇
正誨
丁丑正月為
錦生朱琳

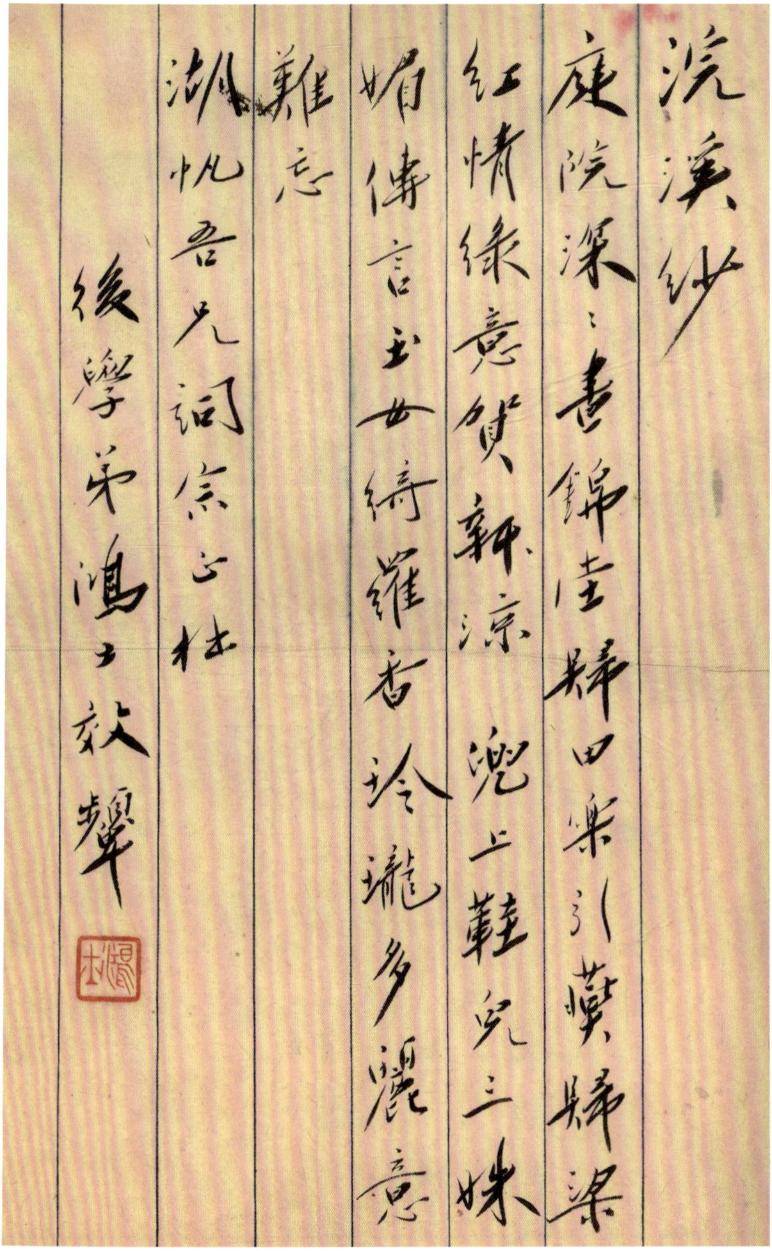
浣溪沙
庭院深深畫錦堂歸田樂引燕歸梁
紅情綠意賀新涼[illegible]上鞋兒三姝
媚傳言玉女綺羅香玲瓏多麗意
難忘
湖帆吾兄詞宗正拍
後學弟鴻士敬撰

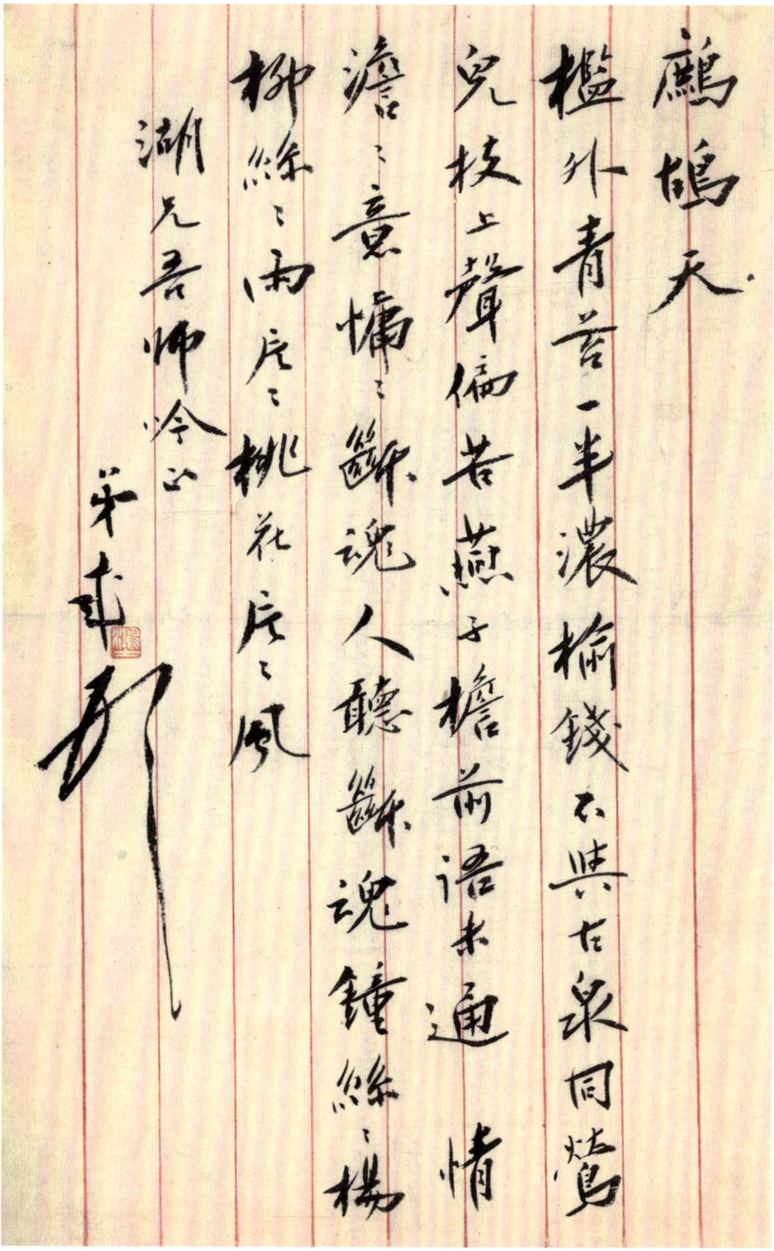

鷓鴣天

檻外青苔一半濃，榆錢不共古泉同。鵲兒枝上聲偏苦，燕子檐前語未通。情濃濃，意慵慵，斷魂人聽斷魂鐘。絲絲楊柳絲絲雨，片片桃花片片風。

湖帆吾師吟正

半武拜

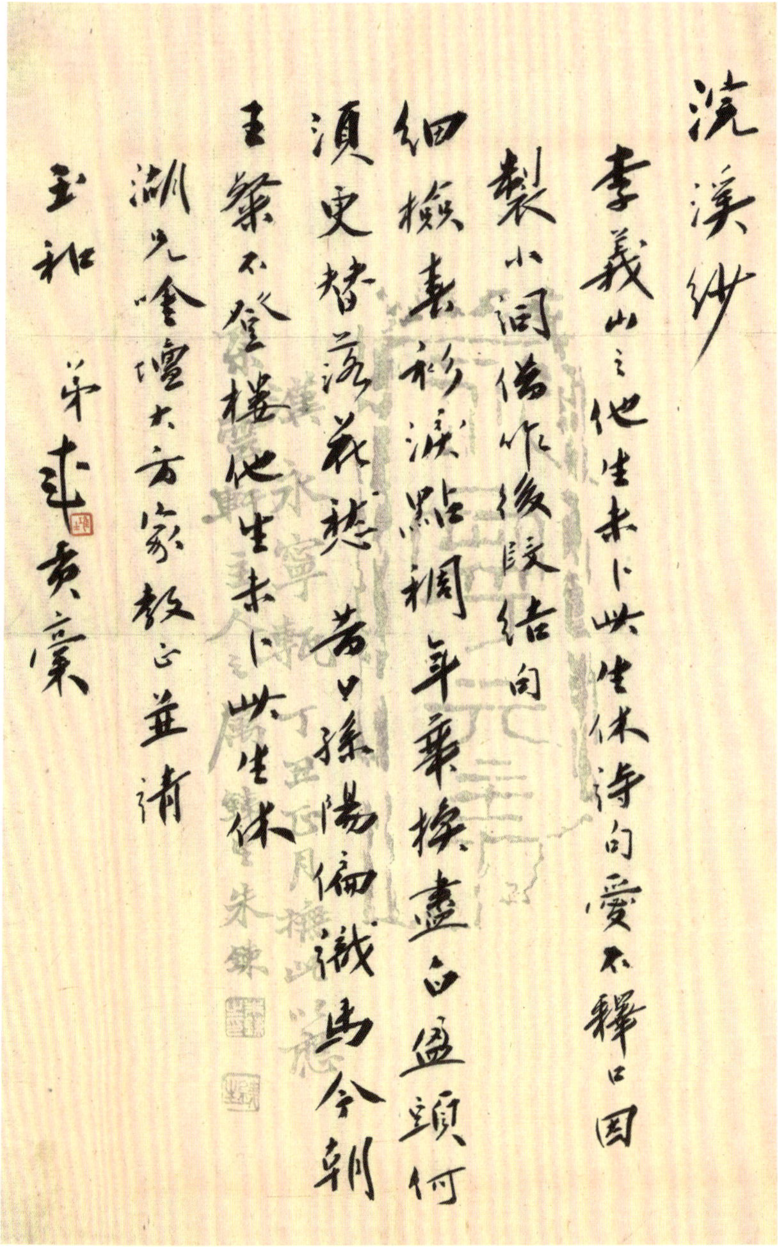

浣溪沙

李義山之"他生未卜此生休"詩句，愛不釋，因製小詞，備作後段結句

細撿春衫淚點稠，年華換盡白盈頭，何須更替落花愁。昔日孫陽偏識馬，今朝王粲不登樓，他生未卜此生休。

渊光吟壇大方家教正，並請

玉和

弟武黄稾

西江月

举镐夯歌动地，挑灯鏖战冲天。人民公社著先鞭，中外古今未见。敬老抚儿齐备，苍颜黄口同欢。更兼吃饭不论钱，非复开门七件。（一九五八年世界六分之一中国农村人民公社成立）

列子御风抗意，长房缩地胡诌。今看碧落任遨游，日月星辰行九。吴刚不憩单干，嫦娥烦递沈郎。海通文化到星球，六合红旗抖擞。（一九五七年世界第一颗人造行星上天）

师旅营、连、单双打、停、万钧威力

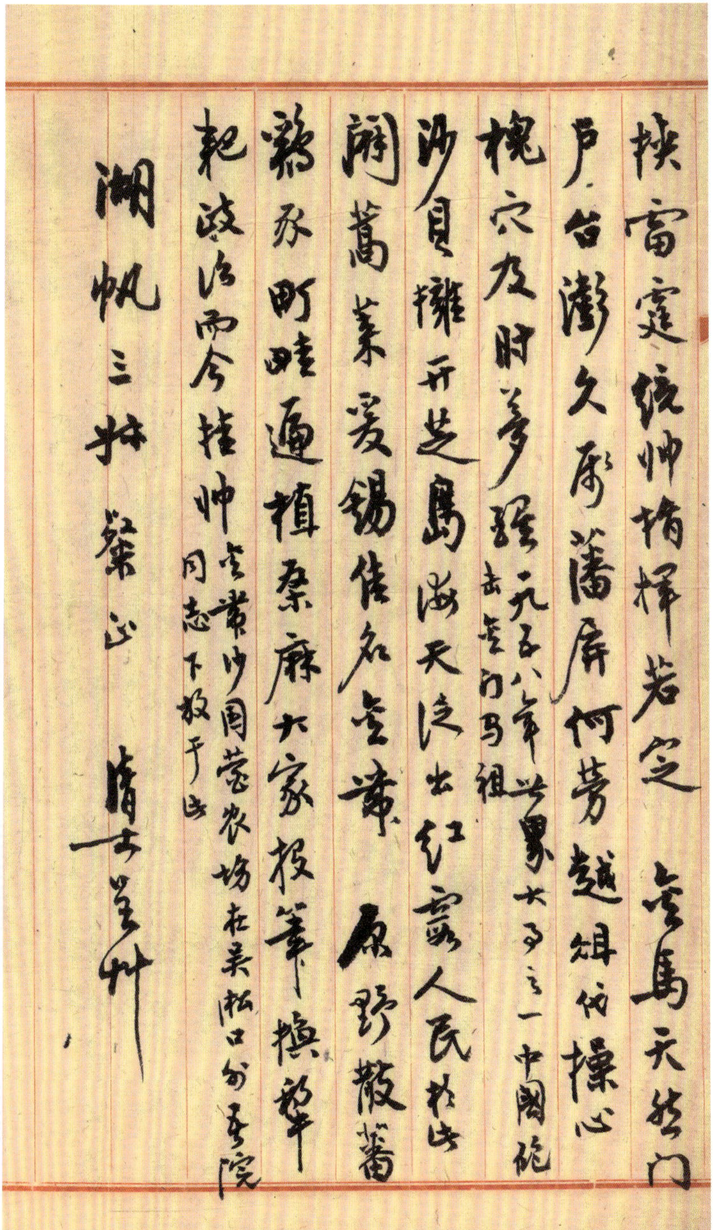

挟雷霆统帅指挥若定 金马天然门
户台澎久屏藩何劳越俎代操心
槐穴及时多难（一九五八年炮击金门马祖）兴邦大事之一中国统
一沙负摊开楚岛海天港出红霞人民于此
开阔葛藤爱锡佳名金华 原野散播
奋斗断畦遍植桑麻大家投笔换锄
耕政治而今挂帅（金业沙园艺农场在桑梓口分手院同志下放于此）
湖帆三姊粲正 靖士草草

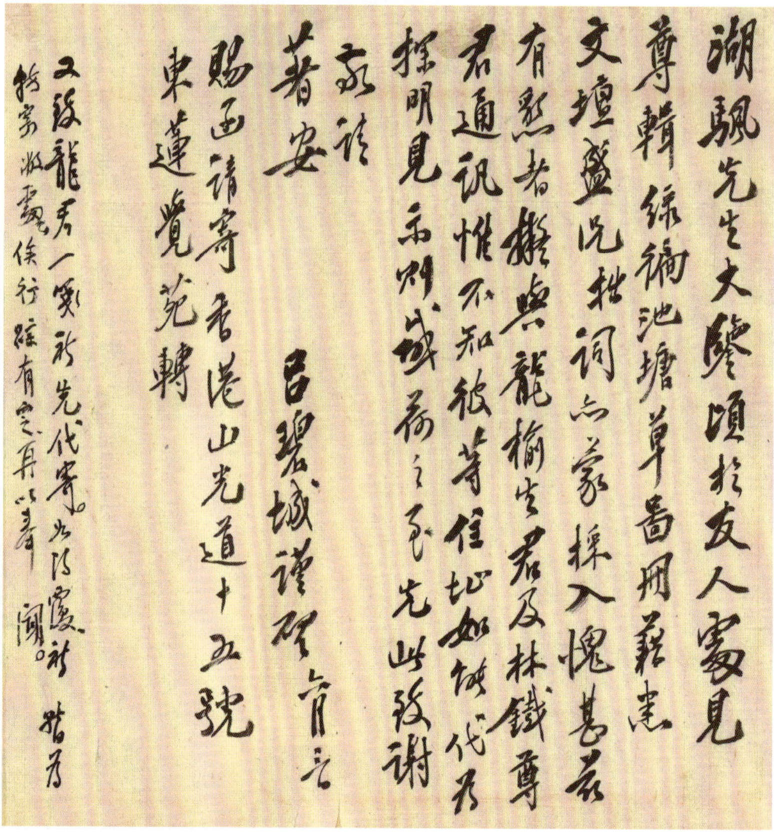

湖飒先生大鑒：頃於友人處見
尊輯綠徧池塘草圖冊，藉恵
文壇盛况，拙詞亦蒙採入，愧甚荷
甚。有懇者，擬與龍榆生君及林鐵尊
君通訊，惟不知彼等住址，如蒙代爲
探明見示，則感荷之至，先此致謝。
敬請
著安
呂碧城謹啓 [illegible]
賜函請寄香港山光道十五號
東蓮覺苑轉
又致龍君一函，祈先代寄，如得覆，祈 轉寄
拙寓瀛寰，候行蹤有定，再以奉聞。

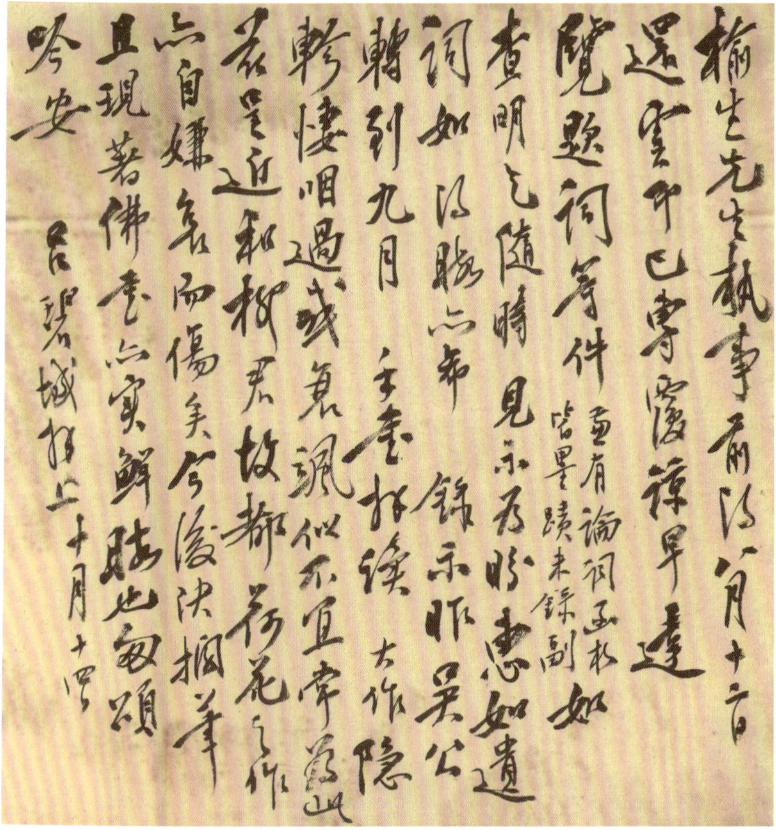

榆生先生執事：前得八月十六日
還雲手已寄覆，諒早達
覽。題詞等件 專有論詞函札 皆墨蹟未錄副 如
查明乞隨時見示為盼。惠如遺
詞，如得聽之希 錄示。非吳公
轉到九月 手書，抄錄大作隱
軫悽咽過戚，氣颯似不宜常為此
蓋昔追和柳君故都荷花之作
亦自嫌氣而傷矣，今後决擱筆。
且現著佛書，亦實鮮暇也。匆頌
吟安
呂碧城拜上 十月十四

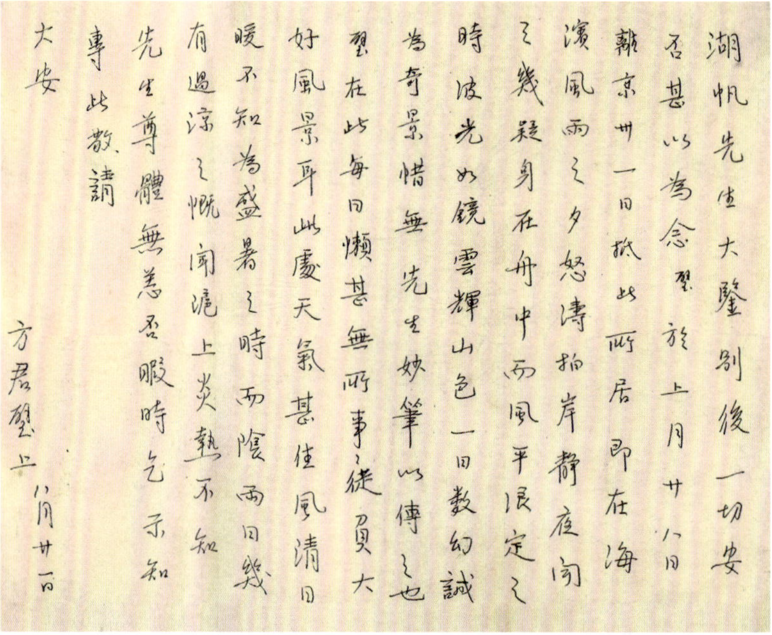

湖帆先生大鑒別後一切安否甚以為念璧於上月廿八日離京卅一日抵此所居即在海濱風雨之夕怒濤拍岸靜夜聞之幾疑身在舟中而風平浪定之時波光如鏡雲輝山色一日數幻誠為奇景惜無先生妙筆以傳之也璧在此每日懶甚無所事事徒負大好風景耳此處天氣甚佳風清日暖不知為盛暑之時而陰雨日幾有過涼之慨聞滬上炎熱不知先生尊體無恙否暇時乞示知專此敬請
大安
方君璧上 八月廿一日

螺川

大詞屢讀，深佩工力，祗以叢務繁忙，匆匆之時，展閱尊集跋 陽春白雪，未能奉和，為憾為歉耳。茲有老友莊敏之詩絕佳，欲求為其撰名畧歎，已徵得詞篇，而人更須借重 大名之速，於不吝賜教是所拜禱。專上

侯宋詞人吟箋

螺川手啟

八月廿八日

【吴湖帆师友书札】·上册·第三卷

书札释文

○ ○

208/209

湖帆仁兄吟席：久耳鸿名，缘悭把臂。稊园转到尊著《佞宋词痕》一册，正音依律，胎息清真，如聆韶韺，情文美备，讽吟累日，倦眼为开。同调有人，词学赖以不坠，欣佩无斁。珂乡年世谊最多，逊清乾隆初叶，先五世祖司空公、高祖宫庶均以上第与彭文敬同朝，厥后潘文勤世恩为司空公小门生。光绪乙酉北闱，伯寅文勤以世兄弟相待，招饮米市胡同滂喜斋，赠以金石拓本。陆文端与仲兄同治癸酉同膺乡荐，灌夫畜弟卅余年。汪茎台同佐鄂幕，衮父与仲弟光绪丁酉拔萃同科。曹君直甲午同榜，叔彦同出瑞安黄漱兰，师门同调，南菁书院费屺怀、江建霞、尤鼎甫、彭畏岩都是世交，弟每游苏，必伴游赏山水，时常觞咏。先德愙斋先生为书纨扇楹帖，珍藏趣园（额为纯庙御笔赐题），兹又得读尊著词稿，翰墨因缘，他郡莫与之匹。矧弟爱友如命，疚斋昔助谈资，为谱令慢，别纸写奉一粲。老马犹许识途，僵蚕尚能抽丝，书生结习，至老未除，自觉可笑。惟自前年蹉跌，迄未能兴，倚枕率书，笔画难辨，手布当觌，并鸣谢忱。祇颂吟安，惟希惠督。附拙词三纸。　乡愚弟汪曾武伏枕手启。　甲午五月十九日作于北京乡馆。

○ ○

210/211

图画瀛寰早有声，词章金石一齐并，生成冰雪净聪明。先后苏斋堪竞爽，小山首肯也心倾，孤鸾我亦感同情（元室漱红馆主吴恭人，善写生，宗南田，书法右军。间亦吟咏，手写诗词稿章式之外部书『林下清风』弁首，署签『漱红馆主手写诗词稿』，知交题咏甚多）。

老结词场翰墨缘，旁人笑我附骚坛，那知酬唱在光宣。美玉明珠开倦眼，知交题序句联翩，一编珍重比金荃。

狼籍欢场六十年，诗盟觞政总留连，回思韵事话开天。云起（文道希学士词名。为我审定《味莼词》）蜩知（王半塘给谏词名）传宗派，新莺（况夔生）大鹤（郑叔问）论词源，巾箱元本共摩研（四印斋携明椠元中箱本《清真集》）。

西有聊园东趣园（南海谭篆书部郎有聊园词社），张南周北萃群贤，扬风统雅廿三年。　一自渊明归去赋（篆书回粤，旋予亦返乡），珠尘瑶席渺如烟，重来邻笛倍凄然。

蹉跌呻吟春复秋，匡床偃卧几时休，古藤书屋久淹留。郭璞生花还笔未，陈琳愈疾得文否，茂陵风雨可同俦。

浣溪沙。

甲午五月湖帆仁兄惠我新刊《佞宋词痕》一册，讽咏累日，为谱小令奉酬，即希粲正。　娄东趣园八十九叟鹈龛弟汪曾武伏枕倚声。

212

手颤止矣。遍觅《熙州慢》不得，可称怪事，如尊处有稿，幸寄下，否则须函达霜厓，又不晓其在何处也。湖帆我兄阁下　弟孝臧顿首。　廿六日。

213

廿日午刻奉攀惠临四马路杏花楼一叙。陈述叔将南归，为之作饯也。敬颂湖帆仁兄起居。　弟孝臧顿首。　十九日。

213

承惠篆榜，圆劲入古，佩荷无极。东山两词通首叶韵，故作狡狯，谓为另一体亦可，若云偶合，恐未尽然。复颂湖帆世仁兄起居。　弟期臧顿首。

214

湖帆先生阁下：别已匝月有余，正深驰念，忽奉手书，知感伤寒，殊出意外，幸已转危为安，心中大慰。凡事必有朕兆，前以病为辞谢，岂真先觉乎。殆一饮一啄，莫非前定也，然口舌是非，藉此可免，岂隐隐之中亦避重就轻乎。伯葭相避之处无从深知，通信地点仍为赓庆里四十三号（巷口未动），阁下可径发邮筒，不致舛错也，否则弟当代为函索也。近日尊体谅必康健，弟拟阳历一月望前后趋访，谅可快谈。专复，敬颂痊祉。　弟陶湘顿首。　廿六。

215

湖帆先生道兄大鉴：弟昨日因事来苏，适逢天雨，为之闷闷。石涛堂幅前恳代为付裱，如尚交出即请勿裱，因此间有人议价也。倘已付裱，未知能否作罢？琐渎清神，无任惶感。弟约三四日即返，统容晤谢。敬颂潭祉，不一一。　弟陶心如顿首。　七日。

215

委题《月波楼词》，草草属稿，殊未惬意，转致为幸。连日俗冗极多，深愧愆期。先德卷须慎重题咏，幸宽假时日，悚息悚息。此上湖帆先生左右。　弟述顿首。　正月十九夕。

216/217

湖帆仁兄世大人侍者：损书并以潘夫人墓状见贶，敬承种切。贞珉宏构，珍荷良深。兄遘潘夫人之戚，情文兼至，远过骑省，弟本过来人，尤为心动。重阳辞社集，深荷鉴谅，乃引起旧疾，心荡脉歇，作恶多日，闻兄抱恙，未获问候，至以为歉。严寒，诸祈珍卫，勿过戚戚为也。于此复候，敬请台安。摹璧尊谦，勿再。　世愚弟金兆藩顿首。

218

湖帆我兄社长阁下：久未聆教，甚念。兹切恳者：弟近有《半舫斋诗余》之刻，俟成书后即送呈郢政。惟拟制一手卷，系《半舫斋填词图》，再征海内词人题，素仰吾兄近代画界巨擘，可否请赐绘一图？明知近来谢绝笔墨应酬，然图为不急之物，兄兴到时随意一挥，藉以传诸奕叶，昭示孙曾也。手此奉恳，即颂暑祺，不情之请，并乞见原，尤感。小弟廖恩焘顿首。七月廿一日。

218

湖帆我兄词长阁下：昨奉示并纸一幅，俟画册寄到，当即专函去澳嘱香凝作画。弟欲请汤定之画一《半舫斋填词图》，未悉能办到否？弟与彼并不熟，似不能借重一言九鼎也。手复，即请节安。　弟焘顿首。　廿二日。

○
221

湖帆我兄社长史侧：奉示并潘夫人墓状拓本，写作俱臻神妙，拜读数四，为之心折。香凝由沪返港，住址屡有变更，近半年来未得来书，未知尚寓旧址否，当将墓状并大函封寄大小儿嘱其访送。如函能递到，彼病尚非剧，则必可副雅命也。匆复，敬颂箸祺，不宣。愚小弟廖恩焘顿首。十二月十九日。

○
219/220

湖帆词兄社长阁下：顷读惠示，并承以乾隆旧纸为《半舫斋填词图》，把玩数四，见笔气苍劲蓬勃，水晕墨彰，境界又复幽深高远，画法直追燕文贵，岂独侪于李氏父子与董宗伯而已哉，近世决无此妙手，鄙人何幸而得之，洵可为传家之宝也。感谢之忱，片言难尽，篆诸五中，永矢弗谖耳。香凝去年居香港，常有通函，嗣闻有越南之行，因时局影响而不果。港地风鹤频惊，即避居澳门，一年以来，渺无音信，前者吾兄嘱代询彼能否写《绿遍池塘草》图册，去函后亦无回音，想付洪乔矣。如兄必欲嘱其操觚，可否请将纸便中掷下，以便转寄港中亲串探投并取回话，函交不到，必可原璧归赵，未悉尊意何如？手覆鸣谢，敬请礼安。　世愚小弟焘顿首。八月一日。

○
221

倩盦我兄词长阁下：杨君交到手教，并承赐画册，谨即什袭宝藏。纸并画册二即函港转澳门属香凝于最短期间写奉也。手复敬谢，即颂撰安。　小弟焘顿首。　九月廿八日。

○
222

湖帆先生雅鉴：曾在叶遐庵处得读大作，心仪久矣。顷关颖人同年转到《佞宋词集》，得窥全豹，拜领，谢谢。吷庵、金坡相继奄逝，沪滨词侣日以零落，足下盛年天才，东南坛坫相属望矣。疢斋久未通讯，去年伤足闻已痊愈，近状好否，晤乞致声，至相念也。径泐道谢，并候起居，维詧不备。　夏仁虎拜启。　十二日。

○
223

湖帆老兄：两接来函，并闻将以新词见示，渴望之至。弟耄而失明，百为俱费，因足下近作引我旧兴，成《鹤和语》一词奉寄。四声并和，弟向不赞同，惜与江村争之甚力，因见近代词家有才情绝好而驰奏太巨（甚者恐失之愈远），故偶亦为之。至于句法，宋各家皆有出入，但须辨清时代。清真成名在宣和间，不能因南宋各家改变语法，虽谓清真词亦如此。见驼瘇马，断鹤续凫，红友《词律》例有此物。弟又尝谓中国旧文学，无论何种，在易代之际，必有数人契而不舍，典型赖以不辍，词学为犹甚，关于南宋各家之多可知矣，愿弟与足下共免之。吴中六一社旧友尚有健在者否？闻沪上有龙君、唐君者，于词坛历史致力甚勤，所作确未之见，兄与之相习否？《鹤声集》即拟付刊，甚望多寄数首，藉增身价。余问暑安，并盼见覆。　枝巢弟夏仁虎启。　八月八日。　附词稿一纸。

瑞鹤仙　鹤语用清真此调悄郊原代郭一首四声及句法寄吴湖帆沪上

叹支离病鹤，相对语，莫话尧年积雪。安知寿何极，但铭词，留在江干黄石。（『鹤寿不知其极』，《瘗鹤铭》语。铭在扬子江边，潮落始见。）松荫悄立，盼九霄，难奋倦隔。已金飚暗转，惟有候虫，流响四壁。　不意清田羽客，求友嘤鸣，远闻声悉。淞波自洁，传高吭，引清泪。梦扬州，那是当年情况，三分惟见旧月。待南飞奏出，还拟约君弄笛。清真此词上半支『敛余江』以下九字，下半支『叹西园』以下九字，皆应作上三下六，而向来传写皆作上五下四，断鹤续凫，点金成铁，此误殆始于万红友，故为正之。

224

湖帆先生大鉴：钦清名久矣，南北睽隔，无有把握为憾。承示《瑞鹤仙》新词，遐庵先已转到，令人细读，婉约底徊，藻彩秾郁，风格在玉田、竹屋之间，敬佩敬佩。弟于数年前未失明时曾用此调得词三十阕，同时朋好同作者十余家，共得词百余首，写成一册，取『一一鹤声飞上天』句意，题以《鹤声集》，尊作如得同意，亦以加入，候示尊行。先此奉覆，并问暑佳。　弟夏仁虎启。　七月二十五日。

225

湖帆先生吟席：昨由关颖人兄转到大集《佞宋词痕》一部，拜诵一过，钦仰无既，诚如诸家序言所谓寓金石书画于白云片玉之中，为词家辟一新境地。影印精雅，近年尤属罕觏，奉之不忍释卷。十余年前承为先君绘有《东篱采菊》一帧，常悬陋室，今又获诵新声，倍增景慕。肃笺布臆，并致谢悃，敬颂著绥。　后学夏纬明拜上。　六月九日。

226/227

湖帆先生社长吟席：午社第三次集切老处，知公先到，弟迟到，不及晤教为歉。承惠画扇拜领，感谢。属题德配遗词，即以《玉京谣》调勉成一首，已早脱稿，因尚拟修改，未即写入也。顷接廖忏老来函，知其题词已写就寄上，因尚有改字，属弟函达我公请再寄一纸，俾得另缮。（纸请径寄廖处，渠住静安寺路安登别墅九号）谨此奉闻，原函附阅。敬颂吟祺。弟鹍翔拜状。　十月三日。

再，弟亦防有写错，亦请便中检寄素笺一二纸为荷。

230/231

湖帆先生社长吟席：今午社集请柬早发，度必递到，未荷赏光，虚邀甚歉。社课佥主张做小令，当拈二调，谨此奉闻：《归国谣》，限用温庭筠体；《荷叶杯》，限用皇甫松体。大作请于旧历六月初十日以前寄夏剑老处，汇交油印。此颂著安。弟林鹍翔顿首。　旧五月初九日。

232

醉花阴　收拾人间宫调谱，画里移家住。不用抚琴丝，萝月松风，自得无声趣。　溪山从古多佳处，要曼吟销与。打叠五湖心，云水盟沤，一叶挐音去。

题《丑簃词境图》奉湖帆先生大教即乞指正　泽丞洪汝闿

233

○234

湖帆我兄社长阁下：前日社集因适有他约，未得躬与盛筵为歉。顷由贞白兄交到承赐图章、画扇，拜领，谢谢。手此，敬颂纂安。 弟葆恒顿首。 十一日。

○235

走访不遇为怅。委交廖、林诸君五扇当日均已面交。委题图兹呈乞教正为荷。手颂湖帆吾兄台安。 弟葆恒顿首。

又，闻贵门人潘志云先生楷法极佳，附上小册乞代求一书何如？

○236/○237

湖帆社兄赐鉴：昨走谒，适公出，不遇为怅。日来尊恙计已勿药为念。前闻程德彝兄言，有潘君志云小楷极精，当向荣宝斋询问，并无笔单，适见贵门人登报有潘君名，是以奉托。兹承示潘君能细笔书画，兹另附一纸，请即代求作画，原纸即求陆君一飞赐书小楷可也。敝章与令祖所用适相同，承允摹刻见赐，尤感。先此布谢，即颂痊安。 弟葆恒顿首。 八月卅日。

○238

手示敬悉。社员名单前日公议注重住址，以便发请柬，名号、籍贯、年岁均不必载。示来，适已印好，兹以一纸奉呈。《雨中花图》乞交去走带下为荷。手上湖帆先生。 弟葆恒顿首。廿二日。

○239

湖帆社长先生左右：今午到切盦先生府中，知公先临，失迎为歉。承惠法书扇面，拜领，谢谢。命题之件俟稿成即当呈教。今日拟调为梦窗《玉京谣》，顺以奉闻。此颂箸安，不一。弟仇埰顿首。 九月廿四日。

○240/○241

湖帆先生有道：久缺修敬，既以时艰，复因衰钝，知能心谅也。去年秋间门人郭岳生游沪，得蒙青接，归述其幸，且承寄赐《梅影画册》第一集，披览既讫，乃知黄门感逝，痛寓其中。比即欲奉笺慰谢，而成都迭遭荒乱，又兼霪雨为灾，百年所未有，匈怀邑邑，无俚至今，前所书一词卷亦置未寄上。大千来往沪蜀数次，偶然把晤，必略谈及尊状。总之，沧海横流，无处得安，则一而已。不肖行年七十有五，更无所恋，耿耿者惟海内如公数人耳。不知尚能皴染方幅或一扇见诒否，非所敢望矣。李君信伯游便，匆匆托携此笺及拙书词卷，尚希齿论及之为荷。耑颂道祉。 思进再拜。 正月雨水。

○242

湖帆社长先生台鉴：日前奉嘱题图，今拟稿呈览，乞正之。弟前在宁波，曾当图书馆长差，馆在公园内，住宅外有古桐一株，垂阴蔽牖，曾倩人作《桐阴勘书图》，然仰执事画笔高古，极欲再得一图，故附纸求写。横直都不拘，如纸太新不合用，能赐些旧纸更感，大小更不拘也，图成当征社友题之。不知能拨冗否？豚蹄篝车之祝，又见于今矣，一笑。此颂近祺。

弟杨铁夫启。

243

安公子　奉题仇仇十洲《长门望幸图》　弟杨铁夫呈稿

幸草青如许，长门春去谁为主。翳袂临风难掩泪，任落梨花雨。望昭阳笙歌，灯火宵连曙。金屋誓，输与长生语。纵茂陵声价，漫入回心院宇。　十载承恩遇，椒房惯驻羊车处。胏附荆枝摧折甚，识倚帘人妒。（后妒卫子夫得幸，几置之死，又使人捕其弟青。）曾几日，金铺玉户空朝暮。故剑求、传说疑无据。（史明言废后薨，乃相如赋序则言复得亲幸。王先谦曰：此文人文饰之词，不足信。）惜城南桐柏，犹是郎官坯土。（卫后以太子事自杀，葬城南桐柏，陈后葬郎官亭东。）

246

江春苦多雨，上巳风日佳。祓愁藉欢伯，休寻曲水涯。招邀就市饮，隽味尝吴鲑。（是日刀鱼面鳝羼俱美。）婆娑岁寒友，缓酌资谈谐。身世欲坐忘，湛冥慕心斋。虽无流觞乐，聊复澜忧怀。扶筇访幽棲，茗话相与偕。烟云观古今，云章出尘霾。（君以精印伉俪画册及集词见贻，并出示旧藏书画、汉印，绝佳。）欣遇得自足，拈韵分诗牌。默观元化理，畴能外形骸。茫茫人海中，濡煦容吾侪。来年及兹辰，早办踏青鞋。

上巳日翊云约陪鹤亭饮老半斋，复与鹤翁偕访湖帆先生茗话，以『老半斋』三字分韵，得『斋』字，赋请粲正。　路朝銮上稿，时壬辰莫春。

247

湖帆先生道席：昨由鹤翁交来法绘折箑。墨渖淋漓，直夺虎儿之席，极深纫感。小诗奉谢，另录就正。前题《丑簃清閟卷》十二幅，内尚缺一帧，系何图名，何人所画，敬希赐示，因拙稿附有小序，胪列诸画家姓名故也。手此鸣谢，祇颂吟祺。弟朝銮再拜。　十一月十四日。

248

微茫村树望中分，泼墨闲窗揽夕曛。赢得碔砆换圭璧（余为君两题册卷），传神席夺米敷文。　冰瓯涤笔自清凉，短箑挥来暑意忘。时觉苹风生两腋，晓烟孤艇梦潇湘（小米有《潇湘白云图》）。

湖帆先生拟小米《渔村夕照图》意为余画扇赋谢，即乞粲正。壬辰莫秋朝銮贡稿。

249

湖帆宗台词长左右：违教多时，不胜渴想。属题《绿遍池塘草》画册，秋窗无俚，填《绿意》一阕呈教，愧不能工也。承赐画扇，感谢感谢。匆泐，敬问起居佳胜。　重阳前一日弟吴庠拜启。

249

午社词已卯七课公议排印，正在□□□□□，尊制《荷叶杯》后阕云：『红杏青松长卷，同展，英爽忆高深。旧京春色剩余香，翠袖莫相忘』，『深』字疑是讹文，因此句须叶韵也，然不能决，用特奉询，即希惠示为荷。专上湖帆宗台社长。　愚弟吴庠顿首。　十月卅日。

250

湖帆社长兄大鉴：承寄示大作《捣练子》二阕，已交录存。此次社题，同人意见不一，有误认为摹拟二主者，敛手引避，颇怀『崔颢题诗在上头』之惧。自余皆不寤其易成难工而率肊投稿，综计已五十有七首，其失大抵在于忽略题中『生日感赋』四字，空泛之辞，自非合作，滋为可惜。前为《多丽》词，述及社友来尺致疑，于红友所举二点何以不尽采用，同社互以所知质难攻错，正社中虚受广益、力求精进之本旨。洎承复教，不甚谓然，未及裁答，适有辽沈之游，观海旅大，浃旬乃返，重劳催问。窃以此事极不足争辩，故亦不转去来尺，但以愚见居间平亭之。词中上下阕后半字数平仄相同者多，亦偶有例外，红友以前半为例，疑后半『听』字宜读平声，『流莺』字应改平仄，不为无理。遍查宋元人填此调，平韵者自晁补之以下二十余人，此句无一不作七言平起，律诗者由此可决，断非红友武断。聂冠卿与蔡君谟同时辈行，实在晁等之前，北宋之有长调慢词，冠卿实开其先，此词又为当时所极推重，故上下阕非必一定相同，而此句实有研究之价值也（词当先有仄韵，后改平韵，《词律》置之又一体，殆以字数为次耳）。彊村集中似未尝作此调，其选宋词时未尝置议，盖选词一事，定律又一事，古人词有世推佳作而于句读音律歧舛不可依者（如东坡《乳燕飞》《大江东去》之类），选读者未尝摈弃也。此事如容纳来尺之议，止将『锁怨长门』四字钩转便得，或两存其说，则加小注云『一作长门锁怨』，亦调停之一法。尊意以为如何？新题附上。丘君倚声工夫颇深，如愿常常惠教，当按月寄题也。即颂日祉。　赓麟手启。

中秋后二日。　附题纸三，请分致疚斋及丘君。

251

湖帆社长兄吟席：承赠《联珠集》，大作运用巧妙，无斧凿痕，匠心可佩。眉案唱随，尤属不容有二。敝处搜聚词家别集不少，《佞宋》《绿草词》先已快睹，但不知《梅景书屋词》此外尚有出版否？《太平花》题甚新，曩以羌无故实，屡次阁笔，近调查颇详尽，于花史不无关系，且御园重启，正当花时，虽与稷坛芍药连带同类之题为嫌，不之避也。伫盼大作为此花生色，幸勿吝玉。即承兴居。附题纸。　赓麟手启。　初十月。

疚斋兄乞代道意，不一。

252/253

湖帆先生吟席：承疚斋兄转寄来大作《玉烛新》词，过蒙藻饰，盥诵生芬，感谢无似。夙仰高风，尚悭谋面，每于遐庵许间语及之。敝社成立，迭有人提及奉约参加，而所属征求同意者迄未见报，故未敢冒昧。既荷先施，兼已由疚斋道达业承不弃，兹专缄奉恳，藉表欢悰。迩来旧学人物益如晨星，加群众结社声气孔大亦非所宜，是以对外不用社名，朋辈通讯亦但寄鄙人，以免误会。社章、名单用罄未印，暂无以奉寄，谅当鉴及。社课一至十五期《词钞》已印，夏君吷庵处尚有录存，如就便购取，即可明了敝社情形（每册成本一万元，非卖品）。誊印匆促，仍恐不免舛讹，统盼指正为幸。专布，即颂撰祺。　关赓麟手启。　三月廿五日。

过去课题『题箕陵』『吊古国』，不限调，及《踏青游》本意，计在疚斋处已得见。下课题容当分寄请教也。

254

倩庵社长兄吟席：附寄上廿八期题，请费神分致疚斋兄。豫定至卅期止选印《词钞》第二辑，为时非远，作者名表中应有年龄，盼示悉。前以忽有改为社外唱和之误会，一度停寄题纸，今想仍荷惠允为参加本社一分子。丘君琼荪是否能常作？如连续投稿，自可寄题并邀同入社，祈酌。即颂时祉。赓麟手启。嘉平初七日。

前寄《双头莲》词甚佳，此依郑叔问之意，分段自较红友为长，惟清真词『合有人相识』句『识』字未押原均，有说否？幸示。

255

倩庵同志吟席：韫古斋于君仲民来，賫到手翰暨大著词五册，兹已收悉。迩来物力颇绌，知音复稀，朋俦中吟稿多艰于付梓，执事独能毅力成之，装袭精美，罕见弥珍，拜嘉之下，殊感企羡。所寄四册已分赠汪仲虎、夏枝巢、王琴希、夏慧远，当时本以其江苏同乡之故，而述及源委，乃悉与府上各有交谊，幸不辱命。此致敬礼。赓麟手启。六月十日。

256/259

倩庵词长执事：稊园转来大著《词痕》，非特琼瑶之赐，而兰锜公孙，念及草茅仄陋，真使我受宠若惊。平生遍交海内文士，而所识旅沪旧人尤夥，居常怪诧独未有机缘识荆，然贤者作品篆刻书画，在友好处及金陵南纸市廛不少概见。每思以一纸数行上通恳殷，但瞻顾迟迴，未敢冒昧唐突，殊不意乃承先施也。璇闺酬唱，与金石书画鉴赏，自是尊著特色，独步词林，正如鹤亭、榆生所论，不劳语赘。集中常所往来酬唱者，强半是我朋旧，展卷快读，如见故人，但年来高才凌替，零落不少，例如拔可、子有、剑丞、禺生、西园、金坡固早指不胜屈，而兑之噩耗近又见告，能无腹痛。志自抗战胜利、解放迄于今，十余年间有诗十卷、诗余一卷，各有自序，略述分别编集大旨，常思趁今日及身早求并世作者鉴定，并作弁言题跋，只以卷帙繁重，未易录副。曾手写自序一册邮寄鹤亭处，烦其于脱稿后以次遍转送旅沪朋好广征题咏，而以鹤翁卧病日久经年，宿诺未偿，甚盼执事肯便向鹤亭处索阅，宠以篇章，至纫隆谊。又光绪癸巳志年十有七，补开封博士弟子员，去岁又届重游泮水，有十四律《自述诗》。执事肯惠画一《重游泮水图》（三裁四尺素宣横幅），使得装入征诗卷子简端为我光宠乎，此则尤所馨香祝祷者也。胜利及金陵返都时曾为东鲁于君去疾题王廉生为潘文勤赚取《梅花喜神谱》始末记事，作五言长古一首，辞长不别录，但必提及此琐事者，意在使贤者知我对尊府并非生客也。长男文翰在圣约翰授历史文学，第三男卯君在中央音乐学院华东分院理论作曲系肄业，容当令其晋谒，冀有以教之。专书奉谢并恳，祗颂著祺，不庄。弟靳志顿首拜启。一九五四年甲午长夏。

〇262

湖老左右：迭奉手书，敬悉一一。大词雅似草窗，艳如白石，声律情韵，浑然天成，倘写以丹青，则画中有词，词中有画，今之摩诘也。公疑『裹』为『衷』之误，以字形论，颇有可能性，承属代致稊园，已付邮传。清恙愈否？念念。即颂暑安。弟嘉顿首。大暑前一日。

〇263

湖帆先生左右：昨函谅达览。大词读竟，如宋摹顾恺之《洛神图》，无任服膺。茗生谢笺奉督，其京寓西单区宗帽二条十号。余俟走谒请教。即颂著安。弟柳肇嘉顿首。六月七日。

〇264

湖帆仁丈侍右：顷奉柳贡禾师转到惠赐大著《佞宋词痕》一册，拜领展诵，感佩交萦，敬谢敬谢。侄佣书如故，乏善足陈。风便，尚希时锡德音，诲而教之，幸甚幸甚。肃请簪安。侄邵制锐九顿首。五月廿九日。

〇265

湖帆仁兄阁下：久违，忽奉朵云，如亲咳吐。回忆前游，令人益思江南矣。兄得董碑，物聚所好，可贺可贺。此碑六年前曾于徐森玉处得一见之，未知是否原石，时日已久，其文不能记忆。以尊嘱题词，敢不续貂，但请饬抄胥录寄一诵，俾得交卷，是为至祷。江海早春，比维起居百茀。手复，即贺年祉。世弟杨圻顿首。初八日。赐复寄奉垣皇宫内某某可也。

〇266/〇267

湖帆先生词丈有道：奉到损书并大著，均经拜嘉，启沃下愚，甚感甚感。昔陆辅之有言，词之对句言好可得，起句难得，余谓结句好更难得。大词《解连环》（吴季子剑）通篇固属渊雅，一结何等气势，晚之选此，意盖在兹。然而文章之道，如鱼饮水，冷暖自知，承公指示，敢不从命，亦见晚鼠目寸光，所见不大焉。又近代号称词学中兴，小令佳者几于绝响，以蒙所见，虽观堂老人，犹为学人之词，与《花间》气味有别，不若义宁陈彦通《殢香馆小令》极佳。今读尊和小山词，秾丽绵密，和婉淳正，天分之高，越出彦通，余子碌碌，可以敛手，叔原有知，亦当引为千古同调。拙编所以不选者，正因琏瑚琳琅，使贫儿目眩，不易下手耳。僭述管见，欲博公一笑，幸有以教之也。伏维道履清豫，不宣。晚何之硕再拜。七月廿九日。

〇268

湖帆先生词宗有道：奉到大著《佞宋词痕》，下拜登受。退而浣薇籀诵，知先生肆力于秦柳周吴苏辛诸家寝馈之深也，冒疚丈之言诚为不虚，所谓『出其余事，足了千人』者矣，拜倒拜倒。晚近以余晷纂辑词话，已成三卷，自愧涉猎不广，手眼不高，仅能恪守师承而已，于尊作拟选录慢词《解连环》（吴季子剑）、《华胥引》（《遐庵梦境图》）、《兰陵王》（次清真韵），小令《清平乐》（杏花春雨斜阳一首）。佳词络绎，美不胜收，然中泠一勺，亦足令人仙乎仙乎。潘夫人词拟录《满江红·登燕子矶》一阕《千秋岁》词非不佳，世已盛传，无待阐扬。质之先生，以为何如也。专肃，敬维道履清泰，不宣。七月十三日。晚何之硕再拜。另函特乞转致螺川词人为感。

○269

湖帆我兄左右：阙展奉又数日矣，比维起居曼苐为颂。小文二册奉政。前在遐厂处执事谈及拟将令祖诗集付印，兹特介绍大华印刷所汤宗孟君奉诣。弟文及刘禺生《禺生四唱》皆渠承印，字体古雅，交货迅速，请赐面洽。另，曾履川先生诗奉赠，亦汤君承印也。专颂台安。弟孝纾顿首。

○270

湖帆先生惠鉴：久未奉教，比维动定安胜。兹介杭州陈君从周晋谒，乞赐接见。陈君工文能画，如承督诲，无任同感。霜崖先生故后，闻先生颇收其遗文，近已成书否耶？专此，敬承道安。夏承焘顿首。三月三日。董书一卷奉求鉴定。

○271

乐世间身岂易求，还能满壁写沧州。青山呈露新如染，试问红灯几客留？　世故纷纷漫白头，眼中飞浪片帆收。应须一曲千回首，解道今秋似去秋。　初日红蕖碧水流，箧中佳句得长留。未妨他日称居士，有兴复来从我游。　百年文物士优游，道合由来不易谋。未怕元刘妨独步，看翻清露洗新秋。

湖帆先生六十生日适读荆公诗因集四章奉献　癸巳七月　苏渊雷草

○274

满庭芳　寿吴县吴湖帆丈六十　歇浦盟鸥，胥山梦鹤，岁华都付云烟。忘情犹未，双管擘鸾椾。闲替梅华续谱，人浑似、赵管当年。闻鸡起，家风依旧，悬壁有龙泉。　金莲开并蒂，文星谪处，艳照吴天。渐名场，倦了笑掷长鞭。六十平头转眼，歌偕老、快启诗筵。班门斧，壶觞借侑，巴里下人篇。　癸巳初秋世晚陆从吉鸣岗呈稿

○275

犹记攀楼笑语温，飞来珠玉落缤纷，眼前风物忍重论。永夜角声惊断梦（敝寓邻近上海医学院，病车喇叭声彻夜不绝），频年烽火荡吟魂，天涯何幸素心存。　右《浣溪沙》次韵奉酬，录呈倩老郢正。　慕韩贡草。　十四。

○276

旧恨羞回首，习居廛，吮膏吸血，蝇营狗苟。充耳不闻家国事，只解妇人醇酒。自总角抛书而后，四十年来徒弄笔，对人民事业于何有。谈改造，百重垢。　倚天谁作屠龙手。神州，除腥涤秽，尽驱群丑。洗眼十年新气象，直是玄黄重剖。遍大地东风怒吼。方趾圆颅齐解放，更何人不感天高厚。毛主席，万年寿。　调寄《贺新郎》，录请湖帆前辈斧政。后学罗丹呈。　五九、七、十九。

○277

眉妩红情点绛唇，早梅芳近玉楼春。珠帘淡月思佳客，芳草垂杨忆故人。　花自落，怨王孙。春风袅娜柳初新。个侬薄倖青衫湿，消息巫山一片云。　灯下戏作，即乞郢正。

湖老　弟彊斋

○278

翠楼吟　用白石韵　嚼徵含商，雕云镂月，新声夜凉初倚。灯前梅景瘦，想空伫珊珊环佩。明珠千排，叹佞宋痕新，模周律细，人千里。断肠荀倩，此情难寄。　最是，仙子临江，有酒醒帘幕，两重心字。几回怜旧梦，又谙尽销魂滋味。重逢知己，有怨写霞笺，情添螺翠。愁无际，夕阳楼外，满湖烟水。　癸巳新秋题《佞宋词痕》　嘉定丘琼荪

279

点绛唇　盖世才华，尧章娇韵清真调。笔花开到，《佞宋词痕》好。窗下词人，窗外闲葩草。同怀抱，音圆语妙，风月耽吟啸。　癸巳中秋盐官鸿士孙成拜题。

280

冬暖如春夜坐宜，人生不饮欲何为。衔杯吞尽三更月，正是万家入梦时。　《夜饮》一首录呈湖兄吟坛正谬。　弟孙成顿首。

281

吾爱吴夫子，词名四海闻。挥毫张氏草，落纸米家云。三绝堪称圣，一鸣独让君。千秋传慧业，天地永留芬。　奉呈一章，用李谪仙赠孟浩然诗韵。　湖兄吟坛正拙。　弟成顿首。

282

别来三日矣，思念之切，无刻去怀。弟病依然，晨起痰中带红，足软如绵，一动气急，坐卧未宁，服药多剂，毫不见功。自思病源，半伤于怀，半乏于食，非药石所能治也。现已止药，悉听天命而已。吾兄得病之后日见起色，容光焕发，何异平时，殊属难得，但希不动笔墨，无论亲疏之求，一概谢绝，藉此退步，是保养之一法。区区愚诚，敢贡道契，采纳下陈，不胜引领。丑诗附教。　湖兄痊安。　弟成顿首。五月初二日。

283

日前别后，归途万家灯火矣。贞白信翌晨寄去，内附大著《临江仙》三调，弟熟背录出，谅已收获。贞白星期来院，必当面告。《念奴娇》只得他日再抄，因府上人少，不便前去，偶尔少物，不免来人嫌疑，故欲行止也，还希原宥。天寒地冻，手冷且僵，回思病房温暖如春，正好休养，但愿早日痊愈，回府度岁。古诗云：除夕人除疾，精神复我前。安排春意满，明日是新年。寥寥二十字，代兄咏也，以为何如。纸短情长，不尽依依。伏望珍重，不一。　湖兄知契　弟成呵冻。　四日午后。

284

日前寄奉草函，谅已收获。尊恙行将一载，际此一年之中，减一分则吾喜，增一份则吾忧，盖情关至契，谊合有过陈雷，不期然而然也。本周五下午天晴，再来院中一视兄之状况。前著《临江仙》首句误为『南柯子』，兹分二调，业已脱稿，附博一笑。才疏学浅，弄斧班门，贞白见之，得无齿冷乎。吾兄休养之中，还希千万珍重，不胜翘望之至。　湖兄阁下　嫂夫人均此。　弟成顿首。　周二。

285

千秋岁　风流文采，豪气当年在。摇彩笔，凭天籁。词痕佞宋丽，诗意宗唐俪。描一幅，永珍寿世南山霭。　旧雨中龙会，同醉桃尊快。欢脸启，言声大。古稀他日到，相聚华堂再。今夕贺，双星洪福如东海。　寿湖帆词兄六十华诞　鸿士

286

一代风流诗一章，数行雁字带兰香。教人对此怜孤寂，金粉南朝未在旁。

承惠百谷诗幅，感谢万分，小诗呈教。　湖兄吟坛正谬。弟成顿首。

287

浣溪纱　庭院深深昼锦堂，归田乐引燕归梁。红情绿意贺新凉。　兜上鞋儿三姝媚，传言玉女绮罗香。玲珑多丽意难忘。　湖兄词宗正拙。　后学弟鸿士效颦。

288

鹧鸪天　槛外青苔一半浓，榆钱不与古泉同。莺儿枝上声偏苦，燕子檐前语未通。　情澹澹，意慵慵，断魂人听断魂钟。丝丝杨柳丝丝雨，片片桃花片片风。　湖兄吾师吟正。弟成顿首。

289

浣溪纱　李义山之『他生未卜此生休』诗句，爱不释口，因制小词，借作后段结句

细检春衫泪点稠，年华换尽白盈头。何须更替落花愁。昔日孙阳偏识马，今朝王粲不登楼，他生未卜此生休。　湖兄吟坛大方家教正，并请玉和。　弟成贡稿。

290/291

西江月　举锸夯歌动地，挑灯干劲冲天。人民公社著先鞭，中外古今未见。　敬老托儿齐备，苍头黄口同欢。更兼吃饭不论钱，谁管开门七件。（一九五八年世界大事之一：中国农村人民公社成立。）

列子御风托意，长房缩地胡诌。今看碧落任遨游，日月星辰行九。　吴刚不愁单干，嫦娥烦递沈邮。沟通文化到星球，六合红旗抖擞。（一九五八年世界大事之一：苏联人造行星上天。）

师旅堂堂正正，单双打打停停。万钧威力挟雷霆，统帅指挥若定。　金、马天然门户，台、澎久属藩屏。何劳越俎代操心，槐穴及时梦醒。（一九五八年世界大事之一：中国炮击金门马祖。）

沙贝拥开芝岛，海天泛出红霞。人民于此辟蒿莱，爱赐佳名金带。　原野散蕃鸡豕，町畦遍植桑麻。大家投笔换犁耙，政治而今挂帅。（金带沙国营农场在吴淞口外，吾院同志下放于此。）湖帆三叔粲正　清士呈草。

292

湖帆先生大鉴：顷于友人处见尊辑《绿遍池塘草》图册，藉悉文坛盛况。拙词亦蒙采入，愧甚。兹有恳者：拟与龙榆生君及林铁尊君通讯，惟不知彼等住址，如能代为探明见示，则感荷之至。先此致谢，敬请著安。　吕碧城谨启。　六月三日。　赐函请寄香港山光道十五号东莲觉苑转。又致龙君一笺祈先代寄，如得覆，祈暂为转寄敝处。俟行踪有定，再以奉闻。

293

附：吕碧城致龙榆生手札

榆生先生执事：前得八月十二日还云，即已专覆，谅早达览。题词等件（兼有论词函札，皆墨迹，未录副）如查明乞随时见示为盼。惠如遗词如得暇亦希录示。昨吴公转到九月手书，拜读大作，隐轸凄咽，过感衰飒，似不宜常为此。兹呈近和柳君故都荷花之作，亦自嫌哀而伤矣。今后决搁笔，且现著佛书，亦实鲜暇也。匆颂吟安。　吕碧城拜上。十月十四日。

294

湖帆先生大鉴：别后一切安否，甚以为念。璧于上月卅八日离京，卅一日抵此，所居即在海滨。风雨之夕，怒涛拍岸，静夜闻之，几疑身在舟中。而风平浪定之时，波光如镜，云辉山色，一日数幻，诚为奇景，惜无先生妙笔以传之也。璧在此每日懒甚，无所事事，徒负大好风景耳。此处天气甚佳，风清日暖，不知为盛暑之时，而阴雨日几有过凉之慨。闻沪上炎热，不知先生尊体无恙否，暇时乞示知。专此，敬请大安。方君璧上。　八月廿一日。

295

大词屡读，深佩工力，只以尘务繁忙，兼之时发关节炎，致阳春白雪未能奉和，为憾为歉耳。兹有老友庄敏，书法绝佳，欲求为其提名署款，已征得放翁后人，更须借重大名，还祈不吝赐教，是所拜祷。专上佞宋词人吟鉴。　螺川手启。六月廿八日。